船舶操纵

主　编　张　钢　惠子刚
副主编　周振路　崔　刚　高世龙
主　审　李先强

大连海事大学出版社

图书在版编目（CIP）数据

船舶操纵 / 张钢，惠子刚主编. — 大连：大连海事大学出版社，2019.6（2025.7 重印）
ISBN 978-7-5632-3798-2

Ⅰ. ①船… Ⅱ. ①张… ②惠… Ⅲ. ①船舶操纵—技术培训—教材 Ⅳ. ①U675.9

中国版本图书馆 CIP 数据核字（2019）第 100620 号

大连海事大学出版社出版

地址：大连市黄浦路523号 邮编：116026 电话：0411-84729665（营销部） 84729480（总编室）

http://press.dlmu.edu.cn E-mail:dmupress@dlmu.edu.cn

大连天骄彩色印刷有限公司印装	大连海事大学出版社发行
2019 年 6 月第 1 版	2025 年 7 月第 3 次印刷
幅面尺寸：184 mm×260 mm	印张：21.5
字数：533 千	印数：2501～3000

出版人：余锡荣

责任编辑：张　华	责任校对：李继凯
封面设计：张爱妮	版式设计：张爱妮

ISBN 978-7-5632-3798-2　　定价：58.00 元

前　言

本书是根据《STCW 公约马尼拉修正案》以及交通运输部颁布的《海船船员培训大纲(2016 版)》编写的,适用于无限航区和沿海航区各个等级的船长、大副、二/三副适任证书考试培训。本书也可作为航海院校师生的教学参考书。

本书共分九章。前三章为船舶操纵基础理论:第一章介绍船舶操纵性能;第二章介绍船舶的操纵设备及其在操船中的运用;第三章介绍了包括风、流、受限水域等外界因素对船舶操纵的影响。后六章为船舶操纵实践:第四章介绍了船舶港内操船的要领和锚泊操纵要领;第五章介绍了特殊水域的操船方法;第六章介绍了恶劣天气下的船舶操纵;第七章和第八章为应急操船与搜救;第九章为轮机概论,主要介绍船舶动力装置的基本操作原则。

本书由张钢、惠子刚主编,李先强主审。本书第一章和第三章由惠子刚编写,第二章由崔刚、高世龙编写,第四章和第六章由周振路编写,第五章、第七章和第八章由张钢编写,第九章由李福海编写。全书由张钢、惠子刚修改定稿。

为了便于读者学习,本书编写力求覆盖《海船船员培训大纲(2016 版)》对各等级海员培训要求的全部内容,帮助学员顺利地通过适任考试,并尽可能陈述、分析了海上实际工作中常遇到的各种问题,以加强对船舶驾引人员工作能力的培养。但由于编者水平有限,时间仓促,不足之处和差错在所难免,竭诚希望前辈、同行和读者批评指正。

在本书的编写过程中,编者得到了洪碧光教授和薛满福教授的大力支持和热情指导,在此向他们表示衷心感谢!

编　者

2019 年 5 月

目　录

第一章　船舶操纵性能

本章学习目标：

1. 要求学员掌握船舶的旋回性能以及影响旋回性的因素；
2. 要求学员掌握航向稳定性和保向性；
3. 要求学员掌握船舶变速运动性能；
4. 要求学员掌握船舶操纵性试验、IMO 船舶操纵性衡准的基本内容。

船舶对驾引人员实施操纵的响应能力，总称为船舶操纵性能。船舶是否具有良好的操纵性能，对于能否安全而高效地操纵船舶具有重要的影响。船舶的操纵性能主要包括船舶的旋回性能、航向稳定性以及保向性、变速运动性能等。操纵性能良好的船舶，应兼具方便稳定地保持运动状态和迅速准确地改变运动状态两方面的性能。

第一节　船舶的旋回性

定速直航的船舶操某一大舵角后进入定常旋回的运动性能称为船舶的旋回性能（turning ability），它是船舶操纵性当中极为重要的一种性能。船舶旋回性最能代表船舶的变向性能，历史上对旋回性的研究也是最多的。通过研究船舶旋回运动，可以获得多种船舶操纵运动的特征参数。船舶避碰、靠离泊以及掉头操纵等都涉及船舶旋回运动性能，故操船者有必要对船舶旋回性进行深入了解。

一、船舶旋回运动过程及其特征

船舶的旋回运动是指直航船舶操舵后，船舶所做的纵移、横移和回转运动的复合运动。根据船舶在旋回运动过程中所受外力特点之变化，以及运动状态之不同，可将船舶旋回过程划分为三个阶段，各阶段的受力和运动状态的变化如图 1-1-1 和 1-1-2 所示。

1. 转舵阶段

转舵阶段是指从转舵开始到舵转至规定角度为止，时间很短，通常不超过 15 s。这一阶段的受力特点是，舵角的增加使船产生舵横向加速度 $Y(\delta)$ 和舵力转船力矩 $N(\delta)$，由此产生横向加速度 $\dot{v}$ 和旋转角加速度 $\dot{r}$ 。在操右舵时，$Y(\delta)$ 的方向向左，$N(\delta)$ 的方向为顺时针，因此产生向左舷运动的加速度和顺时针方向的角加速度，见图 1-1-1(a)。由于船舶的质量和转动惯量很大，而转舵的时间很短，横移速度 v 和转动角速度 r 还很不明显，因此，船舶重心 G 基本上沿

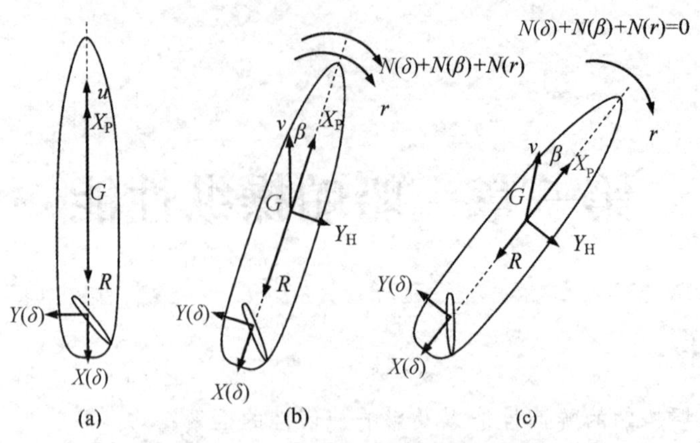

图 1-1-1　旋回运动过程的受力情况

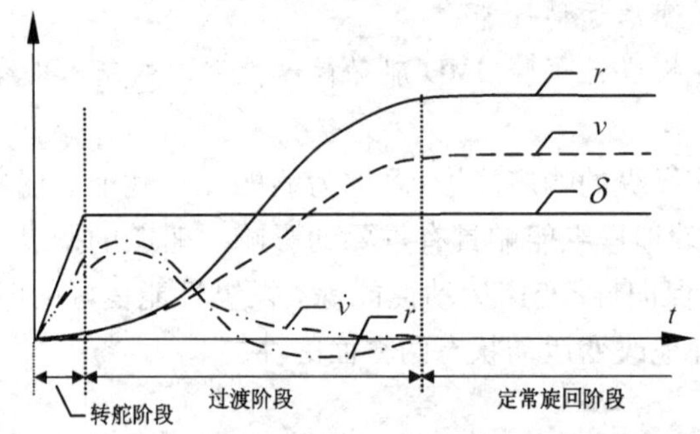

图 1-1-2　旋回运动过程中运动参数的变化

原航向滑进并有向操舵相反一舷的小量横移，而船尾出现明显向操舵相反一舷的横移，同时船舶还将因舵力位置较船舶重心位置低而出现少量向操舵一舷的横倾(内倾)，因此这一阶段也称为横移内倾阶段，其运动特点是：

(1)船舶产生一定的漂角斜航；

(2)船尾出现明显外移；

(3)降速不明显；

(4)出现少量向操舵一舷的横倾(内倾)。

2. 过渡阶段

从舵角达到规定值时至船舶进入定常旋回运动之前之间的运动过程称为过渡阶段。操舵后，随着船舶横移速度与漂角的增大，船舶的运动速度矢量将逐渐偏离艏艉面而向外转动，越来越明显的斜航运动将使船舶的旋回运动进入加速旋回阶段，见图 1-1-1(b)。在这一阶段中，由于船舶斜航运动产生的漂角水动力转船力矩 $N(\beta)$ 与舵力转船力矩 $N(\delta)$ 相辅相成，船舶产生较大的角加速度，但在初始阶段，船舶的转动角速度还比较小；随着角速度的不断提高，船舶旋回的阻尼力矩 $N(r)$ 不断增大，角加速度逐渐降低，从而使角速度的增加受到限制。另一方面，由于船舶斜航阻力增加、螺旋桨推进效率降低等，船舶降速明显。另外，随着船舶旋回角速度的增大，船舶由于受旋回离心惯性力(矩)的作用，船舶的横倾由内倾转变为外倾。该阶段中船舶运动特点是：

(1)随漂角的增大，船舶旋回不断加快；

(2)转心 P 逐渐前移；

(3)角加速度渐次降低，并逐渐向定常旋回阶段过渡；

(4)斜航中船舶降速加剧；

(5)船体由原来的内倾转变为外倾(向操舵相反一侧横倾)。

3. 定常旋回阶段

随着旋回阻尼力矩的增大，当船舶所受的舵力转船力矩 N_δ、漂角水动力转船力矩 $N(\beta)$ 和阻尼力矩 $N(r)$ 相平衡时，船舶的旋回角加速度变为零，船舶的旋回角速度达到最大值并稳定于该值，船舶将进入稳定旋回阶段，因此该阶段也称为定常旋回(steady turning)阶段，见图 1-1-1(c)。这一阶段的特点是：

(1)作用于船体的合力和合力矩为零，船舶的旋回角加速度为零，旋回角速度达最大值；

(2)船舶旋回中漂角 β 趋于稳定并保持定值；

(3)转心 P 逐渐稳定，该点的位置大约在离艏柱后 1/3～1/5 船长处；

(4)船舶外倾趋于稳定；

(5)船舶的横移速度和线速度固定不变；

(6)船舶降速达到最大，进入定常旋回，围绕一固定的回转中心做匀速圆周运动。

二、旋回圈及其要素

旋回圈(turning circle)是定速直航(一般为全速)的船舶操一定舵角(一般为满舵)后，其重心所描绘的轨迹。旋回圈几何参数是表示船舶旋回性能的重要指标，是判断船舶旋回性优劣的直接判据，对操纵船舶具有重要参考价值。一般选择具有实际意义的特征参数来描述船舶的旋回性能。表征船舶旋回过程的要素可以分为表征船舶旋回圈大小的几何要素，以及描述船舶旋回运动状态的运动要素。

(一)表征旋回圈大小的几何要素

表征旋回圈大小以及形状的几何要素主要有旋回初径、旋回直径、进距、横距、滞距和反移量等，如图 1-1-3 所示。

1. 反移量 L_k

船舶重心偏离原航向线，向操舵相反一侧横移的距离称为反移量(kick)。在旋回转舵阶段，由于船舶转动惯量很大还来不及产生较大的旋转角速度，则在舵产生的横向力的作用下，产生横向移动加速度，一定时间后产生横向移动速度，使船舶重心产生向转舵相反方向的横移量，即反移量。通常，船舶全速满舵旋回，当船舶回转达到 1 个罗经点左右(约 11.25°)时，反移量达最大值，约为船长的 1%。但在实际操船时，更应注意船尾部向操舵相反一侧的船尾反移量，船尾反移量最大值约为船长的 1/10～1/5，比重心处反移量要大得多。船速快、舵角大，反移量则大。反移量的大小与舵角、船速、操舵速度、载重状态、船型等有关。

2. 旋回初径 D_T

旋回初径(tactical diameter)也称为战术直径，是旋回运动的船舶航向角变化 180°时船舶重心的横向移动距离，一般用 D_T 表示。旋回初径是判断旋回过程中船舶横向占用水域范围

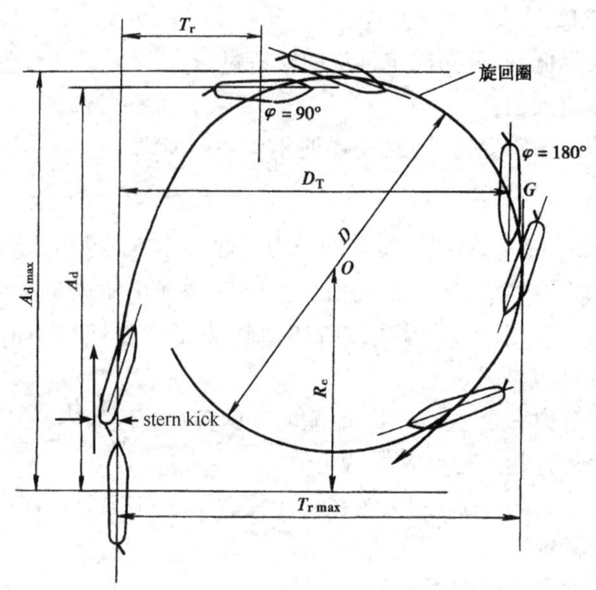

图 1-1-3 旋回圈及其要素

的依据。据统计,一般运输船舶的相对旋回初径(D_T/L)为 3~6。旋回初径越小,船舶旋回性能越好;反之,船舶旋回性能越差。

3. 旋回直径 D

旋回直径(final diameter)是指船舶进入定常旋回时的旋回圈直径,一般用 D 表示。它是判断船舶定常旋回过程中占用水域范围的依据。对于运输船舶来说,通常 $D=(0.9\sim1.2)D_T$。

4. 进距 A_d

进距(advance)也称纵距,是指从操舵开始到船舶的航向转过任一角度时重心所移动的纵向距离。通常将航向角变化 90°时船舶重心的纵向移动距离称为进距,一般用 A_d 表示。初始航向改变 90°稍后的进距称为最大进距。在船舶旋回资料中给出的进距是航向改变 90°时的进距,约为旋回初径的 0.6~1.2 倍。

5. 横距 T_r

横距(transfer)是指从操舵开始到船舶的航向转过任一角度时船舶重心所移动的横向距离。通常,将航向角变化 90°时船舶重心的横向移动距离称为横距,一般用 T_r 表示。在初始航向改变 90°稍后,船舶偏离初始航向的横向距离达到最大,称为最大横距。通常,在船舶旋回资料中给出的横距是航向改变 90°时的横距,约为旋回初径的一半。

6. 滞距 R_e

从发令位置起,船舶重心至定常旋回曲率中心的纵向距离,称为滞距(reach),也称心距。正常旋回时,船舶旋回轨迹曲率中心 O 总较操舵时船舶重心位置更偏于前方。滞距是该中心 O 的纵距,大约为 1~2 倍船长,它表示操舵后到船舶进入旋回的“滞后距离”,也是衡量船舶舵效的标准之一。

(二)描述船舶旋回运动状态的运动要素

表征船舶旋回运动状态的运动要素主要有漂角、转心及其位置、旋回中的降速和旋回中的横倾等,它们与船舶的旋回性能有着密切的关系。

1. 漂角 β

艏艉线上某一点的线速度与艏艉面的交角叫作漂角(drift angle),用 β 表示,如图 1-1-4 所示。如果前进中的船舶有旋转运动,则艏艉线上不同点的漂角是不同的。转心前后的横向运动方向相反,因此漂角的方向也相反,但与转心距离相等的点的漂角大小相等。在船尾处,由于其离转心距离最远,横移速度最大,因此漂角也最大。

通常所说的漂角 β 是指船舶重心处的线速度 V_t 与艏艉面的交角,也就是船首向与重心 G 点处旋回圈切线方向的夹角,一般船舶的漂角大约在 3°~15°。船舶漂角越大,旋回性能越好,旋回直径越小,降速越多,横倾角越大,转心也前移。船舶在浅水中旋回性比深水中差,所以浅水中漂角较深水中小。

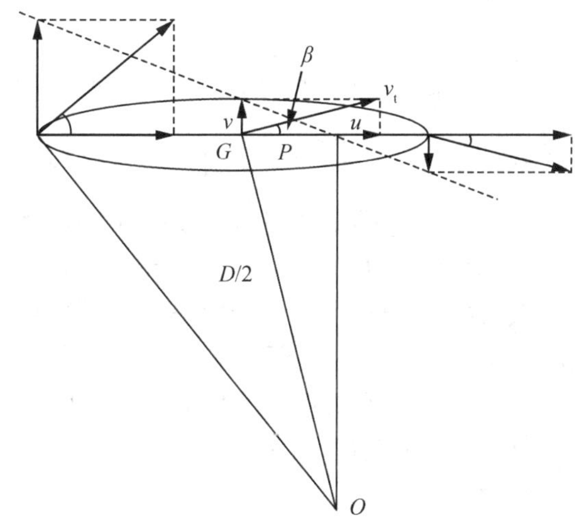

图 1-1-4　转心与漂角

2. 转心 P

船舶转舵后绕旋回曲率中心 O 的旋回运动,可以看成是两个方面运动的合成:一是船舶以切线速度 v_t 前进,另一则是船舶绕自身某一点为中心自转,这一点就是转心 P(pivoting point)。从几何学上讲,转心 P 的位置是旋回中某瞬间的旋回中心至艏艉线的垂线的垂足点。在转心处,漂角和横移速度为零,因而该点处的线速度方向与艏艉线方向一致。艏艉面上转心前后的横移速度方向相反。

转心 P 的位置,在开始操舵时,约在重心稍前处,随船舶旋回不断加快,转心 P 位置向前移动,在定常旋回阶段趋于稳定。定常旋回时转心 P 约在艏柱后 1/3~1/5 船长附近处,漂角越大,船舶的旋回性能越好,转心越靠前。由于船舶前进中旋回时转心 P 在重心之前,因此在旋回时船首向内偏移量比船尾向外偏移量来得小。船舶在后退中回转时,转心位于重心之后,大约在船尾附近。

3. 旋回中的降速

船舶旋回运动过程中,会产生船舶速度降低的现象,主要是由于船舶斜航时阻力增加;此外,舵阻力、惯性离心力的纵向分力的增加,推进器效率的下降等原因都将引起船速下降。一般从操舵开始到船首转过 90°左右船舶进入定常旋回后,速度不再下降。旋回中船速下降与相对旋回初径 D_T/L 密切相关,D_T/L 越小旋回性能越好时,降速越明显,速降系数越小(定常旋回时的船速 v_t 与旋回开始时的初始船速 v_0 的比值 v_t/v_0 称为速降系数)。因此,肥大型船舶旋回中速度下降比瘦削型船舶大。一般船舶旋回中的降速幅度大约为旋回操舵前船舶速度的 25%~50%,而旋回性能很好的超大型油船在旋回中的降速幅度最大可达到原航速的 65%。

4. 旋回时间

旋回时间是指船舶旋回 360°所需的时间。它与旋回初始船速、船舶排水量有密切关系。船速越低、排水量越大,旋回所需时间越长。超大型船舶比普通万吨级船舶旋回时间明显增加。此外,不同船型、不同舵角旋回时间也不相同。一般万吨船快速满舵旋回时间约为 6 min,而大型船舶旋回时间几乎要增加 1 倍。

5. 旋回中的横倾

船舶旋回过程中,船体上所受横倾力作用点的高度不相同,形成对 Ox 轴的横倾力矩,在其作用下,船舶会产生横倾运动。

(1)横倾力矩

旋回过程中的横倾运动与作用于船体上的横向力和横倾力矩有关。横向力包括作用于舵上的横向力 Y_δ、作用于船体上的横向水动力 Y_H 和旋回运动惯性力 Y_G。Y_δ 作用于舵面积中心或 1/2 舵高度处,方向指向操舵相反一舷。Y_H 作用于船舶中纵抛面的面积中心或 1/2 船舶吃水处,方向与船体横移方向相反。而 Y_δ 下作用于船舶重心,方向与船体横向加速度方向相反。一般情况下,重心高于水动力中心,而水动力中心又高于舵面积中心。三个横向力导致的相应的横倾力矩分别为 M_δ、M_H 和 M_G,如图 1-1-5 所示。

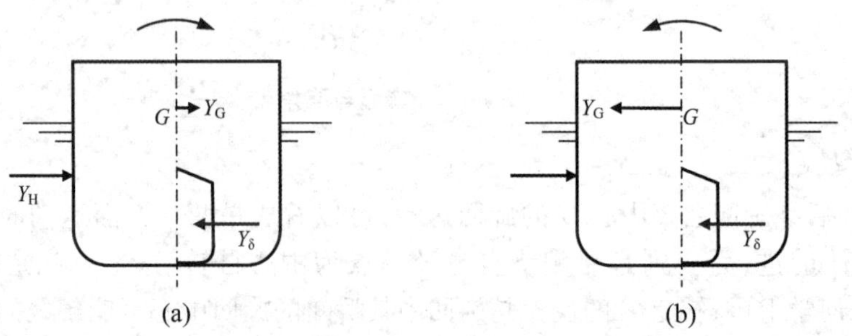

图 1-1-5　旋回过程中的横倾力及力矩

(2)横倾方向

旋回过程中的各个阶段船体所受力矩不同,则横倾运动情况也各不相同,转舵阶段和定常旋回阶段,船舶横倾运动方向相反,且外倾角大于内倾角,过渡阶段的外倾角最大。以操右舵为例,在转舵阶段,由于横向加速度 $\dot{v}$ 的存在,进而产生惯性力 Y_G(指向船舶右舷),而 Y_H 和 Y_δ 大小基本一致,但由于 Y_G 的高度一般大于 Y_δ 的高度,力臂相对小,因此,旋回初始阶段船舶向转舵方向横倾,见图 1-1-5(a)。

在过渡阶段,随着船舶横移速度 v 和旋回角速度 r 的增大,旋回离心惯性力 Y_G 指向操舵相反一舷,船体水动力 Y_H 指向操舵一舷,由于作用在船体的横向水动力 Y_H 超过舵力,内倾消失,船舶的横倾由内倾转变为外倾,见图 1-1-5(b),并且因横向摇摆惯性的存在而将产生最大的外倾角,也称为“回转突倾”。最大外倾角 θ_m 一般为定常外倾角的 1.2~1.5 倍,最大外倾角 θ_m 的大小与操舵时间有关,操舵时间越短,外倾越大。

旋回中船舶出现的横倾是一个应予注意的不安全因素,尤其是航速较高的船舶。船舶在大风浪中大角度转向或掉头时,如船舶在波浪中横摇的相位与旋回中外倾角的相位一致,则船舶将有倾覆的危险,这是操船中应予避免的一个重要问题。另外值得注意的是,由于舵力所产生的内倾力矩有利于抑制船舶的外倾角,因此当船舶在旋回中一旦产生较大的外倾角时,切忌急速回舵或操相反舷舵,否则会进一步增大外倾角,威胁船舶的安全,而应逐渐降速,同时逐渐减少所用舵角。

(3)横倾角的大小

在定常旋回阶段,随着船舶横移速度 v 和旋回角速度 r 的稳定,惯性力 Y_G、水动力 Y_H 与舵力 Y_δ 达到稳定,由于 Y_G、Y_H 相对 Y_δ 大,因此,船舶保持向转舵相反方向的横倾。定常旋回时定常外倾角 θ_C 可由下式计算:

$$\tan\theta_C \approx \frac{v_t^2 \cdot GB}{g \cdot R \cdot GM} \approx \frac{v_t rGB}{gRGM}$$

式中:v_t——定常旋回时切线速度(m/s);

R——定常旋回半径(m);

g——重力加速度(m/s^2);

r——角速度;

GM——初稳性高度(m);

GB——重心浮心间距(m)。

定常旋回外倾角 θ_C 的大小与船舶定常旋回切线速度(v_t)、角速度(r)、重心浮心间距 GB 成正比,与船舶初稳性高度、重力加速度成反比。

三、影响旋回圈大小的因素

旋回圈的大小以及几何形状与方形系数、舵面积等船型因素有关,也受到装载状态、船速、螺旋桨转速、操舵以及水深、风、流等操船因素影响。

(一)船型因素

船型对船舶旋回性有明显的影响。从操纵性角度来讲,我们关心的特征参数包括:方形系数、长宽比(L/B)、舵面积与船舶水下侧面积之比、主机功率等。但各种参数的影响程度不尽相同,在此,仅就影响操纵性较大的船型参数进行概述。

1. 方形系数 C_b

方形系数 C_b 小的瘦削型船比方形系数 C_b 大的肥大型船舶旋回性差,旋回圈明显增大。图 1-1-6 所示为不同 C_b 值对相对旋回直径影响的试验结果。

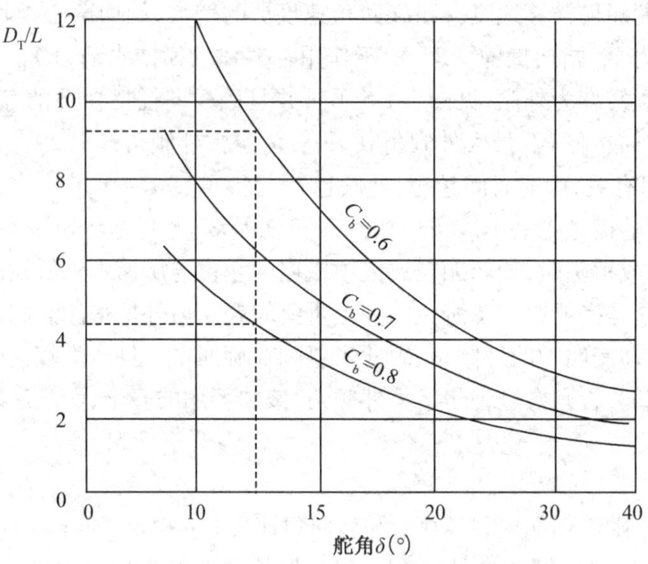

图 1-1-6　舵角和 C_b 对旋回圈的影响

2. 长宽比 L/B

船舶长宽比是影响船舶操纵性的重要参数之一。长宽比较大的船舶，其船体外形比较瘦长，钝度较小，纵向移动阻力较小，因此其快速性较好；但由于其船体瘦长，旋回阻尼较大，故这类船舶的旋回性较差。反之长宽比较小的船舶，其船体外形比较肥短，钝度较大，旋回阻尼较小，故这类船舶的旋回性较好，如港作拖船。

3. 舵面积比

舵面积比($\frac{A_R}{L_{PP} \times d}$)大的船舶，其他条件相同时，舵力则大，因而旋回圈减小。但舵面积比超过一定值后，旋回圈会有所增大。就一定类型的船舶，根据用途不同和船舶设计上的考虑，舵面积比有其最佳值。

4. 船体水线下侧面积形状及分布

整体而言，船首部分分布面积较大(如有球鼻艏者)或船尾比较瘦削的船舶，水线下侧面积几何形心靠前，水动力作用中心靠近船首，航向稳定性较差，但旋回性较好，旋回圈较小；而船尾部分分布面积较大(如船尾有钝材)或船首比较削进(cut up)的船舶，水动力作用中心靠近船尾，航向稳定性较好而旋回性较差，旋回圈较大。

5. 车舵类型

单螺旋桨单舵船的操纵性能受到一定的限制。除绝大多数船所采用的舵外，常用的推进器还用双车推进器、转动导流管装置、Z 形推进器、喷水推进装置等，一部分船在普通螺旋桨的基础上，为了改善性能，还利用推进设备，经过科学合理的组合后，替代了舵的功能。

装备这些特殊的推进装置往往有优越的旋回性能，尤其是在港内低速航行时更为明显。

(二)操船因素

影响给定船舶(以及装载状态)旋回性的操船方面的因素主要是船速、螺旋桨转速以及操

舵方式等。

1. 舵角

在极限舵角范围内，舵角大小与旋回初径之间的关系是，舵角增大旋回初径变小。在所操舵角为15°以下时，舵角越大，旋回初径明显减小。所操舵角大于15°时，随着舵角增加，旋回初径减小的幅度减小。这种影响从图1-1-6所示的试验结果中可以看出。

2. 操舵时间

操舵时间主要对船舶的进距影响较大，进距随操舵时间的增加而增加，而对横距和旋回初径的影响不大，旋回直径则不受其影响。

3. 船速

除船速很低或高速船高速旋回之外，在一般商船速度范围内，弗劳德数(Froude number，原译为傅汝德数) Fr 多处于0.3以下，在这种条件下，船速对旋回圈大小影响很小。但船速对旋回时间影响明显，船速快，旋回时间大大缩短。

另外，主机的使用方式对船舶旋回初径的大小有着明显的影响，如图1-1-7所示。该图中，通常情况下的正常旋回圈，即前进三右满舵时是位于中间的旋回圈；在用右满舵同时停车进行旋回即减速旋回时，由于螺旋桨排出一流消失，舵力大大降低，旋回圈将大大扩大，如图中较上面的旋回圈所示，进距和横距将同时增大；相反，旋回之前尽量减低船速，使船舶从船速极低状态开始，在操右满舵同时开出高的主机转速进行旋回即加速旋回时，因船舶尚未来得及具备前进速度之前，由于螺旋桨排出流对舵的有力冲击，舵力已得到很大增强，旋回圈将因而受到压缩，同时旋回圈中心也将落在旋回前的船舶正横之后。

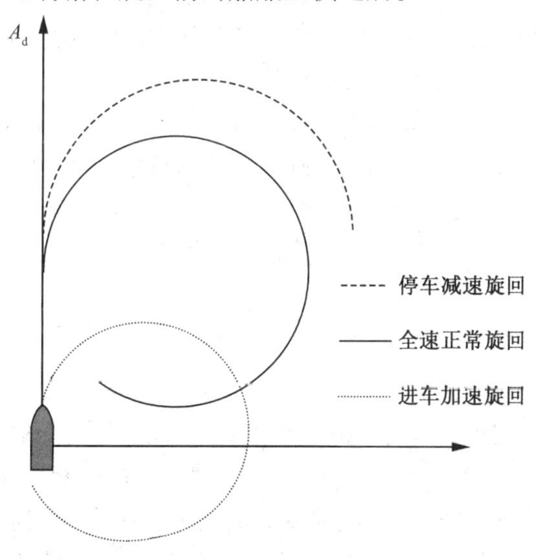

图1-1-7 变速旋回

(三)装载状态

给定船舶在不同的装载状态下，船舶的吃水、排水量差别较大，水下的船型也有较大的变化，对船舶旋回性影响也较大。

1. 吃水

一般船舶均有舵面积比随吃水增加而降低的趋势，这将导致相应于舵力的旋回阻矩增大，而舵力转船力矩减少。而且，随着吃水的增加，船舶通过重心 G 点竖轴的转动惯量增加，所以初始旋回大大减慢。因此，若纵倾状态相同，吃水增加时，旋回进距增大，横距和旋回初径也将有所增加，但反移量有所减小。

2. 吃水差

吃水差在较大程度上改变了船舶水线下船体侧面积的分布状态，因而对船舶旋回性能带来明显的影响。船舶艉倾时旋回圈变大，试验表明，艉倾量增加 1%船长，旋回初径增大约 10%；反之，艏倾每增加 1%船长，旋回初径减小约 10%。高速船在高速（$Fr>0.3\sim0.4$）航行时，由于船尾下沉，增加艉倾，故旋回圈增大。

实际上，对于同一船舶，满载和轻载时的纵倾状态是很难相同的。通常在满载状态下艉纵倾比较小，而在轻载状态下则有相当大的艉倾。轻载时吃水较浅，尽管此时的舵面积比有所增大，而转动惯量较小，使船舶的旋回圈变小；但因为艉倾较大，所以旋回圈又有增大的趋势。所以总的看来，空载与满载时的旋回初径及横距相差无几，只是满载时旋回的进距较轻载时大一些。

3. 横倾

船体存在横倾时，左右浸水面积不同，两侧所受的水动压力也不相同，改变了左右舷各种作用力的对称性。由于横倾，水作用力中心向低舷侧横移一段距离，与螺旋桨推力作用线不在同一条线上，构成了阻力——推力转矩，使船首向低舷侧偏转。同时由于横倾，低舷侧的浸水面积较高舷侧丰满，因而低舷的船首兴波要比高舷侧的大，两舷的压力差产生向高舷侧的横向力转矩即首波峰压力转矩，使船首向高舷一侧偏转。

低速时，推力一阻力转矩起主要作用，推船首向低舷侧偏转。此时，若操舵向低舷侧旋回则其旋回圈较小，反之如操舵向高舷侧旋回则其旋回圈较大。高速时，首波峰压力转矩起主要作用，推船首向高舷侧偏转。此时，如操舵向低舷侧旋回其旋回圈较大，反之如操舵向高舷侧旋回则其旋回圈较小。但总的来讲，横倾对旋回圈的影响并不大。

（四）环境因素

1. 浅水

操船环境因素中对旋回性影响较大的是水深，由于浅水中横向阻力明显增大，舵力及舵力转船力矩下降，再加上浅水中的阻尼力矩明显增大，船舶的旋回性下降，因此，在浅水中的旋回圈明显增大。当水深吃水比小于 2 时，旋回圈有所增大（特别是对高速船而言）；当水深吃水比小于 1.5 时，旋回圈明显增大；当水深吃水比小于 1.2 时，旋回圈急剧增大。

2. 船体污底和风、流等因素

船体污底严重，旋回时阻尼力矩增加，旋回圈略微变大。

有风、流影响进行旋回时，旋回圈大小受风流方向和大小的左右。如顺风（流）中旋回时旋回圈增大，顶风（流）中旋回时旋回圈减小。

另外，在不同的情况下，风、流的作用不仅使旋回圈的大小发生变化，而且会同时改变旋回

圈几何形状。

四、旋回要素在操船中的应用

实际操船时，应根据不同的操船环境，运用本船旋回圈要素的大小，确定正确的操船时机和方法。

1. 反移量在操船中的应用

在操舵后的初始阶段应特别注意克服或利用反移量，尤其是船尾反移量，例如：

（1）航行中发现本船有人落水，应立即向落水者一舷操满舵，使船尾向另一侧摆开，以避免落水者卷入螺旋桨。

（2）在船首极近距离内发现障碍物或紧急避让时，应首先操舵使船首让开，当船首已经让开而估计有可能与船尾发生碰撞时，应立即操另一舷舵使船尾甩开。

（3）在船舶驶离码头或驶离并靠船时，船首刚刚摆出泊位，如果很快操大舵角进车，则会产生较大反移量而易导致船尾部触碰码头或他船，因此应慢车、小舵角以减小反移量。

（4）船舶过弯道时，高速大舵角转向，则会引起较大的反移量，因此应注意保持足够的船岸间距并采用正确的操船方法。

2. 纵距在操船中的应用

纵距是判断船舶旋回过程中纵向占用水域范围的依据，当船舶航经弯曲航道、掉头操纵、避让障碍物和避碰时，能较好把握用舵时机。例如当两船对遇时，可用两船进距之和估算最晚施舵点。

3. 滞距在操船中的应用

滞距可用来估算两船对遇时用舵无法让开的距离。如果船舶对遇时，两船间距大于两船滞距之和而小于进距之和，理论上讲，可通过两船左右来回操舵协调行动进行避让（先使船首让开，再操相反舷舵，使船尾让开），但实际操作时极为困难。

4. 旋回初径在操船中的应用

旋回初径是判断船舶旋回过程中横向占用水域范围的依据，可以用来估算用舵旋回掉头所需水域的大小。

5. 防止船舶在旋回中出现过大的横倾

（1）配载时力求合理的初稳性高度，注意自由液面的影响和防止货物移动；

（2）降低船速，缓慢操舵，尽量增大旋回初径；

（3）正确选择操舵时机，避免风浪产生的横倾力矩与回转产生的外倾力矩相互叠加；

（4）旋回中出现较大横倾时，切忌急回舵，甚至压反舵，应快速减速，随后慢慢回舵。

第二节　航向稳定性和保向性

船舶在海上运输过程中，尤其是两转向点之间的长距离航行时，绝大多数船舶都是沿恒向线做近似直线运动，因此保向操纵是船舶最基本的操纵。船舶能否保持直线航行对船舶的航速及航程影响较大,因此直接影响运输的快速性和经济性。船舶直线航行的特性或能否保向航行与船舶本身以及外界环境条件等多种因素有关。

一、航向稳定性的概念

正舵直航中的船舶,当受到风、浪或其他因素的瞬时干扰后,船舶将不可避免地偏离原来的直航运动状态。当干扰消失后,船舶能否稳定到新的直线运动状态,或能否自行恢复到原来的航向,或能否自行恢复到原来航线,这些都是船舶运动稳定性所讨论的问题,它是船舶操纵性研究的一个重要方面。根据关注的运动量或被控坐标的不同,稳定性也有不同的内涵。

1. 直线运动稳定性

正舵直航中的船舶受到瞬时的外力干扰,如果干扰消失后,船舶最终能够停止偏转恢复直线运动,则称为直线运动稳定或动航向稳定,如图 1-2-1(a)所示。稳定得较快、惯性转头角较小的船,其动航向稳定性较好;稳定得较慢、惯性转头角较大的船舶,其动航向稳定性较差。如船舶不能稳定在新的航向上做新的直线运动,即如图 1-2-1(b)所示,船舶一直转头不停而偏转下去,则该船舶不具备动航向稳定性。根据船舶的水动力特性可知,船舶斜航时的漂角水动力将引起船舶偏转,而回转运动的阻尼将阻止这种偏转作用。在不用操舵纠正的情况下,普通船舶可能具有动航向稳定性,也有的船舶不具有动航向稳定性,即不操舵则不能保持直线运动。通常所说的航向稳定性指的是动航向稳定性或直线运动稳定性,也就是不操舵(正舵)时船舶所固有的特性。

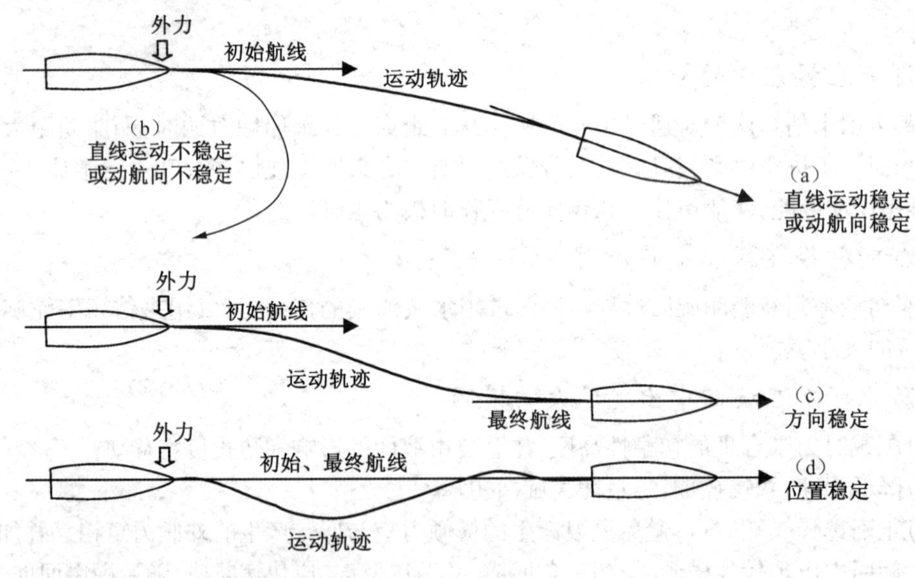

图 1-2-1　船舶运动稳定性

2. 方向稳定性

当干扰消除后,在船舶保持正舵的条件下,如船舶最终能恢复到原来航向上做直线运动,仅仅是与原来运动轨迹存在一横向偏量,则具有方向稳定性,如图 1-2-1(c)所示。根据船舶的水动力特性可知,再不用操舵的情况下,普通船舶不具有方向稳定性,在参考航行信息(如罗

经信号)以及操舵的情况下,船舶可以达到方向稳定。航向自动舵的使用,实现了船舶方向稳定性的自动控制。

3. 位置稳定性

当干扰消除后,在船舶保持正舵的条件下,如船舶最终能自行恢复到原来航线上去,航向与原航向相同,且运动轨迹没有偏离,则称具有位置稳定性,如图 1-2-1(d)所示。

由于普通船舶不具有方向稳定性,因此也不可能具有位置稳定性。在实际营运中,一切船舶都应具有位置稳定性,否则便难到达预定目的港。在参考船位信息、航向信息以及操舵的情况下,船舶可以达到位置稳定。航迹自动舵的使用可以实现船舶位置稳定的自动控制。

船舶受到外力作用而稍稍偏离航向,但船舶重心仍在原航向上前进,这时的漂角是否渐渐变大,这个性质称为静航向稳定性。船舶在斜航中常常表现为静航向不稳定。船舶越艏倾,船体侧面积在船首分布越多,静航向稳定性就越差。

二、航向稳定性的判别

1. 根据船舶的线型系数判别

一般说来,方形系数较低、长宽比较高的船舶具有较好的航向稳定性。类似超级油船之类的肥大型船舶,方形系数一般在 0.8 左右,其在小舵角范围内常常不具有航向稳定性。因此,这种船舶在小舵角保向航行中,船首的偏摆角度往往较大,并给人以稳不住的感觉。

2. 根据经验判别

一艘航向稳定性较好的船舶,直线航进中很少操舵也能较好地保向;而当操舵改向时,又能较快地应舵;旋回中操正舵,又能较快地把航向稳定下来。

3. 根据实船试验结果判别

船舶航向稳定性还可以根据实船试验来判断,一般而言,实船试验的结果比较可靠。判断航向稳定性的实船试验主要是螺旋试验。螺旋试验包括正螺旋试验和逆螺旋试验。主要观察试验结果中转头角速度(ROT)与舵角的对应关系,若成单值对应,则具有航向的稳定性;若成多值对应,则不具有航向的稳定性。

4. T 指数判别

船舶在保持正舵条件下($\delta_0=0$),外界干扰消失后任意时刻,船舶偏离原航向转头角速度 r,可通过求解一阶操纵运动方程式得到

$$r = r_0 e^{-t/T}$$

式中:r_0——外界干扰消失后的初始回转角速度。

当 $T>0$,T 值越小,回转角速度 r 衰减得越快,船舶很快稳定在新航向上;相反,若 $T>0$,T 值越大,则回转角速度 r 衰减得越慢,航向稳定性越差。如果 $T<0$,随着时间 t 推移,船舶将不断偏转下去,则该船舶不具备航向稳定性;而且 $T<0$ 时,T 的绝对值 $|T|$ 越小,航向越不稳定。

水下船体侧面积的分布影响水动力作用中心的位置,因此对航向稳定性影响也较大。船首侧面积较大(例如带有球鼻艏)的船舶,斜航(向前)时水动力作用中心靠近船首,航向稳定性较差;船尾侧面积较大(例如带有舭龙骨或舵面积较大、舵宽较大)的船舶航向稳定性较好。外界干扰消失后船舶回转角速度 r 与 T 之间的关系如图 1-2-2 所示。

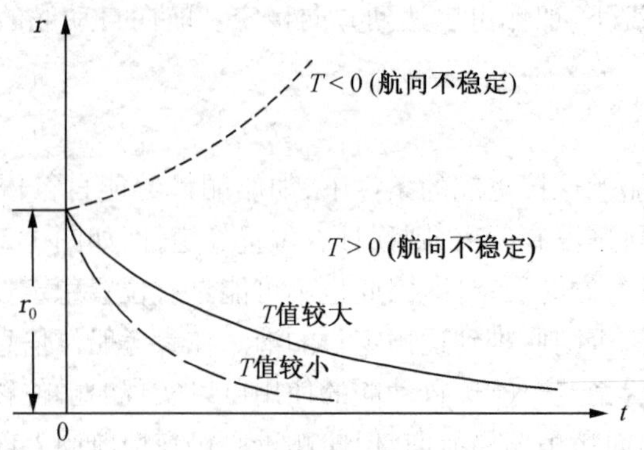

图 1-2-2　航向稳定性的判别

在干扰消除后,船舶惯性转头角 ψ 为

$$\psi = r_0 T$$

由上式可知,船舶偏离原航向的角度大小即惯性转头角,由干扰消失后的初始回转角速度 r_0 与操纵性指数 T 决定。在相同的干扰情况下,T 为小的正值,则惯性转头角较小;T 为大的正值,则惯性转头角大。若 T 为负值,船舶则一直偏转下去,如图 1-2-3 所示。

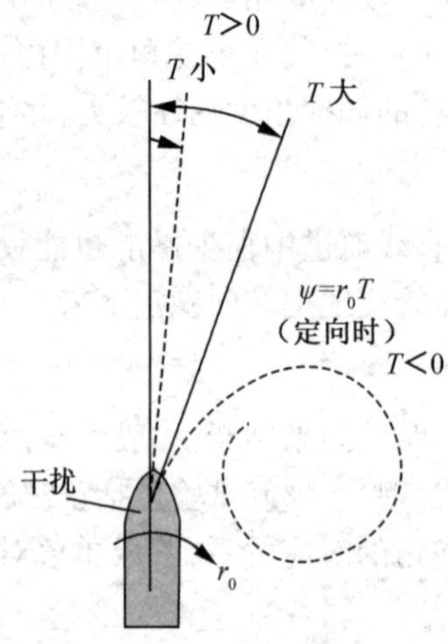

图 1-2-3　船舶航向稳定性

三、影响航向稳定性的因素

航向稳定性主要取决于船体本身的特点,如几何形状、水线下侧面积形状等。

1. 船舶的长宽比和方形系数

据统计,方形系数较小、长宽比较大的船舶具有较好的航向稳定性,即船舶越瘦长其船的航向稳定性越好。

2. 水下船体侧面积分布

水下船体侧面积的分布影响水动力作用中心的位置,因此对航向稳定性影响也较大。船首侧面积较大的船舶,斜航时水动力作用中心靠近船首,航向稳定性差;反之,船尾侧面积较大的船舶,斜航时水动力作用中心靠近船尾,航向稳定性好。

3. 船舶的浮态

对于给定船舶，空载或压载时往往艉倾较大，船尾部水下侧面积较船首部大得多，水动力作用中心要比满载平吃水时明显后移，航向稳定性变好。

4. 船速

对于给定船舶，随着航速的提高航向稳定性变好。

四、船舶保向性的定义及影响保向性的因素

(一)船舶保向性的概念

船舶保向性是船舶保持原航向的性能，即船舶在外力作用下(如风、流、浪等)偏离了原航向，由舵工(或自动舵)通过罗经识别船舶艏摇情况，通过操舵抑制或纠正艏摇并使船舶驶于预定航向上的能力。通过较少的操舵使得船舶能在较短的时间内恢复到预定的航向上做直线运动，则该船的保向性较好；反之，则保向性较差。

(二)船舶保向性与航向稳定性的关系

船舶保向性与航向稳定性既有区别，又有联系。船舶航向稳定性是船舶固有的运动性能，即船舶不通过操舵，在外界干扰消失后，其能否稳定在新的航向上做新的直线运动的性能；而船舶保向性是船舶在受控状态下的性能，即当船舶偏离原航向后，通过操舵使得船舶恢复到预定航向上做直线运动的性能。船舶的航向稳定性主要与船舶水线以下的几何尺度和形状、船舶的运动状态等因素有关，而与操船者、舵机的性能等因素无关；而船舶保向性的好坏不但与船舶航向稳定性的好坏有关，同时还与操舵人员的技能及熟练程度、自动舵、舵机的性能等有关。

一般而言，航向稳定性好的船舶，通过较少的操舵就能稳定在预定的航向上，即该船的保向性也好，反之，保向性也较差。但不具备航向稳定性的船舶仍然具备保向性，只不过需要通过频繁的操舵或者使用较大的舵角才能保持其直线运动。

(三)影响船舶保向性的因素

在实际操船时，影响保向性好坏的因素是多方面的，主要有以下几方面：

1. 方形系数

方形系数 C_b 小的瘦削型船舶，回转阻尼力矩大，航向稳定性好，保向性好；相反，浅吃水的宽体船 C_b 大，保向性差。

2. 水线下船体侧面积形状

船体水线下侧面积在船尾分布较多的船舶，回转阻尼力矩大，航向稳定性好，保向性能好。如船尾有钝材、船首较为瘦削的船舶保向性好，而有球鼻艏的船舶保向性下降。

3. 船速

对于同一艘船舶而言，提高船速，航向稳定性和保向性也相应提高。

4. 舵角

所操舵角增加,航向稳定性和保向性将变好。尤其对于肥胖型船舶,小舵角时航向不稳定,需操超过一定范围的舵角才能保向。

5. 舵面积比

舵面积比越大,船尾附近水线下侧面积增加,航向稳定性和保向性提高。

6. 吃水

船舶满载时与轻载时相比较,转动惯量明显增大,航向稳定性和保向性变差。应注意的是,船舶空载或轻载时,如受强风影响,由于受风面积大保向性反而较差,即较高的干舷降低船舶在风中航行的保向性。

7. 纵倾与横倾

艏倾时船首部水线下侧面积增加,航向稳定性和保向性下降;艉倾时航向稳定性和保向性提高。船舶在横倾时比没有横倾时保向性下降。

8. 其他因素

浅水中航行时,回转阻尼力矩增加,航向稳定性和保向性比深水中好。同理,船体污底严重时保向性提高。顺风、顺流航行时,保向性下降;顶风、顶流时,保向性提高。

第三节　船舶变速运动性能

在驱动静止中的船舶,或使运动中的船舶停止下来,或改变船舶的运动速度时,它们均有维持其原运动状态的趋势,经过一定时间的过渡,才能达到所要求的状态,这种趋势就是船舶惯性。标志惯性过程长短的数据可有两种表示方式,一种是衡量完成变速运动所需路程的,叫作冲程(惯性冲程);另一种是衡量完成变速运动所需时间的,叫作冲时(惯性冲时)。

变速性能是指船舶对变速操纵的反应能力,它是衡量船舶运动惯性的技术指标。本节所讨论的船舶变速运动性能主要是指船舶的启动性能、停车性能和倒车停船性能。

一、船舶的启动性能

1. 启动冲程与冲时

船舶在静止状态中开进车,使船舶达到与主机功率相应的稳定船速所需的时间和航进的距离,称为船舶的启动性能。该过程中船舶所航行的距离俗称 s_0“启动冲程”,相应所需要的时间俗称 t_0“启动冲时”。在船舶启动进车时,促使船舶产生加速运动的惯性力是推力 T 与阻力 R 之差。在启动之初,由于 $T>R$,船舶做加速运动,当经过时间 t_0 后,推力 T_0 和阻力 R_0 达到平衡,船舶以定常速度 v_0 做均速运动。在船舶启动过程中,船舶航进的距离也是随速度一起增大,经过时间 t_0,达到稳定航速 v_0,船舶航行距离为 s_0,此时,可用 t_0 和 s_0 表示启动性能的优劣。

由于船舶惯性巨大,启动性能一般都比较差,即使提高螺旋桨转数,船速增加得也很慢,反而会使主机负荷急剧增大,因此,为保护主机,由静止状态开进车时,转速应视船速的逐步提高

而逐渐增加，用车时先开低转速，在船速达到与转速相对应的船速时再逐级加大转速。一味求快，甚至立即把主机的转速增加很多，则会使主机转矩突然增大，使主机超负荷工作，在实际操船中应予以防止。

2. 启动性能估算

若船体前进方向的附加质量 m_x 近似取为船体质量 m 的 1/5，则船舶启动后达到定常速度 V_0 所需的时间 t_0 和航进的距离 s_0，可由下列近似式计算：

$$t_0 = 0.004\frac{\Delta v_0}{R_0} \tag{1-3-1}$$

$$s_0 = 0.101\frac{\Delta v_0^{\ 2}}{R_0} \tag{1-3-2}$$

式中：t_0——时间，单位为 min；

s_0——航进距离，单位为 m；

Δ——排水量，单位为 t；

v_0——定常速度，单位为 kn；

R_0——阻力，单位为 t。

由此可见，船舶由静止状态进车，达到相应稳定船速的前进距离 s_0 与 $\Delta v_0^{\ 2}$ 成正比，s_0 与 R_0 或 T 成反比。

根据经验，满载船舶由静止逐级加车，速度达到海上速度时，所航进的距离 s_0 约为 20 倍船长，轻载时约为满载时的 $\frac{1}{2} \sim \frac{2}{3}$（即 10~13 倍船长）。

二、船舶的减速、停车性能

1. 停车冲程与冲时

以某一速度航进中的船舶，从下令停车到船舶对水停止移动所需的时间和船舶滑行的距离，称为停车惯性。该过程中船舶所航行的距离俗称“停车冲程”，相应所需要的时间俗称“停车冲时”。

主机停车后，推力急剧下降到零；开始时船速很高，船舶阻力也大，船速下降迅速；但随着船速的下降，船舶阻力减小，船速下降逐渐缓慢；当船速很低时，阻力很小，船速的下降极为缓慢，船舶很难完全停止下来。因此实际操纵中，很少用停车的方法进行停船，因为这种方法将需要很长的时间和航行距离。一般停车后将船速降为至少能维持舵效或拖船可以有效控制船舶的船速。所以，通常以船速降低至能维持船舶舵效的速度（对于万吨级船舶为 2 kn 左右，超大型船为 3.2 kn 左右）为界限，来计算船舶的停车冲程和冲时。因此，所谓“停车冲程”和“停车冲时”实际上是指停车后船速降至能维持舵效的船速时所航行的距离和所需要的时间。

2. 减速、停车性能的估算

经推导，主机停车后至船速降低到能维持舵效的速度时所需的时间 t 和滑行距离 S 的估算公式为：

达到速度 v 时所需的时间

$$t = 0.001\,05 \times \frac{\Delta v_0{}^2}{R_0}\left(\frac{1}{v} - \frac{1}{v_0}\right) \tag{1-3-3}$$

达到速度 v 时所航进的距离

$$s = 0.075 \times \frac{\Delta v_0{}^2}{R_0}\log\left(\frac{v_0}{v}\right) \tag{1-3-4}$$

式中：Δ——船舶排水量(t)；

R_0——速为 v_0 时的船舶阻力(t)；

v_0——船舶发令停车时的初速度(kn)；

v——船舶停止时刻的速度，实船以能维持其舵效的速度计算(kn)；

t——停车冲时(min)；

s——停车惯性距离(m)。

根据试验，船舶在常速航进中停车，降速到能维持其舵效的最小速度时，一般货船的停车冲程为船长的 8~20 倍，超大型船舶则超过 20 倍的船长，船越大，停车惯性越大。高速前进中的船舶，突然下令停车，主机转速下降至完全停止要有一个过程。除特殊情况外，从有利于保护主机的角度出发，一般仍应采取逐级降速至停车，以便在进港或接近锚地时正确地采取逐级减速的措施，保证船舶的安全。

三、船舶倒车停船性能

1. 倒车停船冲程

船舶在前进三中开后退三，从发令开始到船对水停止移动所需的时间及航进的距离，称为倒车冲时和倒车冲程，又称紧急停船距离(crash stopping distance)或最短停船距离(shortest stopping distance)。

前进中的船舶由进车改为倒车，通称主机换向。由低速进车变为低速倒车，一般说来还可以较快地完成。在高速航进中，由前进三或前进二突然改为倒车、甚至全速倒车的话，尽管情况至为紧急，但对于主机却是办不到的。为不致造成主机转动部分出现过大应力或损伤，在关闭油门后，通常要等到船速降至全速的 60%~70%、主机转速降至额定转速的 25%~35%时，将压缩空气通入气缸，迫使主机停转后，再进行倒车启动。启动后，倒车转速的加快，也应逐步增大；突然增加到高速，对主机也有损害。驾驶人员应当了解所在船舶的主机换向性能，以便合理地使用主机。从前进三到后退三所需时间的长短随主机种类不同而不同。一般情况下，内燃机船约需 90~120 s；汽轮机船约需 120~180 s；而蒸汽机船约需 60~90 s。

2. 倒车停船性能估算

假定主机倒转的同时就给出与倒车功率成比例的倒车拉力，并且设船体阻力与速度平方成正比变化，船体的附加质量为船体质量的 1/5，倒车拉力为正车拉力的 90%，从而得到下列关系式：

$$\text{倒车冲时：} t = 0.000\,89\,\frac{\Delta v_0}{R_0} \tag{1-3-5}$$

$$\text{倒车冲程：} s = 0.012\,1\,\frac{\Delta v_0{}^2}{R_0} \tag{1-3-6}$$

式中:Δ——船舶排水量,单位为 t;

R_0——船速为 v_0 时的船舶阻力,单位为 9.81 kN;

v_0——船舶倒车时的速度,单位为 kn;

t——倒车冲时,单位为 min;

s——倒车冲程,单位为 m。

根据统计,一般万吨级货船的紧急停船距离可达 6~8 倍船长;载重量 5 万吨级左右的船舶达 8~10 倍船长;载重量 10 万吨级的船舶可达 10~13 倍船长;载重量 15 万~20 万吨级的船舶可达 13~16 倍船长。

3. 船舶倒车制动的运动轨迹

对于通常的右旋式 FPP 单车船,倒车制动时,由于螺旋桨沉深横向力和排出流横向力推船尾向左的作用,船首右偏,使船舶向垂直于原航向的右侧偏移一定的距离,所偏移的横距(side reach)以及船首右偏的角度也是表征船舶倒车停船性能的重要因素。同一艘船舶在其他条件相同时,在倒车的开始阶段,空载时较满载船右偏角大;但满载时,由于停船时间长,最终船首向偏转也较空载明显。

实船倒车制动试验时的运动轨迹是一曲线,如图 1-3-1 所示。试验时实际所测得的最短停船距离是船舶运动轨迹的长度,即图中曲线的长度,也称为制动行程 R_t(track reach)。船舶重心沿原航向方向所滑行的距离,称为制动纵距 R_h(head reach)。船舶重心偏离原航向的横向距离称为制动横距 R_s(side reach),或称偏航量。倒车制动时,船首向偏离原航向的角度称为艏偏角(偏航角)。

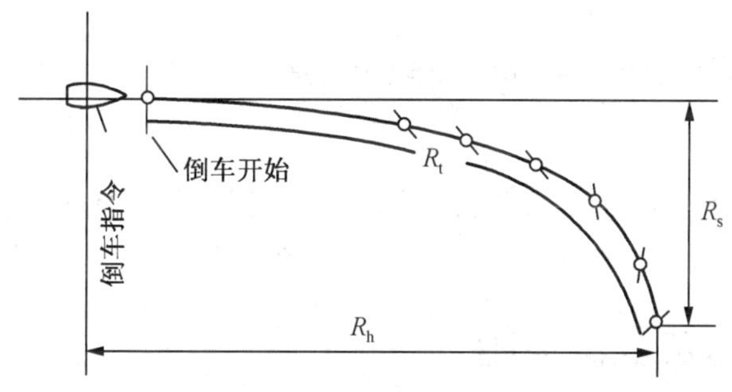

图 1-3-1　船舶倒车制动时的运动轨迹

船舶压载时偏航角和偏航量通常较小;满载时,停船时间长,偏航量和偏航角大。

四、影响紧急停船距离的因素

船舶紧急停船性能是指在冲程试验条件下,以海上船速行驶的船舶,进行倒车制动后,在允许的偏航量和偏航角范围内,能否迅速停船的性能。影响紧急停船距离的因素主要有:

1. 主机倒车功率

船舶单位排水量所分配的主机功率是衡量船舶快速性和停船性能的重要指标。该值越大,不但船速越高,倒车功率也相应较大,其停船性能也较好。集装箱船单位吨位所分配的主机功率比其他种类船舶要大得多,因此现代集装箱船舶的倒车停船性能相对普通船舶优越得多。

2. 主机换向时间

主机换向时间越短，紧急停船距离也越小。从前进三到后退三所需时间的长短随主机种类不同而不同。

3. 推进器种类

可变螺距桨(CPP)船与固定螺距桨(FPP)船相比较，由于CPP船的换向操作只需改变螺旋桨的螺距角，而无须停止主机，因此其换向时间短，紧急停船距离也就较小。若其他条件相同，则CPP船的紧急停船距离约为FPP船的60%~80%。

4. 船型系数

船型系数与船舶阻力有密切关系，其中方形系数影响较大。在其他条件相同的情况下，方形系数越大，停船距离就越小。

5. 主机倒车转速

若其他条件相同，主机倒车转速越高，主机倒车功率越大，紧急停船距离越小。

6. 船舶排水量

在其他条件相同的情况下，排水量越大，紧急停船距离越大。压载时的倒车冲程为满载时的40%~50%。应注意压载时的停车冲程约为满载时的80%。

7. 船速

若其他因素一定，船速越高，紧急停船距离越大。

8. 船体的污底程度

船体污底越严重，船体阻力越大，紧急停船距离越小。

9. 外界条件

顺风、顺流时紧急停船距离增大；顶风、顶流时紧急停船距离减小。在浅水中由于船舶阻力增加，其紧急停船距离较深水中小。

五、船舶制动方法及其运用

1. 倒车制动法

通过倒车产生强大的拉力进行制动。采用紧急倒车制动的方法的优点是该方法不受水域和船速等条件的限制即不论在港内或港外水域，也不论船速的高与低，该方法均可适用；同时在紧急避让中一旦发生碰撞，碰撞的损失也比较小。其缺点是历时较长，对于FPP船需要进行主机换向操作，同时单桨船在倒车过程中总伴有一定的偏航量和偏航角且倒车时间越长，偏航量越大。大型船舶尤其是超大型船舶由于每载重吨所分摊到的主机功率较低，倒车时产生的偏航量与偏航角不利于船舶保持适当位置，因此在港内很少采用倒车制动方法，而更多地借助拖船进行制动以策安全。

2. 大舵角旋回制动法

利用船舶满舵旋回中船速下降明显的特点，采取降低船速的方法。采用大舵角进行急速旋回的方法进行制动的优点是操作方便，无须机舱操作，而且降速时间也相对较短，一般船舶

进行大舵角旋回时可减速 30%左右，而肥大型船舶可以降速达 50%；其缺点是所需的水域比较宽，而且大舵角旋回后仍残留部分余速，最后要把船完全停住，仍需进行倒车制动。因而该方法多用于大型船进口需自力缩短减速所需时间的场合，以便及早进港。

因此，在紧急避让中，究竟是采取大舵角旋回避让有效，还是采取全速倒车有效，必须根据各自船舶当时的速度及周围环境来判定。能使全速倒车的制动纵距恰好等于满舵旋回时的最大纵距时的船速，称为界限船速 v_0，如图 1-3-2 所示。船舶越大，界限船速越低。随着船速的增大，旋回纵距增加不大，而制动纵距则急剧增加。因此，若当时的船速低于界限船速，即船舶在低速航行中，用全速倒车能够在原航向上以最短的距离把船停住；若当时的船速高于界限船速，且有足够的水域宽度，也没有与其他船相碰撞的危险，采用满舵旋回避让比较有利。

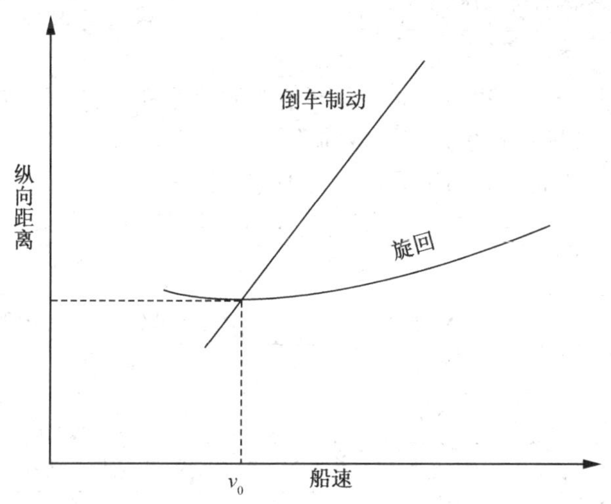

图 1-3-2　全速倒车与满舵旋回时船舶前进纵向距离的比较

3. Z 形操纵制动法

Z 形操纵制动也称为蛇航制动法，是指直航中的船舶通过左右来回操舵，同时减速、倒车，利用强大的船舶斜航阻力和倒车拉力将船制动的方法。蛇航制动法最早由英国造船研究协会(BSRA)提出，尤其适用于 VLCC 和 ULCC 紧急停船的情况。根据实船试验和模拟研究的结论，蛇航制动法对于方形系数较大的超大型船舶，在深水域、速度较高时最为有效，而对普通的万吨级船舶以及在低速状态下并不适用。该方法的优点是，开始蛇航制动时最初的操舵不但赋予了船舶明确的偏航方向(向右或向左)，弥补了开出倒车时船舶偏转方向不定的不足，而且在倒车未开出之前的 2~3 min 的时间之内已充分地利用斜航阻力使船舶相应减速，这对缩短紧急停船距离和时间无疑是很有帮助的。另一个优点是，主机由进车换为倒车的过程可以分阶段逐级平稳进行，避免了主机超负荷工作等情况的出现。该方法的缺点是在较窄的水域或航道内不宜使用，操纵上略感复杂。以先向左操舵做蛇航制动为例，其操作要领为：

(1)左满舵($\delta=40°$)，并下令备车；

(2)当船舶向左改向 20°时，由海上速度改为港内操纵速度，用备车前进三；

(3)当船舶向左改向 40°时，操右满舵；

(4)当船舶向左改向达最大时，下令前进二；

(5)当船舶回到原航向时，再操左满舵；

(6)当船舶向右改向达最大时,下令前进一;

(7)当航向再次回到原航向时,再操右满舵,后退三。

4. 拖锚制动法

通过拖锚利用拖锚阻力,即拖锚时锚的抓力来刹减船舶余速的方法称为拖锚制动法。拖锚制动法一般只适用于吨位较小的船舶,而且抛锚时船速仅限于低速。大型船舶由于锚机的刹车力不足,不宜采用这种方法。

5. 拖船协助制动法

通过拖船协助,或仅靠拖船提供的推力使船制动的方法叫作拖船协助制动法。该法多用于大型船舶在港内低速状态时的制动。

6. 辅助装置制动法

在船舶上设置一些如阻力鳍等辅助装置而使船舶减速制动的方法称为辅助装置制动。该方法仅在船舶航速较高时使用,才会有明显的效果。

以上所述的六种方法的有效利用的速度范围综合如表 1-3-1 所示。

表 1-3-1　各种制动方法的适用范围

船舶制动方法	有效速度域	适用的环境
倒车制动法	全速域	全部水域(大型船港内船速较大时不用)
拖船协助制动法	低速域	港内水域(多用于大型船舶)
大舵角旋回制动法	高速域	水域宽度较大的水域
拖锚制动法	低速域	港内(仅适用于万吨级及以下船舶)
辅助装置制动法	高速域	较宽水域
Z 形操纵制动法	高速域	较宽水域(仅适用于大型船高速时)

第四节　船舶操纵性试验

由于实际船舶操纵的情况千变万化,不可能一一进行试验,只能规定一些比较典型的船舶操纵性试验。这些试验应满足下列要求:

(1)应具有普遍的意义和实际意义;

(2)便于理论分析;

(3)便于直接观测,减小场地和设备的要求。

由于船舶操纵性指标与船舶操纵有关,故一般都对船舶操纵性试验的项目做出具体规定。目前为止,操纵性试验的类型达 18 种之多。常用的操纵性试验包括:旋回试验、回舵试验、Z 形操纵试验、螺旋试验或逆螺旋试验、停船试验等。

一、实船试验条件

船舶操纵性能受水深、水域宽度、气象条件、水文条件等诸多因素的影响,所以为了使实船

试验结果具有普遍意义，需要对试验条件做出规定。IMO 安全委员会在 MSC/Circ. 644 中做出了详细规定。

1. 水深、水域宽度

应在深水、宽度不受限制，但遮蔽条件较好的水域进行标准操纵性试验，其水深应大于 4 倍的船舶平均吃水。停船试验时水深应不小于 $3\sqrt{Bd}$（B 为船宽，d 为吃水）。

2. 船舶载况和吃水差

船舶应在满载（达到夏季吃水）、平吃水（吃水差为 0）的条件下进行试验，以确保螺旋桨有足够的沉深。油船和散货船还应进行压载状态的试验。

3. 气象与海况

应尽可能在比较平静的水域进行试验，具体规定如下：

（1）风力不超过蒲福 5 级，即风速不超过 19 kn；

（2）海浪不超过 4 级，即有效波高不超过 1.9 m，最大波周期不超过 8.8 s；

（3）流场比较均匀，即在试验时间和水域范围内，流速、流向相对是稳定的。

4. 试验船速

标准对实船试验中的最小船速的规定为：应达到船舶海上速度的 85%，主机功率达到最大输出功率的 90%。

二、观测与记录

1. 试验观测手段

随着测量技术的发展，传统方法基本上被淘汰了。目前的观测位置的手段主要采用差分 GPS（DGPS），观测方向的手段采用罗经或姿态测量仪等。随着计算机的发展，实船试验测量获得的数据可以进行自动处理。

2. 记录内容

每次船舶操纵性试验，都要求对有关的试验条件、试验观测数据进行记录，这些条件和数据包括：

（1）船舶数据：试验之前，要记录艏、艉吃水，以便计算船舶平均吃水、排水量和船舶纵向重心位置等。此外，还要记录试验的地理位置、试验水域情况等，以及船舶的螺旋桨、舵、侧推器的特性及运行情况。

（2）环境条件：水深、波浪（浪级、涌浪的周期及方向）、海流、能见度以及其他气象、水文情况。

（3）试验数据：应对有关试验的数据进行观测，并以每次不超过 20 s 的间隔进行记录，这些数据包括时间、位置、航向、船速、舵角及转舵速率、螺旋桨转速、螺旋桨螺距以及风速等。

三、实船试验种类及方法

（一）旋回试验

旋回试验是指在试验船速直航条件下，操左 35°舵角和右 35°舵角或设计最大舵角并保持之,使船舶进行左、右旋回运动的试验。旋回试验的目的是测定船舶旋回圈,求取船舶旋回要素,包括进距、横距、旋回初径、旋回直径、滞距、旋回时间等,以评价船舶旋回的迅速程度和所需水域的大小,从而判定船舶的旋回性能。

旋回试验通常是船舶在试验速度下以最大舵角分别向左、右舷进行旋回操纵,艏向角变化达360°时(有轻微风流影响时应为540°)测定其旋回圈。根据需要,可测定不同载况(满载、半载、压载)、不同船速(全速、半速、低速)、不同舵角(10°、15°、20°、35°)情况下的旋回资料。

1. 试验方法

(1)保持船舶直线定常航速。

(2)旋回之前一个船长时,记录初始船速、航向角及推进器转速等。

(3)发令,迅速转舵到指定的舵角,并维持该舵角。

(4)随着船舶的转向,每隔不超过 20 s 的时间间隔,记录轨迹、航速、横倾角及螺旋桨转数等数据。

(5)在整个船舶旋回中,保持舵角、转速不变,直至船舶航向角旋回 360°以上可结束一次试验。

2. 旋回圈及特征参数

在旋回试验中,船舶重心所描绘的轨迹称为旋回圈。旋回圈是表示船舶旋回性能的重要指标。旋回圈越小,旋回性能越好。

(二)Z 形操纵试验

Z 形操纵试验也称为标准操纵性试验,是一种评价船舶艏摇抑制性的试验。通过测定船舶左右来回操同样舵角时做蛇航运动一周期所航进的距离来判断操纵性。该距离与船长 L 之比越大,则操纵性越差;反之则好。同时,可通过 Z 形操纵试验求取操纵性指数 K、T,从而评价船舶的旋回性、追随性和航向稳定性等重要操纵性能。因此可用 Z 形试验判断出船舶用舵后的初始运动及舵效优劣、旋回性能、追随性能和船舶转头惯性。

1. 试验方法

以 10°/10°(分子表示舵角,分母表示操相反侧舵时的船首向改变量)Z 形操纵试验为例,试验方法简述如下:

(1)保持船舶直线定常航速,发令之前记录初始船速、航向角及推进器转速等;

(2)发令,迅速转右舵到指定的舵角(10°),并维持该舵角;

(3)船舶开始右转,当船舶航向变化量与所操舵角相等时,迅速将舵转为左舵到指定的舵角(10°),并维持该舵角;

(4)当船舶航向改变量与所操左舵角相等时,迅速将舵转到右舵指定的舵角(10°),并维持该舵角;

(5)如此反复进行,操舵达 5 次时,可结束一次试验。

除上述 10°/10°Z 形操纵试验之外,根据需要,还可进行 20°/20°,5°/5°Z 形操纵试验,分别表示强机动和弱机动情况。一般以 10°/10°Z 形操纵试验结果求取的 K、T 指数为准。

2. 试验结果分析

试验中应准确记录各舵角到位时间、特征转头角的时间和惯性超越角的大小。将这些数

据描绘成 $\delta - t$,$\psi - t$ 曲线,如图 1-4-1 所示。

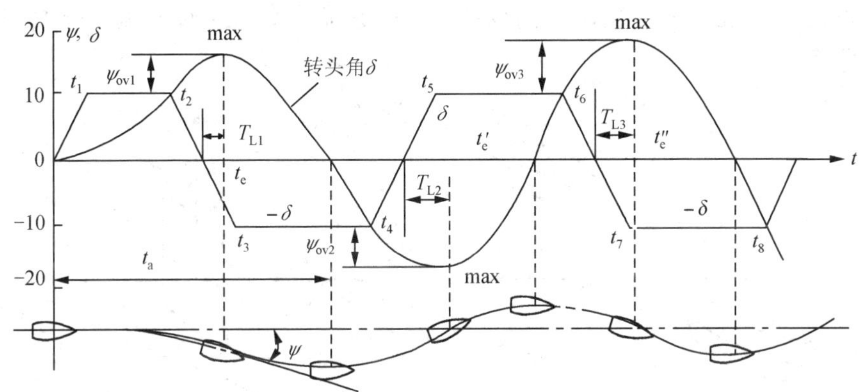

图 1-4-1 10°Z 形试验

试验曲线上的有关操纵特征参数可直接用来分析船舶操纵性。

(1)图中 t_0 为船舶初始回转时间,即操一定舵角 δ_0 后,船首向改变一定角度所需的时间。T_0 越小,初始回转性越好;反之则差。

(2)惯性超越角 ψ_{0v} 和转艏滞后时间 T_L 可用来评价船舶偏转抑制能力。惯性超越角是指操相反舵时的瞬时艏向角和最大艏向角间的差值,如图中的 ψ_{0v1},ψ_{0v2},ψ_{0v3}。转艏滞后时间 T_L 是指回舵通过零舵角位置的瞬时至最大回转角的时间间隔,如图中的 T_{L1},T_{L2},T_{L3}。

(三)螺旋试验

由于船舶在海上不断受到干扰作用,因此,不能用直接试验方法测定船舶的航向稳定性和旋回运动稳定性,必须用间接的试验方法。螺旋试验的目的是判定船舶航向稳定性的好坏。螺旋试验包括正螺旋试验和逆螺旋试验两种。

1. 试验方法

通过正螺旋试验是指求取船舶操某一舵角时船舶所能够达到的定常旋回角速度的试验方法。其试验方法是:

(1)保持船舶直线定常航速,操舵开始前,记录初始船速、航向角及推进器转速等。

(2)发令,迅速转舵到一舷指定的舵角,并保持该舵角,使船舶进入旋回状态。

(3)待旋回角速度达到定常值时,记录相应的角速度 r 和舵角 δ。

(4)将舵角改变一个规定的角度,再重复测量角速度 r 和舵角 δ;通常从右满舵开始求取其对应的定常旋回角速度 r,而后少量减小其右舵角再求取其定常旋回角速度;然后顺次求出正舵、左舵,直至左满舵旋回时的定常旋回角速度;最后再从左满舵向右满舵一步步过渡,依次求出各舵角所对应的定常角速度。这样可以求出每一舵角所对应的定常旋回角速度,并绘出 $r - \delta$ 曲线。

逆螺旋试验是指求取为使船舶达到某一旋回角速度而需操的平均舵角的试验方法。其试验方法与正螺旋试验正好相反。该试验方法比较省时、省力,结果比较准确,但必须有测定船舶转头角速度的角速度仪。

2. 试验结果分析

正螺旋试验可以求出每一舵角所对应的定常旋回角速度,并绘出 $r - \delta$ 曲线,如图 1-4-2 所示。由正螺旋试验得到的 $r-\delta$ 曲线存在两种基本类型:航向稳定的船舶,试验结果为 r 与 δ 具有单值关系;航向不稳定的船舶,$r-\delta$ 曲线系构成一个滞后环,其高度和宽度越大,表明船舶航向稳定性越差。

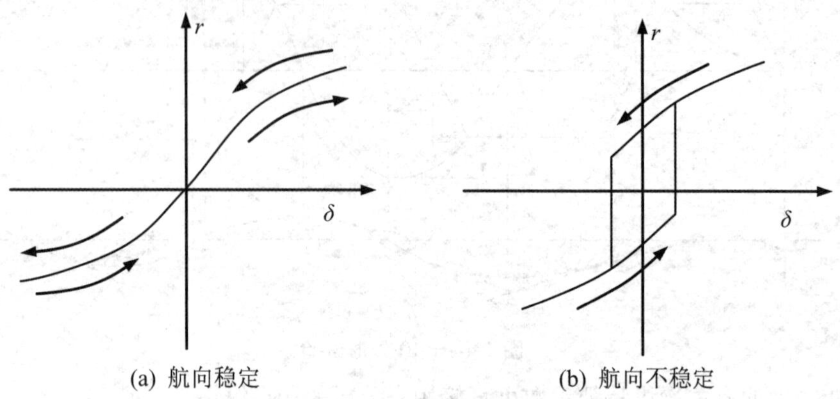

图 1-4-2　正螺旋试验结果

逆螺旋试验求取的是使船舶达到某一旋回角速度而需操的平均舵角,绘出 $r-\delta$ 曲线,如图 1-4-3 所示。对于航向稳定的船舶,由逆螺旋试验得到的 $r-\delta$ 曲线与正螺旋试验结果类似。如果船舶不具备航向稳定性则得到的 $r-\delta$ 曲线呈 S 形,在临界舵角范围内 $r-\delta$ 曲线成多值对应关系,与螺旋试验所求出的不稳定环的宽度所表示的含义是完全一致的。

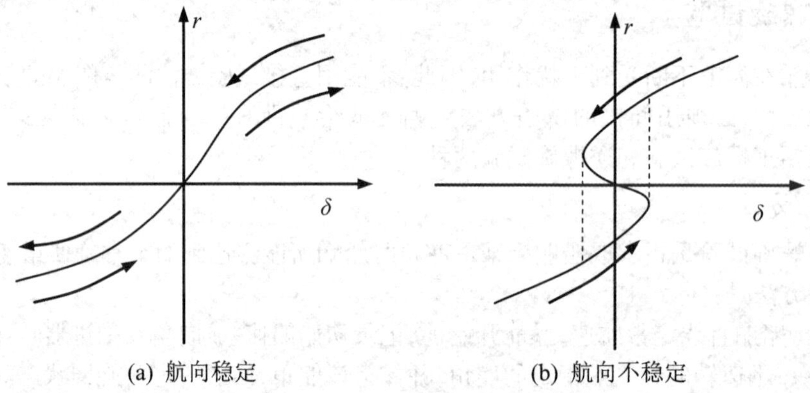

图 1-4-3　逆螺旋试验结果

(四)停船试验

停船试验是指船舶在试验速度时,进行全速倒车,直至船舶对水完全停止的试验。其目的是评价船舶的停止惯性。通常测定船舶在空载和满载状况下,主机在不同转速时使用停车和倒车的冲程和所需时间。至少应进行船舶从前进三至停车、前进二至停车的停车冲程试验和前进三至后退三及前进二后退三的倒车冲程试验。

1. 试验方法

测定时,船舶应保持正舵,必须处于稳定的转速、航速条件下保持直航。

(1)保持船舶直线定常航速,发令之前记录初始船速、航向角及推进器转速等;

(2)发令,将主机由全速进车转为全速倒车;

(3)船舶开始减速,当船舶对水速度为0时,可结束一次试验。

2. 特征参数

停船试验结果可以用图1-4-4的形式表示。其纵坐标为距离,横坐标也为距离。从图中可直接给出下列特征参数。

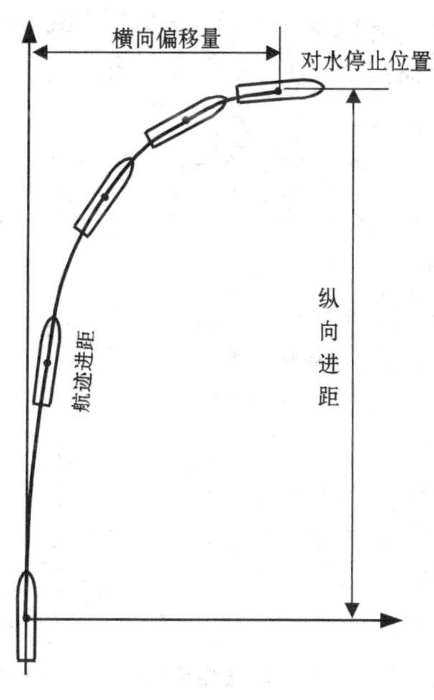

图1-4-4　停船试验

(1)纵向进距

纵向进距是指船舶从发令倒车开始至船舶对水停止时在原航向上的纵向位移量。纵向进距是由于船舶惯性作用而产生的位移。因此它是衡量船舶惯性的参数。

(2)横向偏移量

横向偏移量是指船舶从发令倒车开始至船舶对水停止时在原航向上的横向位移量。横向偏移是由于船舶倒车过程中螺旋桨的作用而产生的位移。其偏移方向与螺旋桨的转动方向有关:对于左旋螺旋桨,倒车时船舶向右横向偏移;对于右旋螺旋桨,倒车时船舶向左横向偏移。偏移量的大小与船舶的航向变化量有关。

(3)航迹进距

航迹进距是指船舶从发令倒车开始至船舶对水停止时航迹所行进的距离。航迹进距俗称为“冲程”,它也是一种衡量船舶惯性的参数。

(4)航向变化量

航向变化量是指船舶从发令倒车开始至船舶对水停止时航向的改变量。航向变化是由于船舶倒车过程中螺旋桨的作用而产生的转向。其转动方向与螺旋桨的转动方向有关:对于右旋螺旋桨,倒车时船舶向右转向;对于左旋螺旋桨,倒车时船舶向左转向。

3. 掷木块法

测定冲程的方法很多,可用电子定位,光学仪器定位,岸标的方位、距离定位,以及GPS定位等方法,通过连续测定船位求得冲程。但目前仍有许多船舶采用传统的掷木块法。下面简要介绍该方法测定冲程的操作要领。

船舶从稳定的航向、航速做直线航进,两观测组分别立于船首及船尾的固定点。当驾驶台发出停车(或倒车)命令时,船首观测组立即沿垂直于艏艉线方向掷出第一块木块,并启动秒表;当第一块木块通过船尾观测组时,船尾观测组即发出信号通知驾驶台及船首,船首接到信号时立即掷下第二块木块,驾驶台则记录时间及船首向,如此循环往复,直至船舶完全停止前进为止,按停秒表。秒表上记录的时间即为发令起至船完全停住所需的时间。如图 1-4-5 所示,冲程可由下式求取:

$$s = (n - 1)L + l_1 = nL - l_2 \tag{1-4-1}$$

式中:s——冲程(m);

n——掷下木块总数;

L——船首尾观测组间的距离(m);

l_1——最后一木块距船首观测组的距离(m);

l_2——最后一木块距船尾观测组的距离(m)。

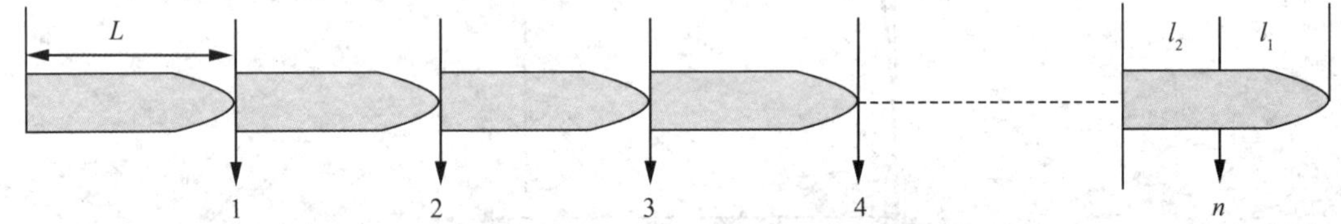

图 1-4-5 掷木块法测定船舶冲程的方法

在记录船舶距离的同时,还应记录船舶滑行时间及船首偏转的角度,据此可大致绘出船舶滑行轨迹,这样可计算出制动纵距和横距。

在每个单项试验测完后,应加速至稳定速度后才能进行下一个项目测定。

第五节 IMO 船舶操纵性衡准的基本内容

1978 年 IMO 做出了有关提供和显示船舶操纵资料的建议,其内容有引航卡(pilot card)、有关本船操纵性能试验结果和模拟结果的明细图表(wheelhouse poster)和操船小手册(maneuvering booklet)三种。引航卡应记入引航员登船后可立即掌握的最低限度的重要性能资料;驾驶室张贴的性能明细表也是一种较详尽的性能资料;而操船小手册则应最详尽地记录本船操纵性能,使驾驶人员能充分了解本船的操纵性能。

IMO 于 2002 年 12 月 4 日通过了“船舶操纵性标准”(standards for ship maneuverability)。该标准适用于 2004 年 1 月 1 日或之后建造的舵桨推进方式、长度大于 100 m 的船舶,化学品船、油船及液化气船不限长度。试验条件要求:平静深水中,满载平吃水,以试验速度(不小于85%主机最大输出功率时船速的 90%的速度)稳定直航。该标准规定的几种操纵性指标及容许界限值如表 1-5-1 所示。

表 1-5-1　操纵性指标及容许界限值

评价指标	容许界限范围
旋回性	进距≤4.5L,旋回直径≤5L
初始回转性	操左(右)舵 10°时,当船首向改变 10°时,船舶前进距离≤2.5L
偏转抑制性 保向性	10°/10°Z 形试验 第一惯性超越角≤10°　$\frac{L}{v}<10$ s ≤20°　$\frac{L}{v}\geq 30$ s ≤$(5+0.5\frac{L}{v})$　10 s≤$\frac{L}{v}<30$ s 第二惯性超越角≤25°　$\frac{L}{v}<10$ s ≤20°　$\frac{L}{v}\geq 30$ s ≤$(17.5+0.75\frac{L}{v})$　10 s≤$\frac{L}{v}<30$ s 20°/20°Z 形试验 第一惯性超越角≤25°
停船性	倒车冲程≤15L(然而,如因船舶排水量大而使该衡准值不切实际,主管机关可以修改该值,但不得超过 20L)

思考与练习

1. 简述旋回运动三个阶段的重要运动特征。
2. 试绘图说明旋回圈及其要素。
3. 试述影响旋回圈大小的因素。
4. 试述旋回要素在实际操船中的运用。
5. 何谓航向稳定性？如何判别航向稳定性？
6. 何谓保向性？影响保向性的因素有哪些？
7. 何谓启动惯性、停车惯性和倒车惯性及其各冲程的经验数据？
8. 试述船舶的各种制动方法。紧急避让时,正确决策是车让还是舵让？
9. 试述操纵性试验的种类和目的,这些试验应满足哪些条件？

知识树

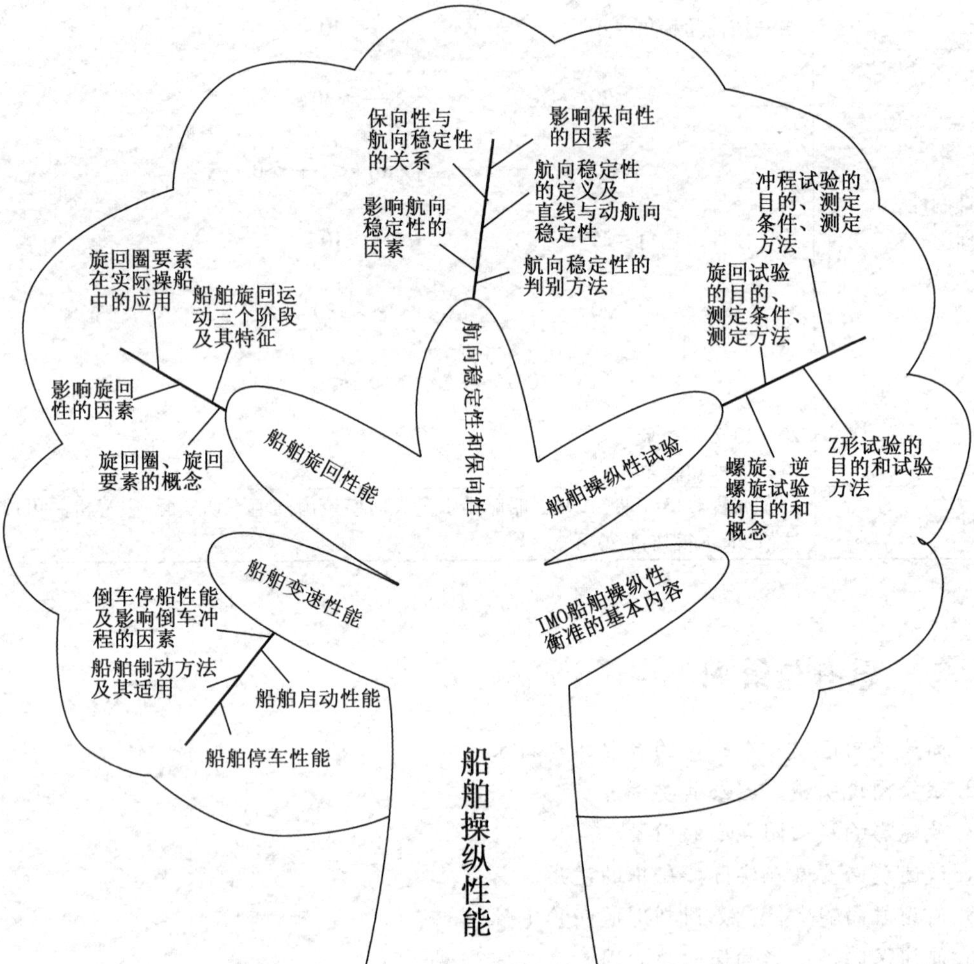

- 船舶操纵性能
  - 航向稳定性和保向性
    - 保向性与航向稳定性的关系
    - 影响保向性的因素
    - 航向稳定性的定义及直线与动航向稳定性
    - 影响航向稳定性的因素
    - 航向稳定性的判别方法
  - 船舶旋回性能
    - 旋回圈要素在实际操船中的应用
    - 船舶旋回运动三个阶段及其特征
    - 影响旋回性的因素
    - 旋回圈、旋回要素的概念
  - 船舶操纵性试验
    - 冲程试验的目的、测定条件、测定方法
    - 旋回试验的目的、测定条件、测定方法
    - 螺旋、逆螺旋试验的目的和概念
    - Z形试验的目的和试验方法
  - 船舶变速性能
    - 倒车停船性能及影响倒车冲程的因素
    - 船舶制动方法及其适用
    - 船舶启动性能
    - 船舶停车性能
  - IMO船舶操纵性衡准的基本内容

第二章　操纵设备及助操设施

本章学习目标:

1. 掌握螺旋桨、舵设备、系泊设备及其运用,侧推器的应用;
2. 掌握拖船的运用及与被拖船之间的相互作用。

船舶操纵设备也称为船舶运动控制设备,是指船舶本身所装备的推进器、舵、锚及系泊设备和装置。船舶在不同运动状态下,所运用的操纵设备不尽相同,航行状态下最常用的操纵设备是推进器和舵。船舶在进出港和靠离泊操纵时,推进器、舵、锚和系泊设备将综合应用。为了提高船舶在受限水域的操纵性能,有些船舶还配备了侧推器以及特种推进装置等设备。在船舶本身的操纵设备不能有效控制船舶运动状态的情况下,还需要港作拖船的协助。本章将对常用的操纵设备和拖船及其作用进行讲述。

第一节　螺旋桨及其运用

将主机发出的功率转换成推动船舶前进功率的装置或机构,统称为推进器。目前船舶最常使用的是螺旋桨(螺旋推进器)。

一、螺旋桨的种类

(一)固定螺距桨

固定螺距桨(fixed pitch propeller,FPP)的桨叶是固定的,当船舶倒车时螺旋桨必须倒转,这可以通过倒转离合器或者改变主机的转动方向来实现。固定螺距桨具有坚固、不易受损的特点;当船舶靠码头时,主机停车,螺旋桨不转动,不会影响周围系泊的船舶,同时也不会缠绕系泊用缆,见图 2-1-1。

(二)可变螺距桨

可变螺距桨(controllable pitch propeller,CPP)的桨叶可以顺着桨叶轴旋转,从而可以改变螺旋桨的螺距,其结构如图 2-1-2 所示。调整桨叶位置的机械结构位于与桨叶连接的突出部里(boss or hub),由机舱驱动,驾驶台远距离控制螺旋桨桨叶的位置。可变螺距桨最大的特点是它只向一个方向旋转,并不需要倒转离合器或主轴的转动方向。

相对于固定螺距桨,可变螺距桨的优点是:

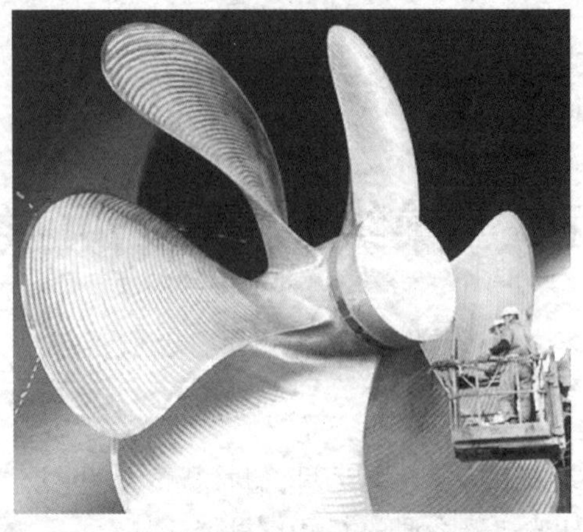

图 2-1-1 固定螺距桨

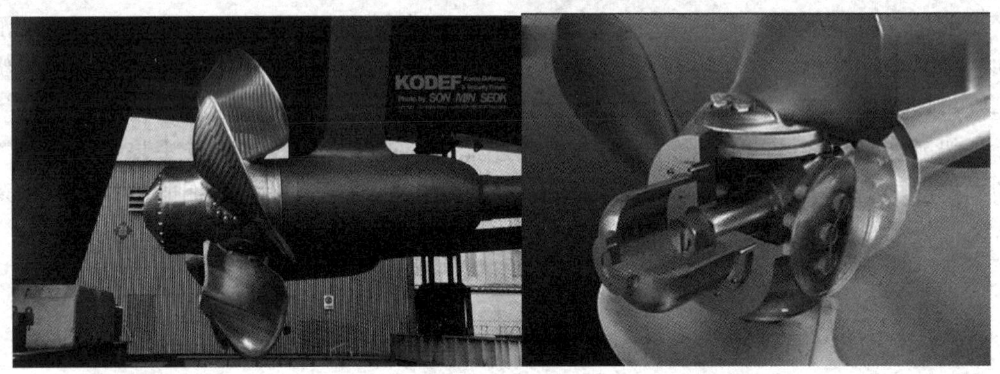

图 2-1-2 可变螺距桨

(1)可以驱动船舶以任何速度行驶,并能保证在不停主机的情况下,使船以很低的速度行驶。

(2)它能迅速改变船舶的推力方向,并提高船舶的推进效率,还能很容易地与轴带发电机并联。

(3)它能以最大功率倒车停船。

(4)当螺旋桨桨叶损坏时,有时可以在漂浮的状态下更换。

(5)轴带发电机与可变螺距桨并联时,一旦主机发生故障,轴带发电机也可以作为船舶发电机的电马达产生推力驱动船舶。

当然,相对于固定螺距桨,可变螺距桨也存在一些不足:

(1)可变螺距桨系统的液压部件和密封圈相对容易损坏,有时会由此产生油污染。

(2)造价相对较高。

(三)其他类型的螺旋桨

1. 带导流罩的螺旋桨

安装导流罩(nozzles)的目的是增加螺旋桨的推力。由于进入导流罩的水流速度高于螺旋桨外的水流速度,产生的压力梯度增加了螺旋桨的推力。导流罩还可以减少噪声和震动,减少

了空泡和空泡剥蚀效应(cavitation)的发生(通过减少进入水流的局部压力差)。带导流罩的螺旋桨适用于除了高速船外几乎所有的船舶,尤其是内河船舶、挖泥船、渔船和供应船。带导流罩的螺旋桨如图 2-1-3 所示。

图 2-1-3　带导流罩的螺旋桨

2. 舵螺旋桨

舵螺旋桨(rudder propeller)(又叫 Z 形推进器,如图 2-1-4 所示)的主要特征是螺旋桨能像舵一样旋转,甚至能 360°旋转。Z 形推进器的倒航推力与进航推力基本相同,进退转换也非常迅速,同时,只要将螺旋桨向左或向右转动,即可产生侧向推力,从而起到舵的作用。因此,其操纵性能特别好,广泛用于拖船和对操纵性能要求高的船上。

图 2-1-4　舵螺旋桨

3. 对转螺旋桨

对转螺旋桨(contrarotating propellers)是在同轴线的内外两轴上分别装设的一对转动方向相反,转动速度相同或不同的螺旋桨。有利于提高推进效率,避免或减轻空泡效应,以及减少振动,缺点是结构比较复杂,如图 2-1-5 所示。

4. 电动船用螺旋桨

电动船用螺旋桨(如图 2-1-6 所示)是一种用于高速海船的电动船用螺旋桨,它的驱动设

图 2-1-5　对转螺旋桨

备可以安放在船壳外，电动船用螺旋桨的驱动不需要齿轮箱、离合器、螺旋桨轴和舵。与当前采用其他螺旋桨驱动设备的船舶相比，采用电动船用螺旋桨的船舶的设计和建造都相对简单。电动船用螺旋桨最先是为破冰船设计的，随后在供应船、远洋客船、油船、渡船和具备 DP 系统的船舶上广泛使用。

图 2-1-6　电动船用螺旋桨

5. 平旋推进器

平旋推进器(cycloidal propeller; Voith-Schneider propeller)也叫直翼全向推进器，安装在船舶的船底，通过控制桨叶的角度，达到控制船舶前进或后退及船舶航向的目的。该推进器倒航推力与进航推力基本相同，进退转换也非常迅速并能起到舵的作用，广泛用于拖船和对操纵性能要求高的船上，如图 2-1-7 所示。

二、船舶的阻力

船舶在水面上以一定的航速航行，必须依靠主机发出的功率驱动推进器产生推力，从而克

图 2-1-7 平旋推进器

服船舶本身所受的各种阻力。

船舶在水面上航行时,水和空气对船体有相对运动,产生水动力和风动力。船体水动力和风动力也称为船舶阻力,它是影响船舶运输效率和运动性能的主要因素。

(一)船舶阻力的构成

营运中的船舶所受的阻力总量 R_T 由基本阻力 R_0 和附加阻力ΔR 两部分构成。

船舶阻力表示为:

$$R_T = R_0 + \Delta R \tag{2-1-1}$$

(二)基本阻力

基本阻力是指新出坞的裸船体(不包括附属体)在平静水面行驶时水对船体产生的阻力,由摩擦阻力、兴波阻力、涡流阻力三部分组成,通常后两者也称为剩余阻力,即

$$R_0 = R_F + R_W + R_E \tag{2-1-2}$$

1. 摩擦阻力

摩擦阻力 R_F(frictional resistance)的大小与船舶吃水、船体水下部分的湿水面积、船体表面的粗糙度和船速等因素有关。船舶推进器推动船舶运动时,随着船速的提高,摩擦阻力与船速的平方成正比迅速增大。摩擦阻力在总阻力中所占比例主要取决于船速的大小。一般商船速度范围内,摩擦阻力为总阻力的 70%~90%。

2. 剩余阻力

剩余阻力 R_R(residual resistance)包括兴波阻力 R_W 和涡流阻力 R_E。兴波阻力是指船舶对水运动过程中船体周围产生的兴波造成的能量损失;而涡流阻力是指流体与船体分离产生的涡流造成的能量损失。

剩余阻力的大小取决于船体的形状和船速,其中兴波阻力占有较大比例。在低速时,兴波阻力与船速的平方成正比,但在高速时,兴波阻力急剧增大。因此,在高速情况下,船舶的推进功率并非全部用于提高船速,很大一部分转换为兴波能量。在低速时,剩余阻力通常占总阻力的 8%~25%;而高速时,甚至达到 45%~60%。

浅水对剩余阻力的影响较大,这是由于浅水造成船底的流体向后流动较为困难,进而产生比深水更大的兴波,从而造成阻力增大。

基本阻力的大小主要与船速和吃水有关。吃水越大,阻力越大;船速较低时,基本阻力近似于线性变化;当船速较高时,基本阻力变化明显加快,几乎与船速的平方成正比。

(三)附加阻力

附加阻力是指船舶营运过程中由于船舶附体的增加、船体表面粗糙度、海况、风以及海流等引起的船舶阻力增量。附加阻力包括:

1. 附体阻力(appendage resistance)

附体阻力是指由于舵、舭龙骨及轴包架等附体对水运动而增加的部分阻力。

2. 污底阻力(fouling resistance)

船舶营运过程中,船壳板上漆层的脱落、海生物的生长都会使船体表面变得粗糙,意味着船舶摩擦阻力的增加。这种船体表面粗糙度的增大,在整个船舶使用寿命期间可能使总阻力增加 25%~50%。有关数据显示,每米长度的粗糙度厚度为 25 mm 时,船速降低 1%。

3. 汹涛阻力(rough sea resistance)

船舶阻力也会由于风、浪和船身的剧烈摇摆运动的影响而增加。顶浪航行时,一般船舶总阻力比静水状态增加 50%~100%。

4. 空气阻力(air resistance)

空气阻力是指在静水状态下(3 级风以下),船舶水上部分对空气的相对运动产生的阻力。一般来说,空气阻力与船速的平方以及船体水线以上部分正投影面积成正比。一般情况下,空气阻力通常占总阻力的 2%~4%;但集装箱船由于其船体水线以上部分正投影面积较大,且船速较高,其空气阻力占总阻力的比例可达 10%。

附加阻力的大小还与风浪大小、船体污底轻重及航道浅窄程度有关。

三、螺旋桨的推力与转矩

(一)推力与转矩

螺旋桨在主机的驱动下旋转推水向后运动,而水对螺旋桨的反作用力称为推力(thrust)。

主机提供的使螺旋桨旋转的力矩称为转矩(torque)。

流向螺旋桨盘面的水流称为吸入流(suction current),其特点是作用范围较广,流线几乎平行,流速较低;推离螺旋桨盘面的水流称为排出流(discharge current),其特点是作用范围较窄,流线旋转,流速较快,如图 2-1-8 所示。

螺旋桨的推力与转矩用下式计算:

$$T = \rho \cdot D^4 \cdot n^2 \cdot K_T \qquad (2\text{-}1\text{-}3)$$

$$Q = \rho \cdot D^5 \cdot n^2 \cdot K_Q \qquad (2\text{-}1\text{-}4)$$

式中:ρ——水密度(kg/m^3);

D——螺旋桨直径(m);

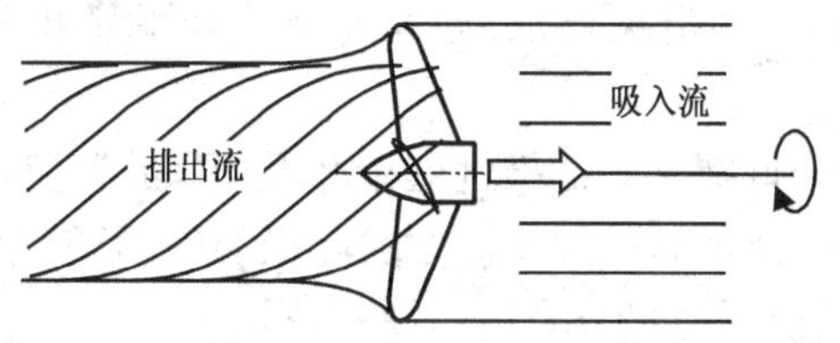

图 2-1-8　吸入流和排出流

n——螺旋桨转速(r/min);

K_T——螺旋桨的推力系数;

K_Q——螺旋桨的转矩系数。

一般来讲,推力与主机的转速、船速、螺旋桨的沉深、滑失和伴流有关。

(1)当船速一定时,转速越高,推力就越大,推力的大小与转速的平方成正比。

(2)当转速一定时,船速越高,推力就越小,即推力与船速成反比。船速为零时推力最大称为系柱推力。

(3)沉深越小,推力越小;滑失越大,推力越大。

(4)伴流越大,推力越大。

螺旋桨沉浸水中的深度对螺旋桨的推力与转矩影响较大。当螺旋桨浸在水中的深度不足时,螺旋桨转动造成空气吸入现象或部分桨叶露出水面,螺旋桨的推进效率将大大降低,螺旋桨的推力与转矩也将随之降低。

当主机倒车时,主机的拉力和转矩具有与正车时相同的特性,由于螺旋桨及主机结构方面的原因,一般船舶倒车拉力只有进车推力的60%~70%,大型船舶只有30%~40%。

(二)滑失

滑失(slip)是指螺旋桨对水纵向运动的理论速度与实际速度之差,即

$$s = np - v_p = np - v_s(1 - w_p) \tag{2-1-5}$$

式中:s——滑失;

n——螺旋桨的转速;

p——螺旋桨的螺距;

v_p——螺旋桨对水的实际速度;

v_s——船舶对水的速度;

w_p——螺旋桨处的伴流系数或伴流分数。

滑失与螺旋桨对水运动的理论速度的比值称为滑失比 s_r(slip ratio),即

$$s_r = \frac{s}{np} = \frac{np - v_p}{np} = 1 - \frac{v_p}{np} \tag{2-1-6}$$

若以船速 v_s 代替 v_p,则分别称为虚滑失和虚滑失比,即不考虑螺旋桨处伴流的影响。

螺旋桨的滑失比越大,螺旋桨的推力系数与转矩系数也越大。螺旋桨的转速一定时,船速越低,螺旋桨的滑失比越大。

从以上分析可以看出,当滑失比增加时,在增加推力的同时也增加了螺旋桨的转矩,这就需要主机克服更大的转矩,容易使主机超负荷工作而损坏主机。因此在实际工作中应避免船舶在静止中突然开高速进车和高速倒车而损坏主机。另外,船舶在大风浪中或浅窄水域航行

时,因船速下降而导致螺旋桨的滑失增加,亦容易造成船舶主机超负荷工作,应引起足够的重视。

尽管滑失比的增大会降低螺旋桨的推进效率并增加螺旋桨负荷,但从船舶操纵角度来看,滑失比的增大有利于提高船舶的转向效率。在实际操船中,船舶操纵人员常常通过降低船速、增加螺旋桨转速来增大螺旋桨的滑失比,进而提高舵效。

(三)伴流

船舶以某一速度向前航行时,附近的水受到船体的影响而产生运动,其表现为船体周围将存在一股水流以某一速度随船前进,这股水流称为伴流或迹流。伴流的存在使得船后螺旋桨附近流场中水流对桨的相对速度与船速不同,从而使螺旋桨产生的推力也不同。伴流主要由摩擦伴流、势伴流和兴波伴流组成。通常所说的伴流速度是指相应位置处伴流沿船首尾方向的分量。和船体运动方向运动一致的伴流称为正伴流,反之为负伴流。摩擦伴流是船体运动由于水与船体之间的摩擦而引起的一种水流,其方向与船体的运动方向一致,故为正伴流。摩擦伴流是伴流的主要成分。如船体前进一段距离,船首部需将水向两舷挤开,而外围水自船首和两舷挤入,这种随船体运动自船首经两舷再流向船尾的水流称为势伴流,显然船首尾附近的伴流为正伴流,而船中附近的伴流为负伴流。因势伴流稍离船体迅速分散,所以其作用不甚明显。兴波伴流是船行波形成的伴流,其影响较前两者小。

伴流分布的特点为:船舶在前进时,伴流大小与厚度自船首至船尾逐渐增大,船首最小,船尾最大;离船体越远,伴流越小。船舶后退时,则船尾的伴流最小;船尾处沿螺旋桨的径向上大下小,左右对称,如图 2-1-9 所示。

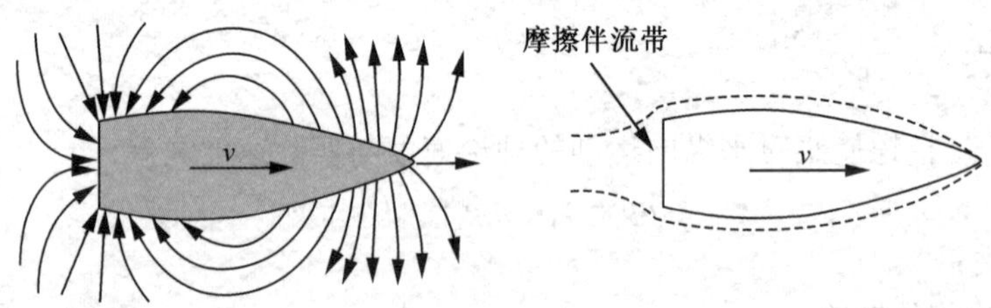

图 2-1-9　伴流的分布

伴流的存在使得螺旋桨进速比船速低,船后螺旋桨的推力将比单独螺旋桨的推力大,但会使舵效变差。伴流对提高螺旋桨推力是个有利因素,因此一般船舶正伴流的最大位置在螺旋桨的桨盘处。

四、主机功率和船速

对于给定的船舶主机,可提供的功率是有限的,船舶的船速也是受到限制的。此外,由于功率以及转矩的限制,主机或螺旋桨的转速也受到船速以及外界环境条件的制约,在特定的船速和环境条件下,主机并不能随时提供任意的转速。

(一)主机功率

从功率的传递情况来看,主机发出的功率,除了驱动螺旋桨转动产生推力为船舶做前进运动提供有效功率外,还必须提供驱动螺旋桨产生相应转矩以及克服主机和传动轴系摩擦所需

要的功率。

主机功率主要有以下几种：

1. 机器功率(machinery horse power,MHP)

机器功率是指主机发出的功率。根据主机种类的不同,测定机器功率的部位不同,机器功率在不同类型主机中就有不同的表示方式。蒸汽机主机常用指示功率(indicated horse power,IHP)来表示主机的机器功率,IHP 是指主机在气缸内产生的功率。内燃机主机常用制动功率(brake horse power,BHP)来表示主机的机器功率,BHP 是指输出于主机之外可实际加以利用的功率。汽轮机主机常用轴功率(shaft horse power,SHP)来表示主机的机器功率,SHP 是指传递到与螺旋桨艉轴相连接的中间轴上的功率。

2.(螺旋桨)收到功率(delivered horse power,DHP)

(螺旋桨)收到功率是指机器功率经过传动装置和其他机件的摩擦损失,传至主轴尾端与螺旋桨连接处的功率。

3. 推力功率(thrust horse power,THP)

推力功率是指螺旋桨获得收到功率后发出的推进功率,它等于螺旋桨发出的推力与螺旋桨进速(对水)的乘积。

4. 有效功率(effective horse power,EHP)

有效功率是指克服船舶阻力而保持一定船速所需要的功率,它等于船舶阻力与船速的乘积。

(二)各功率之间的关系

螺旋桨收到的功率 DHP 与机器功率 MHP 的比值称为传递效率,其值通常为 0.95~0.98。

有效功率 EHP 与(螺旋桨)收到功率 DHP 之比称为推进器效率,该值一般为 0.60~0.75。

有效功率 EHP 与机器功率 MHP 之比称为推进系数,该值一般为 0.5~0.7。这就是说,主机发出功率变为船舶推进有效功率后已损失了将近一半。

(三)船速分类

船速(对水)按照航行环境以及主机工况的不同可以分为：

1. 额定船速

额定船速也称为最大船速,是指船舶主机按额定输出功率(最大功率)航行时所能达到的最高船速,与之对应的主机转速称为额定转速。额定船速通常为设计船速,在新船试航时也可通过实船试验测得。投入营运后由于主机的磨损和船体的陈旧,额定船速将会降低。

2. 海上船速

船舶在海上实际航行时,通常保留一定的功率储备,采用的低于额定功率的常用功率称为海上功率,通常为额定功率的 90%,相应的海上常用主机转速则为额定转速的 96%~97%。

主机按海上常用输出功率、常用转速运转时,在平静深水域中取得的船速即为海上船速。船舶以海速行驶时,只是意味着主机按海上常用输出功率、常用转速运转,由于海上气象多变、船舶装载状态不同,船速并不是固定不变的。

3. 港内船速

船舶在进出港航行时，因船舶密集、水深较浅、弯道较多，需要频繁用车（变速操纵）、用舵。为便于操纵和不使主机超负荷，港内航行时主机最高转速应较海速低，港内的最高主机转速一般为海上常用转速的70%~80%。该转速通常由船长和轮机长商定并共同遵守执行。螺旋桨倒车时转矩往往比正车时大，港内“后退三”时的主机转速一般为海上常用转速的60%~70%。

此外，主机正车转速常划分为“前进三（full ahead）”“前进二（half ahead）”“前进一（slow ahead）”“微速前进（dead slow ahead）”四挡，微速前进时的主机输出功率和转速是主机可以输出的最低功率和最低转速。在倒车挡中也分为“后退三（full astern）”“后退二（half astern）”“后退一（slow astern）”“微速后退（dead slow astern）”四挡。与海上船速类似，港内船速是指主机按港内各级转速运转时，在平静深水域中取得的船速。港内船速也称为备车（主机做好随时操纵的准备）速度或操纵速度，船舶以港速行驶，往往意味着备车航行。由于船舶装载状态以及水深等外界条件不同，船速并不是固定不变的。

4. 经济航速

所谓经济航速是能使船舶费用和燃料费用之和即运输成本达到最低的航速。营运中的船舶为了最大限度地节约成本，常常以经济航速航行，尤其是大洋航行时，航程和航时均较长，掌握船速和主机燃油消耗的关系，运用最佳船速，可以提高船舶运输的经济效益。

如果将船舶折旧费、保险费、船员费用、修理费、港口使费、润滑油费用等都考虑进去，则确定经济航速比较困难。

（四）船速测定

船舶操纵性能受水深、水域宽度、气象条件、水文条件等诸多因素的影响，所以为了使实船试验结果具有普遍意义，需要对试验条件做出规定。IMO 安全委员会在 MSC Circ. 644 中做出了详细规定。

1. 水深、水域宽度

应在水深、宽度不受限制，遮蔽条件较好的水域进行标准操纵性试验，其水深应大于 4 倍的船舶平均吃水。

2. 船舶载况和吃水差

船舶应在满载（达到夏季吃水）、平吃水的条件下进行试验，即确保螺旋桨有足够的沉深。

3. 气象与海况

应尽可能在比较平静的水域进行试验，具体规定如下：

（1）风力不超过蒲福 5 级，即风速不超过 19 kn；

（2）海浪不超过 4 级，即有效波高不超过 1.9 m，最大波浪周期不超过 8.8 s；

（3）流场比较均匀，即在试验时间和水域范围内，流速、流向是相对稳定的。

4. 测定方法

船舶测速要求在专用测速水域进行，应沿与测速标方位垂直的航向行驶，如图 2-1-10 所示。通常需测定满载、合理压载等常用吃水条件状态下的前进一、前进二、前进三时的船速。

无风、浪、流的影响时，船舶测速（对一种装载状态和一种主机转速，下同）通常需要进行一个往返：

$$v = \frac{v_1 + v_2}{2} \tag{2-1-7}$$

船舶测速时如果有风、流影响，为减小误差，应往返多次测速并求平均速度：

仅有均匀流影响时，通常需要进行3次：

$$v = \frac{v_1 + 2v_2 + v_3}{4} \tag{2-1-8}$$

有不均匀流影响时，通常需要进行4次：

$$v = \frac{v_1 + 3v_2 + 3v_3 + v_4}{8} \tag{2-1-9}$$

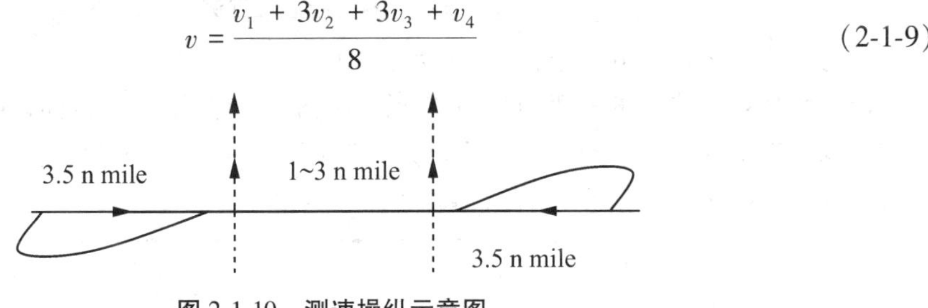

图 2-1-10　测速操纵示意图

5. 注意事项

船舶在进行测速操纵时，除满足以上所需条件外，还应注意：

（1）保持稳定的主机转速和航向，航向偏差不得超过±2°；

（2）把定航向所操舵角应不大于5°，旋回掉头时所用舵角不应大于10°。

五、螺旋桨的致偏效应及其运用

螺旋桨转动时，除了产生前后方向的推力或拉力，以控制船舶的前后运动之外，还会产生左右不对称的横向力，使船舶产生偏转。船舶驾引人员必须注意这些横向力对船舶操纵的影响，了解和掌握这些横向力的特性、大小、方向等，在实际操船中趋利避害地加以运用。根据产生机理的不同，螺旋桨横向力可以分为沉深横向力、伴流横向力、排出流横向力以及推力中心偏位，这几种作用力在不同的条件下作用大小和方向各异。下面以右旋固定螺距桨（FPP）单桨船为例讨论螺旋桨横向力产生的机理及作用规律。

（一）沉深横向力

螺旋桨盘面中心距水面的垂直距离称为螺旋桨的沉深 h，沉深与螺旋桨直径 D_P 之比 h/D_P 称为沉深比，如图 2-1-11 所示。

沉深横向力的产生机理是流体静压力随深度的增加而增大，当螺旋桨转动时，上下桨叶所处的深度不同，在周向（即切线方向）的横向力方向相反，但大小不同，产生横向力。此外，当沉深比较小（$h/D_P<0.65\sim0.75$）时，上方有空气吸入或桨叶暴露于空气中（$h/D_P\leqslant0.5$），则其所受的转力小，因而产生较大的横向力。

随沉深的增大，螺旋桨桨叶距水面较深，空气就不易吸入，沉深横向力逐渐减小；但如果水深较浅，螺旋桨桨叶距离海底较近，由于水流受阻或搅入泥沙使流体密度增大，下部桨叶受到

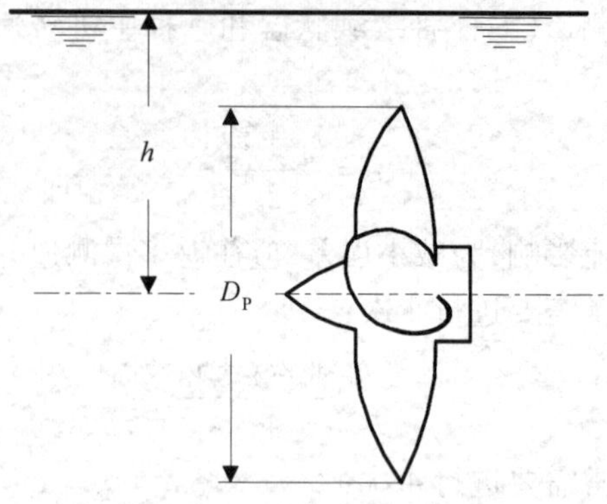

图 2-1-11　螺旋桨沉深

的水动力会大于上部桨叶，同样产生较大的横向力。

由沉深横向力产生的机理可以看出，作用在桨叶上的横向力方向（由船尾向前看）总是与螺旋桨的旋转方向相同。对于右旋固定螺距桨而言，进车时，沉深横向力推船尾向右，船首左偏；倒车时相反，推船尾向左，船首右偏，如图 2-1-12 所示。

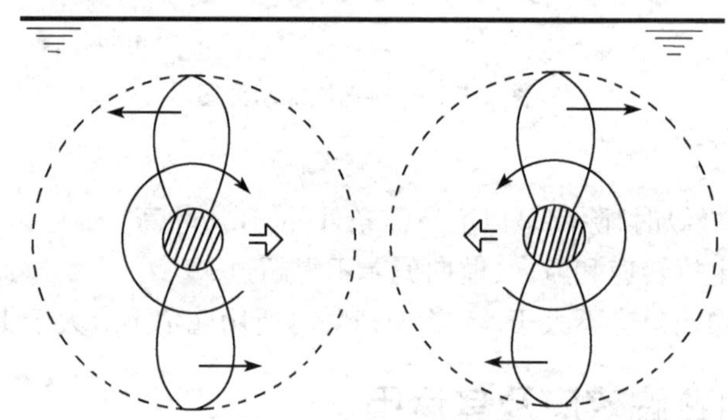

图 2-1-12　螺旋桨沉深横向力

沉深横向力的大小除了与沉深及螺旋桨转速有关外，受船速的影响较大，在转速不变的情况下，随船速的提高，沉深横向力逐渐减小。

（二）伴流横向力

船舶在前进中，当螺旋桨转动时，受纵向伴流影响，螺旋桨上部桨叶相对于水的进速比下半部桨叶要低，因此水流的攻角相对较大，所受到的升力也相对较大，偏转力也要比下部桨叶的转力要大，该转力之差即称为伴流横向力，如图 2-1-13 所示。

由伴流横向力产生的机理可以看出，作用在桨叶上的横向力方向（由船尾向前看）总是与螺旋桨的旋转方向相反。对于右旋单桨船而言，前进中进车时，推船尾向左，船首右偏；船舶在前进中倒车时相反，伴流横向力推船尾向右，船首左偏。上述的船首偏转方向正好与螺旋桨的沉深横向力相反。

伴流横向力还随转速的提高而增大；由于船速较低时伴流相应减弱，伴流横向力随船速的降低而减小。在船舶静止或后退中，船尾伴流可以忽略，伴流横向力也可以忽略。但总体而言，不论是进车还是倒车，伴流横向力均是一个较小的量。

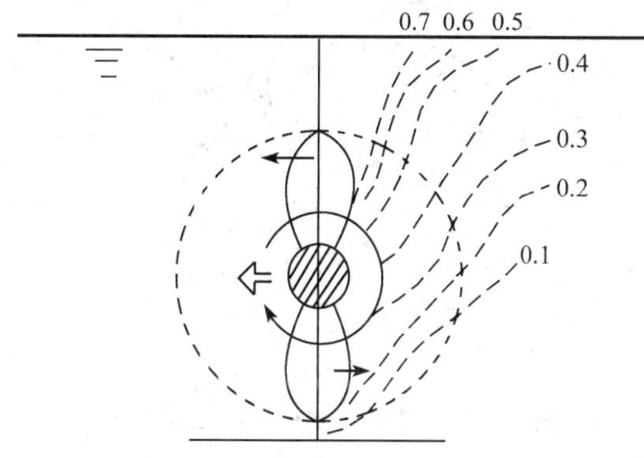

图 2-1-13　**螺旋桨伴流横向力**

(三)排出流横向力

离开螺旋桨的流称为排出流,其特点是流速较快,作用范围较小,水流旋转激烈,如图 2-1-8 所示。

船舶前进中进车,排出流作用在舵上。正舵时,由于旋转作用,螺旋桨上半部排出流作用在舵叶右下部,下半部排出流作用在舵叶左上部。受伴流影响,上半部排出流轴向速度较小,因此作用在舵上的冲角较大,使舵叶右侧的水动力大于左侧,造成推船尾向左的横向力,如图 2-1-14 所示。

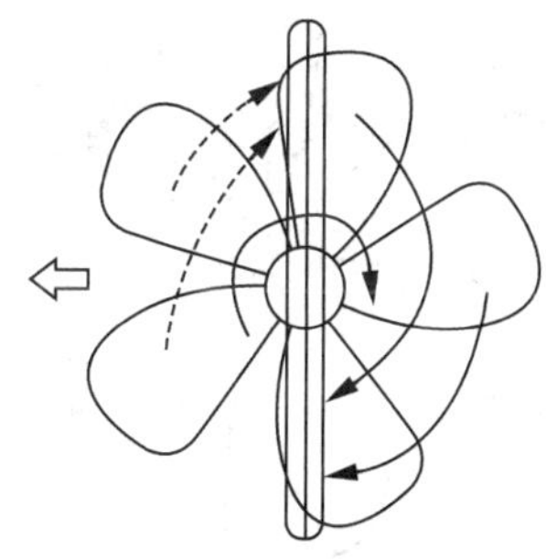

图 2-1-14　**螺旋桨正车排出流横向力**

船舶进速较低或船舶后退中倒车时,螺旋桨的排出流打在船体尾部,由于船体尾部线型上肥下瘦,相比较而言,在船尾右外板上不仅排出流冲角较大,而且冲击的外板面积较为宽广,所以形成较强的冲击力,使船尾向左偏转,船首向右偏转,如图 2-1-15 所示。

综上所述,无论处于何种状态,右旋固定螺距桨单桨船的排出流横向力方向均向左,使船首向右偏转。

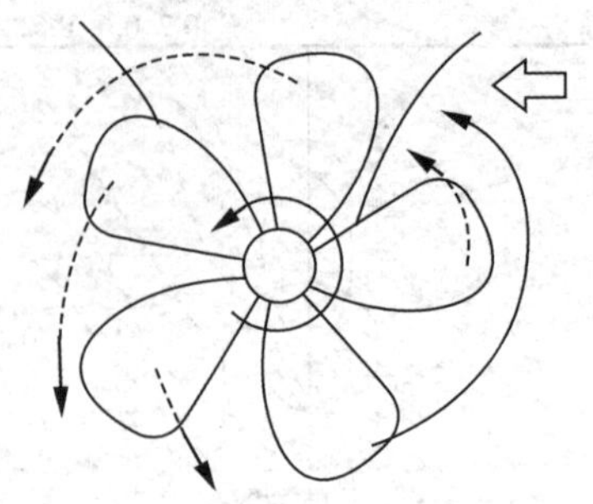

图 2-1-15 螺旋桨倒车排出流横向力

(四)中心偏位

推力中心偏位是由吸入流和伴流引起的。由于吸入流和伴流在船尾的分布是三维的,在垂向的分布沿水下船尾型线由船底向上呈斜上方向汇集于螺旋桨的盘面内。螺旋桨右旋时右半圆的桨叶呈顶流状态,左半圆的桨叶呈顺流状态,使右侧桨叶的推力大于左侧桨叶的推力,整个螺旋桨的推力中心偏向于螺旋桨中心的右侧,使船首左偏;同时,由于左右桨叶垂直力右大左小,船尾受到一定程度的抬升。船舶前进中倒车时,左侧的桨叶呈顶流状态,右侧的桨叶呈顺流状态,使左侧桨叶的拉力大于右侧桨叶的拉力,整个螺旋桨的拉力中心偏向于螺旋桨中心的左侧,使船首左偏。推力偏心力矩如图 2-1-16 所示。

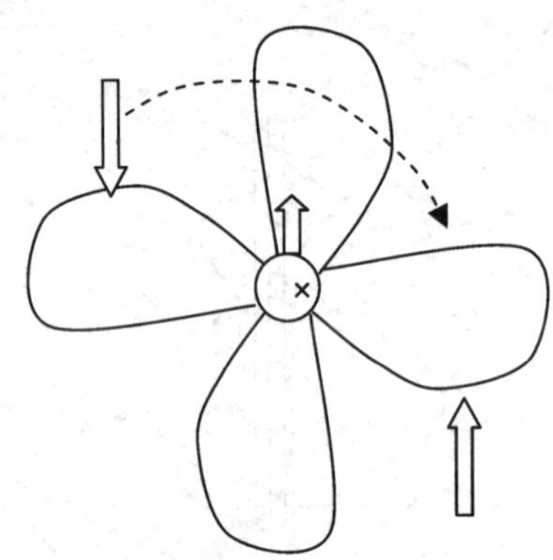

图 2-1-16 推力偏心力矩

总而言之,螺旋桨推(拉)力中心偏位的方向与螺旋桨旋转的方向一致,引起的横向力使船尾向右、船首向左偏转。船速越高、螺旋桨转速越高,则推力中心偏位越明显。但总体而言,不论是进车还是倒车,螺旋桨推力中心引起的横向力均是一个较小的量。船舶在后退中,因为舵吸入流和伴流均微弱,推力中心偏位的效果可以忽略。

右旋固定螺距桨(FPP)单桨船各种螺旋桨横向力产生的条件及作用规律如表 2-1-1 所示。

表 2-1-1　右旋固定螺距桨(FPP)单桨船各种螺旋桨横向力产生的条件及作用规律

横向力种类	产生条件	量级	影响因素	方向	致偏作用
沉深横向力	$h/D_P<0.65\sim0.75$ 或水深较小	较大	h/D_P 越小、水深越浅、船速越低、转速越高,横向力越大;空载时作用明显	与螺旋桨旋转方向相同	进车,船尾右偏,船首左偏;倒车,船尾左偏,船首右偏
伴流横向力	船有进速,伴流存在	小	船速越高、转速越高,该力越大	与螺旋桨旋转方向相反	进车,船尾左偏,船首右偏;倒车,船尾右偏,船首左偏
排出流横向力	进车时伴流存在;倒车时排出流能够作用于船体尾部	进车较小,倒车较大	排出流速度越大、船尾吃水越浅,该力越大	向左	船尾左偏,船首右偏
推力中心偏位	船舶在前进中,伴流(垂向)存在	小	船速越高、螺旋桨转速越高,推力中心偏位越明显	推力偏右,拉力偏左	船尾右偏,船首左偏

(五)螺旋桨致偏作用

船舶在不同的运动状态下用车时,螺旋桨旋转产生横向力引起船体偏转的方向和大小各不相同,以下以右旋固定螺距桨单桨船为例讨论螺旋桨的致偏作用。

1. 静止中进车

开始动车时,因为不存在伴流(吸入流引起的伴流可以忽略),进车排出流横向力以及推力中心偏位的影响均较小,船舶在沉深横向力的作用下使船首左偏。

空船或轻载时,螺旋桨的沉深比 h/D_P 比较小,沉深横向力较大,船首左偏比较明显。重载船沉深比 h/D_P 比较大,沉深横向力较小,但在水深吃水比 H/d 比较小时,沉深横向力仍可能较大,但由于船舶质量和吃水较大,沉深横向力致偏作用不明显。

船舶在静止中进车,螺旋桨排出流的作用能够产生足够的舵效,用 2°~3°舵角即可克服横向力的致偏作用保证船舶直航。

2. 静止中倒车

静止中的船舶操正舵倒车时,由于不存在伴流,只有倒车排出流横向力及沉深横向力的影响使船首向右偏转。

空船或轻载时,螺旋桨的沉深比 h/D_P 比较小,沉深横向力较大,而且船舶质量及吃水较小,船首右偏比较明显。重载船沉深比 h/D_P 比较大,沉深横向力较小,但在水深吃水比 H/d 比较小时,沉深横向力仍可能较大,同时倒车排出流横向力总是较大的量,因此仍有明显的船首右偏。

船在静止中由于吸入流产生的舵力极低,即便使用右满舵也不能控制这种船首右转的现象。

3. 前进中进车

船舶在正车前航时，沉深横向力、伴流横向力、进车排出流横向力以及推力中心偏位均存在，其作用方向相反，致偏作用取决于各种横向力的大小，总体偏转不明显。

低速时，伴流横向力、进车排出流横向力以及推力中心偏位的影响均较小，船舶在沉深横向力的作用下使船首左偏。随着船速的提高，沉深横向力减小，伴流横向力、排出流横向力推船尾向左的影响增强，将逐渐削弱甚至克服沉深横向力的作用。

船舶在正车前航时，螺旋桨横向力致偏作用极小，且可用舵角保证船舶直航。

4. 前进中倒车

船舶在前进中倒车，在正车前航时，沉深横向力、伴流横向力、进车排出流横向力以及推力中心偏位均存在，但其大小和作用方向各异，而且随船速的变化，致偏作用也不尽相同。

开始倒车时，船速仍较高，伴流仍很强，伴流横向力的影响使船首左偏，推力中心偏位的影响也使船首左偏；而因船前进的速度较高，沉深横向力较小，倒车排出流难以作用到船尾，使船首右偏的影响则较弱。总体而言船舶的偏转方向不定，此时由于有一定舵效，用舵就能克服偏转。

随着船速降低，沉深横向力与倒车排出流横向力的影响逐渐增强，而伴流横向力与推力中心偏位逐渐减弱，船首将出现明显的向右偏转。此时，船虽仍在前进中，但倒车排出流却大大降低了舵处的来流速度，舵效极差，因此即使操左满舵也无效果。一般船舶为控制船首右转，会在倒车开出之前先操左舵，使船先具备左转趋势，上述右偏现象才有所缓解。

5. 后退中倒车

船舶在后退中倒车，与静止中的船舶操倒车时相同，由于不存在伴流，只有倒车排出流横向力及沉深横向力的影响使船首向右偏转。只有具有相当的后退速度，舵与水的相对速度较大，才能产生足够的舵力转船力矩以削弱船首向右偏转的趋势。实船经验表明，后退中的舵力，一般仍不能制止船首向右偏转。

6. 后退中进车

船舶在后退中进车，与静止中的船舶进车时相同，因为不存在伴流（吸入流引起的伴流可以忽略），伴流横向力、进车排出流横向力以及推力中心偏位的影响均较小，船舶在沉深横向力的作用下船首左偏。

螺旋桨排出流的作用能够产生一定的舵效，可以用舵克服横向力的致偏作用。

（六）螺旋桨致偏作用的运用

如前所述，就右旋固定螺距桨单桨船而言，螺旋桨横向力最明显的致偏作用是在低速前进中、静止中或后退中倒车时出现的船首右偏。这一现象在实际操船中可以趋利避害地加以运用。

1. 向右就地掉头

为了在狭小的水域完成掉头 180°的操纵，右旋单桨船（FPP）多采用向右掉转的方法。若操纵得当应能在两倍船长或更小的水域内实现掉转。

如图 2-1-17 所示，船舶停车淌航至位置①时，操右满舵全速进车，此时螺旋桨的滑失很

大，船首迅速向右偏转，但由于船速不大，故而前冲的距离不大；在船舶到达位置②之前即用后退三，此时舵力、螺旋桨沉深横向力、倒车排出流横向力均推船尾向左，进一步使船首继续右转；当船舶到达位置②即船舶前进运动停止时操正舵，待船舶开始后退时即操左满舵，船首继续右转；当船舶到达位置③时，若明确位置已够，可操右满舵并全速进车，待船首掉转到接近180°时适当减速。

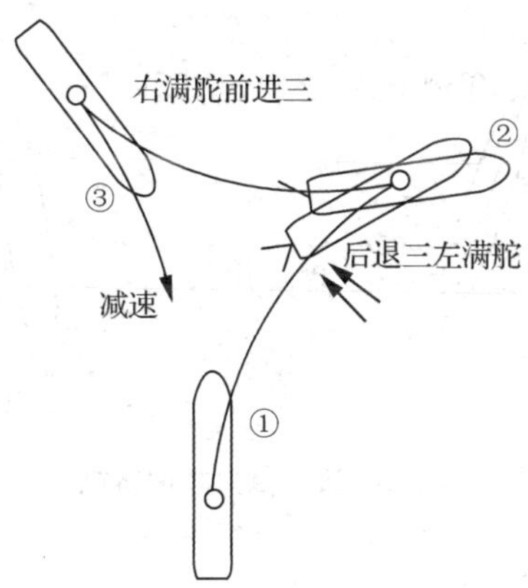

图 2-1-17　向右就地掉头

2. 系靠单浮筒或单点系泊中的应用

如图 2-1-18 所示，在系靠单浮筒或单点系泊时的自力操船中，通常以右舷浮筒横距 1~1.5 倍船宽入泊。在接近浮筒前倒车，这样既可以刹减船速，又可以使船首向右偏转，从而使船首缓慢接近浮筒。

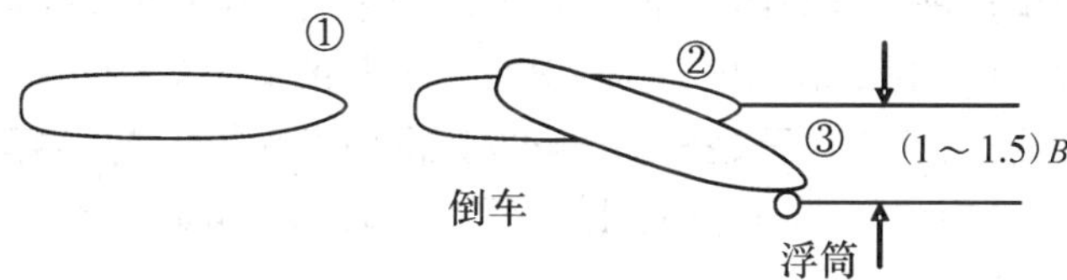

图 2-1-18　系靠单浮筒

3. 自力靠泊操纵中的应用

左舷靠码头时，一般应将对码头线的靠拢角调整为 10°~20°（越是倒车偏转特性强的小型船该角度越高），以备在适当时机倒车时既可将船拉停在码头边，又能使船外转该靠拢角度，正好平行地或近乎平行地停于码头泊位处，如图 2-1-19(a)所示。

右舷靠泊如图 2-1-19(b)所示。考虑到为了停船必须使用的倒车会使船舶右转，应尽量减小靠拢角，而略加大船与码头线的横距，以便倒车时，使船首平安地接近码头线，然后再采取适当措施解决船尾入泊的问题。

（七）CPP 与双桨船

除了右旋固定螺距桨 FPP 外，有的商船装备可变螺距桨即 CPP，也有船舶装备双车（可能是 FPP，也可能是 CPP）。为了趋利避害地利用螺旋桨横向力的致偏作用，可变螺距桨及双桨

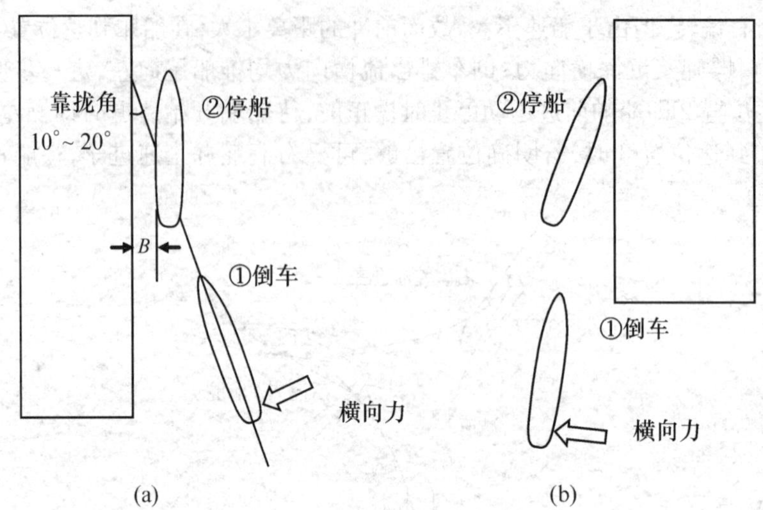

图 2-1-19 自力靠泊操纵

的旋转方向并不总是向右旋的。

1. 可调螺距桨

如前所述,可变螺距桨的特点是在停车、正车、倒车操纵中不需要改变旋转方向和转速。右旋固定螺距桨横向力最明显的致偏作用是在低速前进中、静止中或后退中倒车时出现的船首右偏,因此对于可调螺距桨(CPP)单桨船而言,为了使其在操纵中与右旋固定螺距单螺旋桨船的致偏作用一致,常常采用左旋式。

2. 双桨船

双螺旋桨船的两个推进器推力的大小可分别进行控制。对于双桨船而言,为了抵消正车前航时的螺旋桨致偏作用,不论是 FPP 还是 CPP,两个桨的旋转方向总是相反的。固定螺距双螺旋桨船多采用外旋式,这样设置是为了充分发挥港内操纵时的螺旋桨致偏作用;利用一进一倒进行转船时,两个螺旋桨的横向力都有助于船舶的转动。同理,对于可变螺距桨,一般采用内旋推进方式,如图 2-1-20 所示。

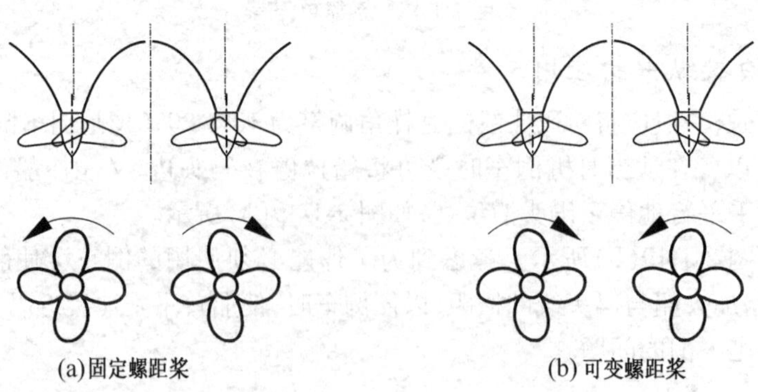

图 2-1-20 双螺旋桨

六、侧推器的使用

操舵可以产生横向力和转船力矩,控制船舶的航向,且船速越高,舵控制航向的能力越强。但在船舶进港船速逐渐降低的过程中,操舵产生的舵力转船力矩逐渐减小,控制航向的能力逐渐变差。为了解决这个问题产生了另一种产生转船力矩的方法,即在船上安装侧推装置(简称侧推器)。

(一)侧推器概述

侧推器可以作为船舶的辅助操纵装置,广泛应用于港内船舶操纵。靠离码头中船舶的横向移动、航道内低速航行时调整航向、抑制倒车过程中的船首偏转等都是侧推器在船舶操纵中的具体应用。侧推器适用于靠离泊操纵频率较高的船舶,如滚装船、大型客船、大型集装箱船以及部分化学品船和油船等。

(二)侧推器的构造

使用最广泛的侧推器为一种槽式侧推器,在水下的船体首部或船体尾部各开一个或多个贯穿船体的槽道,槽道与船舶纵中剖面垂直,其中装设螺旋桨,利用螺旋桨旋转形成向船侧的喷流以产生作用于船体的横向力。改变螺旋桨的旋转方向,可以改变作用力的方向,从而对船舶进行控制。图 2-1-21 所示为槽式侧推器的结构。

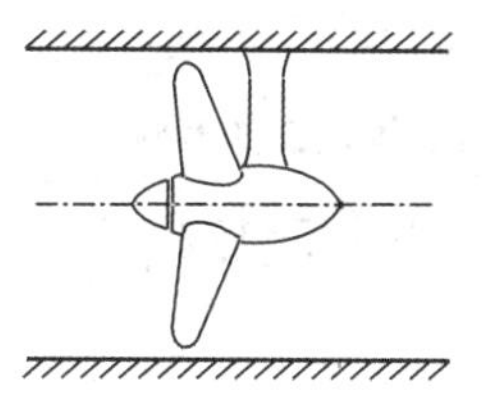

图 2-1-21　槽式侧推器的结构图

侧推器主要由电动机、竖向传动装置和螺旋桨组成。侧推器的螺旋桨一般采用可变螺距桨。在驾驶台可直接用手柄控制侧推器作用力的大小和方向,其侧推力一般分为 2～3 个挡次。

(三)侧推器的布置及功率

普通船舶仅在船首布置一个首侧推装置的情况居多。为了更进一步提高其低速情况下的操纵性能,有些船舶在船首、尾各装上了一至数个侧推装置,侧推器的功率一般为主机额定功率的 10%,如图 2-1-22 所示。尾侧推器的构造完全与首侧推器相同,这样的布置可大大提高船舶低速情况下的操纵性能,并减少对港作拖船的依赖。

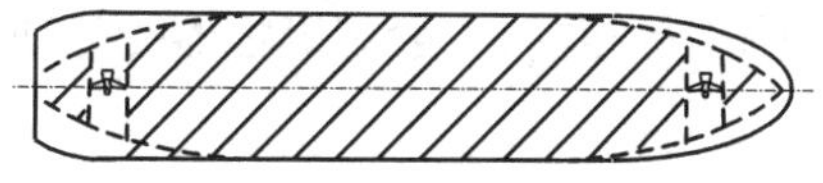

图 2-1-22　首、尾侧推器的布置

(四)侧推器工作原理及侧推力

侧推器在流体中工作时,流体从一侧进入槽道,从另一侧流出槽道,产生侧推力,进而产生转船力矩。动量理论分析表明,进口处的流动不影响侧推力。出口处的流动产生的流体的反作用力称为侧推力(横向力)。侧推力的大小与槽道内单位时间的流量有关。流量越大,侧推力越大,也就是说,侧推器的功率越大,侧推力也越大。

侧推力的大小还与船速和船舶载况有关,其中船速是最主要的因素。船舶静止(无纵向运动速度)时,首侧推器工作时的流态,如图 2-1-23(a)所示,流的方向基本垂直于艏艉线,发出的侧推力也垂直于艏艉线。但有船速时,槽道出口的流体不是垂直于船舶的纵中剖面,而是弯向船体的后方,如图 2-1-23(b)所示,发出的侧推力也不是垂直于艏艉线,使有效侧推力有所降低。随着船速的增加,这种流体的弯曲程度越加严重,它所产生的有效侧推力将显著下降。在高速航行时,基本不产生侧推力。同样,尾侧推器的侧推力也受船速的影响,但由于所处的位置不同,其影响程度要小一些。因此,槽式侧推器在船速为零时能产生最大的侧推力,有航速时有效推力下降,这是它的主要缺点。

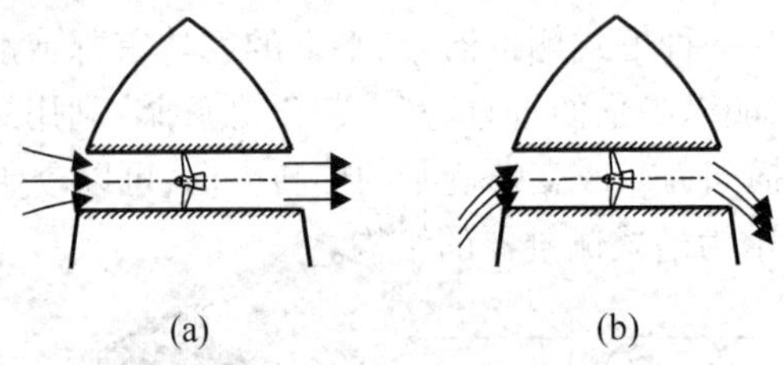

图 2-1-23　船速对侧推水流的影响

侧推力的大小还与船舶载重状态有关,同一船速下,压载时侧推器的效率比满载时的效率低,这是由两种状态下侧推器的不同沉深造成的。

(五)侧推器效应及技术指标

侧推器效应是指侧推力对船舶的作用效果,即平移和转船效果。侧推器效应取决于船舶运动状态和侧推力的大小、方向及作用点。其中影响最大的是船舶运动状态。侧推力的作用点是固定的,即在艏柱之后或艉柱之前。

衡量侧推器效应有一些技术指标,船舶操纵人员掌握这些技术指标,有利于了解侧推器的性能和操纵特点,进而正确使用。

1. 侧推器失效船速

侧推器效应随着船速的增加而降低,达到某一船速时,其效率为零,该船速称为侧推器失效的极限船速,简称为侧推器失效船速。对于大型集装箱船舶,一般首侧推器失效船速基本为 4~6 kn。一般在侧推器的控制台边上都附有“航速超过某节不可使用”的警告牌。首侧推器和尾侧推器的效率受船速的影响不尽相同,一般首侧推器受船速的影响比尾侧推器要大,尾侧推器失效船速要高一些。

2. 船舶最大旋回角速度

衡量侧推器效率的另一个指标是在船速为零时侧推器作用下的最大旋回角速度。该最大

旋回角速度与船舶大小、侧推器功率、船舶载况等诸多因素有关。

3. 启动时间和换向

由于机器的性能与螺旋桨推进器一样，在使用侧推器最大侧推力时，侧推器侧推力从0增至最大值的过程中有一个时间延迟，该时间延迟称为启动时间；另一个指标是侧推器的换向时间，即侧推器从一侧侧推力最大转换为另一侧侧推力最大所用的时间。

(六)船舶静止中侧推器效应

以船舶配有首、尾两个侧推器为例，定性分析单独使用一个侧推器和同时使用首、尾侧推器的效应。

1. 单独使用一个侧推器的效应

单独使用首侧推器产生侧推力 Y_{SF}，在侧推力的作用下，静止中的船舶将产生横向阻力(水动力)Y_H，在合力 $Y_{SF}+Y_H$ 的作用下，船舶横向运动状态发生变化。这时，由于船舶没有进速或退速，水动力中心在船中处，则不产生水动力矩。实际上，侧推力 Y_{SF} 和水动力 Y_H 是一对力偶，力偶臂等于两者作用点之间的距离，即 X_{SF}。船舶在侧推力矩 $N_{SF}=Y_{SF}\cdot X_{SF}$ 的作用下，船首将绕船中位置转动，如图2-1-24(a)所示。同理，单独使用尾侧推器时，其效应与单独使用首侧推器的情况类似，如图2-1-24(b)所示。

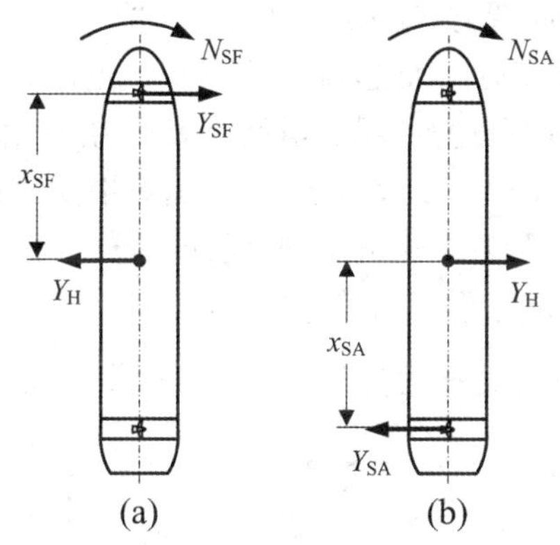

图2-1-24　静止中单侧推器效应

2. 同时使用双侧推器的效应

同时使用首、尾侧推器，其效应取决于首、尾侧推力的大小和方向。横移效应取决于首、尾侧推力合力的大小，转船效应取决于首、尾侧推力的方向。

若首、尾侧推力的方向相反，当 $Y_{SF}\neq Y_{SA}$ 时，则横移运动取决于合力 $Y=Y_{SF}+Y_{SA}+Y_H$ 的大小，转船效应取决于合外力矩 $N=Y_{SF}\cdot X_{SF}+Y_{SA}\cdot X_{SA}$ 的大小；当 $Y_{SF}=Y_{SA}$ 时，船舶横移运动状态不变，两者构成一对力偶，力偶臂为 $X_{SF}+X_{SA}$，由于力偶臂的增大，其转船效率比单独使用首或尾侧推器的效率高得多，从而使船舶加速转动。

若首、尾侧推力的方向相同，当 $Y_{SF}\neq Y_{SA}$ 时，横移运动取决于合力 $Y_{SF}+Y_{SA}+Y_H$ 的大小，转船效应取决于合外力矩 $N=Y_{SF}\cdot X_{SF}+Y_{SA}\cdot X_{SA}$ 的大小；当 $Y_{SF}=Y_{SA}$ 时，船舶横移运动取决于合力 $Y=Y_{SF}+Y_{SA}+Y_H$ 的大小，这时，如果首、尾侧推器位置距离船中相等，则将不产生转船效应，仅产生横移效应。若 $Y=0$，则船舶匀速横移。

(七)船舶前进中侧推器效应

1. 首侧推器的效应

以使船舶向右转向为例,单独使用首侧推器产生侧推力 Y_{SF},在侧推力的作用下,前进中的船舶将产生横向阻力(水动力)Y_H,在合力 $Y_{SF}+Y_H$ 的作用下,船舶横向运动状态发生变化,产生横移速度,即产生漂角,使船舶处于斜航状态。由于船舶前进中水动力中心在船中之前,则产生水动力矩 N_H,在合力矩 $N_{SF}-N_H$ 的作用下,船舶将产生转动角速度,使航向角发生变化,如图 2-1-25(a)所示。这时,力偶矩等于 $Y_{SF}\cdot(X_{SF}-X_W)$,转船效果取决于力偶臂和侧推力的大小。船速较低时,水动力中心在船中之前但较接近船中,力偶臂较大,且有效侧推力也接近船舶静止中的情况,这时的转船效应比较接近静止中使用首侧推器的情况;随着船速的提高,水动力中心逐渐向前移动,力偶臂逐渐缩短,且有效侧推力也逐渐降低,则转船效应也不断降低。理论上,当船速提高至水动力中心达到首侧推器的位置时,力偶臂 $X_{SF}-X_W=0$,这时,首侧推器失去效应。实际上,随着船速的提高,水动力中心还未达到首侧推器位置之前,其已经不能发出有效侧推力,即首侧推器失去转船效应。

2. 艉侧推器的效应

同样以使船舶向右转向为例,单独使用尾侧推器时,其效应如图 2-1-25(b)所示。与单独使用首侧推器的情况不同,力偶臂为 $X_{SF}+X_W$,这时,力偶矩等于 $Y_{SF}\cdot(X_{SF}+X_W)$,同样,转船效果取决于力偶臂和尾侧推力的大小。低速时的效应较接近静止中的情况。随着船速的提高,水动力中心逐渐向前移动,力偶臂逐渐变长,虽然有效推力逐渐降低,但与首侧推器相比,有效侧推力相同时,尾侧推器的转船力矩要大得多,其转船效果要比首侧推器好很多。船舶前进中应使用尾侧推器来调整航向。随着船速的增加,尾侧推器也有失效的问题,这失效不是由力偶臂的减小引起的,而是由尾侧推器附近的流态造成的。

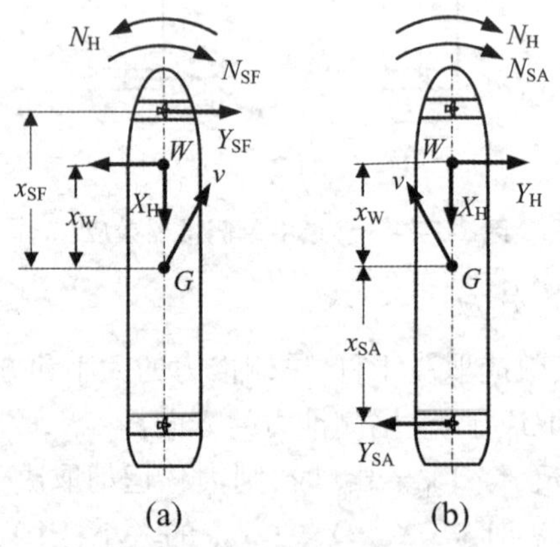

图 2-1-25　前进中单侧推器效应

(八)船舶后退中侧推器效应

1. 首侧推器的效应

以使船舶向右转向为例,单独使用首侧推器时,其效应如图 2-1-26(a)所示。与船舶前进

中使用尾侧推器的情形类似，力偶臂为 $X_{SF}+X_{W}$，这时，力偶矩等于 $Y_{SF}\cdot(X_{SF}+X_{W})$，同样，转船效果取决于力偶臂和首侧推力的大小。退速较低时的效应较接近静止中的情况。随着退速的提高，水动力中心逐渐向后移动，力偶臂逐渐变长，虽然有效推力有所降低，但与前进中的情形比较，后退中的首侧推器的转船效果要好很多。故船舶后退中应使用首侧推器来调整航向。

2. 尾侧推器的效应

同样以使船舶向右转向为例，单独使用尾侧推器产生侧推力 Y_{SA}，在侧推力的作用下，后退中的船舶将产生横向阻力（水动力）Y_{H}，在合力 $Y=Y_{SA}-Y_{H}$ 的作用下，船舶横向运动状态发生变化，产生横移速度，即产生漂角，使船舶处于向后斜航状态。由于船舶后退中水动力中心在船中之后，产生水动力矩 N_{H}，在合力矩 $N_{SF}-N_{H}$ 的作用下，船舶将产生转动角速度，使航向角发生变化，如图 2-1-26（b）所示。显然，其效应与前进中使用首侧推器的情形一样。

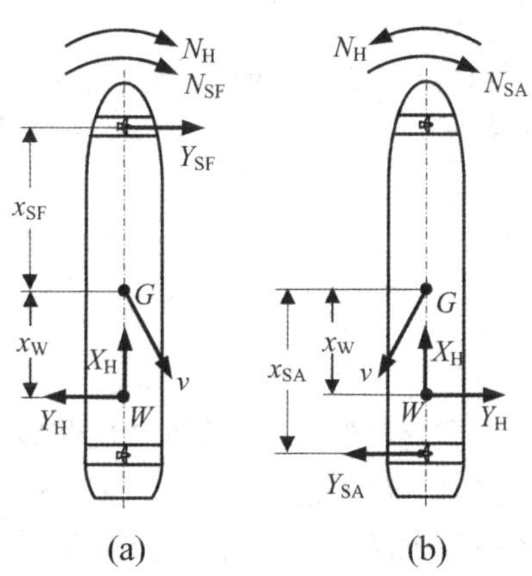

图 2-1-26　后退中单侧推器效应

第二节　舵设备及其应用

为了操纵的需要，船舶必须具备变向及保向性能，即控制航向的性能。舵设备就是这种控制航向的重要操纵设备。船舶操纵过程中，舵的作用主要包括用小舵角保持航向、中舵角改变航向和大舵角的紧急避让与旋回运动。为此，对于船舶驾引人员，有必要了解有关舵设备的性能及其控制方法。

一、舵设备的作用及组成

舵通常位于螺旋桨的后方，舵的功能是利用流经船舶和舵面的水的作用力，在船尾产生一个横向力，从而使船转动。舵设备是船舶在航行中保持和改变航向及旋回运动的主要工具，由舵（rudder）、舵机及转舵装置（steering gear）、操舵装置控制装置（steering gear controller）及其他附属装置（auxiliary equipment）等组成，如图 2-2-1 所示。

操舵人员在驾驶室或舵机间转动舵轮或扳动操舵手柄（或应急装置），启动机械、液压或电力操舵装置即可控制舵机正转、反转及停止。安置在艉尖舱甲板平台上舵机舱内的转舵装置又称传动装置,其作用是把舵机的动力传到舵轴(舵杆),驱动舵叶转动。舵机和转舵装置统称为操舵装置。操舵装置控制装置主要部件设于驾驶室内,将舵令通过电力或液压控制系统由驾驶室传递给舵机,以控制其动作。目前,绝大多数船舶装有自动操舵仪(简称自动舵),以在开敞、安全的水域内航行时取代人工操舵。另外,目前较先进的自动航迹舵操舵仪,不但具备一般自动舵的航向保持功能,还能使船舶位置自动保持在预定的航迹内。

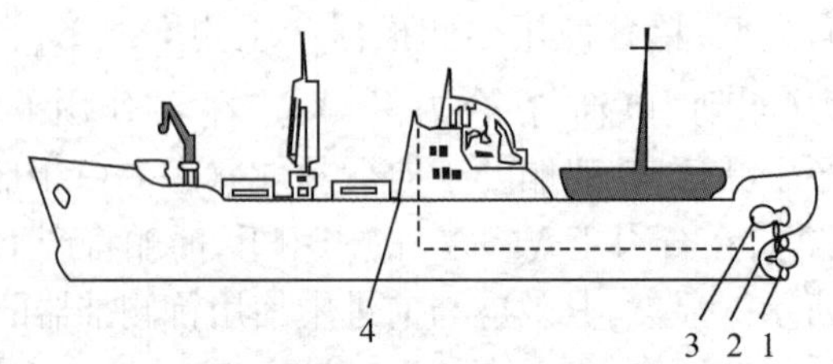

图 2-2-1　舵设备的主要组成部分

1—舵装置;2—转舵装置;3—舵机;4—操舵装置控制装置

二、舵的类型和结构

(一)舵的类型

在海船上,舵通常安装在船尾螺旋桨的后边,靠近螺旋桨以获取桨后的高速水流。安装在螺旋桨前面的舵,称倒车舵。装在船首部的舵,称艏舵,用以改善船舶倒航时的操纵性能。多舵船上,位于船体中纵剖面上的舵称中舵,位于两侧的舵称边舵。

舵的类型选择,取决于船舶的类型、大小、艉型和推进装置的类型。舵的数量和舵面积的大小对船舶的操纵性影响很大。海船通常采用单舵,内河船则因航道弯曲而复杂常设有 2~3 个舵。舵面积一般根据船型、螺旋桨和舵的数目、船长和满载吃水等确定。舵面积的大小,一般用舵面积比(舵面积同船长和设计吃水的乘积之比)表示。在我国有关的船舶设计手册及书刊中,海船的舵面积比多引用造船手册推荐的数值,即海船单螺旋桨单舵的舵面积比为 1.6%~1.9%,双螺旋桨单舵为 1.5%~2.1%,油船为 1.3%~1.9%,沿海船为 2.3%~3.3%,内河一般双桨客船为 2.1%~5.0%。

舵的种类较多,商船使用的舵一般按下列几种方法分类:

1. 按舵叶的剖面形状分

(1)平板舵(flat-plate rudder):又称单板舵(single-plate rudder)。舵叶由数块钢板及钢板上两面交替安装的横向加强筋(舵臂)等构成。这种舵阻力较大,其舵效随着舵角的增大而变差,失速现象发生得早,故仅用于非自航船、帆船或小艇上,如图 2-2-2 所示。

(2)流线型舵(steam-line rudder):又称复板舵。这种舵是在水平隔板和垂直隔板组成的骨架外围用复板覆盖而成的,其内部空心水密,舵叶水平剖面呈流线型(机翼型)。其水动力性能好,升力大,阻力小,舵效高,所需转舵力矩小。虽然它的构造比较复杂,但应用广泛,如图 2-2-3 所示。

2. 按舵杆轴线位置分

(1)不平衡舵(unbalanced rudder):又称普通舵,如图 2-2-4(a)和图 2-2-5 所示。其舵叶全

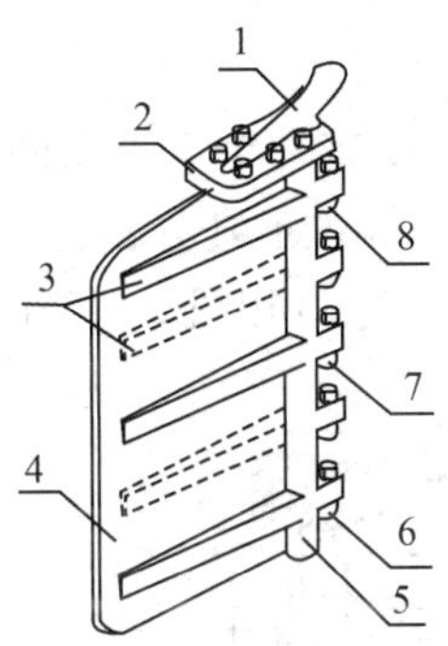

图 2-2-2　平板舵

1—上舵杆(upper rudder stock);2—连接法兰(coupling flange);3—舵臂(rudder stay);4—舵板(rudder plate);5—下舵杆(lower rudder stock);6—下舵销(lower rudder pin);7—中间舵销(mid rudder pin);8—上舵销(upper rudder pin)

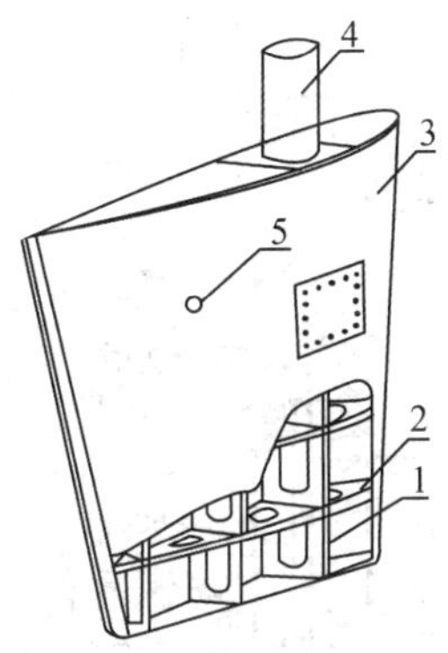

图 2-2-3　流线型舵

1—垂直隔板(vertical web);2—水平隔板(horizontal web);3—舵板(rudder plate);4—舵杆(rudder stock);5—吊舵孔(lifting tube)

部位于舵杆轴线之后,即舵杆轴线位于舵叶的导边处,舵钮支点较多,舵杆强度容易得到保证。这种舵的水压力中心离转动轴较远,转舵时需要较大的转舵力矩,一般只适用于一些沿岸航行的小船。

(2)平衡舵(balanced rudder):舵叶部分面积在舵杆轴线的前方,用舵时起到平衡作用,如图 2-2-4(b)、图 2-2-4(c)、图 2-2-4(d)和图 2-2-6 所示。这部分面积与舵叶的全部面积之比称为平衡比度,一般在 0.2~0.3 之间。这种舵的特点是:舵叶的水压力中心靠近舵轴,使舵绕舵轴的回转力矩小,以便于操舵,减少了舵机所需的功率。因此,在海船和拥有双螺旋桨的船上得到广泛应用。它的缺点是舵在工作时容易摆动,对航向稳定性不利。

(3)半平衡舵(semi-balanced rudder):舵轴前面的舵叶面积较小,或是舵的下半部为平衡舵,上半部为不平衡舵,使平衡比度介于平衡舵和不平衡舵之间,即 0.2 以下,如图 2-2-4(e)和图 2-2-7 所示。半平衡舵与船舶的艉柱连接在一起,使舵比较坚固可靠,有利于保持航向的稳定,比较适合于大型船舶,如大型集装箱船、散货船、油船及一些远洋客船等。目前比较流行的航海舵就属于半平衡舵。

3. 按舵叶的支承方式分

(1)双支承舵(double bearing rudder)是有两个支承点的舵。上支承点一般在船体上。下支承点,对于双支撑的平衡舵,是在舵叶下端的舵托处;对于双支承的半悬挂舵,是在舵叶的半高处。如图 2-2-4(b)、图 2-2-4(c)、图 2-2-4(d)和图 2-2-4(e)所示。

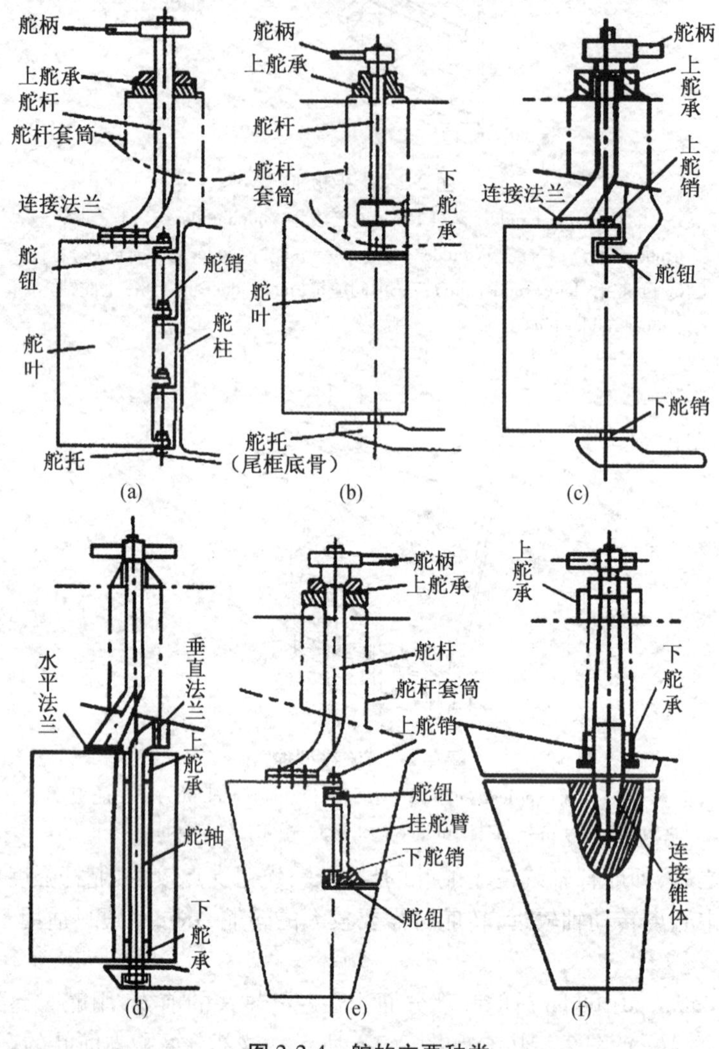

图 2-2-4 舵的主要种类

(a)不平衡舵(unbalanced rudder);(b)普通双支点平衡舵(balanced rudder);(c)舵钮双支点平衡舵;(d)舵轴双支点平衡舵(balanced rudder with axle);(e)半悬挂双舵钮舵/半平衡舵(semi-balanced rudder);(f)悬挂舵(underhung rudder)

(2)多支承舵(multi-pintle rudder):是指与船体艉柱连接有三个及以上支承点的舵。其支承点可为舵承、舵钮和舵托等。这种舵的重量主要由船体内的支承和舵托来支承,如图 2-2-4(a)所示。

(3)悬挂舵(underhung rudder):这种舵仅在船体内部设置上支承,而无下支承,其舵叶全部悬挂在船体外的舵杆上,舵杆受弯矩大,常用作多舵船的边舵。如图 2-2-4(f)和图 2-2-8 所示。

图 2-2-5　不平衡舵

图 2-2-6　平衡舵

图 2-2-7　半平衡舵

(4)半悬挂舵(partially underhung rudder):指下支承的位置设在舵叶中间的舵,如图 2-2-4(e)和图 2-2-9 所示。

(5)平衡悬挂舵(balanced spade type rudder):这种类型的舵从上往下逐渐变窄,以减少对舵轴的弯矩。其优点是建造和安装比较简单,缺点是整个舵的重量全部由船内的舵承来承受。这种舵被广泛地使用在沿岸航行的短途运输船舶中,如渡轮、滚装船及冷藏船等。

图 2-2-8　悬挂舵

图 2-2-9　半悬挂舵

4. 特种舵

(1)反应舵(reaction rudder):又称迎流舵,这种舵以螺旋桨轴线为界,在舵叶前缘的上下分别向左右舷相反方向扭曲一定的角度,使其迎着螺旋桨排出的两股螺旋状水流,相当于一个导流叶的作用,以减少阻力。当舵叶居中时,舵的上下两部分具有舵压力,且有向前的分力,增加推力,助船推进,如图 2-2-10 所示。

图 2-2-10　反应舵

(2)主动舵(active rudder):在舵叶的后端装有一个小螺旋桨或导管推进器,如图 2-2-11 所示。转舵时,小螺旋桨转动可发出推力,增加了转船力矩。因此,即使在船舶低速甚至主机停车的情况下,操作这种舵也能获得转船力矩,而大大提高船舶的操纵性。对回转性要求高或靠离码头频繁的小船(例如巡逻艇、引航船、渡船等)多有采用。由于其舵上的螺旋桨也可以用作微速推进器,在有些科学考察船上也有应用。

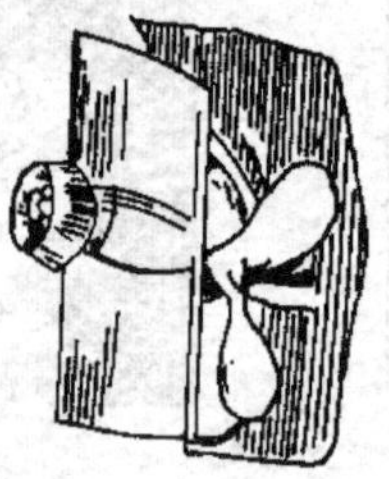

图 2-2-11　主动舵

(3)整流帽舵(bulb rudder):在流线型舵的正对螺旋桨轴线部位,装设一个圆锥形的流线型体,俗称整流帽。其作用是有利于改善螺旋桨排出流的乱流状态,从而提高螺旋桨的推力,改善船尾的振动情况,如图 2-2-12 所示。

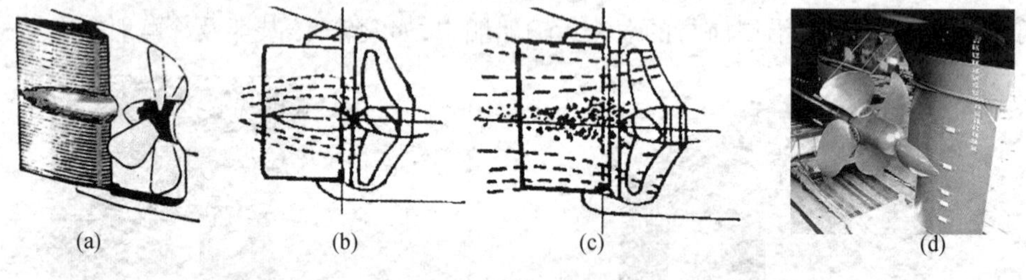

图 2-2-12　整流帽舵

(a)整流帽舵;(b)带整流帽舵的排出流情况;(c)不带整流帽舵的排出流情况;(d)实船整流帽舵

(4)科特导流管舵(Kort nozzle rudder):拖船等船舶为了增加推进效率,在螺旋桨外围套装导流管并在其后端处装一舵叶。这类舵有两种形式,一种是将导流管固定在船尾骨架上,导流管不动而舵叶可以转动,如图 2-2-13 所示;另一种是导流管与舵叶可在允许角度内一起转动,如图 2-2-14 所示。这种舵除增加推进效率外,还可起到保护螺旋桨、防止绳索缠入等作用。

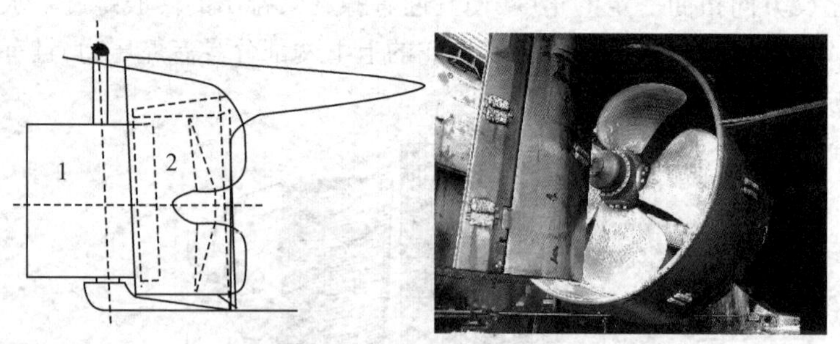

图 2-2-13　固定式导流管舵

1—舵叶(rudder blade);2—固定导流管(fixed nozzle)

(5)襟翼舵(flap rudder):也称可变翼型舵,这种舵在普通主舵叶后缘装一个称为襟翼的副叶,与飞机上的襟翼作用一样,当主舵叶转动一个角度时,副舵叶绕主舵叶的后缘向相同方向转出一个更大的角度(称襟角),从而产生更大的流体动力,提高了舵效和转船力矩,使用较小舵角即可获得较大的航向改变量。这种舵所需转舵力矩较小,因而所需的舵机功率也较小,

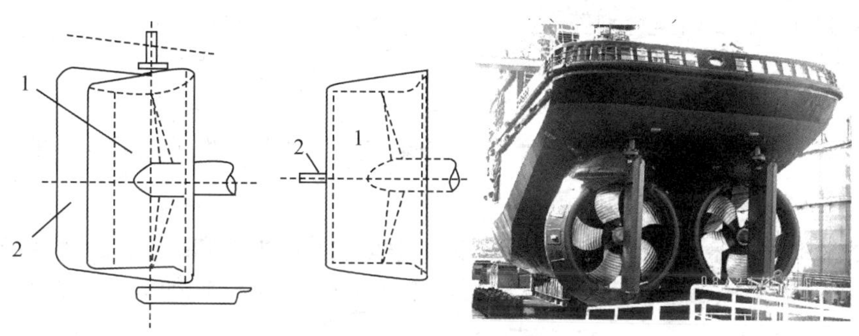

图 2-2-14　转动式导流管舵

1—可转动导流管(movable nozzle);2—翼片(fin)

但其结构比较复杂,维护保养要求高,如图 2-2-15 所示。

(6)组合舵(unit rudder):为了减少舵叶上下两端的绕流损失,进一步改善舵的流体性能,在流线型舵叶的上下两端各安装一块制流板。这种舵也称希林舵(Schilling rudder)或工字型舵,舵叶的剖面像鱼的形状,舵叶可在±75°范围内转动。其特别适用于内河、运河和受限航道航行船舶的小展弦比的舵型(舵高 h 与舵宽 b 的比值称为展弦比),如图 2-2-16 所示。

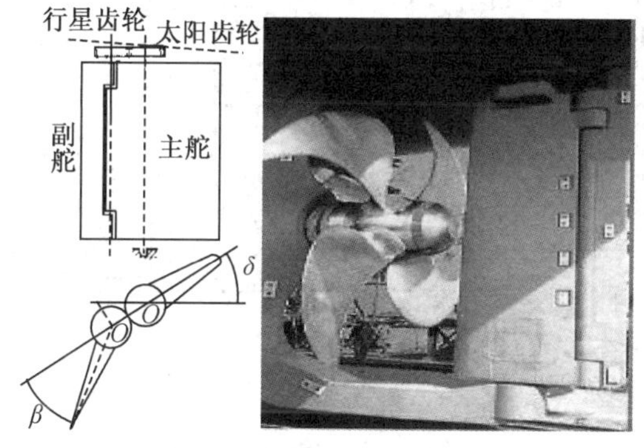

图 2-2-15　襟翼舵

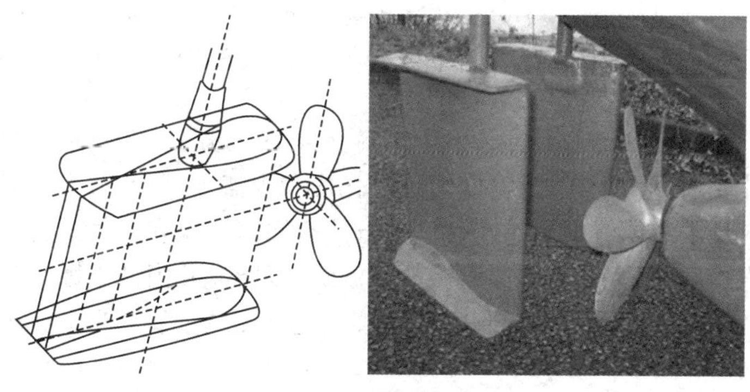

图 2-2-16　组合舵

(7)鱼尾舵(fishtail rudder):鱼尾舵主要用于船速较低的船舶上,水流流过舵叶的尾部时摩擦力增加,使舵像一个船尾部的侧推器,为围绕舵的水体提供了额外的拉力,有助于提高船舶的操纵性能。如在鱼尾舵的上下两端各安装一块制流板,即成为组合舵。比较有代表性的是平衡比度为 0.2 的麦柯里针型舵。

(二)舵的结构

目前海船上广泛使用的流线型平衡舵的结构由舵叶、舵杆和舵承三部分组成。

1. 舵叶(rudder blade)

现代的船舵为多采用覆板的流线型舵,为了保证舵叶的强度和线型,用水平隔板和垂直隔板按线型组成骨架,再将两块流线型的外壳板直接焊接在骨架外面,如图 2-2-6 和图 2-2-17 所示。

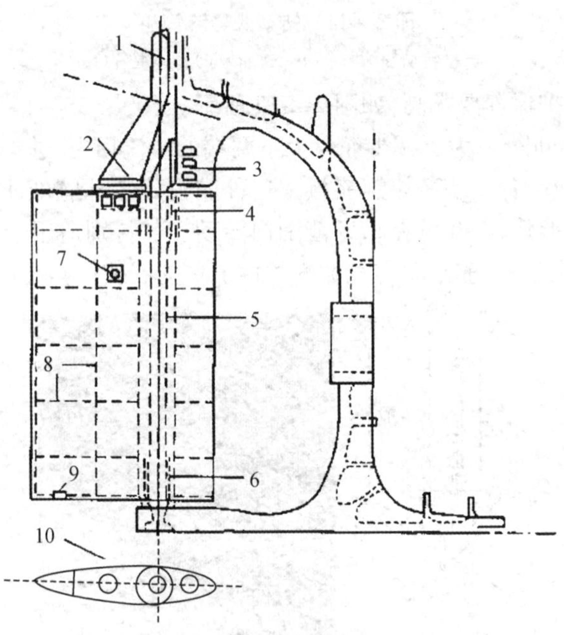

图 2-2-17　流线型舵叶结构图

1—舵杆(rudder stock);2—水平法兰连接(horizontal coupling joint);3—垂直法兰连接(vertical coupling joint);4—上舵承(upper bearing);5—舵承(rudder bearing);6—下轴承(lower bearing);7—吊舵孔(tube hole);8—骨架肋板(webs);9—舵底塞(drain plug);10—舵板(rudder plate)

根据规范要求,舵叶焊成或修复后,每个密封部分都应进行符合一定压力的密性试验。密性试验前应将舵叶表面清洁干净,焊缝应清除氧化皮和焊渣。试验前,不得对水密焊缝涂刷油漆或敷设隔热材料及水泥等。常用的密性试验方法有灌水试验和充气试验两种。

密性试验合格之后,通常在舵叶内灌涂防腐沥青,以防舵叶内部锈蚀。为了密性试验和充填沥青等防腐材料,在舵叶上部和下部开有小孔,并配有不锈金属(通常为黄铜)制成的栓塞,该栓塞称为舵底塞。

为了便于舵叶的安装拆卸,在舵叶上开有由钢管构成的绳孔(tube hole),或在舵叶尾端上开有凹槽。

2. 舵杆(rudder stock)

舵杆是舵叶转动的轴,并用以承受和传递作用在舵叶上的力及舵给予转舵装置的力,其下

部与舵叶连接,上部与转舵装置相连。舵杆摩擦处应装上衬套(一般为青铜或其他铜质材料),以防磨损。

为了使舵在受损时不必拆开船体内的部分就能修理,把舵杆分作上舵杆和下舵杆两段制造,然后用法兰接头连接,如图 2-2-18 所示。

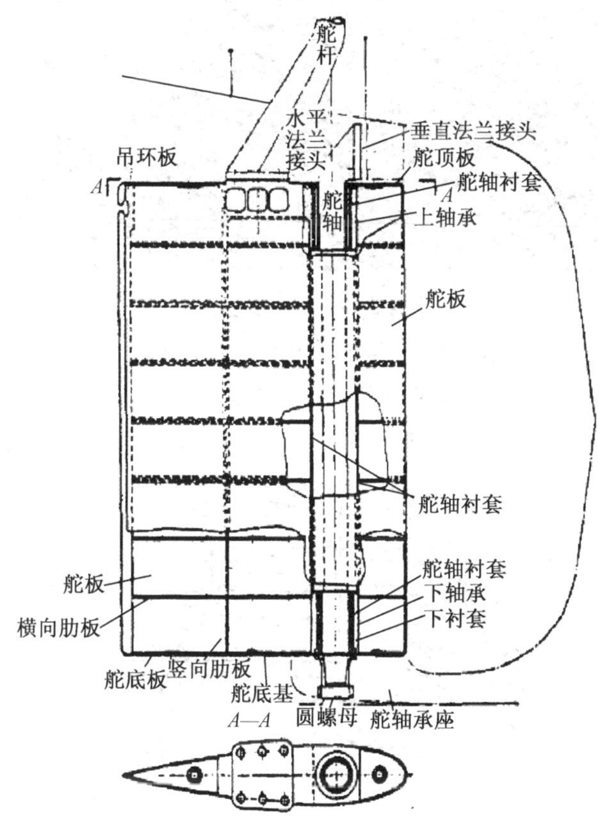

图 2-2-18　舵装置布置示意图

(1)上舵杆

为便于舵的拆装,上舵杆顶端(称舵头)装有一只吊环,下端装有法兰接头与舵叶上的法兰连接,有水平法兰连接、垂直法兰连接和垂直嵌接三种连接形式,目前水平法兰连接形式普遍采用,如图 2-2-19 所示。当舵杆和舵叶各转到相反舷的最大舵角时,上下法兰边缘之间有 30 mm 的间隙,可以不必拆卸舵杆就将舵卸下。法兰连接时,一般用 6 只螺栓,为使法兰螺母脱落时螺栓不致滑落,安装时螺母应朝下,并加有防止螺母松动的保护装置,且用水泥包搪。作为一种补充手段,在法兰间还需装设前后方向的键块。

(2)下舵杆

下舵杆嵌在舵叶内,又称舵轴,舵叶绕其转动,上端用垂直法兰与船体连接,下端用螺母固定在艉柱承座上。

3. 舵承(rudder bearing)

舵承用来支持舵杆、支承舵的重量及保证船体水密,按其装设的位置可分为上舵承及下舵承两种。

图 2-2-19　水平法兰

上舵承装在舵机间甲板上，其构造如图 2-2-20 所示。它由侧推滚珠轴承和垂直滑动轴承所组成，滚珠轴承承受舵的重量，垂直轴承则承受侧向力。

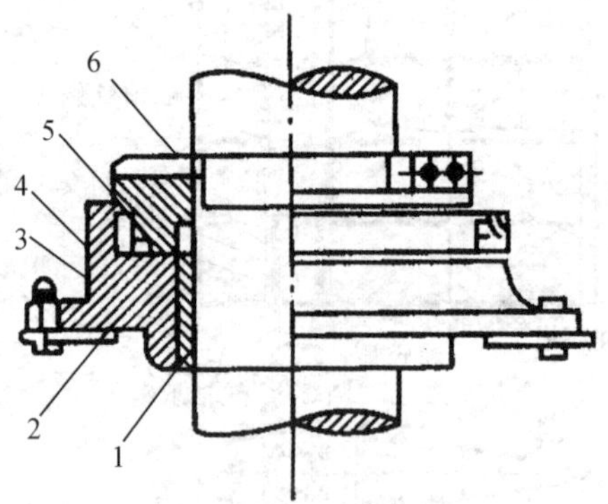

图 2-2-20　上舵承

1—衬套(cylinder liner);2—止推滚珠轴承(non—return ball bearing);3—舵承体(rudder bearing frame);4—螺栓(bolt);5—填料(packing);6—舵承盖(rudder bearer cover)

下舵承一般安装在舵杆筒口或舵杆筒内，其结构如图 2-2-21 所示。它是一个垂直滑动轴承，用来承受侧向力，并设有填料函以保证水密。

目前，大型船舶普遍只设上舵承，全部重量和力由其承担，其结构如图 2-2-22 所示。这种舵叶中往往装有可拆舵轴(穿心舵轴)，可拆舵轴的上端用法兰固定在船尾，其下端穿过艉柱承座，用螺母固定，如图 2-2-18 所示。

三、操舵装置

操舵装置(steering gear)是指能够使舵转动到所需角度的装置，包括舵机和转舵装置，可分为人力操舵装置和动力操舵装置两大类，通常安装在位于艉尖舱平台甲板的舵机间内。

根据公约和规范的规定，通常分为主操舵装置和辅助操舵装置。

主操舵装置是指在正常情况下为驾驶船舶而使舵产生动作所必需的机械、转舵机构、舵机装置动力设备(如设有)及其附属设备和向舵杆施加转矩的设施(如舵柄及舵扇)。辅助操舵

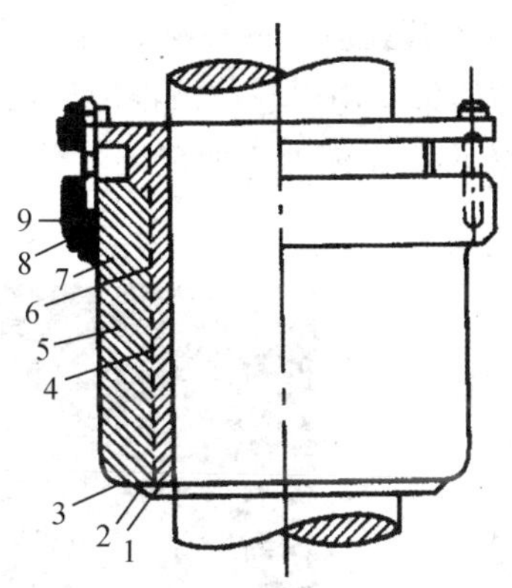

图 2-2-21　下舵承

1—挡板(shield);2—水密填料(water tight packing);3—螺钉(screw);4—舵杆衬套(stock bushing);5—衬套(cylinder liner);6—填料(packing);7—本体(rudder body);8—压盖(screw cover);9—螺栓(bolt)

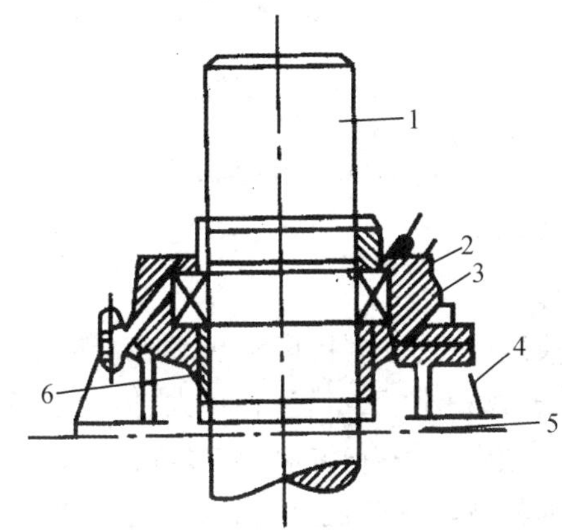

图 2-2-22　舵承

1—舵杆(rudder stock);2—滚珠轴承(ball bearing);3—水密填料(watertight packing);4—底座(bed plate);5—甲板(deck);6—衬套(cylinder liner)

装置是指在主操舵装置失效时,为驾驶船舶所必需的设备。这些设备不应属于主操舵装置的任何部分,但可共用其中的舵柄、舵扇或作同样用途的部件。所以辅助操舵装置有时也称为应急操舵装置。

船舶要求设有两套操舵装置,一套是主操舵装置,另一套是辅助操舵装置。小船的辅助操舵装置可以是人力操纵的,大船必须用动力操纵。现在较大船舶上的主操舵装置,一般都有两套相同的动力,并且使用其中一套动力就能满足操舵要求,所以它可不设辅助操舵装置。

操舵装置种类及型式较多,规范要求比较严格,下面就海船常用操舵装置及公约对操舵装置的基本要求进行介绍。

(一)电动操舵装置

电动操舵装置(electric steering gear)主要是指电动舵机,由电动机、传动齿轮、舵扇、缓冲弹簧和舵柄等组成,如图 2-2-23 所示。当由驾驶室操舵装置控制系统遥控电动机 1 转动时,通过蜗杆 2、蜗轮 3、小齿轮 4 带动松套在舵杆的舵扇 5 旋转，舵扇再通过推动键套舵杆上的舵柄 7，从而使舵杆和舵偏转。缓冲弹簧 6 用以吸收波浪对舵的冲击力。舵扇下面装有楔形块，停泊时打上楔形块可刹住舵扇，防止舵受浪冲击而损坏舵机。电动操舵装置结构简单，操作简便，工作可靠，适用于中小型船舶。

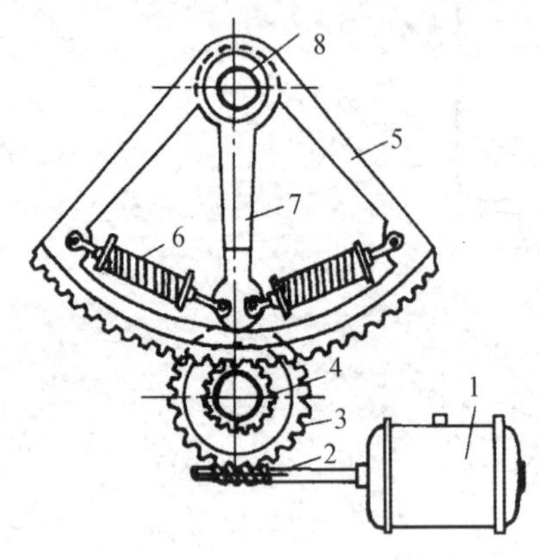

图 2-2-23　电动舵机

1—电动机（electric motor）；2—蜗杆（worm）；3—蜗轮（worm wheel）；4—小齿轮（small gear）；5—舵扇（rudder quadrant）；6—缓冲弹簧（buffer spring）；7—舵柄（tiller）；8—舵杆（rudder stock）

（二）液压操舵装置

液压操舵装置主要是指液压舵机，主要由电动机、油泵、管路、转舵机构等组成。

液压操舵装置具有噪声低、体积小、重量轻、转矩大、传动平稳，能实现无级调速，易于遥控和管理，操作方便，在操舵次数频繁时仍有较高可靠性等优点，为现代船舶广泛采用。

液压舵机也称电动液压舵机或电液舵机，根据其推舵时油缸运动形式的不同有柱塞式和转叶式两大类。

1. 柱塞式液压舵机

柱塞式液压舵机也称往复式液压舵机。目前，船上常用的有二缸柱塞式液压舵机和四缸柱塞式液压舵机。图 2-2-24 为二缸柱塞式液压舵机图，根据 SOLAS 公约的要求，如果其中一个油缸出现故障，另一个油缸应仍能正常工作。

图 2-2-25 为四缸柱塞式液压舵机转舵结构工作示意图。其工作原理是：由操舵装置控制系统启动电机带动变量泵，变量泵从一对油缸中抽油，同时向另一对油缸输油，使活塞在油压作用下移动，通过球窝关节带动舵柄，从而转动舵叶。当油泵改变输油方向时，舵就反向转动。

2. 转叶式液压舵机

图 2-2-26 为转叶式电动液压舵机示意图。在油缸内有三片互成 120°的定叶，形成三个腔室。中间为一回转体并通过销键与舵杆相连接，回转体上有三片互成 120°的动叶。这样，三个腔室被分成六个小腔室，相互间隔的三个小腔室连通在一起，分别与两条油路相连并通至油泵。当一条油路进油而另一条油路出油时，回转体就会由动叶带动而转舵。改变两条油路进出油的方向，就会改变舵叶转动的方向；控制进油量的大小就可控制转舵角度的大小。

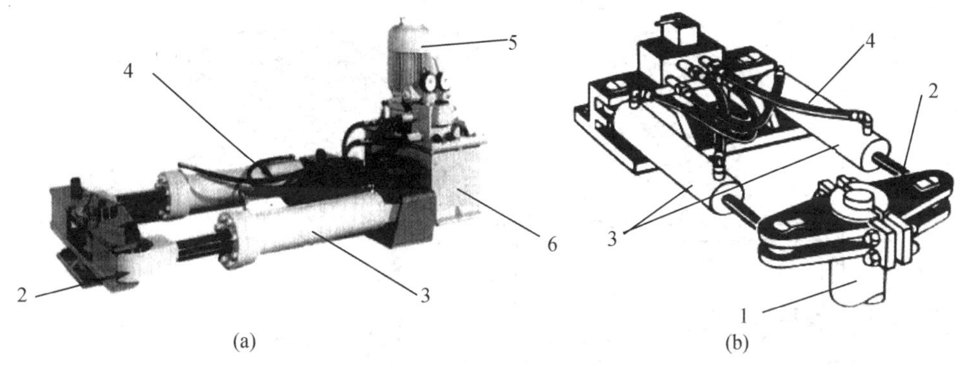

图 2-2-24　二缸柱塞式液压舵机图

1—舵杆(rudder stock);2—舵柄(tiller);3—液压缸(hydraulic cylinder);4—油管线(manifolds);5—电动机(electric motor);6—油泵(oil pump)

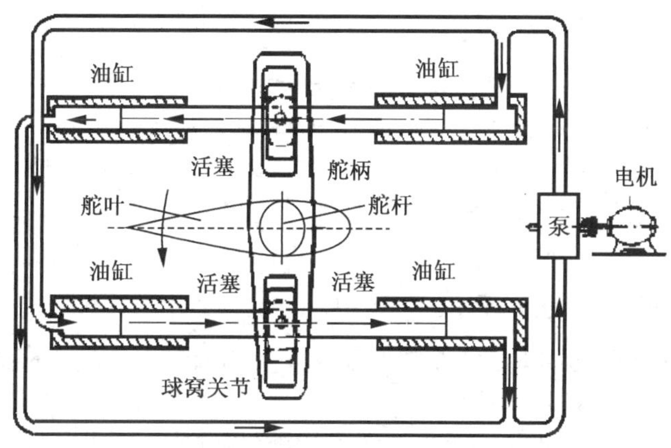

图 2-2-25　四缸柱塞式液压舵机转舵机构示意图

(三)操舵装置的基本性能和要求

SOLAS 公约与我国《钢质海船入级规范》对操舵装置的基本要求都做了详细的规定。

1. 一般要求

除非主操舵装置符合本节第 4 条第(4)款或第 5 条第(1)款的规定,否则每艘船舶均应设置一套主操舵装置和一套辅助操舵装置。主操舵装置和辅助操舵装置的布置,应满足当其中一套失效时不致引起另一套失灵。

2. 主操舵装置基本性能要求

(1)具有足够的强度并能在船舶最大航海吃水和最大营运前进航速时进行操舵,使舵自任一舷的 35°转至另一舷的 35°,并且于相同条件下自一舷的 35°转至另一舷的 30°所需的时间不超过 28 s。

(2)为满足上款的要求,当舵柄处的舵杆直径(不包括航行冰区的加强)大于 120 mm 时,该操舵装置应为动力操作。

(3)设计船舶最大后退速度(指船舶在最大航海吃水情况下用设计的最大后退功率估计能达到的速度)时不致损坏。但这一设计要求不需要对试航中的最大后退速度和最大舵角进

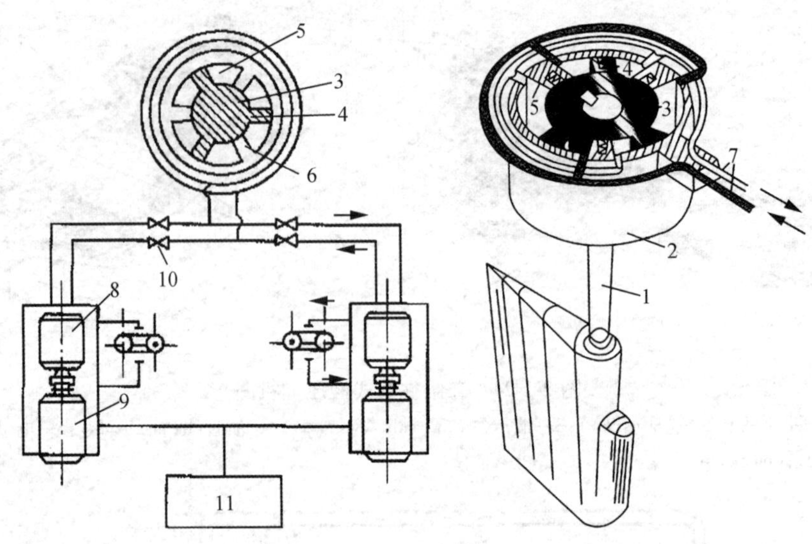

图 2-2-26　转叶式液压舵机

1—舵杆(rudder stock);2—固定体(stator);3—回转体(rotor);4—动叶(movable vanes);5—压力腔室(pressure chamber);6—定叶(fixed vanes);7—油路管(manifolds);8—油泵(oil pump);9—电动机(electric motor);10—截止阀(stop valve);11—储油箱(oil tank)

行验证。

3. 辅助操舵装置基本性能要求

(1)具有足够的强度和足以在可驾驶的航速下操纵船舶,并能在应急情况下迅速投入工作。

(2)应能在船舶最大航海吃水和以最大营运前进航速的一半但不小于 7 kn 时进行操舵,使舵自一舷的 15°转至另一舷的 15°,所需时间不超过 60 s。

(3)为满足上款要求,在任何情况下当舵柄处的舵杆直径(不包括航行冰区的加强)大于 230 mm 时,该操舵装置应为动力操作。

(4)人力操舵装置只有当其操作力在正常情况下不超过 160 N,且确保其结构不致对操舵手轮产生破坏性的反冲作用时,方可装船使用。

4. 主、辅操舵装置动力设备的布置要求

(1)当动力源发生故障失效后又恢复输送时,能自动再启动。

(2)能从驾驶室控制使其投入工作。

(3)任一台操舵装置动力设备动力源发生故障时,应在驾驶室发出视觉和听觉报警。

(4)如主操舵装置具有两台或两台以上相同的动力设备,则在下列条件下可不设置辅助操舵装置:

①对于客船,当任一台动力设备不工作时,主操舵装置仍能按上述第 2 条第(1)款的规定进行操舵。

②对于货船,当所有动力设备都工作时,主操舵装置能按上述第 2 条第(1)款的规定进行操舵。

③主操舵装置应布置成当其管系或一台动力设备发生单项故障时,此缺陷能被隔离,使操

舵能力能够保持或迅速恢复。

5. 附加要求

(1)10 000 总吨及以上的每艘油船和 70 000 总吨及以上的其他每艘船舶,其主操舵装置应设有两台或两台以上符合本节第 4 条第(4)款规定的相同的动力设备。

(2)10 000 总吨及以上的每艘油船,其操舵装置应符合下列规定:

①主操舵装置应这样设置,即由于主操舵装置的一套动力转舵系统的任何部分(但除舵柄、舵扇或为同样目的服务的部件或因转舵机构卡住以外)发生单项故障以致丧失操舵能力时,应在 45 s 内能够重新获得操舵能力。

②主操舵装置应包括:

i. 两个独立和分开的动力转舵系统,每个系统均能满足上述第 2 条第(1)款的要求。

ii. 或至少有两套相同的动力转舵系统,在正常运行中同时工作能满足本节第 2 条第(1)款的要求。当需要符合此要求时,各个液压动力转舵系统应设有交叉联结。任一系统中液压流体丧失时应能发现且有缺陷的系统应能自动隔离,使另一套或几套动力转舵系统保持完全运行。

iii. 非液压型式的操舵装置应能达到同等的标准。

(3)对于 10 000 总吨及以上但小于 100 000 载重吨的油船的操舵装置,如能达到同等的安全衡准和符合下列规定,可允许采用不同于本节第 5 条第(2)款所述的办法,即对一个或几个动力转舵系统不必应用单项故障标准:

①由于管路或一台动力设备的任何部分发生单项故障而丧失操舵能力时,应能在 45 s 内恢复操舵能力;

②若操舵装置只具有单一的动力转舵系统,则必须对设计时的应力进行分析,包括疲劳分析和断裂力学分析(如适合时),以及对所使用的材料,密封装置的安装、试验、检查及有效的维护规定等予以特别考虑。

(4)对于 10 000 总吨及以上但小于 100 000 载重吨的油船的非双套动力转舵系统,其验收要求应经船检部门特别同意,并应符合国际海事组织 A. 467(Ⅶ)决议的规定。

四、操舵装置控制系统

操舵装置控制系统是指能按照驾驶人员的意图将舵令由驾驶室传至舵机动力装置之间的一系列设备,通常由发送器、接收器、液压控制泵及其电动机、电动机控制器、管路和电缆等组成。现代船上采用的主要有电力和液压两种操舵装置的控制系统。

(一)电力控制系统(electric steering control system)

现代船舶广泛使用的是电力控制系统,其主要优点为:轻便灵敏,线路易于布置,对船体变形和温度变化可不受影响,工作可靠,维修方便,并有利于操舵自动化。

采用电力控制装置的船舶都可实现自动操舵、随动操舵和应急操舵的功能,且都有两套线路独立布置的操舵系统。当一套操舵系统发生故障时,立即可以转换到另一套操舵系统。这两套系统分别称为随动操舵系统和手柄操舵系统。

1. 随动操舵系统(follow-up system)

设有舵角反馈装置,并能进行追随控制的操舵系统。目前,海船上常用的有液压舵机的随动操舵系统和电动舵机的随动操舵系统。

(1)液压舵机的随动控制系统

如图 2-2-27 所示为液压舵机的电力控制系统的操作示意图。当操舵台的舵轮转出一舵角信号并停止在 θ 角后,该舵角信号被放大器放大后送至力矩马达,随后,力矩马达驱动伺服电机后马达控制油泵的倾斜盘倾斜一个角度,油泵即开始排出相应的液压油。在液压油的作用下,柱塞开始直线运动,并通过舵柄带动舵叶开始转动,来自舵柄处的反馈信号发到操作台并逐渐缩小与舵令信号的电位差,在这一过程中,力矩马达也驱动机械伺服电机逐渐回到中间位置(0°)直至电位差为零。此时,油泵倾斜盘也返回到非倾斜位置,吸油和排油停止。这时,舵叶就停止在舵轮所给出的指令舵角上。

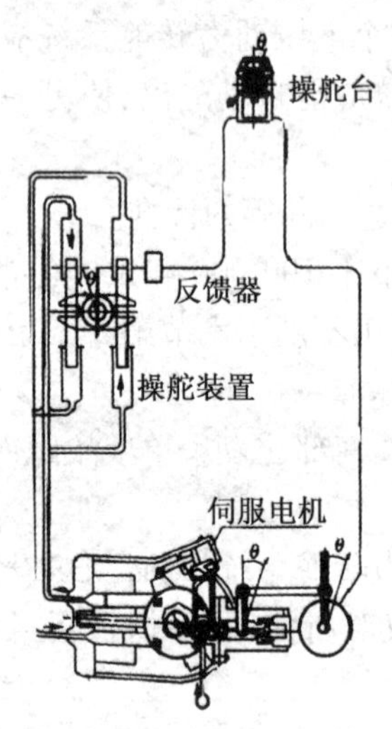

图 2-2-27 液压舵机随动控制系统

(2)电动舵机的随动控制系统

该系统是由电阻 R_1 和 R_2 组成的电桥、放大器、继电器和舵角反馈装置等组成的。电动舵机随动控制工作原理如图 2-2-28 所示。由舵轮控制的电阻滑动触臂 L_1 可在电阻电桥 R_1 上移动,而舵角反馈发送器控制的电阻滑动触臂 L_2 可在电桥电阻 R_2 上移动。当驾驶台的舵轮位于正舵(零度)及船尾的舵也位于正舵(在艏艉线上)即电阻滑动触臂 L_1 和 L_2 分别处于各自电阻的中点时,因位于相等的电位点,电桥的电位平衡,L_1 与 L_2 送入放大器接线端 a 与 b 两点的电位差为零,这时舵机不工作;如果转动舵轮,滑动触臂 L_1 在电阻 R_1 上移动后使电桥失去平衡,L_1 与 L_2 的电位点不一样而出现电位差,放大器 a、b 两点便输入操舵信号电压,经放大整流后输出直流控制电压至继电器 J。操左舵时,继电器 $J_{左}$(触点闭合)接通,舵机直流电源经 $J_{左}$启动舵机工作。带动舵叶转出左舵角。同时,通过机械连接使舵角反馈发送器转动,并通过电路使舵角反馈接收器也同步转动,带动电阻滑动触臂 L_2 在 R_2 上移动,直至 L_2 与 L_1 同位,电桥恢复平衡状态,输入放大器信号电压差为零,舵机停止工作。这时舵叶便处在舵轮所给出的指令舵角上。回舵时,反向将舵轮转回零位,舵机也反向转动,使舵回到正中位置。这种操舵方式的舵轮转动角和舵叶的偏转角是相当的,操舵时比较直观。

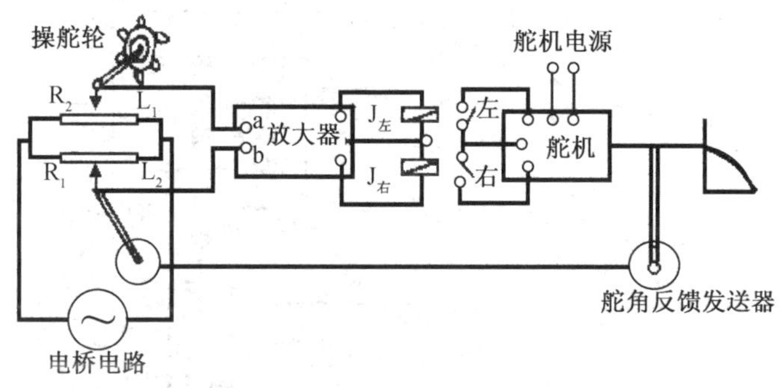

图 2-2-28 电动舵机的随动控制原理图

2. 手柄控制系统(non-follow-up system)

手柄控制系统也称直接控制系统或应急控制系统。这一系统在自动和随动操舵装置发生故障时使用。它有独立的电源,操纵开关、手柄或按钮直接控制继电器或其他相应装置来启动舵机工作,该系统无反馈装置,开关合上舵机转动,左开关合上左转,右开关合上右转,开关脱开舵机停止。一般应急操舵装置在驾驶室和舵机间各设有一套应急操舵的开关或手柄。当操舵手柄位于中间位置或按钮处于松开位置时为断电位置,舵机不工作;手柄向左或按下左按钮(左按钮为红色,右按钮为绿色),继电器 J_1 接通,使左舵触点闭合,舵机电源经左舵触点启动舵机转出左舵角。松开手柄或按钮,舵机停转,舵角保持不变。若需加大舵角,重复上述操作。若需回舵,应将手柄向右或按下右按钮,使继电器 J_2 接通,使舵向右回转,如图 2-2-29 所示。使用直接控制系统操舵时,如按航向操舵,应注意掌握船的回转惯性的作用,要及时断电,才能使船首向准确到达所需航向。

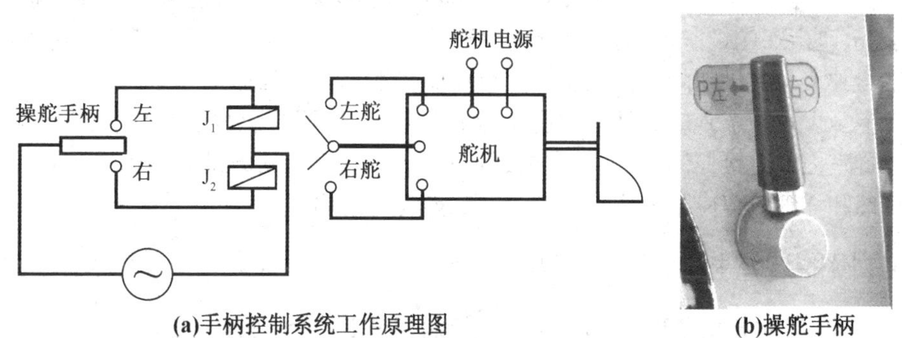

(a)手柄控制系统工作原理图 (b)操舵手柄

图 2-2-29 手柄控制系统工作原理图及外形

(二)液压控制系统(hydraulic control system)

该系统主要由发送器和受动器组成,发送器装在驾驶室,受动器装在舵机舱,两者之间由充满液体的管路连接。图 2-2-30 为液压控制系统示意图。转动舵轮,通过传动齿轮,带动齿条移动,使发送器液缸内的活塞向上(或向下)移动,活塞上方(或下方)的工作液被挤压,通过管路进入受动器液缸的左方(或右方),推动缸内活塞向右(或向左),同时活塞右方(或左方)的工作液通过管路进入发送器液缸活塞的下方(或上方)。

当受动器液缸的活塞受压向右移动时,通过活塞杆拉动曲拐杠杆转动,从而操纵舵机的控

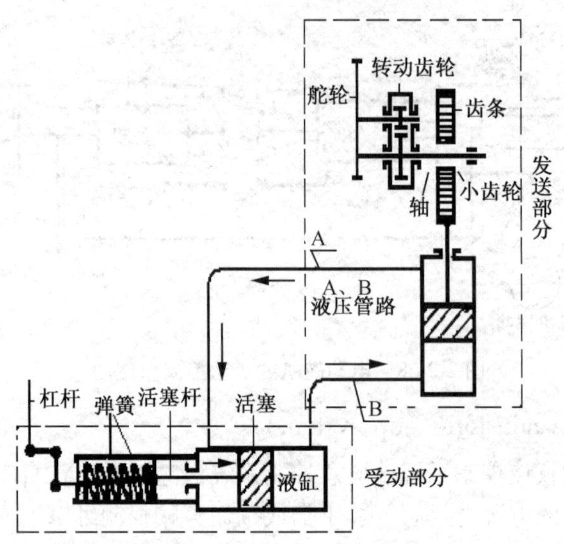

图 2-2-30　液压控制系统

制机构使其转动，舵机油泵开始排吸油，使舵转动。当舵轮停止转动时，在舵机的反馈装置作用下，油泵停止排吸油，使舵叶停在所要求的角度上。

(三)应急操舵

当自动操舵和随动操舵系统发生故障时，应立即使用驾驶室应急操舵，即将操舵仪上的操舵方式开关转入“手柄(non-follow-up)”位置，然后操作手柄开关进行操舵。当操舵装置控制系统或主操舵装置发生故障而又不能在驾驶室进行辅助操舵装置的控制时，则应脱开驾驶室的控制系统，改由在舵机室控制操舵(将控制箱选择按钮由“驾驶台”切换到“舵机房”)。这时应利用驾驶室与舵机间的通信设备来进行应急操舵期间的沟通。

按规定至少每三个月应进行一次应急操舵演习，以练习应急操舵程序。演习内容应包括在舵机装置室内的直接控制，与驾驶室的通信程序，以及交替动力供应的操作。应急操舵装置演习的日期和详细内容应记入主管机关规定的航海日志内。

(四)操舵装置控制系统的要求

(1)对于主操舵装置，应在驾驶室和舵机室两处都设有控制器。

(2)主操舵装置是由两台或两台以上相同的动力设备组成而不设辅助操舵装置时，应设置两个独立的控制系统，且每个系统均应能在驾驶室控制。

(3)辅助操舵装置应能在舵机室进行控制。若辅助操舵装置是用动力操纵的，则也应能在驾驶台进行控制，并应独立于主操舵装置的控制系统。

(4)能从驾驶室操作的主、辅操舵装置的控制系统应符合下列要求：

①在舵机室应设有能将驾驶室操作的控制系统与其所服务的操舵装置脱开的设施。

②此控制系统应能在驾驶室某一位置被投入操作。

(5)当控制系统的电源供应发生故障后，应在驾驶台发出能视听的警报。

(6)驾驶台与舵机室之间应备有通信设施。

(7)舵角位置应在驾驶室及舵机室显示；舵角指示应与操舵装置控制系统独立。

(8)驾驶室和舵机室应固定展示带有原理框图的适当操舵说明,此说明表明操舵装置控制系统和动力转舵系统的转换程序。

五、附属装置

1. 舵角指示器(rudder angle indicator)与舵角分指示器

用以指示舵叶实际转动的角度,便于操舵人员及驾引人员能够实时地观测舵角所处的位置。舵角指示器位于驾驶室内操舵仪前方的顶板上,而舵角分指示器位于驾驶室两侧外部墙壁上,如图 2-2-31 和图 2-2-32 所示。

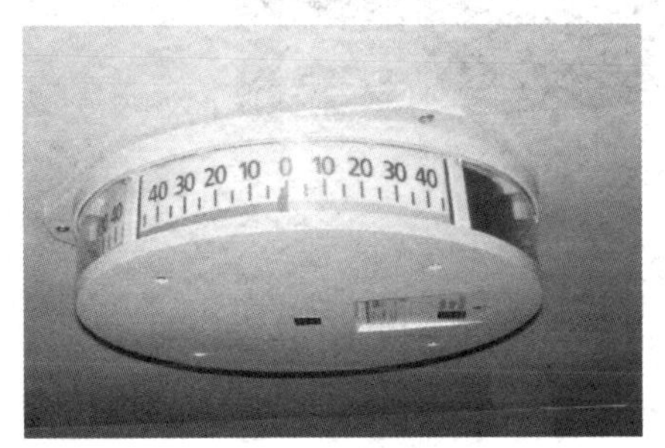

图 2-2-31　**舵角指示器**

图 2-2-32　**舵角分指示器**

2. 舵角限位器(rudder angle stopper)

船舶在航行中使用的最大有效舵角,一般流线型舵为 32°~35°。为了防止操舵时实际舵角超过最大有效舵角,在操舵装置的有关部位设置舵角限位器,其极限值为 35°~38°。舵角限位器的种类有机械、电动等类型。机械舵角限位器一般设在舵叶上侧、下舵杆与舵柱的上部。另外,在舵柄两侧极限舵角位置处还装设角铁架,当舵转到满舵时,舵柄被角铁架挡住,不能继续转动。电动舵角限位器的开关装于舵柄两侧的极限位置,当舵转到满舵时,舵柄或与舵柄相连的装置撞触开关,使开关处于断路位置,与开关串联的舵用电机即停止继续转动。当舵机电机反转时,舵柄或与舵柄相连的装置脱离开关,开关在弹簧的作用下回到通路位置,系统恢复运转。

六、自动舵

自动舵(autopilot)是在随动舵基础上发展起来的一种自动操舵装置控制系统,是能自动控制舵机以保持船舶按规定航向航行的装置(如图 2-2-33 所示)。与人工操舵相比,自动舵能模拟并代替人力操舵,大大减轻操舵人员的劳动强度;能及时纠正偏航角;能提高航向精度和航速,能缩短航程,减少燃料消耗,还可以和其他导航设备结合组成自动导航系统,大大提高了自动化水平,使船舶无人驾驶成为可能。其工作原理是:根据罗经显示的船舶航向和规定的航向比较后所得的航向误差信号,即偏航信号,控制舵机转动并产生合适的偏舵角,使船在舵的作用下转回规定的航向。

(一)自动舵的种类

船上实际使用的自动舵的种类较多,按其调节规律来分,基本上有三种:

图 2-2-33　自动舵

1. 按船舶偏航角 φ 来操舵的自动舵

这种自动舵采用比例控制系统，偏舵角 α 和偏航角 φ 成正比关系，即：

$$\alpha = -k_1\varphi$$

式中：k_1——比例系数；

"-"——表示偏舵的方向与偏航方向相反，即用以消除偏航角。

在这种自动舵中，比例系数 k_1 可以根据船舶类型、海况、装载情况加以选择和调整。其在自动操舵时通过机械系统对偏航信号进行处理，根据偏航角 φ 的大小来给出偏舵角 α，比较直观。但它不能克服偏航角速度的影响，航向稳定的过程较慢，航迹易成 S 形曲线，精度较差，现已不再采用。

2. 按船舶偏航角 φ 和偏航角速度 $\frac{d\varphi}{dt}$ 来操舵的自动舵

这种自动舵采用比例-微分控制系统，其偏舵角 α 和偏航角 φ 之间的关系为：

$$\alpha = -\left(k_1\varphi + k_2\frac{d\varphi}{dt}\right)$$

式中：k_1——比例系数；

k_2——微分系数。

比例系数 k_1 和微分系数 k_2 可根据船舶种类、装载和偏航惯性等加以选择和调整。

这种自动舵除了有与偏航角成比例的舵角成分外，还有与偏航速度成比例的舵角成分。偏航速度越快，舵角给出越大，因此可以及早克服船舶惯性。相对于比例舵，它减少了偏摆、稳定航向的过程比较快，提高了灵敏度和精度，也减轻了舵机频繁工作的负担；但未考虑到对船舶单侧偏航的纠正。

3. 按偏航角 φ、偏航角速度 $\frac{d\varphi}{dt}$ 及偏航角积分 $\int_{\varphi} dt$ 来操舵的自动舵

将比例-微分-积分控制器（简称 PID 控制器）应用在自动操舵仪上，由电子线路对偏航信号进行处理，从而实现操舵。舵机的控制信号有三种：①与偏航角成比例的偏舵角信号，用以使船首返回原航向，对重载船取比例小些的。②与偏航角对时间的微分（导数）成比例的信

号,用以克服由惯性引起的偏航,又称反舵角,对重载船取微分作用强、给舵快些的。③与偏航角对时间的积分成比例的信号,用以抵消不对称偏航,又称压舵,按风浪的实际情况进行调整。

它的偏舵角和偏航角的关系为:

$$\alpha = -\left(k_1\varphi + k_2\frac{\mathrm{d}\varphi}{\mathrm{d}t} + k_3\int_{\varphi}\mathrm{d}t\right)$$

式中:k_1——比例系数;

k_2——微分系数;

k_3——积分系数。

PID 控制器使操舵性能有了很大提高,满足了船舶大型化、快速化对自动操舵仪提出的要求。比例-微分-积分自动操舵仪目前被广泛使用于各种类型船舶上,但它有两个缺点:①当船舶装载、航速等状态或风、浪、流等航行环境发生变化,船舶的操纵性能随之发生变化时,自动操舵仪的控制特性不能随之自动做出相应调整。要保持自动操舵仪的良好性能,在很大程度上取决于驾驶员对船舶本身及外界干扰的正确判断,用人工对自动操舵仪的控制参数如灵敏度、比例系数或微分系数等进行调节。这样既不方便,又很难调节到最佳状态。②为了提高船舶航向保持的精度,自动操舵仪对偏航信号极为敏感,因而操舵频繁且舵的摆动幅度较大。这样,不仅增加操舵的能源消耗和舵机磨损,还将引起水阻力的增加,导致船速降低,影响经济效益。

(二)自动舵的操舵传动方式

每一台自动舵一般均有三种不同的操舵传动方式,即随动操舵、自动操舵和应急操舵。

1. 随动操舵

通常称人工操舵,由舵工根据舵令操舵、转动舵轮,舵叶随之转动,当舵叶转至所操舵角时停止。这种操舵方式用于进出港、靠离码头、航行于狭水道等航区复杂水域、雾航和避让等时机。

2. 自动操舵

自动仿效人工操舵,用于船舶航行在较长时间的直航向时,可减轻舵工劳动强度、提高操舵精度和船舶航速、缩短航程、节约燃料。

3. 应急操舵

在自动操舵和随动操舵系统发生故障时,应立即使用应急操舵。先将操舵仪上的操舵方式开关转入“手柄(non-follow-up)”位置,然后操作手柄开关。有的自动舵操舵台上没有单独专设的手柄开关,在这种情况下,只要将手轮轴销拔出,旋转 90°后置于凹槽内固定就可将舵轮当手柄进行操舵。

(三)自动舵的调节

为完善自动舵的工作性能,在使用中还要通过自动操舵仪面板上的调节旋钮对自动操舵系统进行调节,以得到最佳的使用效果。各旋钮的使用调节如下:

1. 转入自动开关

自动操舵一般都是由随动操舵转换过来的。从随动转换为自动时,应注意先把压舵旋钮和自动改向调节旋钮归零位,同时把船舶稳定在指定的航向上。当处于正舵时,将选择开关从随动转至自动位置上,船舶就进入自动操舵状态,如图 2-2-34 所示。然后,根据船舶载重情况和海况,调节主操舵台面板上的有关旋钮。

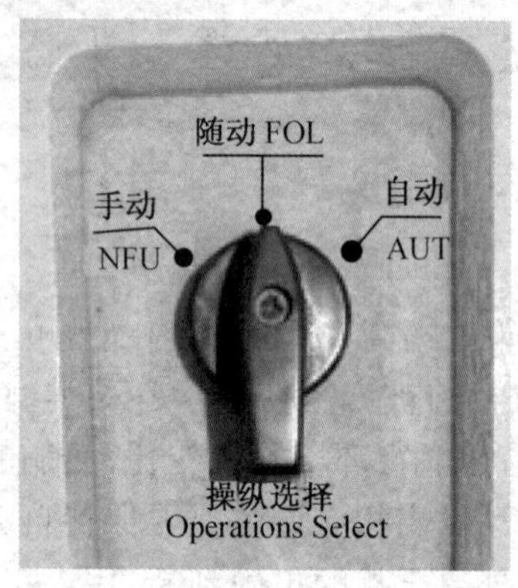

图 2-2-34　自动舵操舵方式转换开关

2. 比例旋钮(rudder adjust)

比例旋钮也称舵角调节旋钮,用以调节自动舵纠正偏航的舵角大小,即偏舵角与偏航角的比例。比例系数一般为 0.5~4.0,万吨船在实际使用中比例系数一般以 2~3 为宜。刻度的挡位越高,比例系数越大,比例越大,偏舵角也越大,可获得的转船力矩也越大。调节时应根据海况、船舶装载情况和舵叶浸水面积等不同情况而定。船舶空载、舵叶露出水面或海况恶劣时一般应选用高挡;风平浪静、船舶操纵性能好时用低档。

3. 微分旋钮(rate adjust)

微分旋钮也称反舵角调节旋钮。在船舶偏航用舵克服使其向原航向回转时,还必须再操一个反舵角来克服船舶回转时的惯性。因此,使用反舵角调节可给出反舵角的大小,以阻止船舶向另一侧的偏摆。挡位越高,微分作用越强。大船、重载、旋回惯性大时微分要调大;反之,要调小。海况恶劣,微分作用要调小或调至零。

4. 灵敏度旋钮(weather adjust)

灵敏度旋钮也称天气调节或航摆角(yawing)调节,用以调节自动舵系统开始投入工作的最小偏航角,也就是调节系统死区的大小;死区调得很小,即偏航角很小(一般为 0.2°~0.5°),舵机就开始工作,这样灵敏度就高。天气好时,为了船舶走得更直一些,即当出现较小偏航角时,就使舵机工作产生舵角来纠正偏航,可将灵敏度调高一些;风浪大时,航向偏摆频繁,为了防止舵机频繁启动,应将灵敏度调低些,这样在偏航较小时,舵机不启动工作,从而避免舵机工作过于频繁而受损。

5. 压舵旋钮(deviation adjust)

压舵旋钮用以调节压舵的舵角大小。当船舶受到风流等恒值外力干扰而向单侧方向偏航时,可用此旋钮向相反方向压一舵角,以抵消单侧偏航作用。压舵的舵角大小可以根据船舶偏转情况来选定,所压舵角可以从舵角指示器上读出。

6. 自动改向旋钮(course adjust)

使用该旋钮改向时,应把比例旋钮放在最小位置,而且每次只能进行小度数改向。若需大

角度改向，则应分几次进行，一般每次不超过 10°。

7. 零位修正调节(zero set control)

零位修正调节用来修正自动舵中航向指示刻度盘与陀螺罗经的同步误差。自动舵的指令来自航向信号。船舶航向以陀螺罗经(主罗经)为准。自动舵上的航向指示器(分罗经)若与主罗经不同步，将产生误差。调节时，应先取下螺帽，用专门钥匙插入，旋转刻度盘，使它的读数与陀螺罗经一致，然后将调节旋钮的指针拨回零位。

(四)使用自动操舵仪(自动舵)的注意事项

(1)在大风浪航行时，为保护自动舵应改用人工操舵。

(2)在运输繁忙的区域，如当船舶避让、改向、过转向点，航行于狭水道、渔区、礁区、航道复杂水域，进出港和靠离泊位，在能见度受限制的情况下以及在所有其他航行危险的情况下，如使用自动操舵仪，应尽可能立即改为人工操舵。

(3)在上述情况下，应可能毫不迟延地为值班驾驶员提供一位合格的舵工；该舵工应随时准备接过操舵工作。

(4)从自动操舵转换为人工操舵，以及相反地从人工操舵转换为自动操舵，应由一位负责的驾驶员操作或在其监督下进行操作。

(5)在长期使用自动操舵仪以后，以及在进入需要特别谨慎驾驶的区域以前，均应试验人工操舵。通常在使用自动舵航行时，每一航行班次(即每 4 h)至少应检查一次随动操舵装置是否正常。

(6)在随动操舵状态下，自动操舵的有关各调节旋钮不起作用，但当随动转入自动操舵时，应先将压舵旋钮和自动改向旋钮调至零位。

(五)自动舵的使用操作程序

各种类型的自动舵都和罗经、舵机组合起来，并且都具有自动、随动和手柄(应急)三种操舵方式。一般自动舵的使用操作程序如下：

自动舵只是在船舶驶出港口、不必经常转向的情况下才使用。使用自动操舵前，都是用手轮(随动)进行操舵的。应急操舵一般在随动操舵失灵时才使用的。

1. 随动操舵

(1)通知机舱接通驾驶室自动舵电源，然后把驾驶室上的双电源开关(即机组转换开关)放在“1”或“2”的位置上。一般较大型船舶操舵装置都使用有两套相同动力的机组，航行时只使用一套，另一套备用，不同航次轮换使用。在一些繁忙水域或狭水道水域等频繁用舵且需快速应舵的情况下，有时两套动力同时使用。

(2)将操舵仪的电源开关放在“自(随)动”位置。

(3)将操舵仪上的操舵方式选择开关放在“随动”位置。

(4)转动手轮即可操舵。

2. 自动操舵

当从随动操舵转换为自动操舵时：

(1)注意压舵及航向改变旋钮均应放在“0”位上，分罗经刻度应与主罗经刻度一致。夜间用灯光调节旋钮将面板的照明亮度调至恰当程度。

(2)先将灵敏度调高一些。

(3)操手轮使船首正好在要求的航向上,驾驶台上及操舵仪上的舵角指示器均正好在“0”上时,将选择开关从“随动”转至“自动”。

(4)根据具体海况及船舶装载情况,转动“天气调节”“比例调节”“微分调节”等旋钮使之配合得当,得到最小的偏舵角和最小的偏航次数,从而有最好的航向稳定性。必要时再使用“压舵”。对于采用机械断续接触进行调节的自动舵,调节时应将旋钮对准刻度,不能放在两个刻度之间。

3. 应急操舵

当自动操舵及随动操舵失灵时,应立即使用手柄(应急)操舵。

(1)将操舵仪的电源开关放在“手柄”位置。

(2)扳动手柄进行操舵。

4. 用毕关机

(1)各种调节旋钮处于零位或最小位置。

(2)选择开关及舵轮处于随动位置。

(3)将电源开关放在断开位置。

(六)自适应自动舵

如前所述,由于外力干扰和船舶运动的特性,船舶在航行中常发生偏航,使用自动舵,可自动予以纠正,使船舶恢复到原航向上。然而,自动操舵仪上的各调节旋钮是船员根据船舶载重量、吃水及当时风浪等海况凭其经验而用手动方式进行修正的。显而易见,从节能的角度来看,在自动舵的操纵中尚存有不足之处。例如由于操舵次数较多,增加了阻力;其次,转舵后船舶阻力增大,因而加大了主机负荷,导致主机转速下降。为防止转速下降,调速器开始工作,即增加了燃油消耗量。

随着自适应控制理论的发展和微处理器在船舶上的应用,出现了自适应自动操舵仪。它是把具有自适应操舵程序的模块并入机电式自动操舵仪而成的。自适应自动操舵仪在船舶的载货和航速等状态或风、浪、流等航行环境发生变化而引起船舶操纵性能变化时,能感测这些变化并按事先设定的性能指标自动调整控制参数,使自动操舵仪保持在最佳状态。因此,自适应自动操舵仪不但能减少人工操作,提高航行安全性,而且还有明显的经济效益,一般可比机电式自动操舵仪节省约1%的燃料。自适应自动舵主要由以下部分组成:

1. 一般自动舵

自适应舵包含了一般自动舵,即自动舵控制器、舵机和反馈装置等部分。

2. 数学模型

自适应舵实际上是一般自动舵加上微机控制。微机内贮存着船舶运动特性的模型,供计算、比较、鉴别之用。

3. 辨识装置

由于船舶运动特性的模型是随着载重量、吃水差、船速和海况等而变化的,当上述因素有

变化时必须建立最新的数学模型。这种检出模型的变化并形成新模型的过程称为"辨识"。当船舶离港用手动操舵和自动舵时就开始识别,并在操作过程中不断更新模型,这些工作则由辨识装置完成。

4. 卡尔曼滤波器

其功能是有效地滤除罗经输出信号中所包含的不规则噪声成分,用统计方法计算出转舵时船舶的偏航角,并估算出船舶在某一舵角下何时转向。

5. 最佳控制器

将卡尔曼滤波器检出的偏航角加到最佳控制器,经最佳控制器处理后,发出使船舶回到原航向的舵角指令。

6. 增益调节器

当海况恶劣、波浪等噪声增大时,噪声对船舶转向的影响也随之增大,会导致卡尔曼滤波检测的精度下降。为改善操纵性能,需设置增益调节器来调整增益参数。

(七)航迹舵(自动驾驶仪)

航迹舵(navpilot)是趋于发展完善的一种全自动驾驶仪,国内外有不少船舶在使用。它的发展基础是在原自动舵的控制系统上配置一套航迹舵组件(装置)。此组件以微机为核心通过初始人工输入航路数据、位置偏移量及硬件部分连接计程仪、陀螺罗经、定位仪,由上述输入的信号及数据通过微机软件进行计算、分析与处理,然后给出一个指标航向到自动舵组件中去执行,使船能够沿着计划航线航行,并能在预定的转向点上转向,从而达到无人驾驶。使用航迹舵应注意的事项如下:

(1)航迹舵是自动舵中的一种,因此,在规定不能使用自动舵的场合,同样不要使用航迹舵。

(2)在进行避让操船时,应终止使用航迹舵。待驶过让清以后,需重新启动航迹舵时,必须提醒驾驶员确认下一个转向点的正确性,同时,还应指示下一个计划航向的数值,要求驾驶员调整船舶的航向使其基本对准下一个转向点。当驾驶员对这两点都认可后,方可重新启动航迹舵。组件的设计应使这种确认方法是可靠的,而且不易被误操作。

(3)当定位传感器长期无船位时,航迹舵应指示提醒驾驶员转到其他的操舵方式。对作为定位仪所给出的船位,要与其他定位方式予以比较,确认其可靠性。如发现船位不可靠时,应立即转到其他的操舵方式。

(4)在利用航迹舵启动转向时,驾驶员必须对周围的海域、船位与所采用的航迹带宽度、对转向前后的海面状况均了解清楚(包括对转向后的转向点的确认)。只有在确认安全的情况下,才指令航迹舵自动转向。若在转向点附近有岛屿或浅滩时,一定要借助于雷达、陆标定位来确认,保持安全的正横距离,才可自动转向,否则不要用自动转向。

(5)航迹带宽度应根据航行区域与海况确定。

(6)当在自动校正风流压影响及航向修正量过大(例如大于10°)时,应同时发出报警指示。

七、操舵要领及注意事项

(一)操舵要领

船舶在航行中,驾驶人员根据航行的需要,对舵工下达舵令,舵工根据口令进行操舵,以控制船舶的航行方向。驾驶人员在下达口令时,应考虑到船舶在各种不同情况下的应舵性能和舵工的操舵水平。所下达的口令应确切、明了和清楚。舵工在操舵时应有高度的责任感,思想集中、动作准确。当听到驾驶人员下达舵令后,应立即复诵并执行以防听错。如遇舵工复诵口令错误或操作不当,驾驶人员应立即加以纠正。舵工在未听清口令或不理解驾驶人员下达的口令时,可要求重复一遍。所有舵令应一直保持到被撤销,如果舵不灵,操舵人员应立即报告。

操舵的基本方法为:

1. 按舵角操舵

舵工在听到驾驶人员下达舵角口令后,应立即复诵并迅速、准确地把舵轮转到所命令的位置上,注意查看舵角指示器所指示的舵叶实际偏转情况和角度,当舵叶到达所要求的角度时,应及时报告。在驾驶人员下达新的舵令前,不得任意更动舵的位置。船舶在进出港、靠离泊及海上避让时通常采用按舵角操舵。

2. 按罗经操舵

船舶在海上航行时,大都按罗经操舵,使其保持在所需的航向上。

当船舶需要改变航向时,驾驶人员可直接下达新航向的口令,舵工复诵并将新航向与原航向做比较,从罗经刻度上可清楚地判断出新航向在原航向的哪一边,从而决定采取左舵或右舵。舵工应根据转向角的大小、本船的旋回性能和海况等情况,加以决定所用舵角大小。在一般情况下,如转向角超过30°,可用10°~15°舵角;如转向角小于30°,则宜用5°~10°舵角。操舵后船舶开始转向,此时可根据船舶罗经基线和刻度盘的相对转动情况,掌握船舶回转时的角速度。当船舶逐渐接近新航向时,应根据船舶惯性和回转角速度的大小,按经验提前回舵并可向反方向压一舵角,以防止船舶回转过头,这样船舶就能较快地进入并稳定在新航向上。

在船舶按预定航向航行时,由于受到各种因素的影响,经常会发生偏离预定航向的现象。为此,舵工应注视罗经刻度盘的动向,发现偏离或有偏离的倾向时,应及时采用小舵角(一般为3°~5°)进行纠偏,以保持航向。例如,当罗经基线偏在原定航向刻度的左边时,这表示船首已偏到原航向的左边,应操相反方向的小舵角(右舵,3°~5°即可),使船首(罗经基线)返回原航向。纠偏时要求反应快、用舵快和回舵快。

当发现船首总是固定一侧偏转时(通常由船舶受单侧风浪、潮流或积载不当,或船型、推进器不对称等恒值干扰力矩的影响所引起),应采用一适当的反向舵角,来消除这种偏转,习惯称为"压舵"。所用舵角大小可通过实践的方法来确定,通常先操正舵,查看船首向哪一边偏转,然后操一反向舵角,如所用舵角太小,船首仍将偏向原来的一侧;舵角太大,则反之。反复调试所采取的舵角,直至能将船首较稳定地保持在预定航向上。

3. 按导标操舵

在近岸航行时,特别是在狭水道或进出港时,经常利用船首对准某个导标航行。舵工根据驾驶人员所指定的导标,操舵使船首对准该目标,并记下航向度数,报告给驾驶人员。如发现

偏离，立即进行纠正，并注意检查航向有无变化，如有变化，舵工应及时提醒驾驶人员是否存在风流压。

4. 大风浪中操舵

由于船舶在大风浪天气下左右前后摇摆颠簸剧烈，航向很难稳定。此时，应由有经验的人员操舵，应细心观察风流影响的综合结果，要提前回舵或压舵。

为便于指挥或操舵，无论采用哪种操舵方法，驾驶人员或舵工都应掌握船舶在不同受载、不同风浪水流和水深、不同车速等情况下的舵性，熟悉舵设备各开关和旋钮的作用。

（二）操舵注意事项

（1）舵工在接到舵令后，应立即复诵并执行舵令操舵。当到达所要求的舵角（指舵角指示器所指示的船尾舵叶所到达的实际舵角）/航向（罗经指示）或对准参照物时，应立即予以报告。

（2）舵工在操舵时应有高度的责任感，做到思想集中、动作准确。复诵和报告时应做到吐字清楚、声音洪亮。

（3）值班驾驶员下达的舵令应确切、明了和清楚。在舵令发出后，如遇舵工复诵舵令错误或操作不当，应立即予以纠正。对舵工的报告亦应予以确认。

（4）按舵角操舵方法下达舵令时，舵令的先后顺序一般应为：左/右舵××→回舵或回到左/右舵××→正舵→把定，然后再按实际需要下达新的舵令组。除特殊情况外，不应下达左/右舵××直接到右/左舵××的舵令。

（5）舵工要严格遵照舵令操舵，未得到舵令不能任意改变航向，还必须及时复述和报告执行情况。如有疑问要互相及时提醒，以防发错或听错舵令乃至操错舵角。值班驾驶员与舵工要密切配合。

八、舵设备的检查保养

舵设备应该随时处于良好可用的技术状态，以确保船舶航行和靠离泊的安全。船舶驾驶人员和船公司有关人员必须对舵设备进行日常与定期的检查保养，并按规范要求进行试验。

（一）日常检查保养

1. 平时

平时舵机间不准放置杂物，应保持清洁干燥，切忌电机受潮；卸货后利用吃水浅的条件查看舵叶、舵杆和连接法兰的情况。经过大风浪或冰区航行、搁浅或其他海事后，更要仔细检查，特别要注意法兰上水泥包是否完好。对其各个部位要经常保持清洁，有锈要除锈涂漆，活动部分要加油润滑。

2. 开航前

每次开航 1 h 前，驾驶员应会同轮机部门的相关人员对操舵装置的工作情况进行校核。轮机部要先做好对舵的准备，启动舵机，使油泵工作。甲板部要派人观察舵叶周围有无障碍物，核对主罗经与分罗经误差和舵轮与舵角指示器的一致性，然后会同轮机部人员进行检查和对舵。

(1)检查内容

①操舵装置的完好性与现场有无杂物;

②驾驶台和舵机间通信是否畅通;

③对舵,以确保舵角指示器读数的准确性;

④起动每部操舵装置,分别进行各种角度的对舵。

(2)对舵方法

驾驶员用电话或无线电话与舵机室取得联系。让操舵人员在驾驶室扳动舵轮或手柄,先使舵角指示器的指针指零度,观察舵机室的舵角是不是也为零位置;再慢慢地将舵轮往左(右)转到满舵后,校对舵轮座上的舵角指示器与船尾舵杆上的指示刻度是否一致,接着用同样方法向右(左)满舵进行一次,再快速活舵一次;然后操舵人员听令,分别连续地做左(右)5°、15°、25°、35°操舵和回舵,即随动舵校对完毕。还应进行应急舵的校对,即从正舵开始,向右(左)满舵进行一次,回舵即可。一般应急舵对舵完毕后,应提醒操舵人员把操舵转换开关转换到随动舵位置。对舵的目的是判断舵的机械装置、传动装置、控制装置及舵角指示器等其他工作系统的可靠性、准确性、运转速度及平稳性。

舵角指示器在最大舵角时的指示误差,机械舵应不超过±2°;电动舵在正舵的位置应无误差,在其他舵角的位置不应超过±1°。

3. 航行中

值班驾驶员应经常检查舵机的工作状况是否正常,切忌“跑舵”。遇大风浪时应检查舵机间可移动物体是否绑扎好。使用自动操舵方式时,每个班最少都要进行一次自动操舵与随动操舵的转换,以观察转换装置是否灵活可靠,工作是否正常。另外,在不影响航行安全的情况下,还要对应急舵进行定期的试操。

4. 停靠后

停靠后,关闭电源,防止无关人员进入驾驶室和舵机室随便扳动舵轮、操舵仪上的各种开关旋钮及损坏舵机间内的设备。

(二)定期检查保养

每3个月应对舵设备进行一次全面的检查和保养,主要内容有:

(1)查看舵杆、舵叶各部分磨损及损坏情况,做好记录。舵杆(销)一般在下舵承处或舵销处的轴颈应大于非工作部分的轴颈,否则应进行修理或换新。工作轴颈表面允许存在少量分散的锈蚀斑点,但深度不超过舵杆(销)直径的1%;舵杆非工作轴颈允许减少量为原来设计直径的7%;舵钮与舵钮,或舵叶与舵托平面极限间隙一般为安装间隙的50%。

(2)检查电操舵装置的绝缘和触点情况,用不带毛头的细布揩拭清洁;检查自动部分灵敏度;检查液压舵机管路有否泄漏及液油质量。

(3)检查转舵装置电动机的运转及损耗情况,加以清洁,并做好记录;检查液压舵机泄漏情况及油的质量,若存在问题应及时修复并充液。

除上述常规核查外,至少每3个月应进行一次应急操舵演习,演练应急舵操作程序和检查应急舵设备的情况。演习内容应包括在舵机室内的直接控制、与驾驶室的通信程序,以及(如适用时)转换动力供应的操作。

每6个月检查备用操舵装置的活络部分，加以润滑，除锈涂油，并做转换操作试验，保证其性能良好。液压操舵系统每年或检修后应将整个系统彻底清洗一次，清除锈垢等，以免影响效用。

结合坞内检验时，将舵轴或舵销原地顶高或将舵杆拆下，检查舵轴、舵销及舵承的磨损及腐蚀情况；测量舵承间隙及舵的下沉量；检查舵杆、舵轴法兰盘及其连接螺栓与螺母；检查舵销螺母的止动装置。

对舵叶进行外部检验，检查舵叶腐蚀程度和有否裂缝，必要时对舵叶做测厚检查。当对舵叶的水密性有任何怀疑时或修理后，应进行密性试验。

九、舵力转船力矩

(一)舵力及转船力矩

舵是舵设备中承受水动力以产生转船力矩的构件，现在大部分海船舵面的形状均设计为流线型。如果不考虑外界的干扰和自身偏转的效应，船在正舵航行情况下，应该做直进运动。即船相对水运动时，水流对称地流过舵叶两侧，两侧面所受的水动力相等，不产生舵力，也就没有转船力矩，船也不会产生偏转。当舵向任一侧转出一舵角 δ 时，水流的对称性被破坏，舵叶两侧的流场随之发生改变，相对水流速度产生差异。迎水流一面的流速比背水流一面的流速慢，因而，迎水流一面的压力增加而舵背面的压力降低。参见图2-2-35流线型舵的受力分析。

当舵置于流速为 v 的均匀流场的水中，且与流向保持某一角度时，根据机翼理论，舵将受到水流合力 F 的作用，此合力即为舵力。舵力 F 在垂直于水流方向的分量称为升力 L、平行于水流方向的分量称为阻力 D；舵力 F 也可以分解为垂直于舵平面的分量 F_N 和平行于平面的 F_T，F_N 称为舵的法向力，F_T 称为舵的切向力。F_N 也称为舵的垂直压力或舵的正压力，舵力及舵力转船力矩是指舵的正压力及其产生的转船力矩。

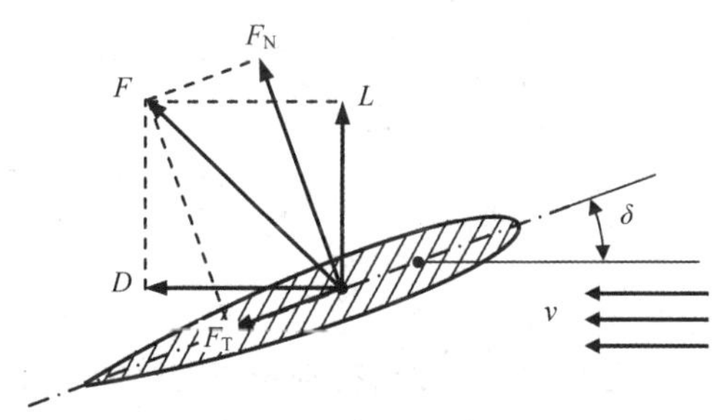

图2-2-35　流线型舵的受力分析

使船产生转头的力就是舵压力 F_N。舵压力 F_N 的近似计算式为

$$F_N = k\rho S_R v_R^2 \sin\delta$$

式中：F_N——舵压力(N)；

k——舵力系数；

S_R——舵面积(m^2)；

v_R——舵速(m/s)；

δ——舵角(°)；

ρ—— 水的密度(kg/m^3)。

在计算转船力矩时,可以近似地认为舵力作用中心位于艉垂线处,则力对重心的转船力矩为

$$M_\delta = F_N \cdot \frac{L}{2}\cos\delta = k\rho S_R v_R^2 \sin\delta \cdot \frac{L}{2}\cos\delta = \frac{1}{4}k\rho S_R v_R^2 L\sin2\delta$$

式中:L——船长(m);

S_R——舵叶面积(m^2);

v_R——舵速(m/s);

δ——舵角(°);

ρ——水的密度(kg/m^3)。

(二)影响舵力的因素

由上述内容可知,影响舵力的因素除与舵的浸水面积、舵角和舵速等有关外,还与下列因素有关:

1. 失速现象(stall)

一般说来,随着舵角的增大,舵力增加,在理想的状态,当 $\delta=45°$时,舵力转船力矩为最大值。但当舵角达到某一舵角时,由于舵周围的流线从舵的边缘分离,在舵叶的上下两缘和后边处将产生涡流,如图 2-2-36 所示。该涡流具有降低舵力、提高能的阻力的作用,舵力系数则将骤然下降,这种现象叫作失速现象。出现舵力系数骤然下降的舵角称为临界舵角,因此,最大舵角一般不超过 40°,多数商船的最大舵角为 35°。

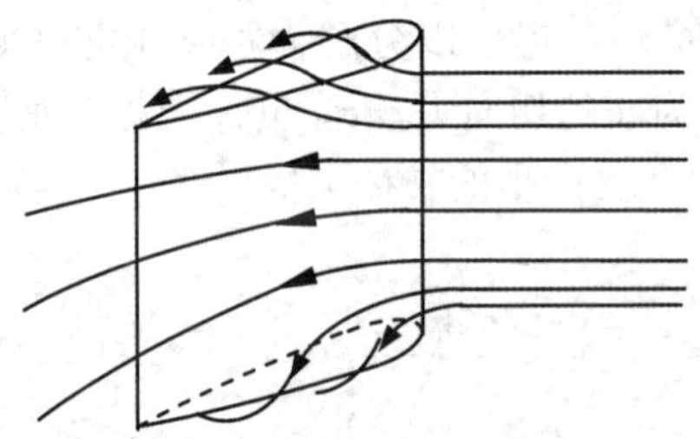

图 2-2-36 舵的涡流

2. 空泡现象(cavitation)

当使用大舵角或舵的前进速度相当大时,特别是在舵叶的前缘横截面曲率较大时,舵的背面压力将剧烈下降,当下降至或接近该温度下的汽化压力时,在舵的背面将出现空泡现象。该现象使舵力系数下降的同时还会使舵金属表面产生剥蚀。

3. 空气吸入现象(aeration)

舵叶背面吸入空气,从而产生涡流,使舵力下降。此现象多出现于舵叶的浸水高度较小的情况下。

4. 舵与船体之间相互影响

船舶操纵过程中,当操舵后,舵叶两边的压力差会波及船体两侧,即形成船体两侧的压力差,从而增加了船尾舵的舵力。舵与船体之间的相互影响使船尾舵的舵力比单独舵的舵力增

加约 20%~30%，且船尾钝材越大，舵与船体的间隙越小，其作用越明显。

5. 舵速

舵速（单独考查船尾舵的相对水流速度）由船速、船体伴流流速和螺旋桨排出流流速组成。由于船舶前进时船尾处的伴流方向与船舶前进的方向相同，因此伴流的存在降低了舵速，从而使舵的正压力减少 60%左右；对于双螺旋桨船，舵的正压力亦减少 50%左右；船尾舵位于螺旋桨的后部，进车时必然受到螺旋桨排出流的影响，它增大流向舵的排出流流速。据统计，排出流打在舵叶上的流速平均增加值是船速的 50%左右，从而使舵的正压力增加 2.5 倍左右。但双车单舵几乎不受排出流的影响。船体伴流和螺旋桨排出流对舵力的影响相反。伴流的作用是减小舵力，而螺旋桨排出流是增加舵力。

6. 船舶旋回中舵力下降

旋回舵力下降的原因：船舶旋回中的船速下降，导致舵力下降。另一方面，船舶在横移（向操舵相反一舷）或回转（向操舵一舷）过程中，舵的有效攻角因为船尾的横向运动而减小（一般情况下，所操舵角为 35°时，有效舵角会减小 10°~13°），导致舵力下降。

十、舵效及其影响因素

（一）舵效的概念

舵效（steerage）是舵力的转船效果的简称，是指航向角对操舵的反应能力，即舵效是保持航和改变航向的效率。操船运动中的舵效是指船舶操一定的舵角，船舶在一定的时间、一定的水域，其转头角的大小。船舶在某一舵角时，在较短的时间内所需水域越小转头角越大，其舵效就越好；反之舵效差。

（二）影响舵效的因素

（1）舵角：舵角越大，舵力矩越大，舵效越好。

（2）舵速：舵速的增加也增加舵力，相对来讲也增加了舵效。有关资料表明，在不用车的情况下，手操舵所能保持舵效的最低航速约为 3 kn，30 万吨级船舶由于伴流的影响其能够有效保向最低航速约为 4~5 kn，而自动舵能够有效保向的最低速度为 8 kn。

（3）船舶的排水量：船舶的排水量越大，其转动惯量也越大，舵效变差。因此对于大型船舶，一般宜用大舵角、早用舵、早抑制船舶的旋转角速度。

（4）船舶倾斜：船舶纵倾时，艏倾舵效差，适当艉倾舵效好；船舶横倾时，如低速时，低舷侧阻力较大，水流动压力小，船首易向低舷侧偏转，即舵效好。如高速时，水流动压力作用大于水阻力，则可能相反。

（5）舵机性能：操舵所需时间越短，舵效越好。电动舵机来舵快，回舵慢，不易把定，电动液压舵机来舵快，回舵也快，易把定。

（6）风流及浅水：空载慢速，顺风转向较迎风转向舵效好；船舶顶流较顺流舵效好；浅水中船舶的旋回阻力较深水中大，舵效也较深水中差。

（7）与舵的安装位置有关：单车船、双车双舵船，排出流打在舵叶上，舵效好；双车单舵船，舵在两车之间，则舵效差。

(三)提高舵效的措施

在实际船舶操纵中,船舶通过狭水道或航道的转角较大的弯曲地段时,大多采用降低船速、增加螺旋桨转速来提高舵效的措施。船舶在港内宽度和深度受限的直航道中航行时,既要保持一定的船速以克服横风、横流的影响,即增加螺旋桨转速,又要考虑船舶下沉量的影响,即船速不宜过高,这时,可以在船尾系带一拖船协助减速,同时增加螺旋桨转速,以提高舵效。

第三节　锚设备及其应用

船舶在装卸货物、避风、等泊位、检疫及候潮等情况下都需要在锚地抛锚停泊,锚设备的配置就是为了使船舶锚泊时产生足够的锚泊力。此外,锚也是船舶操纵的辅助设备,如靠离码头、系离浮筒、狭水道掉头以及紧急情况下减刹船速等往往都要用到锚。

一、锚设备的组成

锚设备由锚、锚链、锚链筒、制链器、锚机、锚链舱、锚链管和弃链器等几部分组成,其布置如图 2-3-1 所示。

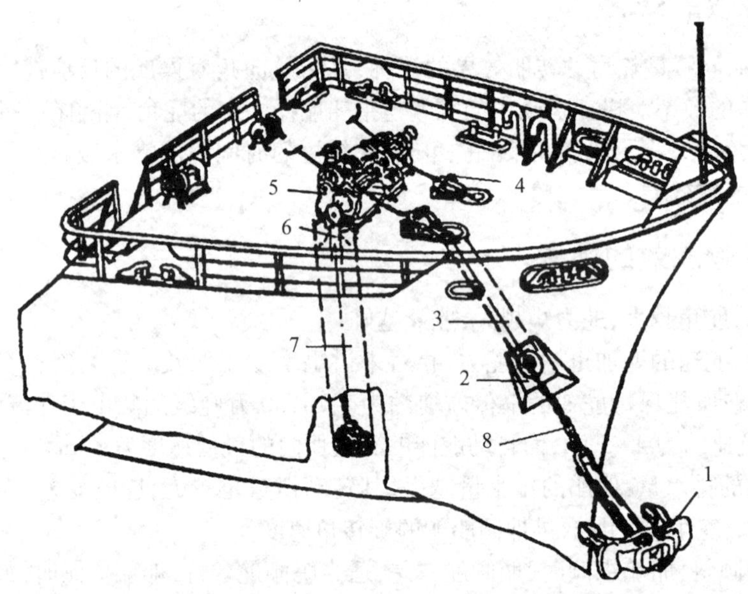

图 2-3-1　锚设备

1—锚(anchor);2—锚穴(anchor recess);3—锚链筒(hawse pipe);4—制链器(chain stopper);5—锚机(windlass);6—锚链管(chain pipe);7—锚链舱(chain locker);8—锚链(chain)

(一)锚(anchor)

锚是锚设备中产生抓驻力的主要部件之一。锚泊时,锚的抓力与卧底锚链的抓力构成锚泊力,以抵御风、流等对船的作用力。锚按结构分为有杆锚、无杆锚两种,按其用途可分为普通锚、大抓力锚、特种锚等。

（二）锚链（chain）

锚链主要用来连接锚和船体，传递锚抓力。锚泊时，在出链长度适当时，卧躺海底部分的锚链也能因与接触底质的摩擦而产生部分抓驻力。

（三）锚链筒（hawse pipe）

锚链筒是锚链进出以及收藏锚干的孔道，其直径为链径的10倍左右。锚链筒由甲板链孔、舷侧链孔和筒体三部分组成。锚链筒的上下口一般均设有锚唇，分别称为上锚唇、下锚唇，其作用是减少锚链对上下口的磨损。筒体内设有冲水装置，用于在起锚时冲洗锚和锚链。在甲板链孔处设有防浪盖（buckler），以防止海水从锚链筒涌上甲板，还可以保证工作人员的安全。有的船在甲板链孔处设有导链滚轮，以减轻锚链与甲板链孔的摩擦。

有些低干舷船与快速船为了减少由锚引起的水与空气的阻力，以及减少锚体击水引起水花飞溅，在舷边链孔处设有能收藏锚冠及锚爪的锚穴（anchor recess），其形状有方形、圆形、伞形等。

锚链筒的位置和尺寸应能满足：收锚时使锚爪紧贴船壳，锚干连同转环一起留在锚链筒内，抛锚时使锚干易于脱出锚链筒。此外，锚链筒的下口应离满载水线有一定距离，以减少航行时船首波冲击锚体。锚链筒的位置距船舶中线面有适当距离，以免起锚时锚爪卡在艏柱上。

（四）制链器（chain stopper）

制链器设置在锚机和锚链筒之间，用于固定锚链，防止锚链滑出。在锚泊时，制链器将锚和锚链产生的拉力传递至船体，减轻锚机的负荷以保护锚机；航行时承受锚的重力和惯性力。常用的有以下几种：

1. 螺旋式制链器（screw compressor）

螺旋式制链器如图2-3-2（a）所示，由两块夹板和一个带摇柄的有正倒螺纹的螺杆组成。当转动摇柄使两夹板夹紧时，即夹住锚链；反之松开夹板，锚链即可自由进出。虽然其松紧动作较慢，但操作方便、工作可靠，故广泛用于大、中型船舶。

2. 闸刀式制链器（lever chain stopper）

闸刀式制链器如图2-3-2（b）所示，结构简单，操作迅速，但当其尺寸较大时操作起来较为笨重。

3. 链式制链器（devil's claw）

链式制链器如图2-3-2（c）所示，由一个链钩、一个松紧螺旋扣和一段短链组成。它的一端用卸扣固定在甲板上，使用时将链钩钩在一水平的锚链链环上，然后收紧松紧螺旋扣，即可拉紧锚链。它常与螺旋制链器配套使用，作为螺旋制链器的辅助装置。

（五）锚机（windlass）

锚机为抛锚、起锚的机械，也可兼作绞缆用。

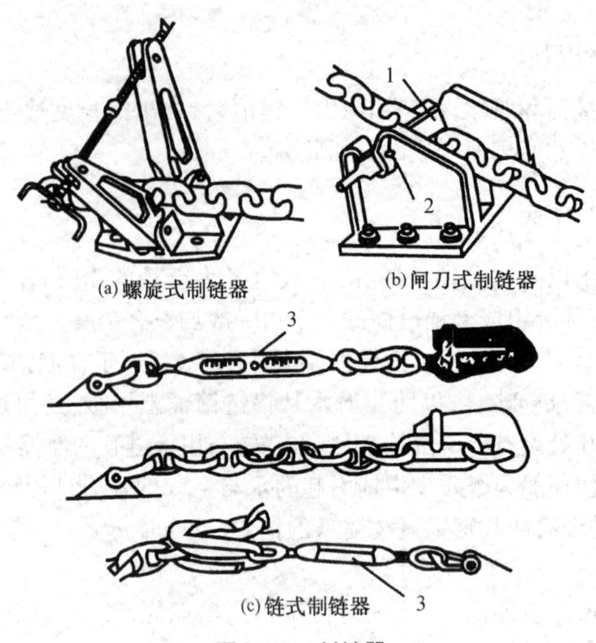

(a)螺旋式制链器 (b)闸刀式制链器

(c)链式制链器

图 2-3-2 制链器

1—闸刀(switch blade);2—制动销(detent pin);3—松紧螺旋扣(turnbuckle)

(六)锚链管(chain pipe)

锚链管是锚链进出锚链舱的孔道,位于锚机链轮下方,正对锚链舱中央。其直径约为锚链直径的7~8倍。它的上口设有防水盖,该防水盖开航后应关闭,以防海水由此进入锚链舱。

(七)锚链舱(chain locker)

锚链舱是存放锚链的舱室,一般设在防撞舱壁之前,锚机下面,艏尖舱的后上部。其形状为圆形或方形。圆形锚链舱直径约取链径30倍时,锚链可自动盘放而不必人工排链。左右锚链舱是分开的,内部设木衬板和舱底花钢板,并设有污水井和排水管系,用泵排出积水,以防止锚链过度锈蚀。舱壁上开有人孔及壁梯供人员进出锚链舱。

(八)弃链器(releasing gear)

弃链器是在紧急情况下使锚链末端迅速与船体脱开的装置。其控制装置一般装设在锚链舱外部人员易于到达的地方,能在紧急情况下迅速脱开锚链。常见的有横闩式弃链器和螺旋式弃链器等。

1. 横闩式弃链器(dog type cable clench)

它结构简单,使用方便。在需要弃链的紧急情况下,只要敲出横闩,即能松脱末端链环。它有装在甲板上和装在锚链舱壁上两种。装在甲板上的弃链器通常外罩一个水密盖,既可达到水密,又能防止不慎触碰而松脱,如图2-3-3(a)所示。

2. 螺旋式弃链器(screw type cable releascr)

该弃链器利用控制螺杆的伸缩使脱钩松开或夹住。其结构较复杂,但使用起来安全可靠,

即使在锚链绷紧时也容易松脱，缺点是开启动作较缓慢。螺旋弃链器一般装设于锚链舱舱壁上，如图 2-3-3(b)所示。

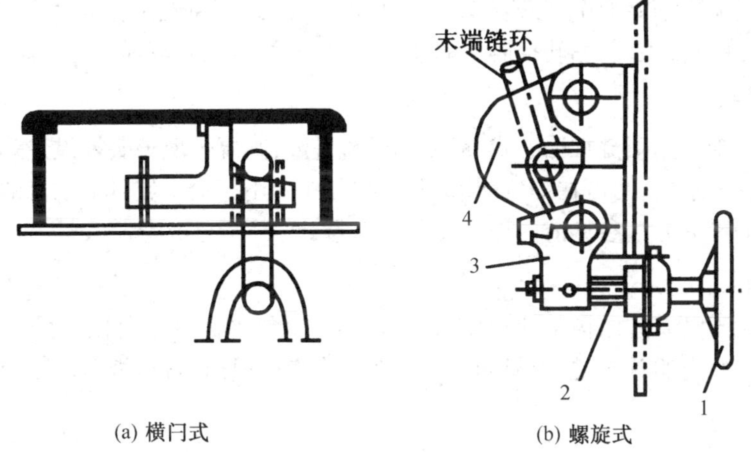

图 2-3-3　弃链器

1—手轮(hand wheel);2—螺杆(screw);3—制动器(stopper);4—脱钩(senhouse slip);5—末端链环(end open link)

二、锚设备的作用

船舶抛锚后，在外力作用下，拖着锚链向后使锚爪逐渐插入海底，最后当锚牢固抓住海底时，作用在锚上的力达到平衡状态。锚泊时，锚的抓力与卧底锚链的抓力构成锚泊力，以抵御风、流等对船的作用力，最终使船舶被系留在指定水域。

船舶用锚通常可以分为系泊用锚、辅助操纵用锚和应急用锚三种方式。

(一)系泊用锚

船舶在装卸货物、避风、等泊位、检疫及候潮等情况下都需要在锚地抛锚停泊。根据锚地的自然条件和停泊时间，锚泊可以分为单抛锚和双抛锚两种形式。

(1)单锚泊：当锚地水域开敞、船舶有足够的旋回区域、风流不大时，可以抛单锚停泊。松链的长度依水深、底质、风流大小及停泊时间长短而定。通常情况下松链长度在 3~4 倍水深。

(2)双锚泊：常见的有八字锚、一字锚和平行锚等形式。

(二)操纵用锚

港内操纵用锚主要有拖锚制动、拖锚靠泊、拖锚掉头、拖锚倒行等。正确使用将有利于港内操纵安全；反之，如使用不当，不但不利于安全，还可能发生断链或丢锚等事故。这里值得注意的是，锚作为船舶操纵的辅助手段仅适用于小型船舶，中、大型船舶由于其惯性较大，不宜用锚协助船舶操纵。

1. 拖锚制动

船舶在港内低速航行过程中，为了降低船速，除使用主机倒车外，还可以抛下短链单锚，必要时抛下双锚，利用锚与海底的摩擦力来控制船速，减小冲程。使用倒车容易造成船首偏转，及时抛锚进行配合操纵,可收到良好的控制效果。特别在靠泊操纵中,为减小横风、横流的影响,往往不得不采用较大余速抵达泊位前沿,及时抛锚,并配合倒车进行制动,这是一种常用而有效的措施。船舶拖锚靠泊中,锚既有减小冲程的作用,还起到控制船舶偏转的作用。例如,空船靠泊,若吹拢风较大,船舶轧拢码头的速度很快,可及时抛外舷锚予以抑制。

2. 拖锚掉头

船舶靠泊时多采用顶流靠泊方式,船舶如顺流进港,则要采取掉头操纵,然后顶流靠泊,如泊位前沿有足够的水域,则可在泊位前沿进行掉头;在专用掉头水域可借助流的作用进行顺流掉头。其具体的操纵方法参见港内操船的有关内容。

3. 拖锚倒行

船舶倒航时不具有航向稳定性和保向性,则要稳定船首向是十分困难的。这时可将艏锚抛下利用拖锚来稳定船首向,拖引船舶从港内狭窄水道中退出,直至抵达可以掉头的水域进行掉头操纵。

4. 抛开锚

在有些停泊水域,流向比较稳定,或拖船资源不足,则对于小型船舶,离泊时常可采用绞开锚进行离泊的方法。所谓"开锚"是指靠泊时距离泊位前沿一定垂直距离时抛下外档锚,为离泊创造方便条件。

(三)应急用锚

有时在紧急情况下,可拖锚刹减船速,以避免碰撞或减少碰撞损失。另外当船舶意外搁浅时,可沿脱浅方向运锚抛下,绞收锚链以协助脱浅。在大风浪中航行的船舶,如果采取顶浪滞航的航法可以抛锚并出链适当长度来增加船舶漂移阻力、控制船首方向,辅助船舶抵抗大风浪。

三、锚的种类与特点

一只性能优良的锚应符合这些要求:在一定锚重下尽可能具有最大的抓力,具有良好的操作性能,抛锚时能迅速啃入各种底质中,起锚易出土,操作简便,收藏方便,结构坚固,价格低。

锚种类较多,按结构和用途可分为有杆锚、无杆锚、大抓力锚和特种锚等。商船普遍采用的艏锚(bow anchor)均为无杆锚,而艉锚(stern anchor)有时采用有杆锚或燕尾锚。

(一)有杆锚(stocked anchor)

有杆锚也称海军锚(admiralty anchor),如图2-3-4所示。在结构上锚干和锚爪为一浇铸整体,锚爪固定不会转动,在锚干上有一固定或可折的横杆。抛锚时,一爪入土,另一爪向上翘出,横杆促使锚爪顺利抓入土,锚爪入土后横杆起稳定锚的姿态的作用,抓底过程如图2-3-5所示。影响有杆锚抓力的因素有锚袭角 α 和锚折角 β,有杆锚的 α 角在60°~80°之间,β 角在35°~45°之间,如图2-3-5(b)所示。

该类锚的特点是结构简单;抓重比(抓力系数)大,一般为4~8;抓底稳定性较好。但它操作不便,上翘的一爪在船舶旋回时容易缠住锚链,在浅水锚地该爪易刮坏船底;抛起锚作业和收藏不太方便。故该种锚不宜用作商船艏锚,仅可作艉锚或备锚。其一般多用于小船与帆船。

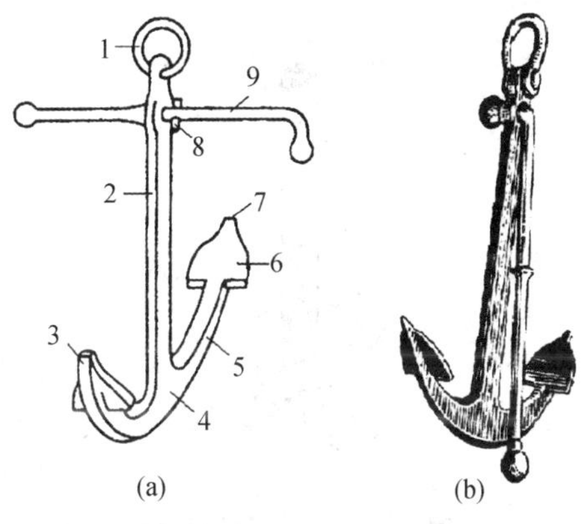

图 2-3-4　有杆锚

1—锚铃环(anchor ring);2—锚干(anchor shank);3—锚爪(anchor fluke);4—锚冠(anchor crown);5—锚爪臂(anchor arm);6—锚爪掌(anchor fluke palm);7—锚爪尖(anchor bill);8—横杆销(forelock pin);9—横杆(folding stock)

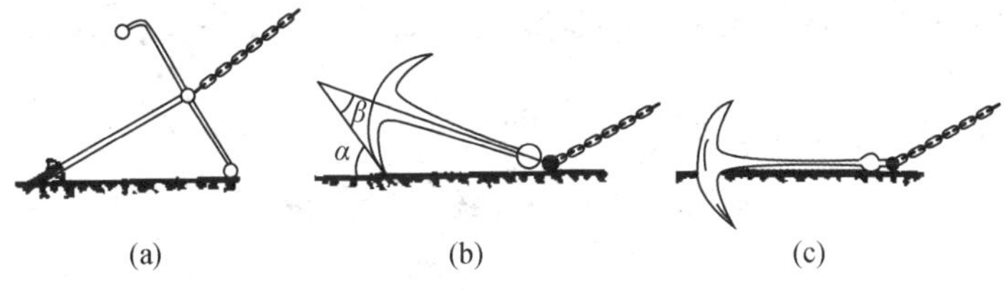

图 2-3-5　有杆锚的抓底过程

(二)无杆锚(stockless anchor)

无杆锚又称山字锚、转抓锚,常见的有霍尔锚(Hall anchor)与斯贝克锚(Speke anchor)。

无杆锚的结构如图 2-3-6 所示,其锚干与锚爪分别铸造,没有横杆。锚爪和锚冠可以绕穿过锚干下端孔的销轴转动,锚爪的转动角约为 45°,锚冠两侧的突出部分称助抓突角,用于在锚链拉力作用下使锚爪转动而啮入土中,抓土时两爪同时入土,抓重比为 2~4。由于无杆锚结构简单,抛起锚作业和收藏方便,故适宜用作艏锚;但其抓力较小,而且在船舶偏荡时容易耙松泥土而引起走锚,其缺陷可通过增加锚重来弥补。无杆锚的抓底过程如图 2-3-7 所示。

霍尔锚[图 2-3-8(a)]是无杆锚的一种。斯贝克锚[图 2-3-8(b)]是霍尔锚的改良型,锚头的重心移至销轴中心线下方,收锚时其锚爪自然向上,并且一接触船壳即翻转,不会损伤船壳板。

尾翼式锚(tail fin type anchor)[图 2-3-8(c)]是我国研制的新型无杆锚。其结构特点是助抓突角宽厚,锚头重心低;操作特点是入土阻力小,入土性能和稳定性好,抗浪击,容易冲洗干净。其抓力、稳定性等各方面性能均优于霍尔锚和斯贝壳锚,已在船上广泛应用。

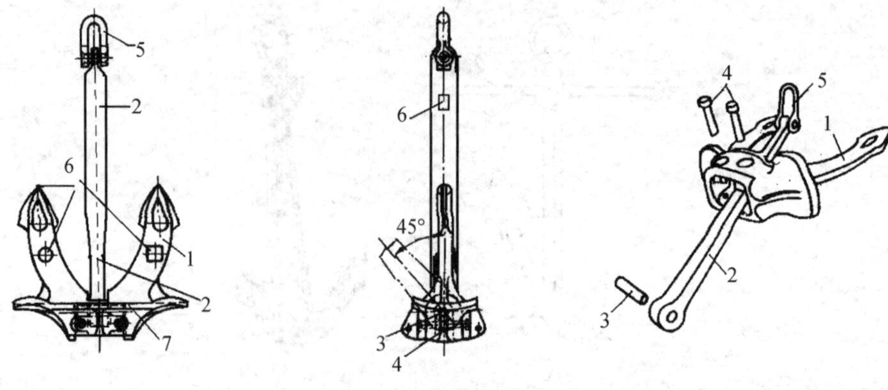

图 2-3-6 霍尔锚的结构

1—锚爪(anchor fluke);2—锚干(anchor shank);3—销轴(pintle);4—横销(pin cotter);5—锚卸扣(anchor shackle);6—锚标记(anchor mark);7—助抓突角(anchor shoulder)

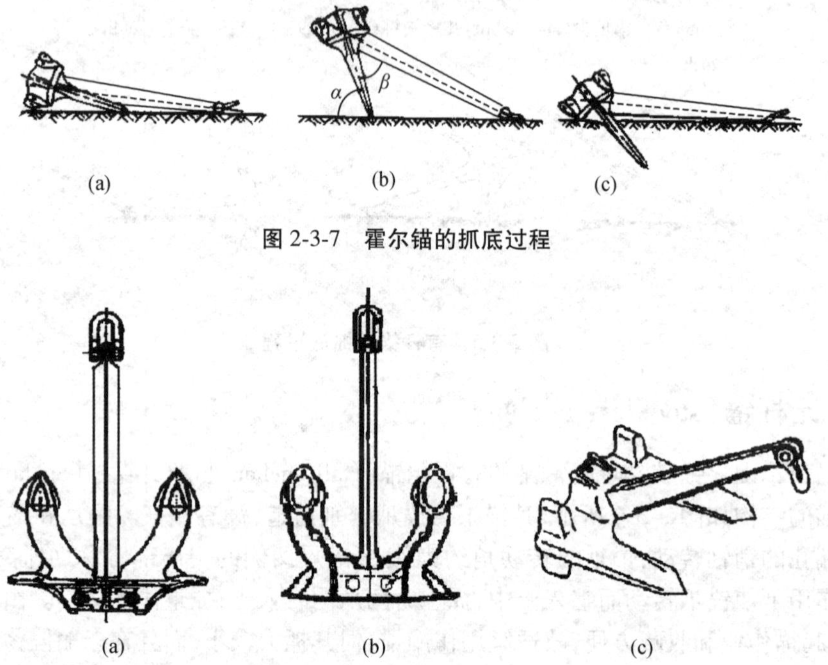

图 2-3-7 霍尔锚的抓底过程

图 2-3-8 无杆锚

(三)大抓力锚(high holding power anchor)

大抓力锚分有杆大抓力锚与无杆大抓力锚两种。其特点是锚爪宽且长、啮土深、稳定性好、抓重比大。

有杆大抓力锚结合了有杆锚和无杆锚的优点,为有杆转爪锚,在其锚头处设有稳定杆,以保证锚抓底的稳定性。这种锚一般用于较松软底质,但收藏不便,所以较适宜于工程作业船和小船。丹福斯锚(Danforth anchor)也称燕尾锚,如图 2-3-9(a)所示,其锚爪可前后转动各约 30°,抓重比一般不小于 10,多用于工程船舶;史蒂文锚(Stevin anchor)如图 2-3-9(b)所示,其锚爪短而面积大,而且锚爪的最大转角可由装在锚杆上的可移动锲块调节,以适应多种底质,

其抓重比可达 17~34。它现多用于石油平台的定位锚。

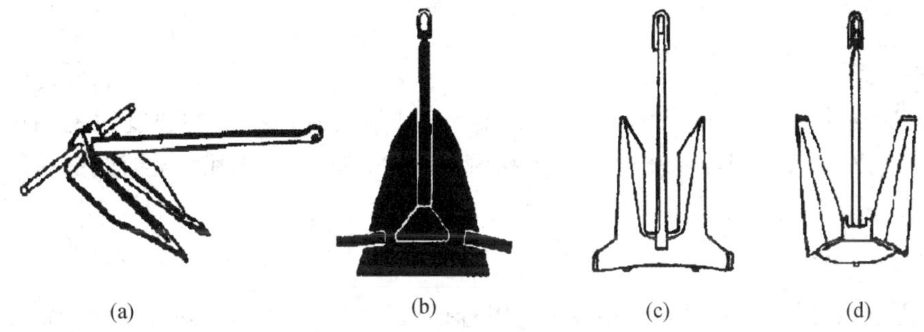

图 2-3-9 **大抓力锚**

无杆大抓力锚由无杆锚发展而来,它改良了无杆锚的助抓突角和锚爪。AC-14 型锚为英国研制,如图 2-3-9(c)所示,它设有极厚实并且宽大的稳定鳍,有很好的稳定性,啮土迅速,对各种底质的适应性强,抓重比高达 12~14,常在超大型船或水线以上面积较大的滚装船上用作艏锚。波尔锚为荷兰研制,如图 2-3-9(d)所示,其锚爪平滑而锋利,适应各种底质,稳定性好,抛起锚以及收藏方便,抓重比为 6 左右,可作大型船的艏锚或工程船的定位锚。DA-1 型(Stokes)锚(如图 2-3-10 所示)被称作第三代无杆锚,是目前世界上最稳定、结构最先进的锚。其锚冠较宽且端部为三棱形;爪很长,是用两个斜面构成的倒 V 字形,两爪之间的距离很小。这种锚有最合适的啮土角度,啮土面积大、抓力大、抓住性好、稳定性强、收藏方便。DA-1 型锚由于几乎全部由直斜面组成,起锚时附着泥沙少、冲洗方便,非常有发展前途。

图 2-3-10 DA-1 **型锚**

用大抓力锚作艏锚时,锚重量大多可以取相应普通锚重的 75%即可。

(四)特种锚

特种锚是专供永久系泊用的锚。特种锚的形状与普通锚不同,以适应其特殊用途,如浮筒、浮标、灯船和浮船坞等永久性系泊用锚,有伞形锚、螺旋锚、单爪锚等,如图 2-3-11 所示。

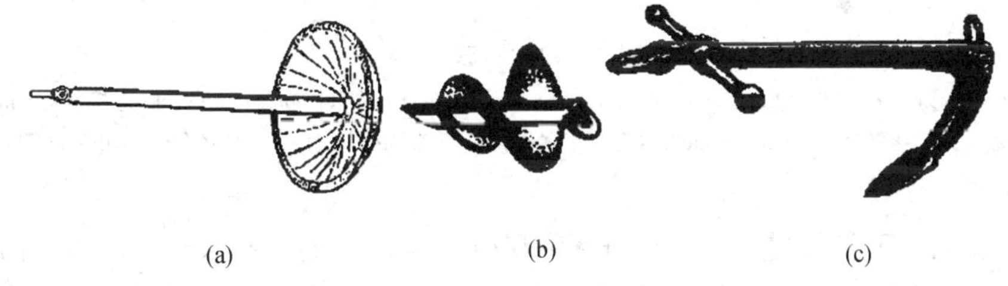

图 2-3-11 **特种锚**

四、锚链

(一)锚链的分类及组成

锚链是连接于锚和船体之间的链条,用于传递锚泊力和缓冲船舶所受的外力。

一根完整的锚链由若干节锚链通过连接链环或连接卸扣连接而成,每节锚链由许多链环组成。

1. 按链环结构分

锚链分为有挡锚链和无挡锚链两种。尺寸、材质相同时,有挡锚链的强度比无挡锚链的大,抗拉强度约大20%,变形小,且堆放时不易扭缠,故为海船广泛采用。无挡锚链一般只用于小船。

2. 按制造方法分

锚链分为铸钢锚链(cast steel chain cable)、电焊锚链(welded chain cable)。电焊锚链工艺先进、简单,制造成本低,其质量超过其他种类的锚链,目前为海船广泛使用。铸钢锚链强度较高,刚性好,撑挡不会松动,使用寿命较长;缺点是制造成本较高,耐冲击负荷差。

3. 按钢材级别分

用于生产有挡锚链的钢材等级分为AM1、AM2、AM3三级,级别越高,强度越大。对同一船舶,若选用强度大的钢材,链环尺寸可以适当减小。

4. 锚链链环按其作用分

链环的大小以链环的直径 d 表示,分为普通链环(1.0d)、加大链环(1.1d)、末端链环(无挡链环)(1.2d)、转环(1.2d)、连接卸扣(1.3d)或连接链环(散合式或双半式)(1.0d)、锚卸扣(1.4d)等,各链环如图2-3-12所示。普通链环的直径是衡量锚链强度的标准。

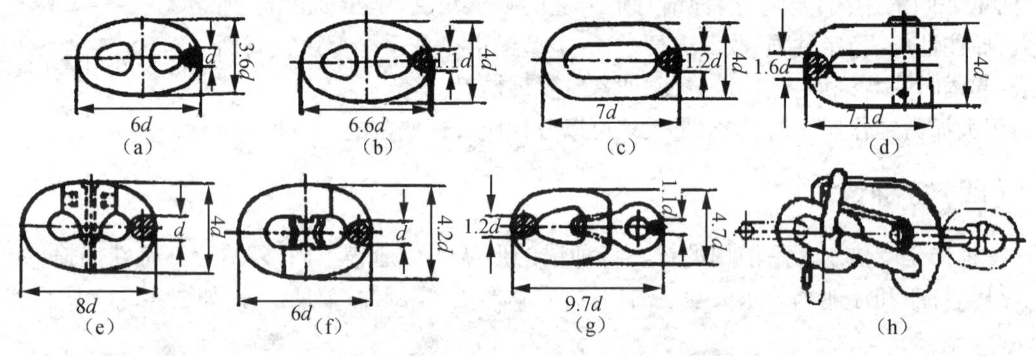

图2-3-12 链环

(a)普通链环(common link);(b)加大链环(enlarged link);(c)末端链环(end open link);(d)连接卸扣(joining shackle);(e)散合式连接链环(detachable link);(f)双半式连接链环(kenter link);(g)转环(swivel link);(h)脱钩(senhouse slip)

锚链为了掉头使用、调换链节以及锚链系带浮筒等,都需要进行拆装工作。拆装锚链就是将锚链的连接链环或连接卸扣拆开,使两节锚链分离,或者将两节锚链连接起来。连接链节的双半式连接链环、散合式连接链环和连接卸扣的结构如图2-3-13所示。

锚链的长度以"节"(shackle)为单位,我国规定每节锚链的标准长度为27.5 m,且每节锚链的链环数应为奇数;用英制单位的国家也有用15拓(fathom)为一节链长的,即90 ft,折合米制约27 m。

链节之间多以连接链环或连接卸扣连接。如用连接链环连接各节锚链,则连接链环的两端为普通链环。如用连接卸扣连接各节锚链,则连接卸扣两端均依次连接末端链环、加大链环

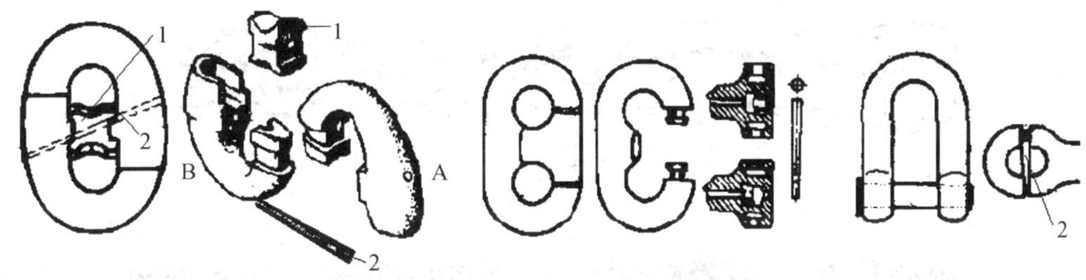

(a)双半式连接链环　　(b)散合式连接链环　　(c)连接卸扣

图 2-3-13　连接链环与连接卸扣的结构

1—横挡(stuck);2—销子(pin cotter)

然后再连接普通链环以保证平顺过渡。

有挡锚链主要由有挡链环组成,每根锚链由锚端链节、中间链节和末端链节组成。一根完整的锚链由普通链环、加大链环、末端链环、连接链环或连接卸扣、转环、链端卸扣和末端卸扣等组成。

锚端链节(swivel shot)是锚链的第一链节,与锚相连。从锚卸扣开始,依次为链端卸扣、末端链环、加大链环、转环、加大链环和若干普通链环。该链节中的链端卸扣和锚卸扣的横销均应朝向锚(圆弧部分朝向中间链节),以减少起锚时的磨损或卡在锚链筒的唇缘处。转环的环栓应朝向中间链节。设置转环的目的是防止锚链过分扭绞。

末端链节(end shot)是锚链的最后一节链节,与弃链器相连。它由末端链环、加大链环、转环、加大链环和普通链环等组成。其转环的环栓也应朝向中间链节。

中间链节(middle shot)如用连接卸扣连接,则连接卸扣的圆弧部分应朝向锚,以避免抛起锚时其通过持链轮时产生跳动、冲击和卡阻。

(二)锚链的标记

为了在抛起锚时能迅速识别锚链松出的长度,在起锚时能掌握锚链在水中的长度,在各连接链环及其附近的有挡链环上做出标记。其方法是:在第一与第二节之间的连接链环(或卸扣)前后第一个有挡链环的撑挡上绕金属丝(或白钢环),并在两链环之间的所有有挡链环上涂白漆,连接链环涂红漆,以此表示第一节;在第二节与第三节之间的连接链环前后第二个有挡链环撑挡上绕金属丝(或白钢环),并在该两链环之间的所有有挡链环上涂白漆,连接链环涂红漆,以此表示第二节;依此类推至第五与第六节之间,如图 2-3-14 所示。

从第六节与第七节之间的连接链环开始,重复第一节至第五节同样的方法进行标记。最后一至两节可涂红或黄漆等醒目标记以作为预示锚链将至末端的危险警告,以警惕发生丢锚事故。

(三)锚链的拆装

船舶在厂修时,常将第一节锚链与最后一节或最后第二节锚链进行对调。另外在需要用锚链系浮筒的场合,均需对锚链的连接卸扣或连接链环进行拆装。用于连接链节的双半式连接链环、散合式连接链环和连接卸扣的结构如图 2-3-13 所示。

1. 连接卸扣的拆装

拆卸连接卸扣时,先挖掉紫铜锥销端部的封铅,用小锤敲击小冲子,将锥销退出,再用锚链

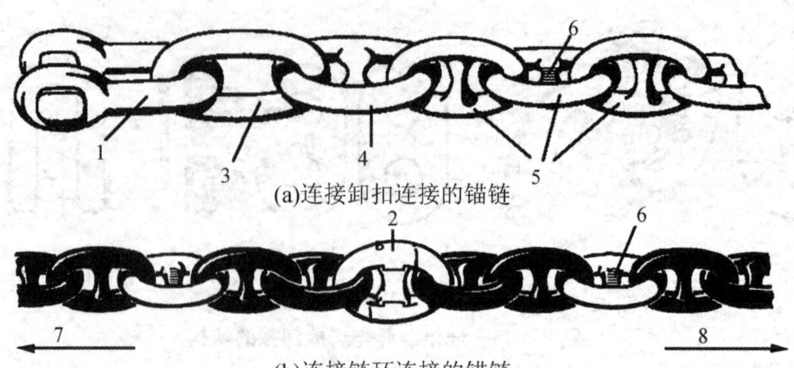

图 2-3-14　锚链标记(第三节)

1—连接卸扣(joining shackle);2—连接链环(kenter link);3—无挡链环(end link);4—加大链环(enlarged link);5—普通链环(common link);6—金属丝;7—锚的方向;8—弃链器方向

冲对准横销用锤子敲击,将横销冲出。装复时步骤相反。

2. 散合式连接链环的拆装

连接锚链时,将两半 T 形挡板与 C 形开口处的一圆榫的铸钢椭圆环互相啮合后,用圆锥钢销插入 T 形夹挡板槽中的服环中敲紧,封上青铅,便可使其紧固地连成一体。拆卸时先挖掉封铅,冲去锥销,再用扁凿顺拼缝将两半 T 形夹板分开即可。

3. 双半式连接链环的拆装

连接锚链时,先将两个钩形半环啮合,再在中间按斜锥孔的方向嵌入活动横档,最后斜插入圆锥形钢销,使三者紧固地连成一体,钢销两端用青铅封妥。拆卸时程序相反。为了便于拆卸,装复时销子与销孔要擦拭干净,并涂以牛油,以防锈死。

(四)锚链的强度与重量估算

1. 锚链的强度估算

$$Q = 548.8d^2 \tag{2-3-1}$$

式中:Q——有挡锚链的破断强度(kN);

d——链环直径(mm)。

2. 单位长度锚链的重量估算

$$W_c = 0.0219d^2 \tag{2-3-2}$$

式中:W_c——单位长度锚链的重量(kg/m);

d——链环直径(mm)。

3. 锚重与链重的关系

$$W_a \approx 60W_c \tag{2-3-3}$$

式中:W_c——单位长度锚链的重量(kg/m);

W_a——每只锚的重量(kg)。

由式(2-3-3)可知,每只锚的重量约等于 60 m 锚链的重量。

(五)锚与锚链的配备

海船的锚与锚链的配备应根据船舶类型、航行水域并根据船舶舾装数的大小按规范中所列数据来选取。对于工作特殊、船东要求加大锚重,且借助于其他设施进行锚泊作业的非自航船舶,其锚链的配备可仅按规范要求的锚重选取。

舾装数 N(equipment number)或称船具数,是反映船体所能受到的风、流作用力大小的一个参数,可由下式计算:

$$N = \Delta^{2/3} + 2Bh + A/10 \tag{2-3-4}$$

式中:Δ——夏季载重线下的型排水量(t)。

B——船宽(m)。

A——船长范围内夏季载重线以上的船体部分和上层建筑及各层宽度大于 $B/4$ 的甲板室的侧投影面积的总和(m^2)。

h——从夏季载重水线到最上层舱室顶部的有效高度(m)。对于最下层的层高,从上甲板中心线量起;具有不连续上甲板时,从上甲板最低线及其平行于升高部分甲板的延伸线量起,即

$$h = a + \sum h_i \tag{2-3-5}$$

其中:a——从船中夏季载重水线至上甲板的距离(m);

h——各层宽度大于 $B/4$ 的舱室在其中心线处量计的高度(m)。

根据舾装数,可以查出锚的数量及每只锚的重量、锚链直径和总长、系船缆的数量长度及破断负荷、拖缆的长度及破断负荷。通常千吨级以上海船均配有 3 只主锚,其中 2 只是艏锚(bow anchor),1 只是备用锚(spare anchor)。经常航行在狭窄、弯曲及水势复杂航道的船舶,还配有艉锚(stern anchor),必要时用以控制船尾的摆荡。如果船舶应配备的锚链总节数成单数,则右锚多配一节。万吨级货船一般每只主锚至少配有 10 节锚链。此外,船上至少还应储备 1 只卸扣和 4 只连接卸扣或连接链环,另备 1 个锚链系浮筒用的大卸扣

五、锚机

(一)锚机的种类与结构

锚机是抛起锚的机械装置,设在船首部。其链轮两侧的滚筒可作收绞缆绳之用。

1. 按动力不同可分为电动、电动液压和蒸汽锚机

目前,海船上锚机以电动锚机和电动液压锚机为主,两者主要结构基本相同。在一些早期建造的油船上,为防火防爆,也有使用蒸汽锚机的。

(1)电动锚机(electric windlass)的动力源是电动机。其经过减速后驱动锚机链轮和卷筒转动。链轮与驱动主轴的啮合和脱开由离合器控制。在抛起锚作业中,当离合器脱开时,主轴和卷筒转动而链轮不转,可作为抛锚或绞缆之用。当离合器合上时,卷筒与链轮同时转动,可作为起锚或深水抛锚时送锚之用。在链轮上设有带式刹车,以控制松链速度,如图 2-3-15(a)所示。

(2)液压锚机(hydraulic windlass)也称电动液压锚机,由电动机带动液压泵,驱动油马达,

然后经过减速器(或无须减速器)使锚机运转。它结构紧凑,体积小,操作平稳,变速性能好,但制造技术和维护保养要求较高,如图 2-3-15(b)所示。

(3)蒸汽锚机(steam windlass)由蒸汽机带动。它通过曲拐轴由齿轮带动滚卷轴运转,由滚卷轴借由离合器带动链轮运转,链轮上也设有刹车装置。其特点是动力大,结构简单。使用蒸汽锚机时应预先暖缸,用毕要排水放汽,以放尽气缸中残余水汽。天冷时,为防冻要进行跑车(使蒸汽锚机空转)。

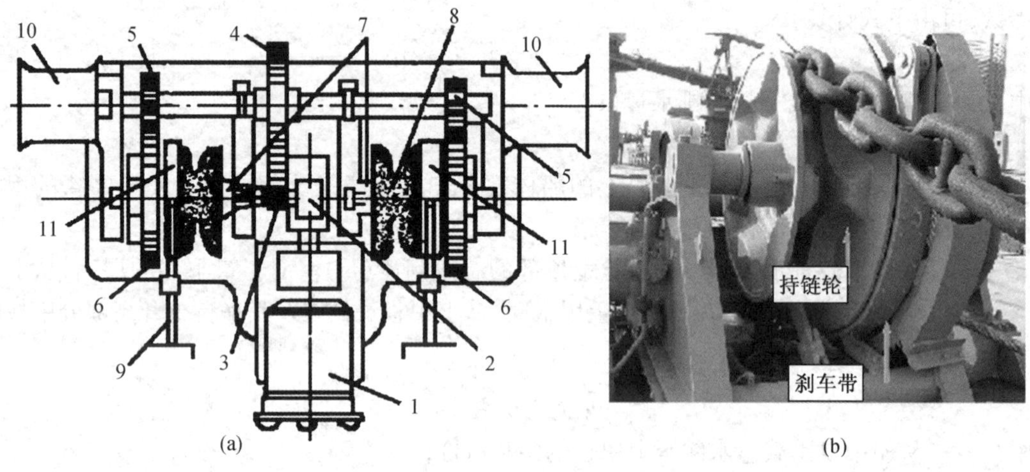

图 2-3-15 锚机(windlass)

1—电动机(electromotor);2—减速器(reducer);3、4、5、6—传动齿轮(drive gear);7—离合器(clutch);8—链轮(chain wheel);9—刹车操纵杆(brake control rod);10—带缆卷筒(rope drum);11—带式刹车(brake)

2. 按锚机的布置方式分为卧式和立式锚机

卧式锚机的链轮轴与水平面平行。一般商船多采用卧式锚机;立式锚机的链轮轴垂直于水平面,这样布置可减小锚机所占甲板面积,多见于军舰上。

一些大型船舶或有大型球鼻艏的船,因其左右锚链筒间距较大,常在左右舷各设一台锚机。

现代一些较先进的船舶有时会采用自动锚机或遥控操作锚机。自动锚机是在自动液压锚机系统中设有锚链长度传感器,在抛锚时当所需锚链全部抛出后,锚机会自动停止;在起锚时当锚将接近锚链筒时,能自动减速,当锚干进入锚链筒收妥后会自动停车。遥控操作锚机是指可在驾驶室遥控操作的锚机,其抛起锚作业可在驾驶台进行遥控操作完成。

(二)锚机的主要技术要求

(1)由独立的原动机驱动。原动机和传动装置应设有防止超力矩和冲击的保护。对于液压起锚机,其液压管路如果和其他甲板机械管路相连接时,应保证起锚机的正常工作不受影响。锚重量不超过 250 kg 的船舶,如手动起锚机能适合其使用,可以配置手动起锚机,手动起锚机应有防止手柄打伤人的措施。

(2)起锚机应具有足够的功率,且应能连续工作。起锚机应有能力以不小于 9 m/min (0. 15 m/s)的平均速度,将一只锚从水深 82. 5 m 处拉起至深度 27. 5 m 处。

(3)在额定拉力的额定速度下,应能连续工作 30 min,并应能在不小于 1. 5 倍额定拉力的

过载拉力作用下(不要求速度)连续工作 2 min。锚机应设有过载保护装置,过载时能转到中速运转。

(4)锚机的链轮或卷筒应装有可靠的制动器。制动器刹紧后,应能承受锚链或钢索断裂负荷 45%的静拉力(当自由抛锚速度达 5~7.5 m/s 时,仍能有效刹住正在下滑的锚链),或承受锚链上的最大静负荷。

锚机的链轮与驱动轴之间应装有离合器,离合器应有可靠的锁紧装置。刹车与离合器应操纵方便可靠。锚机装置应装有有效的制链器,且应能承受锚链破断负荷 80%的拉力。锚机运转时应能顺倒转动,要求平稳和迅速。

(5)锚机的安装一般应保证锚链引出的三点(锚链筒、制链器和链轮)成一线。

六、锚设备的试验与检查保养

(一)锚设备的试验

1. 锚的试验

成品锚均应在未经涂油漆的情况下进行外观检查、称重和试验。

(1)外观检查

锚的外观检查应在涂漆前进行,锚和其零件表面不应有裂纹、气孔、砂眼及其他足以影响强度的缺陷,对不影响强度的表面缺陷允许焊补修整。锚的实际重量与名义重量的偏差应在 ±7%范围内,普通无杆锚的锚头重量,包括销子与转轴在内,应不小于该锚总重量的 60%。

(2)拉力试验

拉力试验的拉力作用点一端在锚卸扣处,另一端在锚冠中心至锚爪尖之间距锚爪尖的 1/3 处,如图 2-3-16 所示。无杆锚应同时拉两个爪,先在一面拉试后,再将锚爪转至另一面拉试。有杆锚的两个锚爪,应分别进行拉力试验。拉力试验负荷按照规范的规定进行。

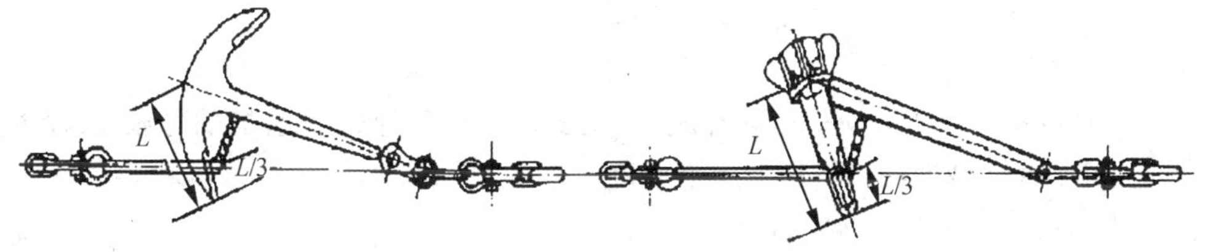

图 2-3-16 锚的拉力试验作用点

拉力试验前,先在锚卸扣处的锚干上及锚爪每一尖端处各做一标志以便于测量间距,然后施加拉力。应先受试验负荷 10%的拉力,保持 5 min 后,测量两标记间的距离。然后逐渐加大拉力至试验负荷并保持 5 min;再将拉力降至试验负荷的 10%,再测量两标志间的距离。无杆锚的残余变形(即两标记间的距离差)应不超过标距长度的 1%,且锚爪仍应转动灵活并能转至最大角度。对于有杆锚,在拉力试验后应无永久变形。

(3)抓力试验

大抓力锚及超大抓力锚应经海上试验,大抓力锚的抓力应不低于相同重量普通无杆锚抓力的 2 倍;超大抓力锚的抓力应不低于相同重量普通无杆锚抓力的 4 倍。

2. 锚链的试验

所有成品锚链应在验船师在场时按照规范的有关要求和标准进行拉力和拉断试验,试验前不可在锚链上涂油漆或防腐涂料。

(1)拉力试验:是对整节链进行拉力试验。每节锚链均应在认可的试验机上按相应等级的锚链所规定的拉力载荷进行试验。试验时每个链环相对位置正确,整节链不得有搓扭。试验后锚链不应有明显的缺陷,且永久伸长应不超过原始长度的5%。

(2)拉断试验:由验船师从每批不超过四节的锚链中选取一节锚链,切取不少于3个链环的试样,进行拉断试验。施加所规定的载荷后,试样未出现破断,则认为试样通过该项试验。

(3)复试:如果拉断试验不符合要求,则可以在同一节锚链上再取一个试样进行试验,如能符合要求,则认为试验合格。如果复试仍不合格,则该节锚链应判为不合格。

3. 锚机的试验

规范要求深水抛起锚试验的水深大于82.5 m,起单锚的平均速度,在82.5 m深度到27.5 m深度之间应不小于9 m/min。在锚链快速放出时试验刹车2~3次,锚链在链轮上应无滑出、跳链和刹不住等现象。将锚抛妥后上好制链器,船开慢倒车片刻以检查制链器的效能。

(二)日常检查保养

(1)平时应轮流使用左右锚,使锚和锚链平均磨损。每次起锚时应冲洗锚和锚链。

(2)对锚的检查保养:

①对锚卸扣及其横栓的磨损以及变形松动进行检查、保养。

②对锚头横销是否松动进行检查保养。

③对锚爪是否弯曲变形进行检查保养,每次起锚后应检查锚爪是否钩挂杂物。

(3)对锚链的检查保养:

①起锚时应检查锚链及标志,标志应保持清晰。

②检查连接卸扣有否裂纹、变形,磨损程度。

③检查转环是否转动灵活,并适时加油润滑。

(4)对锚机:每次使用前应先空转片刻,并先试车。检查刹车、离合器的可靠性,检查其运转情况并使其润滑。减速箱内的机油应定期检查更换,保证清洁。

(5)制链器、导链轮等部分加油润滑。

(6)起锚时不要硬绞,必要时用车舵配合。

(7)深水抛锚时应用锚机松出锚链,以免撞坏锚或崩断锚链。

(8)抛完锚和收妥锚后应上妥制链器。

(三)定期检查保养

定期检查保养是发现锚设备有无损坏的关键,应至少半年进行一次,并做好记录。检查的主要内容包括:裂纹、结构松动、变形、磨损等。

1. 锚

最易受损部位是锚爪、锚冠、横销和锚卸扣等。锚爪可能弯曲和裂纹,助抓突角易磨损,横销易松动,锚卸扣易磨损和产生裂纹。锚销允许磨损在原直径的10%以内,锚的失重应在原

重的 20%以内。当发生严重损坏或不符合要求时，应换备锚，并将损坏的锚送厂修理。

2. 锚链

将全部锚链从锚链舱倒出排在甲板上，清除污泥、铁锈并进行油漆。

（1）磨损检查：检查环与环接触处和锚链与锚链筒的摩擦处，用卡尺量其同一截面的最大、最小直径，取其平均值。锚链磨损的极限为：远洋航区（Ⅰ类航区）船舶的锚链，磨损后平均直径不得小于原直径的 88%；近海（Ⅱ类航区）和沿海航区（Ⅲ类航区）船舶的锚链，磨损后的平均直径不得小于原直径的 85%。

（2）变形检查：用目视检查或测量检查链环是否弯扭变形，测量链环和卸扣的长度；有挡链环超过原长度的 7%，无挡链环或卸扣超过原长度的 8%，则不能再使用。

（3）结构松动检查：连接链环（拆开检查后应先在内吻合处涂上黄油再装复）和卸扣的销子会因铅封脱落而松动，应逐个仔细检查。

（4）裂纹检查：用手锤敲击每个链环以及卸扣，听其声音是否清脆。

（5）厂修时，将全部的连接链环（连接卸扣）拆开，更换销钉和铅封，将第一节锚链与最后一节锚链对调；下一次修船时再将现有的第一节锚链与最后第二节锚链对调，以免集中磨损部分锚链，并做好记录。

锚和锚链应定期除锈油漆。在每次修理检查后，应涂煤焦沥青漆两度，然后再做锚链标记。

3. 锚机

应经常检查刹车是否良好，离合器是否轻便灵活，经常加油以保证在良好的润滑环境条件下运转。链轮的轮齿磨损限度为不超过原厚度的 10%。锚机底座的蚀耗一般应小于原厚度的 25%。

4. 附属装置

应注意保持制链器活络，经常除锈油漆；经常检查锚链筒上下口的口唇磨损情况，修船时进行堆焊并磨光；在定期检查锚链舱时，应将锚链全部倒出，进行清洁工作，检查锚链舱排水设备是否正常，更换损坏的衬垫，并对锚链舱进行除锈油漆；检查弃链器是否正常。

七、锚抓力及其影响因素

不论是停泊还是操纵中，要想安全用锚，首先要了解锚的抓力性能。锚的抓力性能与锚型、底质、用锚形式以及水深等诸多因素有关。

（一）锚的抓力

从物理意义来讲，锚的抓力（holding power）由锚与海底的摩擦力和锚的黏性阻力组成，一般用下式来表示：

$$P_a = \lambda_a \cdot W_a \tag{2-3-6}$$

式中：P_a——锚的抓力；

λ_a——锚的抓力系数；

W_a——空气中锚的重量。

可见，锚的抓力与锚的抓力系数有关，而抓力系数与锚型、海底底质有关。抓力系数值可通过对各种不同底质所做的锚模型或实锚试验来确定。一般来说,抓力系数值的大小与锚的大小无关。

(二)锚的运动及抓力

锚在海底被拖动的过程也是锚的抓底过程,如图 2-3-17 所示。在外力和抓力的作用下其在海底的运动可用下列运动方程描述:

$$(m_a + m_s)\frac{dU_a}{dt} = T_H - P_a \tag{2-3-7}$$

式中:m_a ——锚的质量;

m_s ——被锚拖动的泥沙质量;

U_a——锚的拖动速度;

T_H ——作用于锚上的水平拖力;

P_a ——锚的抓力,也称为锚阻力。

T_H 和 P_a 都与拖动速度 U_a 有关。由于对方程中有些参数很难做出精确的估计,因此,大多用试验方法进行研究。

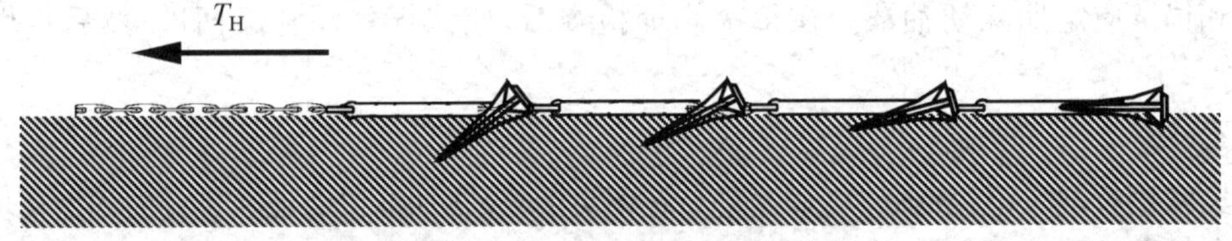

图 2-3-17　锚的抓底过程示意图

通过拖锚试验,可以详细了解从锚抛下至锚抓力达到最大值过程中抓力的变化情况,进而可通过试验结果获得锚的抓力特性曲线,如图 2-3-18 所示。特性曲线给出了各种锚型在砂底拖锚抓力与拖锚距离之间的关系的试验结果。

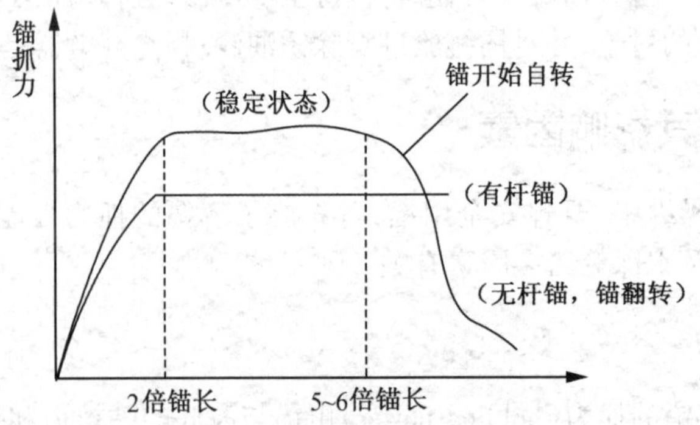

图 2-3-18　锚的抓力特性曲线

从抓力特性曲线可见:在锚爪未插入海底之前,锚的抓力是有限的;随着拖动距离的增加,锚爪一旦插入海底抓力将急剧增大,至 2 倍锚长距离时,抓力将达到最大值,而后保持该值;若拖力继续增大,锚在海底进一步被拖动,无杆锚就开始以锚干为轴而偏转,当锚被拖动 5~6 倍锚长时,转角将达到 45°,锚抓力急剧下降;当锚被拖动 9~10 倍锚长时,转角将达到 180°,锚爪上翻出土,仅剩下锚与海底的摩擦力;如果锚爪能二次抓底,则又重复拖锚开始过程。而有杆

锚在抓力达到最大值后，由于不发生偏转现象，而一直保持该最大值。

由此可见，无杆锚的优点是其最大抓力较有杆锚为大。但无杆锚的缺点是当外力超过最大抓力时，将急速失去其抓力，而有杆锚因其横杆能确保锚抓底姿势的稳定，故能保持锚爪的抓底状态。

另外，当外力 T_H 增大到等于最大抓力 P_a 时，如果出链长度较短，可能出现卧底链长为零的现象，有时甚至将锚干向上提起，使锚不能发挥最大抓力。由试验可知，锚的抓力系数与锚的转环处锚链于水平面的垂直角有关。垂直角越大，抓力系数越小，这种情况相当于拖锚制动。垂直角为零时，锚的抓力系数最大。试验表明，当锚干仰角为 5°时，抓力系数约减少 1/4；当锚干仰角为 15°时，抓力系数约减少 1/2。出链长度不足时，将大大降低锚的抓力。因此，船舶锚泊时，为了保证锚发挥最大抓力，出链长度应足够。通常情况下，应不少于 5～6 倍水深。相反，在拖锚制动时，出链长度又不宜过长，否则，可能会发生断链或丢锚的可能。

上述的拖锚抓力与抛锚时船的运动情况有关。试验中，锚抓力都是指将锚以某一速度拖动时的阻力。而实际上最需要的是将锚链刹住后锚爪插入海底使船停住时的抓力。因此，把抛锚后船停住时的最大抓力称为“静抓力”；而把船运动时的抓力称为“动抓力”。相对应的有静抓力系数和动抓力系数之分。

（三）锚的抓力系数

从上述分析可见，锚的抓力系数与船舶的运动状态、锚型、海底底质有关。其值可通过对各种不同底质所做的锚模型或实锚试验来确定。

1. 锚的静抓力系数

锚的静抓力是指船舶在锚泊状态时的最大抓力。表 2-3-1 给出了运输船舶常用的几种锚型的静抓力系数。

表 2-3-1　运输船舶常用的几种锚型的静抓力系数

锚型	霍尔锚	斯贝克锚	波尔锚	XY-5 型	AC-14 型、DA-1 型
静抓力系数	4	4～6	7～11	8	7～11

2. 锚的动抓力系数

操纵用锚一般出链长度比较短，没有锚链平卧在海底，因此操纵用锚的抓力仅为锚本身的抓力。操纵中用锚，例如拖锚掉头、拖锚制动等操作时，在船停止之前，锚在水底是处于拖动的状态。因此，锚的动抓力与走锚时的抓力基本相同。根据试验可知，当底质为一般泥沙时，锚的抓力（动摩擦力）与出链长度、水深的关系如表 2-3-2 所示。

表 2-3-2　当底质为一般泥沙时，锚的抓力（动摩擦力）与出链长度、水深的关系

出链长度/水深	1.5	2.0	2.5	3.0	3.5
抓力/水中锚重	0.76	1.16	1.60	2.00	2.40

注：水中锚重＝锚重×0.87。

（四）锚链的抓力

当出链长度足够时，将有部分锚链平卧海底，这部分锚链与海底的摩擦力称为锚链的抓力。其大小用下式表示：

$$P_c = \lambda_c \cdot w_c \cdot l \tag{2-3-8}$$

式中：P_c——锚链的抓力；

λ_c——锚链的抓力系数；

w_c——单位链长在空气中的重量；

l——平卧于海底的链长，简称卧底链长。

由上式可见，锚链的抓力与锚链的抓力系数、单位链长的重量和卧底链长的长度有关。试验表明，从安全锚泊的目的出发，锚链的抓力系数，砂底取为 0.75，泥底取为 0.60。

八、拖锚淌航距离的估算

拖锚制动距离是指拖锚制动操纵中的停船距离。正确估算停船制动距离，是确定落锚点的前提条件。拖锚制动距离与船舶的排水量、抛锚时船舶的余速、船体阻力、拖锚抓力以及流速等诸多因素有关。拖锚制动中的船舶运动十分复杂，精确地进行数学描述较为困难。

实践中需对本船在不同载态、余速下的拖锚淌航距离进行反复测定、对比和记录，做到心中有数。理论上为了进行估算，可对影响拖锚淌航距离的因素进行简化，考虑比较重要的因素，略去次要因素，则可用一个简单、合适的数学模型来描述停船运动。实际上，拖锚淌航过程中船舶有可能左右偏转，即船舶是沿曲线轨迹运动的。假设抛锚后船舶沿原航向直线运动，采用动能定理可得到船舶的拖锚制动距离的表达式

$$s \cdot (P_a + R) = \frac{1}{2}(m + m_x) \cdot v^2 \tag{2-3-9}$$

式中：s——拖锚淌航距离（m）；

v——拖锚时的船速（m/s）；

P_a——锚的动抓力（kN）；

R——船舶阻力（kN）；

m——船舶质量（t）；

m_x——船舶附加质量（t）。

式中的船舶阻力、附加质量等都随时间而变化，故精确进行计算较为复杂。在估算直线方向上的拖锚淌航距离时，可进行如下假设：

（1）船速在 3 kn 以下时，船体阻力相对较小，可以忽略不计，同时忽略附加质量的影响；

（2）锚的抓力在整个拖锚制动过程中是一个常量，等于最大动抓力。

则式（2-3-9）可简化为

$$s = \frac{1}{2} \cdot \frac{m}{P_a} \cdot v^2 \tag{2-3-10}$$

将上式各因素的单位进行换算，可得下列估算公式：

$$s = 0.013\,5 \frac{m}{P_a} \cdot v^2 \tag{2-3-11}$$

式中：s——拖锚淌航距离（m）；

v——拖锚时的船速（kn）；

P_a——锚的动抓力（kN）；

m——船舶质量(t)。

从估算公式可得,万吨左右的船舶,2 kn 余速拖单锚,3 kn 余速拖双锚,拖锚淌航距离在接近满载时大致接近船长;2 kn 余速拖双锚,1.5 kn 余速拖单锚,前者较后者略短,拖锚淌航距离均接近 0.5 倍船长。因此可见,在通常情况下进入泊位,余速约控制在 1.5~2.0 kn,应拖单锚制动;如余速稍快,可考虑拖双锚,这比拖单锚增加出链长度要稳妥。此外,操纵中在估算落锚点时,不但应考虑拖锚淌航距离,还应考虑到停船时,锚位与锚链孔之间的距离,即出链链长的纵向水平投影长度。

九、锚泊时的出链长度

无论采用哪种锚泊方式,都必须保证一定的出链长度,以使锚泊船具有足够的系留力。出链过长或过短都不利于安全锚泊,以下以单锚泊方式为例,说明安全出链长度。

(一)锚的系留力

锚的系留力是指船舶处在锚泊状态时所受到的约束力,也称为锚泊力。受重力的作用,锚泊船的出链长度分为两个部分,悬垂在水中的部分称为悬链长度,平卧在海底的部分称为卧底链长,如图 2-3-19 所示。

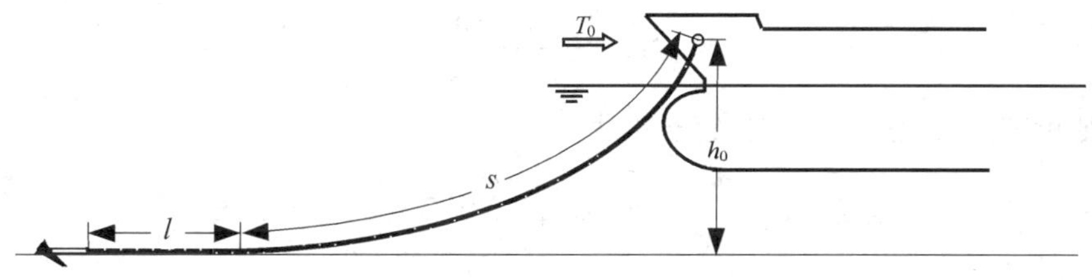

图 2-3-19　锚泊船的出链长度

卧底链长与海底的摩擦力称为链的抓力,它增加了锚泊力,故锚泊力由锚的抓力和锚链的抓力两部分组成,即

$$P = P_a + P_c = \lambda_a \cdot W_a + \lambda_c \cdot w_c \cdot l \tag{2-3-12}$$

式中:P——锚泊力;

P_a——锚的抓力;

P_c——锚链的抓力;

λ_a——锚的抓力系数;

W_a——空气中锚的重量;

λ_c——锚链的抓力系数;

w_c——单位链长在空气中的重量;

l——卧底链长。

(二)悬链长度

悬链长度是指悬垂在水中的锚链长度,它等于出链长度减去卧底链长。由线积分计算可得悬链长度的表达式

$$s=\sqrt{h_0\cdot(h_0+\frac{2T_0}{w_c})} \tag{2-3-13}$$

式中：s——悬链长度(m)；

T_0——船舶所受的水平外力(t)；

h_0——锚链孔至海底的垂直距离(m)；

w_c——单位链长在水中的重量(约为0.87倍空气中的重量)。

由式(2-3-13)可见，悬链长度与水平外力 T_0 的大小有关。T_0 越大，悬链长度越长；反之长度越短。当 $T_0=0$ 时，悬链长度 $s=h_0$，可见，悬链长度是动态变化的。悬链长度尽管不直接产生抓力，但锚链的重量可使锚干处的拉力保持水平方向，从而保证发挥锚的最大抓力。

此外，悬链长度还可吸收一部分作用于船舶的外力能量，起到缓冲的作用。

(三)安全出链长度

安全锚泊的前提条件是确保足够的锚泊力。该锚泊力应能够抵御作用于锚泊船的合外力，则安全锚泊的必要条件为

$$P=P_a+P_c=\lambda_a\cdot W_a+\lambda_c\cdot w_c\cdot l\geqslant T_0 \tag{2-3-14}$$

通过该式可解得卧底链长应满足下列要求

$$l\geqslant\frac{T_0-\lambda_a\cdot W_a}{\lambda_c\cdot w_c} \tag{2-3-15}$$

则保证单锚泊安全所需总的出链长度为

$$S=s+l=\sqrt{h_0\cdot(h_0+\frac{2T_0}{w_c})}+\frac{T_0-\lambda_a\cdot W_a}{\lambda_c\cdot w_c} \tag{2-3-16}$$

式(2-3-16)中的水平外力 T_0 在理论上可分为两部分，其一是静力，即锚泊船静止中风和流的作用力；其二是动力，即锚泊船运动中的动力。两种力的计算相当复杂。因此，实践中单锚泊出链长度常常采用下列经验公式

$$S=3h+90\quad \text{风速}\approx 20\text{ m/s(8级)时} \tag{2-3-17}$$

$$S=4h+145\quad \text{风速}\approx 30\text{ m/s(11级)时} \tag{2-3-18}$$

式中：S——出链长度(m)；

h——水深(m)。

船舶配备的单锚链长度一般为300~385 m(11~14节)，锚泊时需要保留一定长度的安全余量，可抛出的最多链长是有限的。在水深超过一定限度的深水区锚泊时，即使最多出链长度也可能达不到上述经验公式的要求，这时，为了增加锚泊力，可考虑双锚泊方法。据统计，船舶在水深小于30 m的锚地水域锚泊时，在风力小于7级的情况下单锚泊，出链长度一般为5~6节；风力大于8级的大风浪中单锚泊时，小型船舶的出链长度一般为7~9节，中、大型船舶的为9~11节。实际上，出链过长将会增大偏荡幅度，也不利于锚泊安全。

十、锚泊作业

船舶锚泊时，选择的锚地要有适当的水深、良好的底质和海底地形、足够的回旋余地。水域周围的地形应能成为船舶躲避风浪的屏障，以保证锚泊水域的平静，尤以可防浪涌袭扰的为

最好。所选锚地应远离航道或水道等船舶交通密集区域,无海底电缆及其他水中障碍物,水流宜缓且流向稳定。

(一)抛锚作业

1. 备锚

(1)通知机舱供电。备好锚球或锚灯,观察船头附近是否有小船接近。

(2)试验锚机:将刹车带刹牢,脱开离合器,空车运转,逐级变速查看正反转是否正常。

(3)将锚送出:移开防浪盖,合上离合器,松开刹车带,打开制链器,开动锚机将锚送出锚链筒,直到接近水面;再刹紧刹车带,脱开离合器,使锚处于随时可以用刹车直接抛下的自由抛落状态。

(4)准备工作做好后,报告驾驶室:锚备妥。

2. 抛锚

(1)当得到驾驶室抛锚命令后,大副立即指示木匠松开刹车带,让锚自由落下。水深不太深时,第一次松出链一般为一节入水至多两节甲板,锚着底后应将锚链刹住,同时显示锚泊信号(锚球或锚灯),并关闭航行灯,每节锚链通过甲板时应敲钟报告锚链节数。

(2)抛锚时应保持有缓慢的船速(一般为退速),一般万吨级商船应控制在 2 kn 以内,对于 VLCC 则应控制在 0.5 kn(0.26 m/s)以内;当松链长度约为 2 倍水深时,应将锚链刹住,利用船舶惯性使锚爪啮入土中。在锚链尚未完全被拉直时再送出一段锚链,如此反复进行,每次半节左右,一直松至所需链长。

(3)深水抛锚操作:水深超过 25 m 时,为防止锚对海底的冲击力过大以及锚链松出太快,抛锚时须用锚机将锚送至距海底 10 m 左右,再自由抛下。如水深大于 50 m,应用锚机将锚送至海底,然后再用刹车慢慢松出锚链。

(4)判断锚抓底状态:按计划松出锚链后,将锚链刹住,观察锚链的状态。如果锚链向前拉紧,并平稳而有节奏地在水面上下抬动,然后略有松弛,说明锚已抓牢。如果锚链拉直后,不在水面上抬动而是不断抖动,且无松弛现象,说明锚正在水底拖动,应立即报告船长,采取措施。

(5)抛锚过程中,大副应随时用高频或手势(夜间用手电筒)向船长报告锚链方向及受力情况;木匠用钟声报告锚链松出的节数。锚抛妥后上好制链器,切断电源,罩好锚机操纵台的帆布罩。

(二)起锚作业

1. 准备工作

(1)通知机舱送电,供锚链水,活络锚机。

(2)确认一切正常后合上离合器,打开制链器和刹车带,让锚机受力。

(3)准备完毕,向驾驶室报告。

2. 绞锚操作

(1)接到驾驶室起锚口令后,大副根据锚链受力情况指示木匠以适当速度绞锚。

(2)开启锚链水冲洗锚链上的污泥。

(3)绞锚过程中,大副随时将锚链方向报告船长,以便驾驶室车、舵配合绞锚。木匠用钟声报告锚链在水中的节数。

(4)绞锚时若风大流急,锚链绷得很紧,此时不能硬绞,而要报告驾驶室,进车配合,等船身向前移动锚链松弛后再绞,以防损伤锚链和锚机。若锚链横越船首,应利用车、舵将船逐渐领直后再绞。

(5)锚离底判断:锚爪离底瞬间锚机负荷最大,锚离底后锚机负荷突然下降,锚机转速由慢变快,声音变得轻快;其次,锚离底瞬间锚链将向船边荡来,锚链随即处于垂直状态。

(6)锚离底:锚一离底,应敲乱钟报告,同时降下锚球或关闭锚灯。锚出水后,要观察锚爪上是否挂有杂物,若有应及时清理,然后根据需要将锚悬于舷外待用或收妥。

(7)锚不再使用需收进锚链筒时,应慢慢绞进直到锚爪与船舷紧贴为止。合上制链器,用锚机倒出一点锚链,使制链器吃力,然后上紧刹车,脱开离合器。关闭锚链水,盖上锚链筒防浪盖,罩好锚机,用链式制链器加固锚链,封好锚链管口,通知机舱关闭锚机电源。

第四节　系泊设备及使用

船舶停靠码头、系留浮筒、停靠他船或顶推作业时,用于带缆、绞缆以保证船舶能安全可靠地进行系缆作业的装置和设备,称为系泊设备。系泊设备由系船缆、挽缆装置、导缆装置、系泊机械、卷缆车及附属用具等组成。

一、系船缆

在船舶系泊设备中,所使用的绳索种类和规格繁多。对于一名合格的船舶驾驶员来说,必须掌握各类绳索的特性及使用特点,正确使用船上的各种绳索,以保证船舶的安全营运和工作人员的人身安全。

(一)植物纤维绳

植物纤维绳(natural fiber rope;vegetable fiber cordage)是用剑麻、野芭蕉和棉花等植物纤维编制成的,常采用三股拧绞搓制而成。其特点是柔软、质轻、强度小、手感较好,但易腐烂。常用的有白棕绳、油麻绳、棉麻绳等。

1. 白棕绳(manila rope)

白棕绳亦称马尼拉绳,是用剑麻、龙舌兰或野芭蕉叶等纤维制成的,特点是柔软、质轻,但强度较小,多用在引航员软梯上。

2. 油麻绳(tarred rope)

油麻绳是用浸过焦油的大麻纤维制成的,特点是弹性不大,冷天易变硬,使用不便,仅作包缠用。

3. 棉麻绳(cotton-hemp rope)

棉麻绳是用经过防腐处理的棉、麻纤维混合制成的,特点是质轻,不易扭结,强度较小,多用作撇缆绳、旗绳和测深绳等。

(二)化学纤维绳

化学纤维绳(synthetic fiber rope)是用化学纤维制成的,简称化纤绳。它比同直径的白棕绳轻,但抗拉力却大3倍以上。目前多用其代替植物纤维绳,在船上广泛使用。作为系船缆绳的化纤缆直径一般在20~65 mm,直径大于65 mm的作为保险缆,直径小于20 mm的化纤缆不允许作为系船缆。

常见的有以下几种:

1. 尼龙绳(nylon rope)

尼龙绳又称锦纶绳,其特点是强度大、耐酸碱耐油、弹性大、不易疲劳,吸湿性仅次于维尼纶绳;但怕火、不耐磨、受力伸长较大,曝晒过久将使强度下降。尼龙绳表面受摩擦后易起毛,但起毛的粗糙层对其内部起保护作用,可延长其使用寿命。

2. 涤纶绳(polyester rope)

涤纶绳强度仅次于尼龙绳,是化纤绳中最耐高温和耐气候的一种绳索,适应于高负荷连续摩擦,抗酸、碱和油类能力强,吸水率低,性能优越,但价格较高。涤纶绳多用作拖缆绳。

3. 乙纶绳(polyethylene rope)

乙纶绳的特点是耐低温、耐化学腐蚀最强、吸水性差、浮于水面,适于水上应用。它不耐高温,其触感和白棕绳相似。

4. 丙纶绳(polypropylene rope)

丙纶绳是目前最轻的缆绳,特点是柔软吸水性小、耐油腐蚀、最耐脏、耐磨、不易滑动,但不耐热。其破断力为尼龙缆破断力的51%~66%。目前通过改进丙纶绳的制造工艺和原料选择,已将丙纶绳的破断力提高至尼龙绳的90%。丙纶绳是目前船上使用较多的一种缆绳。

5. 维尼纶绳(vinylon rope)

维尼纶绳的强度在化纤绳中最小,外表很像棉纱绳,其弹性差、吸水性最大,能耐油类和盐类物质、耐气候,价格比较便宜。

(三)钢丝绳

钢丝绳由若干统长钢丝编绞而成,具有强度大、重量轻、使用寿命长的特性。目前,船上使用的钢丝缆绳有硬钢丝绳、半硬钢丝绳及软钢丝绳三种。船上一般采用6×24+7的软钢丝作为缆绳,直径大于56 mm时应采用6×37+1的钢丝绳,作为带缆用的钢丝绳一般直径在20~36 mm,直径在36 mm以上的钢丝绳一般用作拖缆与保险缆。

1. 硬钢丝绳(stiff wire rope)

硬钢丝绳由6股钢丝股绕着中间一股钢丝股芯搓制而成。如7×7的钢丝绳,表示由7股钢丝股搓成,每股内有7根钢丝;又如6×31+(7×7)表示钢丝绳的规格为:钢丝股数为6股,每股有31根钢丝,股芯为7×7的钢丝股。这种钢丝绳内无油麻芯,因而是硬度最硬的钢丝绳,其强度在三种钢丝绳中最大,但操作不便。在船上硬钢丝绳除用于大桅和烟囱等支索(静索)外,还可与绞车配合用作拖索和系船索。

2. 半硬钢丝绳(semi-flexible wire rope)

半硬钢丝绳由6股钢丝股绕着一股油麻芯搓制而成。如一根规格为6×37+1的钢丝绳,表示有6股钢丝股,每股有37根钢丝,另外中间有一股油麻芯。这种钢丝绳的强度较大,钢丝丝数多而细,比硬钢丝绳柔软,操作使用比较方便。其在船上一般用作拖缆、保险缆和系船缆,也可用作起重设备的吊货索。

3. 软钢丝绳(flexible wire rope)

软钢丝绳的制作方法与半硬钢丝绳基本相同,但在每一股钢丝股内还有一股油麻芯,因此软钢丝绳中共有7股油麻芯,如图2-4-1所示。例如一根规格为6×24+7的钢丝绳,表示有6股钢丝股,每股有24根钢丝,中间有一股油麻芯,并且每股钢丝股内还有一股油麻芯。这种钢丝绳最为柔软,且便于操作使用,但其强度在上述三种钢丝绳中最小,一般用于系船缆、吊货索、吊艇索及船上货物的绑扎系固等。

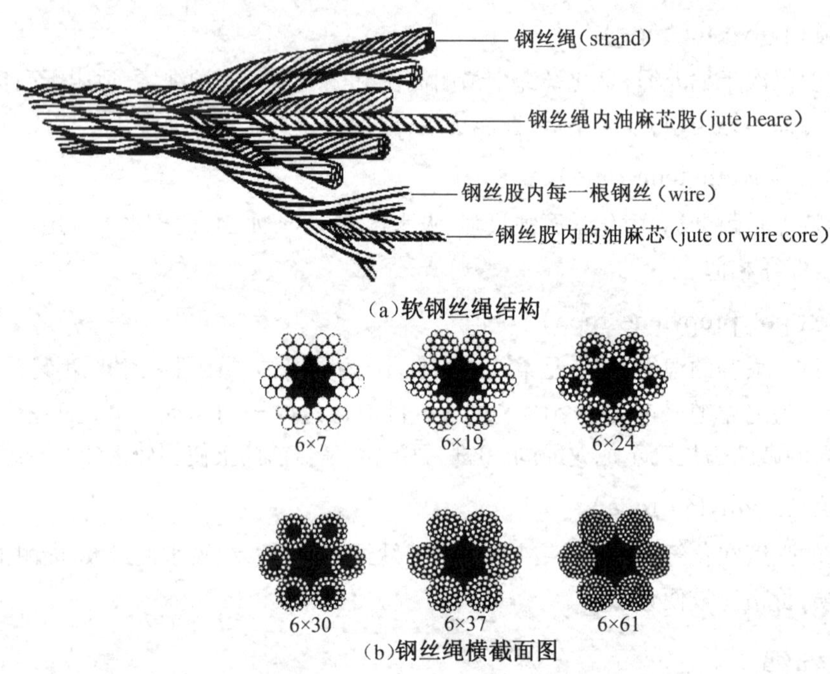

图2-4-1 钢丝绳结构

钢丝绳中油麻芯的作用较大,首先它在钢丝绳受力拉紧时可以起衬垫作用,以减少钢丝绳内部的摩擦;其次它可以增加钢丝绳的柔软度,便于操作使用;第三,因油麻芯含油,可以防止钢丝绳内部锈蚀;第四,油麻芯中的油可以起到润滑的作用。

需要注意的是,钢丝绳的软硬程度不仅与油麻芯的多少有关,还与钢丝的韧性及结构形式有关系,所以同结构类型同直径的钢丝绳钢丝数越多,则钢丝绳越软。

钢丝绳的结构标记用数字表示,如“6×19+1”表示钢丝绳有6股,每股19丝,外加1根油麻芯。“股(1+6+12)”表示每股结构是内芯为1丝,第二层为6丝,外层为12丝。

钢丝绳的结构形式如表2-4-1所示。

表 2-4-1　钢丝绳的结构形式

用途	钢丝绳规格			钢丝绳股结构					
	股数	钢丝数	股芯	股芯	内芯丝	内层	中层	外层	分层记号
艉锚索、拖索、系船索	6	24	纤维	纤维	0	—	9	15	6(0+9+15)
	6	37	纤维	钢丝	1	6	12	18	6(1+6+12+18)
	6	26	纤维	钢丝	1	5	(5+5)	10	6(1+5+5/5+10)
	6	31	纤维	钢丝	1	6	(6+6)	12	6(1+6+6/6+12)
	6	36	纤维	钢丝	1	7	(7+7)	14	6(1+7+7/7+14)
	6	41	纤维	钢丝	1	8	(8+8)	16	6(1+8+8/8+16)
	6	30	纤维	纤维	0	—	12	18	6(0+12+18)
与绞车配合的拖索和系船索	6	31	7×7 钢丝	钢丝	1	6	(6+6)	12	6(1+6+6/6+12)
	6	36	7×7 钢丝	钢丝	1	7	(7+7)	14	6(1+7+7/7+14)
	6	41	7×7 钢丝	钢丝	1	8	(8+8)	16	6(1+8+8/8+16)

(四)复合缆

除钢丝缆和化纤缆外,目前又出现了一种用金属与纤维复合而成的缆绳,称为复合缆(compound rope)。这种复合缆绳每股均有金属丝核心,外覆纤维护套,有 3、4 或 6 股,可用于系船缆或拖缆。这种缆绳强度较大,一根周长 8.5 in 粗的复合缆的强度相当于同样粗细的 2.5 根丙纶缆的强度。

(五)迪尼玛缆绳

迪尼玛缆绳(Dyneema rope)是由荷兰研制的,采用超强聚乙烯纤维材料加工而成,是目前强度最大的缆绳,在多种应用场合替代了传统的钢丝绳。它目前在许多国家广泛应用于船舶系泊、海洋救助、运输吊装等,其优越性能得到了充分体现。

迪尼玛缆绳的主要特点有:破断强度大,破断强度是同等直径钢丝缆绳强度的 1.5 倍;重量轻,能漂浮于水面,操作方便、快速,使用安全;另外,迪尼玛缆绳有保护树脂覆盖于其表面,保护树脂专用于对纤维的维护,能有效延长缆绳的使用寿命,维持其高强度。其使用特性极为优异,所以用途比较广泛,在船上一般用作救助拖缆及其引缆。

二、缆绳的强度及规格

(一)强度

1. 破断强度(breaking load,BL)

将绳索逐渐均匀拉伸,直至将其拉断时所需的拉力为该绳索的破断强度,也称为该绳索的破断力。应注意的是,对于钢丝绳来说,钢丝绳的质量证书或国家标准中所查到的破断强度为单根钢丝破断强度的总和,搓成绳后,缆绳的破断强度有所降低,仅为上述破断强度的 87%。

各种缆绳的强度是根据生产厂家所做的试验结果来计算的，如果没有资料可查，可用经验公式进行估算。

(1)化纤缆绳的破断强度估算公式：

$$T = 98kD^2(\mathrm{N}) \tag{2-4-1}$$

式中：T——化纤缆绳的破断强度(N)；

D——缆绳的直径(mm)；

k——系数，丙纶绳 0.74~0.85，尼龙绳 1.19~1.33，改良丙纶绳 1.10~1.21，复合缆 2.0。

(2)钢丝绳的破断强度估算公式：

$$T = 420D^2(\mathrm{N}) \tag{2-4-2}$$

式中：T——钢丝绳的破断强度(N)；

D——钢丝缆直径(mm)。

2. 安全强度(safety load，SL)

为保证安全，不使缆绳因受力过大断裂而发生事故，一般都规定一个绳索允许使用的最大负荷，即安全工作负荷(safety working load，SWL)。在船用绳索的产品证书上均有明确规定的SWL，使用时应以此为准。如无相应资料，可根据破断强度及工况等情况确定一个安全系数，据此即可求出该绳索的安全工作负荷，即

$$安全工作负荷 = \frac{破断强度}{安全系数}$$

安全系数一般取 6。实际工作中，在不同工作情况下，安全系数要求不同，如用作系船缆取 6~8，用作拖缆取 8~10。

3. 试验强度(test strength，TS)

绳索的试验强度，亦即验证负荷(proof load，PL)，是绳索制造厂在 CCS 授权的验船师主持下对其产品进行拉力试验时所采用的强度标准，一般取破断强度的 3/4。

(二)规格

缆绳的粗细一般以其直径 D(mm)或周长 C(inch)来衡量，其换算关系为：

$$C \approx \frac{1}{8}D(1\ \mathrm{in} = 25.4\ \mathrm{mm}) \tag{2-4-3}$$

钢丝绳的规格还可用股数和丝数表述。缆绳每捆的长度一般为 220 m 左右，钢丝绳有时也有 500 m 一捆的。

(三)钢丝缆绳的重量

钢丝缆绳的重量可用下列公式进行估算：

$$W \approx 0.01kD^2 \tag{2-4-4}$$

式中：W——每米钢丝绳的重量(kg)；

D——钢丝绳直径(mm)；

k——系数，硬钢丝绳、半硬钢丝绳取 0.35，软钢丝绳取 0.30。

三、系缆的名称、作用与配备

系缆的主要作用是:靠泊时绑牢船舶,拖带中传递拖力,靠离码头时协助操纵船舶,也可在船舶沿码头前后移泊时使用。

(一)系靠码头时缆绳的名称与作用

船舶系靠码头时,系缆按其位置、出缆的方向和作用,可分为:头缆、艉缆、前横缆、后横缆、前倒缆、后倒缆等,如图 2-4-2 所示。

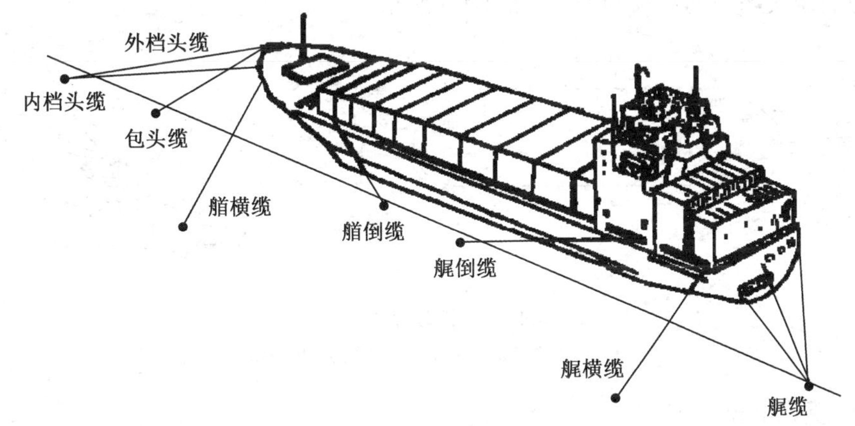

图 2-4-2　系船缆名称

1. 头缆(head line)

头缆也称艏缆,其中,从内舷引出的头缆可称为里档头缆,俗称拎水缆;从外舷引出的头缆也可称为外档头缆,当外档头缆与码头靠线的交角较大时,可称其为包头缆;头缆的主要作用是承受来自前方的风、流等外力的推压,防止船身后移和外张。

2. 艉缆(stern line)

艉缆也有里档和外档之分,其主要作用是承受从后方来的风、流等外力的推压,防止船身前移和外张。

3. 前倒缆(fore spring line)

前倒缆也称艏倒缆,其主要作用是承受来自船尾方向的风、流推力或动车的影响,防止船身向前移动及船首外张。在离泊作业中,常用前倒缆带住船首,利用车舵或风流将船尾甩出,再用倒车使船驶离泊位。为此,常用钢丝缆或钢丝与尼龙混编而成的复合缆作为前倒缆。

4. 后倒缆(aft spring line)

后倒缆也称艉倒缆,其主要作用是承受来自船首方向的风、流推力和倒车的拉力,防止船身向后移动及外张。

5. 横缆(breast line)

横缆有前横缆和后横缆之分,其主要作用是防止吹开风和回转流的作用力,以防止船舶外移。

船舶系靠码头时，以上各缆并不一定同时采用，而是根据码头的情况、船舶的长度、缆绳强度、停泊时间的长短、天气和潮汐及港口涌浪等因素的影响程度而定。当没有吹开风时，可不带横缆。头缆与艉缆至少内外档各一根，前后倒缆各一根，当船舶较大时，各缆数量相应增加，天气转差时应增加缆绳的数量。抗台时或在涌浪大的港口，还应使用保险缆，以保证系泊的安全。

(二)浮筒系缆的名称与作用

船舶系带浮筒的方式，可以只在船首系单个浮筒；也可以船首、尾均系浮筒。系浮筒所带的缆绳主要有单头缆与回头缆两种，如图 2-4-3 所示。

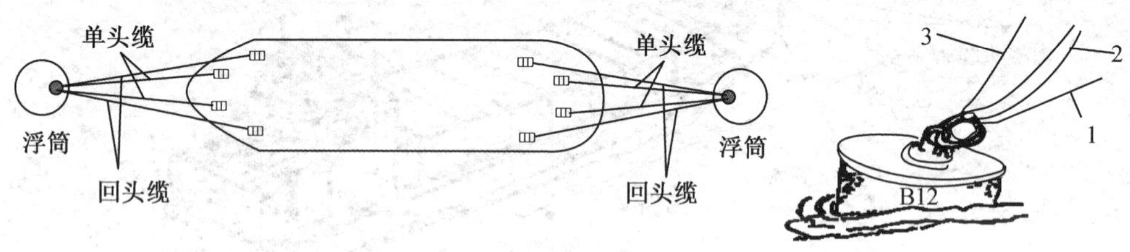

图 2-4-3　浮筒系缆名称

1、3—单头缆(buoy line)；2—回头缆(slip wire)

1. 单头缆(buoy line)

单头缆从船首尾方向送至浮筒，船首、尾至少各两根。如果是钢丝缆绳，则用卸扣系在浮筒环上；如果是纤维缆绳则用司令扣系在浮筒环上。在强风急流情况下，必须增加单头缆的数量。

2. 回头缆(slip wire)

在系浮筒时，船首尾各带一根回头缆，即用一根较长的钢丝缆绳从船首尾的一舷送出穿过浮筒环，再从另一舷拉回船上挂在脱钩上。回头缆主要在离浮筒时用，平时不受力，带好浮筒后应比单头缆松弛些。离浮筒时，船员可自行从船上解脱。

(三)应急拖带装置

根据国际海事组织最新修正的决议，所有船舶都需配备紧急拖带程序。停泊中的船舶，在其外舷(挡)的船首尾处各垂下一根应急拖缆，其琵琶头应垂于水面上方，并在装卸与压载过程中保持此状。用于防止拖缆落入水中的绑扎小绳应便于拖船上的船员判断、解掉或拉断，如图 2-4-4 所示。

1. 一般要求

应急拖带装置的设计应考虑到船舶在失去动力时易于操作，并能快速与拖船连接。应急拖带装置应经有关船级社认可，并符合下列规定：

(1)船尾部应急拖带装置应预先装配好，并能在泊港状态下不超过 15 min 内投入使用；

(2)船尾部短拖索的回收装置应设计成在失去动力和不利环境下，能由 1 个人进行手工操作；应对回收装置予以保护，以防不利的天气和其他情况；

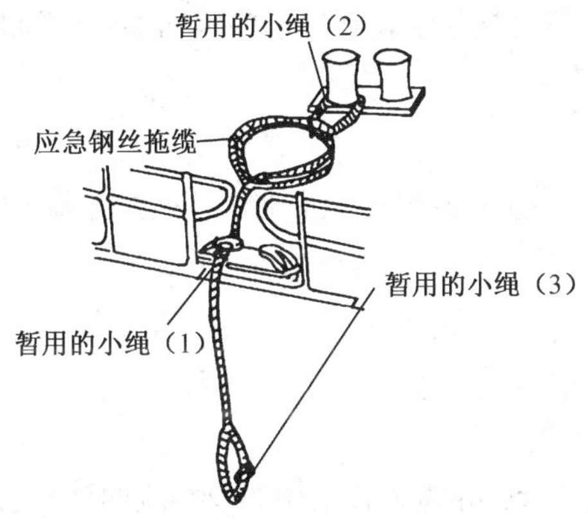

图 2-4-4 油船停泊时应急拖缆示意图

(3)船首部应急拖带装置应设计成至少用 1 个适当定位的导向滚轮将短拖索紧固到防擦装置上,以便拖索的连接;

(4)船首部应急拖带装置应能在泊港状态下不超过 1 h 内投入使用;

(5)符合船尾部拖带应急装置规定的船首部应急拖带装置可被接受;

(6)所有应急拖带装置均应有明显的标志,以便在黑暗中和能见度差的情况下,也能安全和有效地使用。

2. 布置与强度

应急拖带装置的典型布置如图 2-4-5 所示,其中船首部和船尾部的拖力点及导缆装置的位置应能确保从船首部或船尾部任一侧均易于拖带,并最大限度减小拖带装置的应力。安放应急拖缆有不同的方法并且布置可因港口不同而不同。首选的方式是将船上的一端系固在双柱缆桩上,至少盘 5 花,然后通过导缆孔导向舷外,在船边悬挂成弓形并在甲板上无松弛部分。应急拖缆的舷外端部有琵琶头并与引缆连接带回甲板。在装卸货期间,定期调整引缆以保持应急拖缆的琵琶头在水线以上一到两米的距离。

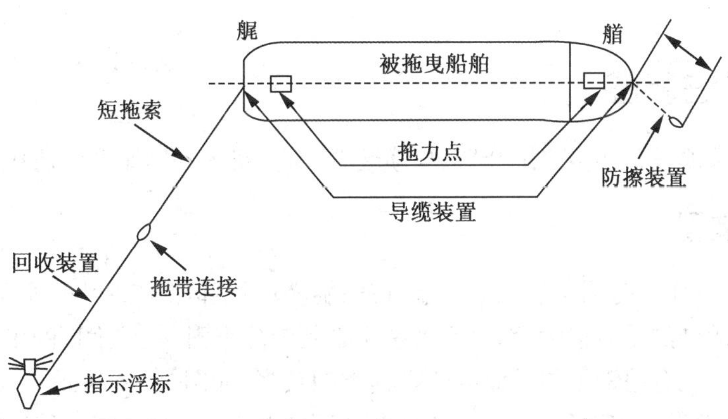

图 2-4-5 应急拖带装置的典型布置

3. 装置与部件的要求

短拖索应具有一个硬质末端眼环,以便与标准的弓形卸扣连接。短拖索的长度不小于 $2H+50$ m,其中 H 为船尾部导缆装置处的海上最轻压载时的干舷高度(m);导缆装置可为导缆孔或带滚柱的导缆器;拖力点是拖带装置在船上的紧固端,应为制链器或拖力眼板或其他等效强度的装置。

4. 附加标志

装有符合此规定的应急拖带装置的液货船,可被授予附加标志:Emergency Towing Arrangements。

5. 图纸资料

下列图纸资料应提交船级社批准:

(1)应急拖带装置的布置图;

(2)应急拖带装置的拖力点、导缆装置结构图及相应的计算书;

(3)支撑拖力点和导缆装置的局部结构图;

(4)应急拖带装置的操作手册。

(四)系缆的配备

系缆的配备是根据船舶舾装数 N,在《钢质海船入级规范》的所列表格中查得应配置的系缆和拖缆的长度、规格、数量和破断强度。系缆的长度应考虑在任何可能情况下所需要的最大长度,还应考虑到琵琶头处最容易磨损,每隔一个时期可能需要截去重插,因此一般多采用整捆缆绳。

一般万吨级船舶的系船缆应至少配备:艏缆和艉缆各 3~4 根,前、后倒缆左右舷各 1 根,保险缆(兼作拖缆用)前后各 1 根,备用缆前后各 1~2 根。

如果船舶的 $A/N>0.9$,规范建议系缆的数量应按表 2-4-2 的要求增加:

表 2-4-2　规范建议系缆的增加数量

A/N	$0.9<A/N\leqslant1.1$	$1.1<A/N\leqslant1.2$	$A/N>1.2$
增加根数	1	2	3

四、其他系泊装置

除系船缆外,系泊设备还由挽缆装置、导缆装置、系泊机械和缆车及附属用具等组成。

(一)挽缆装置

为在靠泊和拖带作业时固定缆绳的一端,在艏艉楼甲板和船中部甲板等部位各设有挽缆用的缆桩(bitt)。缆桩的受力很大,因此要求基座必须十分牢固,缆桩附近的甲板均需加强。

缆桩有铸造的,也有用钢板围焊而成的。其类型较多,如图 2-4-6 所示。大中型船舶多采用双柱系缆桩。如船舶使用钢丝缆绳,则缆桩易被钢丝磨上沟,此时应及时补焊加固,防止受力过大发生事故。

(二)导缆装置

为了使缆绳按一定方向,从舷内通向舷外引至码头或其他系缆地点,限制其位置,并尽量

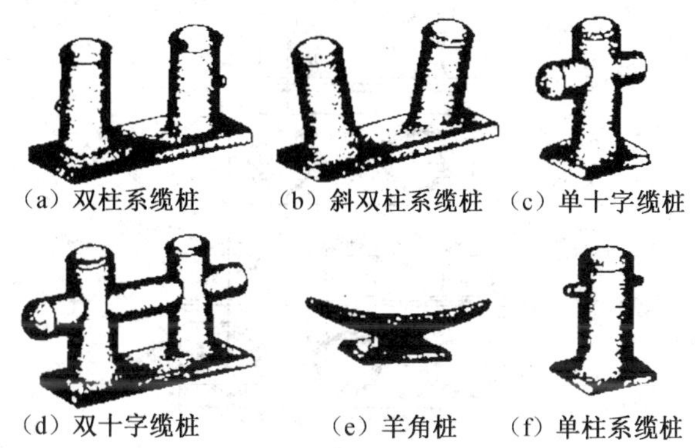

图 2-4-6 缆桩

减少缆绳与舷边的磨损,避免因急剧弯折而增大所受应力,在船首尾及两舷都设有导缆装置,常见的有:

1. 导缆孔(chock)

导缆孔又称巴拿马孔(Panama lead,Panama towing pipe),为圆形或椭圆形的铸钢件,如图2-4-7 所示。导缆孔一般设置在主甲板的舷墙处,系缆经过它时,接触面呈圆弧形,可避免舷墙对系缆的切割作用,也便于系缆琵琶头顺利通过。但相比其他导缆装置,导缆孔对系缆的磨损比较严重。

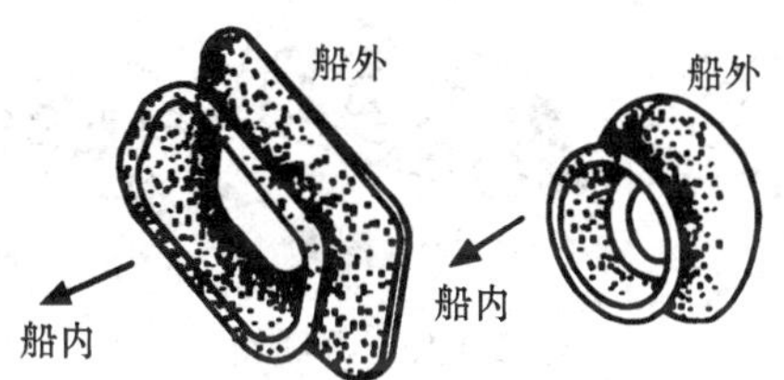

图 2-4-7 导缆孔

2. 滚柱导缆器(roller fair-leader)

滚柱导缆器是装在甲板端部及上下两层甲板间的导缆装置,由四个柱形滚筒围成,如图2-4-8 所示。

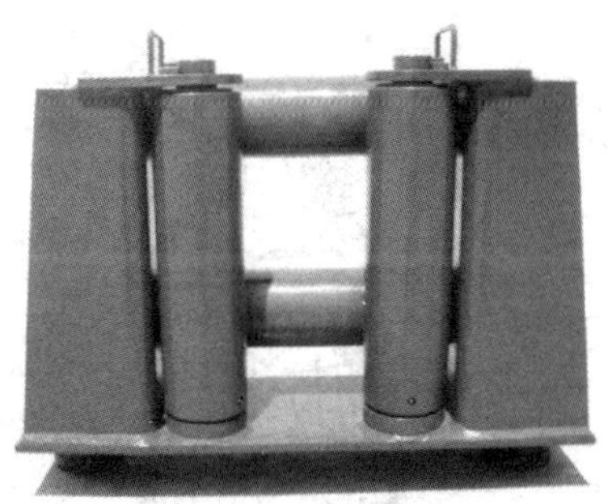

图 2-4-8 滚柱导缆器

3. 滚轮导缆器(roller fairlead)

滚轮导缆器一般设于船首尾的舷墙位置,由数个滚轮并立组成,如图 2-4-9 所示。

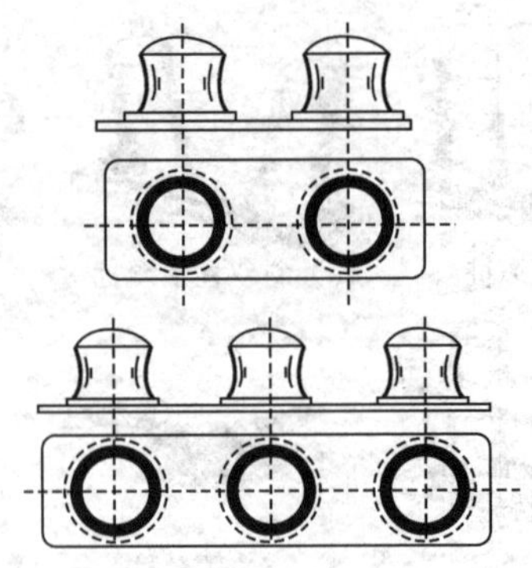
图 2-4-9 滚轮导缆器

4. 导缆钳(fairleader)

导缆钳都是铸钢的,一般设置在船首尾的舷墙或甲板上。形式较多,有闭式、开式、无滚轮和带滚轮等种类。为减轻对系缆的摩擦,大中型船舶都采用带滚轮的导缆钳,通常有单滚轮、双滚轮和三滚轮等,如图 2-4-10 所示。

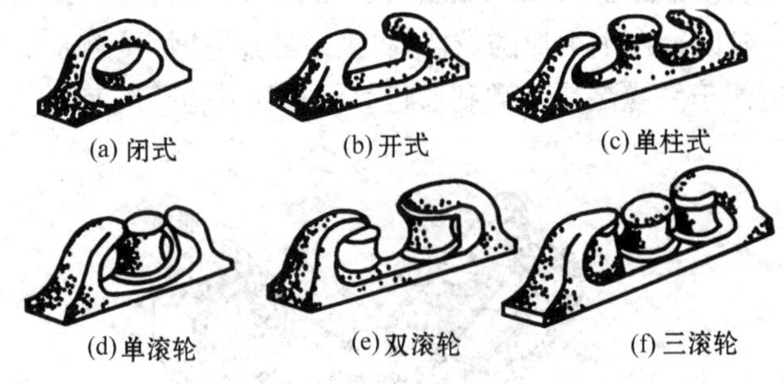

图 2-4-10 导缆钳

5. 导向滚轮(pedestal fairlead)

一般设置在船首尾部导缆装置与绞缆机械之间的甲板基座上,用以改变缆绳方向以便将其引至卷筒或避免缆绳与舷边直接摩擦。滚轮旁的羊角可以防止系缆松弛时滚落到甲板上。导向滚轮通常与锚机、绞缆机配合使用,使缆绳与卷筒轴线垂直,以便于缆绳的绞进,如图 2-4-11 所示。

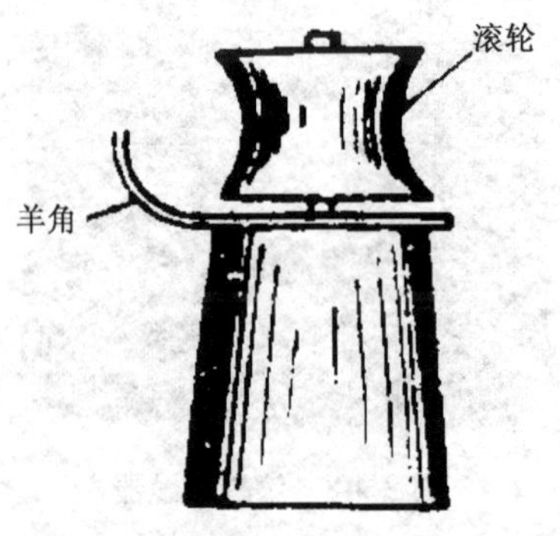

图 2-4-11 导向滚轮

(三)绞缆机

绞缆机也称系缆绞车(mooring winch),主要用于船舶靠离码头、与他船并靠及移泊时收绞缆绳。一般船首不单独设置绞缆机械,由锚机兼用,但现在一些大型船舶在船首亦专设系缆绞车;船中部的缆绳一般由起货机副卷筒收绞,一些大型船舶在船中也设置系缆绞车;在船尾甲板则单独设置系缆绞车或系缆绞盘。绞缆机的绞缆速度应能达到 15 m/min,绞缆拉力应能达到所配置系船缆破断力的 75%左右。

绞缆机按动力源不同分电动绞缆机、液压绞缆机和一部分油船上还在使用的蒸汽绞缆机;按卷筒的轴线方向不同可分成卧式绞缆机和立式绞缆机两种。

1. 卧式绞缆机

图 2-4-12 所示为普通的卧式绞缆机,其卷筒是由电机经过减速后驱动运转的,占用甲板面积较大。

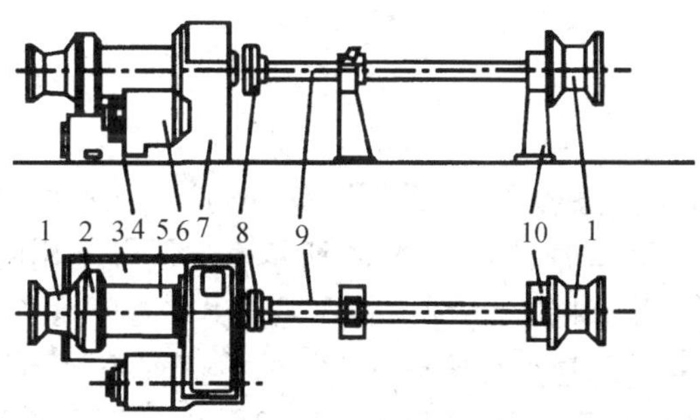

图 2-4-12　卧式绞缆机

1—卷筒(capstan);2—墙架(web frame);3—底座(foundation);4—圆盘刹车(disk brake);5—主滚筒(main drum);6—电动机(electric motor);7—减速器(reduction gear box);8—联轴节(union joint);9—主轴(main shaft);10—轴承座(bearing seat)

2. 立式绞缆机

立式绞缆机又称系缆绞盘(capstan),其动力装置一般设在甲板下面,故占用的甲板面积较少,并有利于保护电机,如图 2-4-13 所示。

3. 自动张力绞缆机

自动张力绞缆机(automatic tension mooring winch)全称为自动张力调整绞车。目前,有不少大型船舶已装配了自动张力绞缆机。自动张力绞缆机的动力源有电动的,也有液压的。其基本原理是在绞缆卷筒上施加一个可调的动力矩,以便与系船缆上的张力所引起的拉力矩保持平衡。当船舶因吃水变化或受潮汐、风力影响,导致系船缆绳张力有所增减,从而偏离规定值时,自动系缆机能够相应地自动收放缆绳,使其张力稳定在规定值。这样,就可以防止缆绳受力过大而被拉断,保证系泊安全,并可减少值班人员随缆绳受力反复收放缆绳的操作和劳动强度。

由于自动绞缆机的缆绳必须卷在绞缆卷筒上,因此数量有限。一般万吨级货船通常只有头缆两根和艉缆两根可以自动收放,只能满足一般情况。而当船舶吃水变化很大或因潮汐、风力使缆绳张力变化很大时,仍需人工及时调整所有的缆绳。根据 IMO 的要求,停泊中的油船,其自动张力绞缆机应置于“不自动”的工作状态。

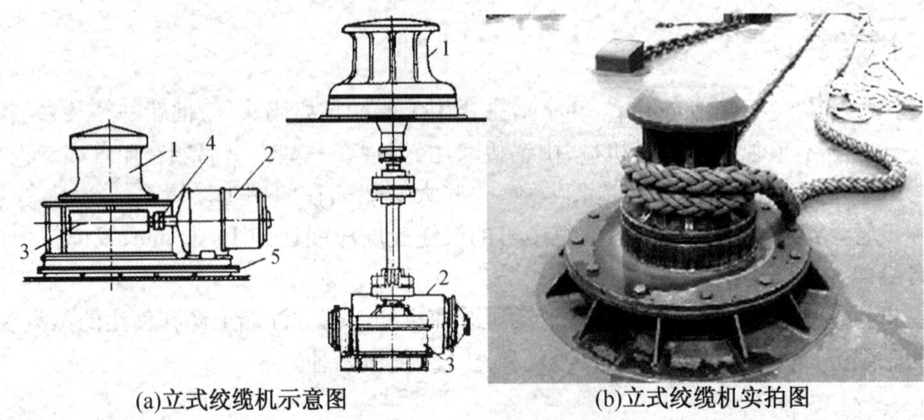

(a)立式绞缆机示意图　　(b)立式绞缆机实拍图

图 2-4-13　立式绞缆机

1—滚筒(capstan);2—电动机(electric motor);3—减速箱(reduction gear box);4—联轴节(union joint);5—底座(seat)

(四)系缆卷车

用来卷存缆绳的装置称为系缆卷车,简称缆车(reel)。凡是用钢丝绳作系船缆的船舶都配有专用的缆车,用来卷存钢丝绳,如图 2-4-14 所示。化纤缆不用时一般收藏在舱内或专用箱子内,或盘好在木格板上并绑扎好,带缆前将缆绳松出并有序地平铺在甲板上以便立即投入使用。现在,大部分船舶的系缆卷车直接与绞缆机的载荷轴相连,使之既能储存系船缆,也能随时直接收绞和调节缆绳,而不必用制缆索将系船缆由卷筒移至缆桩上,大大方便了带缆工作。

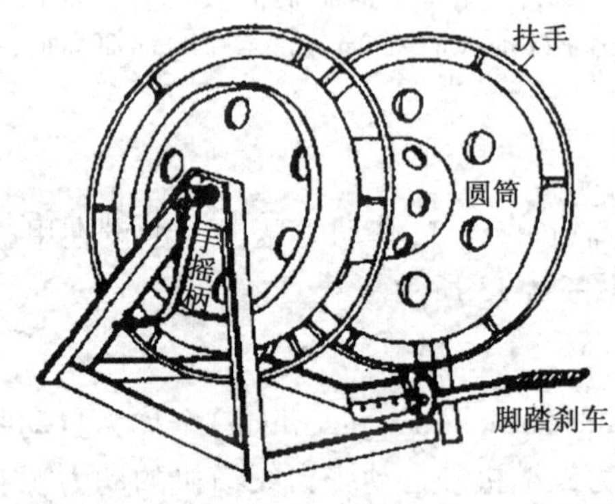

图 2-4-14　系缆卷车

(五)系泊属具

1. 制缆索

制缆索(stopper)主要用于船舶系泊时临时在系船缆上打结,以承受缆绳拉力,以便将缆绳从卷筒上取下挽在缆桩上,或将其从缆桩上取下,挽在卷筒上继续收绞。制缆索有制索绳和制索链两种。制索绳则用于纤维缆,而制索链用于钢丝缆,其使用方法如图 2-4-15 所示。

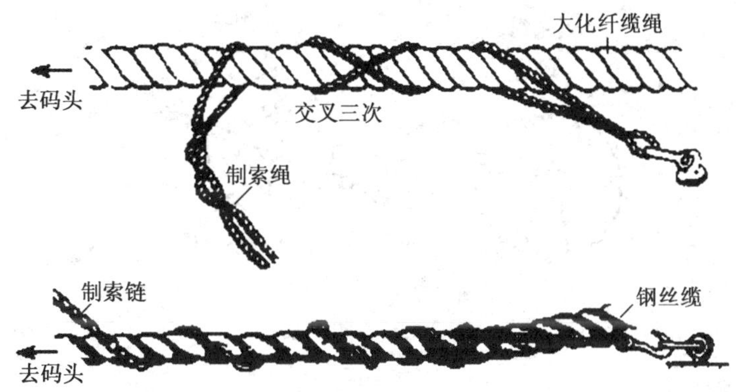

图 2-4-15　制索绳与制索链

2. 撇缆绳

靠泊时从船上抛给码头带缆人员，将缆绳引送至码头的牵引绳称为撇缆绳(heaving line)。其长度约为 40 m，直径约 6 mm，绳的前端带有一定重量的撇缆头(heaving line ball)，是一个纺锤形的硬橡胶块，既方便抛掷，又可防止对相关人员造成伤害。

3. 撇缆器

用火药或高压气体等作为推力，能将撇缆绳抛出 230 m 以上距离的装置称为撇缆器(throwing line apparatus)，也称抛绳器，如图 2-4-16 所示。撇缆器主要是在船舶遭遇紧急情况需进行救生作业，而两船不能接近的情形下，利用其进行远距离撇缆，从而引出缆绳，一般在救助船上用得比较多。需注意的是，抛绳器抛射力量极大，使用时不得对准人员，以免伤人。

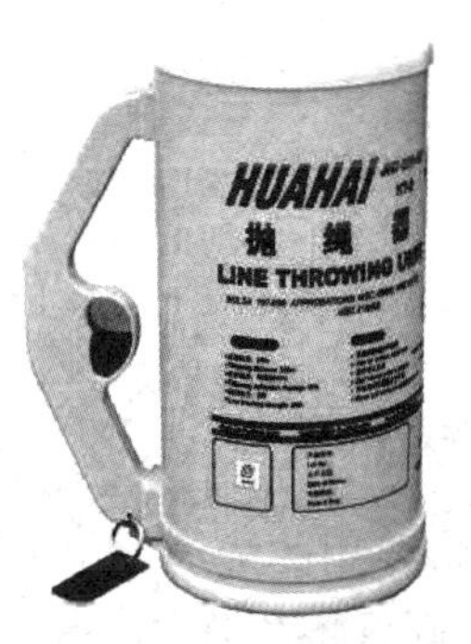

(a)火箭发射抛绳器

(b)气动抛绳器

图 2-4-16　抛绳器

4. 碰垫

碰垫俗称靠把(fender)，其外部用绳编织成细网状，内填软木或棕丝等软性物质的软球体。船舶靠离码头或靠离其他船只时将其放于舷外，可缓冲船体与码头等物体的冲击和摩擦，从而保护船舷。

5. 防鼠板

防鼠板亦称挡鼠板(rat guard)，一般由薄钢板或塑料板制成。船靠码头带缆完毕后，必须在每根系缆绳上系妥防鼠板，以防止鼠类动物沿缆绳爬进或爬出船舶，如图 2-4-17 所示。

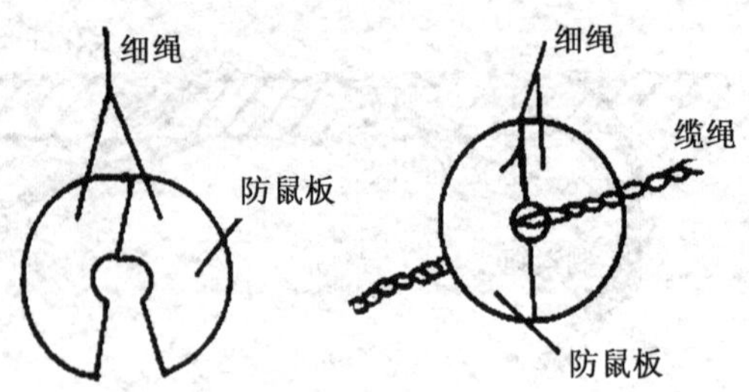

图 2-4-17　防鼠板

五、系离码头作业

系离码头作业在靠离泊操纵及其他船舶间拖带等操纵过程中是船员必须进行的基本作业之一。其作用包括:船舶前后运动及控制、靠拢泊位的控制、使船首或船尾贴靠或离开码头等。在大多数情况下,以车舵运用为主,以缆绳相配合;有些情况下,以缆绳的运用为主而以车舵相辅。

(一)人员分工

驾驶台:船长、三副和操舵水手。

船首:大副、木匠和水手。

船尾:二副、水手长和水手。

船长是全船的指挥者,大副和二副分别是船首、船尾现场负责人。木匠与水手长分别在船首、船尾操作锚机和绞缆机。

(二)系缆作业

1. 准备工作

(1)提前通知船员上岗做准备工作。

(2)绞缆机加油并试车。

(3)清理工作场所,移走妨碍带缆作业的杂物。

(4)为保证带缆作业中能够迅速地将缆绳送出,事先需要将要用的缆绳倒出一部分排在甲板上,并把琵琶头移到各自的导缆孔前。如果系缆不太笨重,则可将系缆的琵琶头穿过导缆孔送至舷外,再回搭在舷墙或栏杆上。

(5)备妥通信设备、撇缆绳(船首尾各两副)、碰垫和挡鼠板等。夜间作业还应备妥照明灯。准备工作完毕,应向驾驶台报告。

2. 抛投撇缆绳

通常船舶在距码头还有一定距离时,抛下外档锚以控制船头向码头贴靠的速度。当船舶接近码头时,应及时、准确地将撇缆投到码头上。若第一次抛投不成功,第二根撇缆应立即投出。撇缆成功后,应报告驾驶台。如果使用带缆艇或撇缆枪,则上述做法不必采用。

3. 出缆

撇缆抛出后,迅速将撇缆绳的手持端在系缆的琵琶头上打一撇缆活结,然后将缆绳送出

舷外。

4. 松缆

码头工人收拉撇缆绳的同时,船上往舷外松缆。松缆时要注意速度,如果是钢丝缆,松缆速度要适中,太快则缆绳易沉入水底,可能被水底障碍物钩住;太慢则缆绳张紧,码头工人拉不动。如果是化纤缆,缆绳浮于水面,松缆速度可快一些。

5. 绞缆

当系缆送到码头,琵琶头套上码头缆桩后,根据指令或需要绞收缆绳使船渐渐靠拢码头。如果系缆在船舷外无阻碍,应立即上卷筒绞进。钢丝缆应在卷筒上绕不少于5圈,化纤缆通常绕4圈。绞缆时,手持缆绳活端的水手应站在卷筒后方1 m以上距离,稍用力拉紧缆绳以增加与卷筒的摩擦力;另一水手则将绞进的缆绳的扭结及时解开并盘好。

绞缆过程中,应及时松外档锚链。绞缆机受力很大绞不动时,不能硬绞,以免断缆,须稍停片刻,待船身向码头移动,缆绳有所松弛时再继续绞进。

6. 挽缆

当船舶靠拢码头后,根据需要与指令将系缆从卷筒上取下,在缆桩上挽牢。

(1)打制索结:在缆绳从卷筒取下之前,先用制索绳(链)沿出缆方向在缆绳上打制索结,以承受缆绳从卷筒取下至挽牢这短暂时间内的拉力。

(2)挽桩操作:制索结打好后,持缆绳活端的水手迅速将缆绳从卷筒取下在缆桩上挽牢。需注意的是,手持制索结的水手须站立于受力缆绳安全的一侧,不得跨立于缆绳之上或用脚踩住缆绳,以免受伤。

(3)挽桩方法:挽双柱缆桩时,缆绳应先绕过前面一根缆桩,然后再以“8”字形挽牢(称为大挽),使两根缆桩均衡受力。纤维绳因其柔软有时也可在一根桩上挽牢(称为小挽)。

(4)挽桩道数:钢丝缆至少挽5道“8”字形,化纤缆至少挽4道,天然纤维缆至少挽3道;小挽时一般要挽6~7道。

(5)打系缆活结:钢丝缆弹力大,挽牢后应在“8”字当腰处的最上面3道用小绳系好,以防其弹出松脱。

(6)在卷筒上挽缆:因某些原因需增加系缆数目而缆桩不够用时,可将系缆在卷筒上多缠几道挽牢。

(7)琵琶头在双柱缆桩上的套法:从他船引到本船的缆绳,避免直接单独套在一根缆桩上,应绕过第一根缆桩后再套到第二根缆桩上,使两根缆桩均衡受力。

当一根缆桩上要套两根系缆的琵琶头时,应按图2-4-18所示的套法,这样不论哪根缆先解均互不影响。

(8)结束工作:当船已靠妥,所有系缆均带好后,应挂上挡鼠板。将多余的缆绳盘好,收妥各种属具,盖上有关设备的防护罩,并清理现场。

(三)解缆作业

1. 准备工作

基本上与系缆时相同,还应先收进舷外物品和挡鼠板,并检查缆绳有无异常情况,以免妨碍解缆。准备工作完毕,向驾驶台报告。

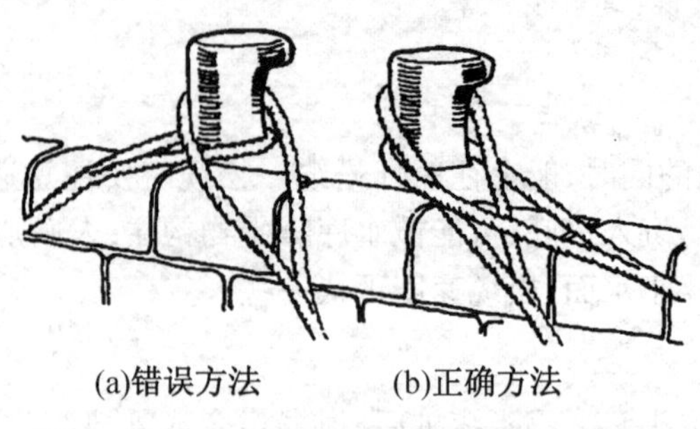

(a)错误方法　　(b)正确方法

图 2-4-18　两根以上缆绳在同一缆桩上的挽法

2. 解缆

得到单绑命令后，将操纵中不用的缆绳解掉收回，通常船首尾各留一艏(艉)缆和一倒缆。当单绑完毕并且船员各就各位后，向驾驶台报告“单绑完毕”。

解缆时，先用制索绳(链)在系缆上打一个半结，以控制系缆解开时的下滑速度。当系缆完全松弛时，码头水手将系缆琵琶头从码头缆桩上取下。

3. 收缆

系缆从码头解下后，应迅速上卷筒绞收，尤其是船尾部缆绳或拖缆，以免妨碍动车。最后一根系缆出水后，应向驾驶台报告“船首(尾)清爽”。

4. 结束工作

将缆绳整理盘好，盖上帆布罩，收好各种用具，清扫船首尾甲板。

六、靠离泊中系缆的运用

(一)靠泊用缆

靠泊带缆时机和顺序取决于船舶排水量、载重状态、风流的影响以及靠泊操纵中系缆的作用等因素。

对于小型船舶，船舶靠岸之前，在撇缆能及的距离上即可进行带缆，以便借助系缆的作用力来控制船舶的靠岸过程；中大型船舶一般在船舶靠岸之后进行带缆。

一般采用先带船首部缆绳后带船尾部缆绳的靠泊带缆顺序，而船首部带缆顺序取决于风、流的影响。

1. 顶流靠泊带缆顺序

在有流港口，船舶多采用顶流靠泊方式。为了防止船舶在靠岸过程中因流的影响而后退，一般先带头缆，并迅速收紧挽牢。待船体靠岸并就位之后，再带前倒缆、前横缆。船尾部先带艉倒缆，然后带艉缆和横缆。

2. 横风较强带缆顺序

有较强吹开风或吹拢风影响时，一般先带艏横缆，无横缆缆桩时可将头缆和前倒缆同时带上，并迅速收紧。这样既可防止吹开风造成船首被吹开而陷入困境，又可防止吹拢风造成船尾轧拢过快而触碰码头。船尾部先带艉横缆，并尽快绞拢。

（二）离泊用缆

1. 单绑

单绑（single up）是指船舶离泊前解除操纵中不起作用的缆绳。小型船舶自力离泊单绑时，保留缆绳数量取决于流向，一般船首保留一根头缆和一根前倒缆，顺流时保留一根艉缆，顶流时保留一根艉倒缆。中、大型船舶一般在拖船就位并发挥作用后再进行单绑。

2. 离泊倒缆的运用

小型船舶自力离泊时，一般采用艉离法，即借助前倒缆的约束力，短时微速进车，操内舷满舵，使船尾慢慢离开码头。这时，前倒缆可能受力过大而断缆，进而使船舶失去控制而酿成事故。因此，应选择强度大、质量好的缆绳作为艉离前倒缆，尽可能将其贴靠码头边，并在接近船中部的缆桩上，将其挽牢，以使其有足够的长度，减少其所受的应力，并严格控制进车时间。

3. 溜缆

离泊时，船首或船尾部的最后一根缆，有时用来阻滞船首、尾的偏转，或控制船身的前冲后缩，需将其做一时溜出、一时刹住的操作，这根缆绳俗称溜缆。溜缆使用的缆绳一般只用钢丝缆，一般只在小型船舶离泊时使用。

4. 绞缆移泊

船舶停靠中，常由于某种原因需要向前或向后平移若干距离。如此时非风大、流急情况，一般只要船首尾配合绞缆即可移泊。

如果向前移动时，解掉里档艏缆、艉缆，移向前方远处带上缆桩，前倒缆也适当前移，外档艏缆上绞缆机，始终保持船首有一根艏缆和一根前倒缆随时受力，使船首不致偏出码头过远而危及船尾的车舵；船尾也可同时绞收艉倒缆，松出艉缆，并适时将其带到较前的缆桩上，使船尾也保持较宽裕的受控状态。一次离泊距离不足，可反复进行，移泊完成后，带好并调整各缆绳，使之受力均匀。

向后移泊时，可绞收艉缆及前倒缆，但同样要有一根艏缆随时受力，以保持船身的平行移动。

绞缆时要前后配合，相互呼应，并在驾驶台统一指挥下进行。绞缆速度不宜太快，也不要硬绞，以防断缆。

如果风大流急，应用车舵配合或借助拖船进行移泊，以策安全。

七、系离浮筒作业

船舶系离浮筒作业时，通常有港口提供的带缆艇协助操作，否则需将本船的工作艇放下使用。

（一）缆绳系离浮筒作业

1. 准备工作

船首、船尾各备妥带卸扣的单头缆 2~3 根，回头缆及其牵引绳各 1 根。如果使用化纤缆，每根缆绳还要配一个司令扣。

2. 系浮筒作业

首先系单头缆。当船舶驶近浮筒时,将单头缆及卸扣等从导缆孔送出至水面上。带缆艇接到缆绳后,在艇上盘放一部分,然后拖缆驶向浮筒,这时船上相应松出缆绳。带缆艇抵达浮筒后,将系缆与浮筒环用卸扣连接在一起。出缆孔应尽可能地靠近船首正中,也可集中从一舷的缆孔出缆,以改善横风时仅一舷单头缆受力的状况。

单头缆带好后,再带回头缆。将回头缆与其引缆分别从两舷送出,由带缆艇带到浮筒处,将引缆穿过浮筒环与回头缆相接。船上绞收引缆把回头缆从另一舷收回,两端均在缆桩上挽牢。有的船系挽回头缆采用活钩装置(如图 2-4-19 所示),解缆时较为方便(如果港口条件较好,拖船的功率、数量充足,也可以不带回头缆)。

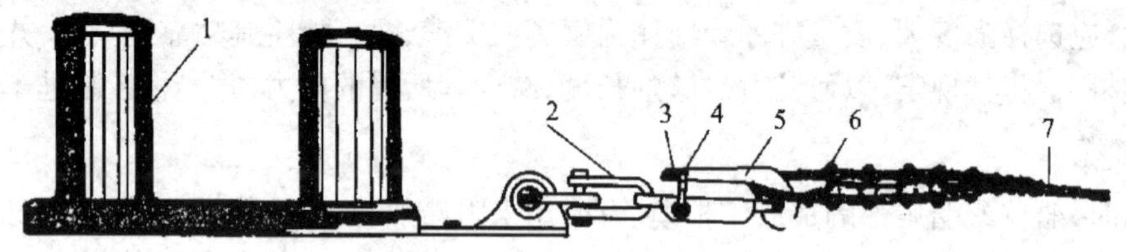

图 2-4-19　回头缆活钩装置

1—系缆桩;2—卸扣;3—销;4—扣环;5—活钩;6—扎索眼的细绳;7—回头缆琵琶头端

船舶系靠浮筒时,一般先带船首单头各缆,次带船尾单头缆绳,再去船首带回头缆,最后带回头缆。所有系缆带好、泊位调整就绪后,应将各单头缆绞紧,而使回头缆松弛些。

3. 离浮筒作业

(1)解单头缆:将船首、尾单头缆全部解掉绞回船内,只留回头缆。在有流的港口,一般先解掉背流的单头缆,然后再解迎流一端的单头缆。如果风流较大,估计回头缆难于抵御风流的力时,往往需用拖船协助解缆。单头缆解完后,带缆艇还应在适当的距离外待命。

(2)解回头缆:先检查琵琶头是否扎好。当接到解缆命令后,立即解掉回头缆琵琶头一端使之溜出舷外,再迅速解掉回头缆的另一端,上卷筒绞回船内。

(二)锚链系离浮筒作业

台风季节或系泊时间较长,为安全起见,往往用锚链代替缆绳系浮筒。

1. 系浮筒作业

(1)准备工作:备大卸扣 1 只,带卸扣的钢丝缆 2 根(一根作为临时单头缆,另一根作为回头缆)。将锚悬挂在舷外,备妥锚链。

(2)系临时单头缆:船舶接近浮筒时,带缆艇将已备妥锚链一舷的钢丝缆作为临时单头缆引至浮筒系牢,然后船上绞紧单头缆,使船首尽量靠近浮筒,以便操作,并稳定船身。

(3)送锚链引缆(即回头缆):带缆艇将另一舷松出的钢丝缆引至浮筒并穿过浮筒环,然后用卸扣连在松出的锚链的第二或第三个链环上。

(4)锚链系浮筒:船上绞收锚链引缆,同时松出锚链。当锚链接近浮筒环时,用大卸扣将锚链与浮筒环相连,然后船上绞锚链使之受力。

(5)带回头缆:解开浮筒环上的临时单头缆,作为回头缆的引缆,再解开锚链引缆作为回头缆,然后用卸扣将回头缆和其引缆连接,接着绞收引缆将回头缆引至船上在缆桩上挽好。

(6)调整锚链长度:如果船舶系单浮筒,则将锚链松出适当长度,合上制链器,使锚机不受力,相应地回头缆根端也松出,使其处于松弛状态。

如果船尾部也要系浮筒,则松出锚链与回头缆,使船尾接近浮筒。船尾系缆带好后,调整船位,使锚链受力,合上制链器。

2. 离浮筒作业

锚链离浮筒作业与缆绳离浮筒作业的主要区别是首先将锚链从浮筒上解下。

(1)准备工作:备妥锚机、绞缆机和1根带卸扣的钢丝绳,并将该钢丝绳作为引缆从导缆孔松出至水面待用。

(2)送引缆:接到解锚链命令后,绞收回头缆,同时松出少许锚链,使回头缆吃力而锚链稍为松弛,然后带缆艇将引缆引至浮筒将其穿过浮筒环,用卸扣与锚链的第二个或第三个链环相连。

(3)解锚链:绞收引缆,当锚链第一个链环不受力时,迅速解开大卸扣,松出引缆,绞收锚链悬挂在水面上,待带缆艇解去引缆后,将引缆和锚链绞回至船首甲板上,锚复位。

(4)单绑:解去船首、尾所有单头缆,各留1根回头缆,准备离泊。

八、系泊设备的安全使用及检查养护

(一)带缆作业的安全注意事项

(1)工作人员应戴安全帽、皮手套,穿工作服、工作鞋,衣服的袖口应扣紧。

(2)检查缆绳和制索绳(链),如有过度磨损则不能使用。

(3)绞缆时,应服从指挥,不能硬绞或突然加大功率。

(4)如果导向滚轮上的缆绳受力很大,必须防缆绳弹出伤人。

(5)挽缆时,紧握缆绳的双手应始终处于缆桩的外侧,以防夹手,挽桩的道数要够,以防缆绳受力而跳出。

(6)化纤缆和钢丝缆不能挽在同一双柱缆桩上,亦不能同时使用一个导缆孔。

(7)钢丝绳不应有扭结、急折现象,系缆时弯曲处应至少有6倍钢丝绳直径以上的弯曲半径。如已锈蚀,其使用强度应降低30%;如过度拉伤,其使用强度应降低50%;如插接、扭结消除后,其使用强度应降低10%以上。

(8)整个操作过程中,人员站立位置要适当,以防系缆滑出、弹出或断裂而造成伤害。

①严禁站在绳圈中或跨住缆绳。

②不要靠近受力很大的缆绳。

③绞缆时,持缆水手不要太靠近卷筒,应站卷筒后方,面向卷筒,并兼顾身后缆绳是否理顺。

④打制索结者应面对缆桩和缆绳,并站在缆桩的异侧。

⑤溜缆时与缆桩的距离应在1 m以上。

(9)出缆角度应适当并尽量减少缆绳磨损。各条缆绳大约只有水平分力为有效拉力,所以各系缆俯角应选至最低处,如有可能,应尽量使各缆系桩远些,以降低俯角;倒缆应尽可能使其与码头线平行以发挥有效拉力;凡出现缆绳与缆桩摩擦的部位应及时衬垫,减少磨损。

(10)停泊中各系缆受力应均匀,以防只有个别缆受力而出现断缆情况。

(11)本船傍靠他船时,须防止被两船挤伤。

(二)检查与养护

系泊设备的检查与养护要点如表 2-4-3 所列。

表 2-4-3　系泊设备的检查与养护要点

序号	名称	养护周期	检查要点	养护要点
1	钢丝缆	3 个月	锈蚀和断丝情况,绳内油麻芯含油量	除锈上油,断丝超过规定的换新或插接
2	植物纤维缆	3 个月	外表磨损情况,股内是否有霉点	洗净晾干后收藏,股内发黑者不能用
3	化纤缆	3 个月	外表磨损情况(测量粗细)	洗净晾干后收藏
4	绞缆机	3 个月	刹车是否可靠,离合器是否灵活,自动带缆绞车是否有效,卷筒损坏、磨耗、腐蚀情况,操纵器的水密情况	失灵的换新或修理,活络处加油,自动装置失效应及时修复。对修理后的绞缆机要进行试验,运转试验应进行 1~2 h,并测定转速、拉力负荷。绞缆速度应能达到 15 m/min,绞缆拉力应能达到所配置的系船缆破断力的 75%左右,试验过程中还应进行制动和过载保护装置的试验
5	系缆卷车	6 个月	外壳、底脚螺栓锈蚀情况,卷筒轴是否活络	除锈涂漆,加油润滑
6	导缆钳 导向滚轮	6 个月	本体锈蚀、磨损情况,滚筒是否活络,不活络的可能销轴弯曲	除锈油漆,做好磨损记录, 加油润滑,销轴弯曲应修理
7	系缆桩 导缆孔	6 个月	锈蚀、磨损情况	除锈油漆,做好磨损记录
8	制缆索	每航次	甲板眼环是否锈蚀、磨损,链(索)是否变形、腐蚀和磨损	除锈油漆,磨损变形严重的换新
9	撇缆、靠把、挡鼠板	每航次	是否齐全和损坏	丢失补充,损坏换新

第五节　拖船的运用

拖船俗称拖轮。作为一种辅助操纵手段,拖船广泛应用于海上拖带、海上救助、海洋打捞、海上钻井平台供给、协助船舶进出港以及靠离泊操纵等领域。由于进出港船舶类型、大小不同,港口通航条件和自然条件不同,所采用的拖船式样和大小也不尽相同。

一、港作拖船的种类和特性

船舶在港内低速航行,其自力操纵能力严重受限,因此在进出港口的保向、改向和控速方面,均需要拖船协助。使用拖船助操时,一般应提前预约。在助操前,大船的驾引人员应与拖船船长商定操纵方案。在操纵过程中,应充分考虑拖船的安全,体谅其操纵上的困难。为了双方的配合与协作,必须了解港作拖船的种类和特性。

1. 港作拖船的种类

根据推进装置的不同,港作拖船分为ZP拖船(ZP传动推进器)、VSP拖船(平旋推进器)、CPP拖船和FPP拖船四种。FPP拖船因其助操效果差,在大多数港口已经淘汰。目前港口常用的是ZP拖船和VSP拖船,ZP拖船已成为港作拖船的主流。

2. 港作拖船的特性

各种类型拖船的主要特性如表2-5-1所示。

表2-5-1　各种类型拖船的主要特性

性能/种类	FPP拖船	CPP拖船	VSP拖船	ZP拖船
主机种类	低速柴油机	低速柴油机	中速柴油机	中高速柴油机
主机操作	仅可控制推力的大小	仅可控制推力的大小	可控制推力的大小及其方向	可控制推力的大小及其方向
启动/停止特性	差	良	优	优
旋回性能	差(旋回直径大,为3~4倍船长)	差(旋回直径大,为1.5~2倍船长)	优(可原地掉头,旋回直径为1~1.5倍船长)	优(可原地掉头,旋回直径为1~1.5倍船长)
横移性能	不能横移	横移困难	可以横移	可以横移
耐波性能	差	差	优	优
前进拖力(每100马力)	1×9.8 kN	1.35×9.8 kN	0.95×9.8 kN	1.50×9.8 kN
后退拖力与前进拖力的比值	80%	60%	90%	90%

注:($100P_S=73.55$ kW)

由表2-5-1可知:

(1)ZP拖船的螺旋桨可360°平面旋转,故可向平面任意方向提供强有力的推力,而且操纵性能和耐波性也非常好。

(2)VSP型的操纵性能和耐波性良好,但拖力比CPP型略低,可横向推进,其横向推力可达直向的45%左右。

(3)CPP型前进推力虽比ZP型微低,但也很大。其后退拉力和操纵性能以及耐波性稍差。

(4)FPP型前进拖力很小,后退拉力也比ZP型和VSP型要小,操纵性能和耐波性也差,在大多数港口已被淘汰。

二、港内拖船的用途

1. 协助大船提高舵效

重载大船低速航行时舵效往往较差,对港内操纵是非常不利的。为了提高舵效,常采用微进、进一以提高舵效的方法。但这会使大船增速,如再用倒车抑制船速,则横向力作用使船偏转。在此情况下,请拖船协助会大大提高大船的机动性,保证港内航行安全。

2. 协助大船港内掉头

大船在港内常因靠泊、出港等需在港内掉头。由于港内水域狭窄,自行掉头往往非常困难。为安全起见,请拖船协助掉头就比较妥当。常用的方法为顶流时拖首掉头;顺流时顶首掉头。若在泊位处原地掉头,当吹拢风大时,可采用一艘拖船顶首,另一拖船拖尾。大型船舶掉头时,一般用两艘大功率拖船拖离码头后去掉头区掉头,可采用拖首顶尾掉头、顶首顶尾掉头以及顶首拖尾掉头三种方式。顺流离双浮筒时,中小型船舶还常采用一艘拖船,拖首顶尾在原泊位处掉头。

3. 协助大船靠泊

随着船舶的大型化,拖船助操靠泊已是常事。特别是当外界条件不利时,就必须请拖船助靠。如吹开风较大(5 级以上),应请两艘拖船分别顶推首、尾靠拢;如吹拢风较大(5 级以上),除拖锚外,应请拖船提尾靠泊,防止因靠拢速度太大而触碰码头。用两艘拖船分别于船首尾协靠时,还要适时指挥拖船倒拖制动,以免挤压损伤码头。拖船协助系靠浮筒时,不论风向如何,一般拖船均置下风协助,顶推位置根据需要可选在中后部或中前部。

在冰区靠泊,也需拖船内档排冰,外档顶靠。

4. 协助大船离泊

吹拢风较大时,尤其是空船,如顶流,中小型船可采用单拖拎首或拖腰离泊。对于大型船,若船长在 130 m 以上,在 5~6 级强吹拢风条件下,常需双拖船协助,将船近于平行拉开,特别是前后泊位空档受限时。如顺流离泊,中小型船可用一艘拖船,采用甩尾拖首作业法;大型船要用两艘拖船协助,拖首、拖尾平行拉开。

5. 协助大船过急弯

重载大船顶流过急弯河道时,由于船首尾受流不同,产生外力转船力矩,往往超过舵力转船力矩而使船首转不过来,应请拖船拎头过弯,以增大转船力矩,保证安全。

6. 拖带无动力大船

失去动力或本身无动力的大船进出港口常需多艘拖船协助,才能具有动力及改向、保向等性能。

三、拖船的运用方式

1. 吊拖

吊拖(towing ahead)亦称拎拖或直拖。由拖船出缆,系于木船缆桩上,也可由本船出缆系挂于拖船拖钩上。在拖尾离泊过程中以拖船出缆为佳。

为了充分利用拖船的有效拖力及操纵灵活性,应使拖缆水平俯角越小越好。一般情况下应使之小于15°,即拖缆长度应大于被拖船拖缆出口至水面高度的4倍。即使被拖船拖缆出口至水面的高度很低,拖缆也不应少于2倍拖船长度;无论如何拖缆长度不应小于45 m。

单拖船吊拖是一种只可进不可退的牵引方式。若被拖船无动力,停船位置就很难准确控制,而且因其容易产生偏荡也影响航行。因此,拖带大型船时,应采用可进可退、操纵性良好的四角牵引的吊拖方式,如图2-5-1所示。图中带剖面线的拖船应尽可能采用ZP型或VSP型,其他可用一般拖船。

2. 顶推

拖船助操时,如拖力作用点位置及方向处于经常变换的情况下,采用顶推(pushing)方式为好。

由拖船出缆也可由本船出缆。带缆方式有单艏缆、双艏缆和紧绑(除此双艏缆外,拖船船尾另加1根稳定缆)三种,如图2-5-2所示。

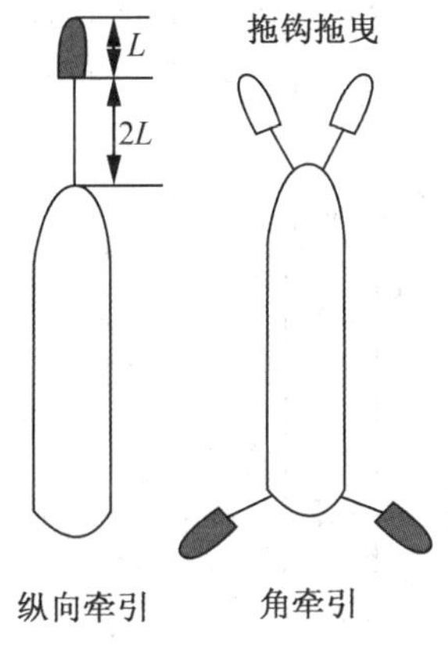

图2-5-1 吊拖方式

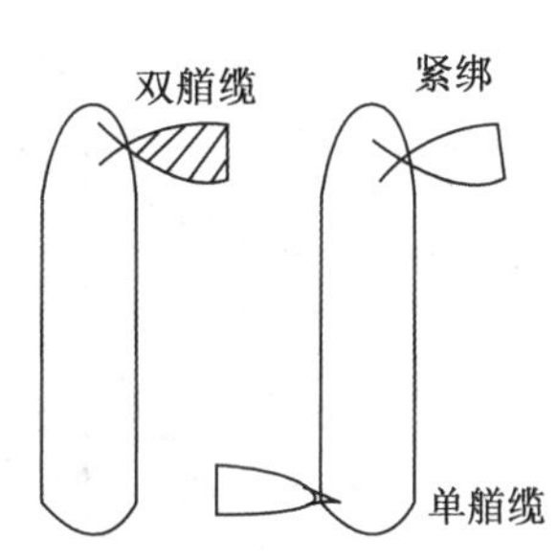

图2 5 2 顶推方式

顶推助操时,拖船可使本船转向及横移。拖船顶推位置在船舶重心(船中附近)时,船舶横移;顶推位置远离船舶重心(船首尾附近)时,船舶转动最为明显。

3. 傍拖

傍拖是拖船船首向偏于内侧,系靠在大船舷边的拖带方式。

如图2-5-3所示,傍拖(towing alongside)时的各缆名称及作用如下:

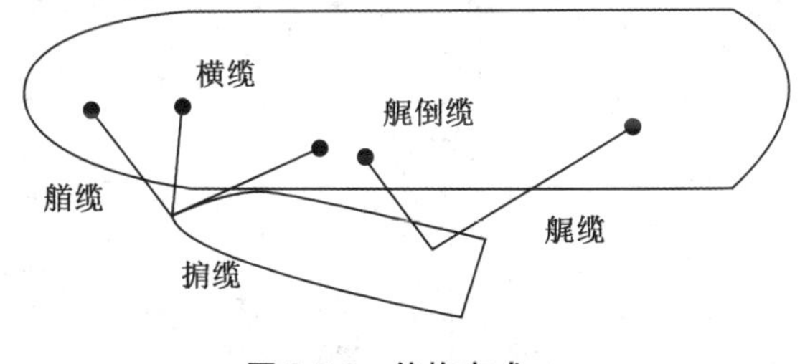

图2-5-3 傍拖方式

(1)傍拖艏缆

傍拖艏缆一般为钢丝缆,由拖船出缆。该缆起两个作用:一是拖船倒车时,拉住大船,起制动和后退作用;二是拖船用舵向其傍靠舷相反一侧(向左)转向时,牵动大船同时转向。

(2)拖船艏缆

拖船艏缆必须为钢丝缆,习惯上由大船出缆。它是傍拖拖船的主拖缆。在拖带大船前进中,该缆受力最大,因此强度要高。

(3)拖船艉缆

拖船艉缆要求为钢丝缆,习惯上由拖船出缆。该缆也起两个作用:一是拖船进车时,与艏缆一起受力,拖动大船前进;二是拖船用舵向其傍靠舷(向右)转向时,牵动大船转向。这是该缆起的主要作用。

以上 3 根缆都应系紧,使拖船与大船形成一个整体,以免缆绳过松而引起拖缆受顿力而断裂。另外,遇风浪时,拖船还可再加系 1 根艏横缆和艉倒缆起加固作用。

4. 作舵船用

用作舵船的拖船应用 ZP 型或 VSP 型,系于被拖船舶尾部,如图 2-5-4 所示。若采用傍拖系缆方式,拖船既可用作舵船,也可用于推进及减速制动,如图 2-5-4(a)所示。若采用吊拖式系缆,因其减速、制动困难,故仅可作舵船用,如图 2-5-4(b)所示。

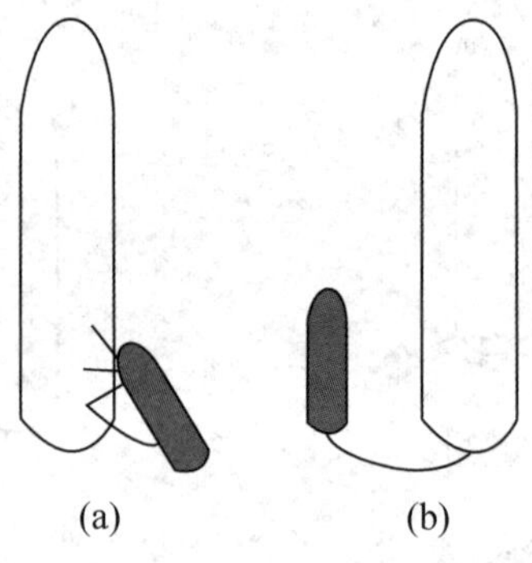

图 2-5-4 拖船用作舵船

5. 组合拖曳

拖带无动力大船时,为同时解决大船的推进、制动、保向、变向等问题,需用多艘拖船按上述方式予以组合拖带,以保证大船具有足够的操纵性能,如图 2-5-5 所示。

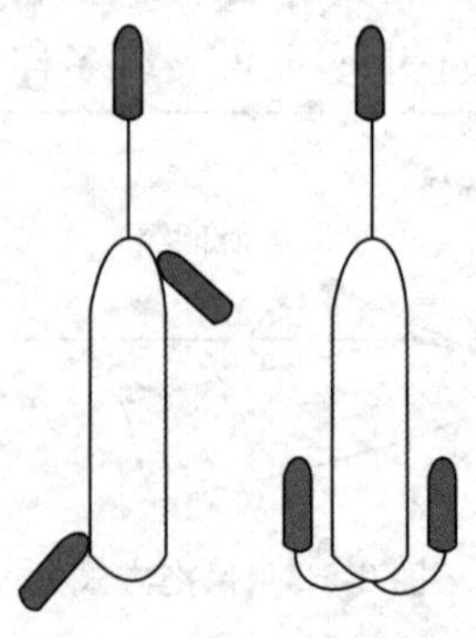

图 2-5-5 组合拖曳

四、拖船的配置与数量

1. 拖船种类及拖带方式的选择

在实操中，选择合适的拖船及拖带方式，将有利于完成助操任务和保证船舶安全，表 2-5-2 可供参考。

（1）带有导流管的 CPP 型拖船最适合用于吊拖。ZP 型也适用，但它用作傍拖和顶推时比吊拖更有效。

表 2-5-2　拖船及拖带方式的选择

助操的任务	可采取的拖带方式	可选用的拖船种类
前进或后退	吊拖、傍拖	ZP、VSP、CPP
横向移动	吊拖、顶推	ZP、VSP、CPP
制动	尾吊拖、傍拖	ZP、VSP
掉头	顶推、吊拖、作舵船	ZP、VSP

（2）吊拖与顶推的选择

在实操时需较长时间向前或向后拖带时，选吊拖方式为宜。如水域受限，拖带方式和位置变换较多，则以顶推方式为好。若拖船拖钩位置靠近拖船重心，则选用吊拖方式为好；若拖船拖钩靠近拖船船尾，则最好采用顶推方式。

2. 单拖船助转时各种配置方法的比较

低速运动的满载大船用单拖船助转时，其配置方法对助转效果有较大影响。

如图 2-5-6（a）所示，低速前进的满载大船，向左回转时其转心在船中之前，故拖船配置在船尾助转效果好。由于 a 位拖船姿态控制及拖力比 b 位好及大，故 a 位拖船助转效果最好，b 位次之；而 d 位与 c 位相比，d 位拖船更有利于控制姿态。因此，助转效果的好差顺序是 a、b、d、c。

再看图 2-5-6（b），单拖船协助低速后退大船，向右后方回转，由于拖船配置在 d' 位，因而不受大船倒车排出流影响，且易控制姿态；a' 位虽受排出流影响，但拖船可以控制姿态；c' 位拖船虽不受排出流影响，但很难控制姿态；b' 位既受大船排出流影响，又不易控制姿态。因此，助转效果的好差顺序应为 d'、a'、c'、b'。

3. 所需拖船的总功率和数量

港内操船中需要拖船助操的情况较多，特别是大型船舶在狭窄水域转向、掉头、靠离泊等情况。

在确定助操所需拖船的功率和艘数时，应充分考虑本船排水量、水线上下侧面积、水深与吃水之比、大船操纵性能、车舵和锚的现状、可航水域范围、风流的大小及方向、泊位现状、系离泊方式、码头强度和最大允许靠泊速度及船舶密度、周围环境等因素。

对于大型船舶，如大型油船和散货船，由于其排水量巨大，所需拖船总推力也相应较大，可用下列基于船舶排水量的简单估算公式计算：

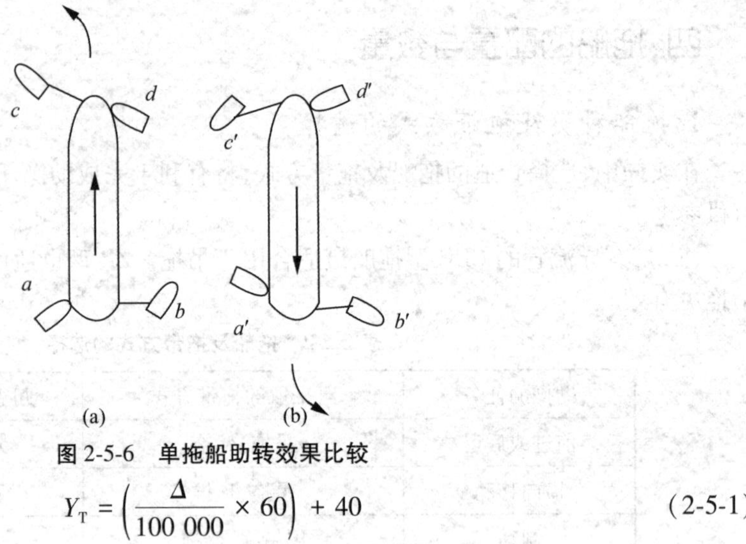

图 2-5-6　单拖船助转效果比较

$$Y_T = \left(\frac{\Delta}{100\ 000} \times 60\right) + 40 \quad (2\text{-}5\text{-}1)$$

式中：Y_T——所需拖船总推力(t)；

Δ——船舶排水量(t)。

为了使用方便，通过计算给出了查取所需推力、各类拖船总功率的曲线图表，如图 2-5-7 所示。图中横轴为船舶净载重量(万吨)，纵轴为所需拖船推力(t)和各类拖船的总功率(马力 ps)。根据所需拖船的总功率，结合实际助操条件，就可得出所需拖船的种类和艘数。

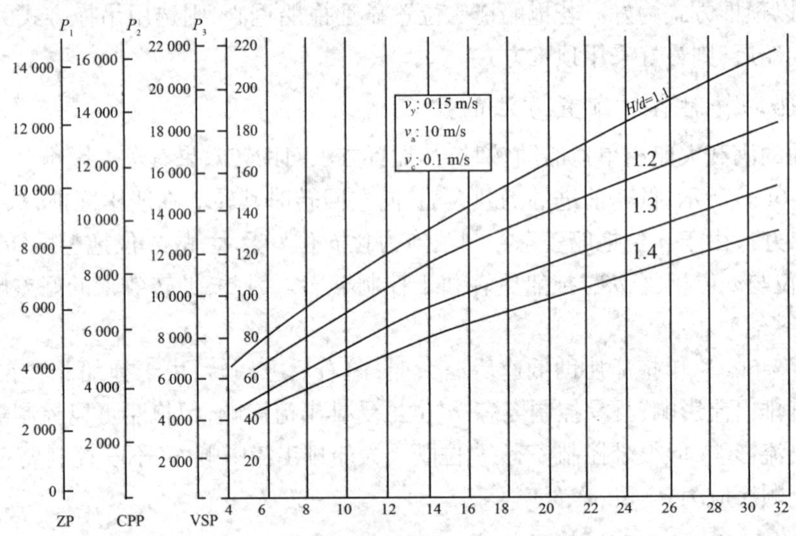

图 2-5-7　所需拖船推力和总功率曲线

对于载重量为 4 万~15 万吨的大型油船，通常条件下可用下列经验公式估算所需拖船的总功率。

$$所需拖船总功率(kW) = 5.44(DWT)^{0.6}$$

式中：DWT——船舶载重量(t)。

用于估算所需拖船总功率的经验公式还有(风速<15 m/s，流速<0.5 kn 时)：

DW 万吨级船舶：$(DWT)\times 7.4\%$(kW)或$(GT)\times 11\%$(kW)；

$(DWT)\times 10\%$(马力 ps)或$(GT)\times 15\%$(马力 ps)

VLCC 满载时：$(DWT)\times 3.68\%$（kW）；$(DWT)\times 5\%$（马力 ps）

VLCC 空载时：$(DWT)\times 5.15\%$（kW）；$(DWT)\times 7\%$（马力 ps）

知道所需拖船总功率后，就可按所需拖船种类和功率确定艘数。

通常在一般情况下，简易算法是：每 10 000 载重吨所需功率为 735 kW（1 000 马力 ps），这是拖船用量的最低限度。需要协助的拖船数量尚需考虑港口拖船的配备量。

五、使用拖船时被拖船的运动

使用拖船时，被拖船的运动状态与拖船的配置位置、拖带方式及拖力的大小和方向有关。

1. 静止中的船舶被拖带时的运动

（1）静止中的船舶被垂直顶推（吊拖）时的运动

如图 2-5-8 所示，设一拖船以垂直大船的艏艉线方向顶推或吊拖大船，拖力为 T，作用点 C。根据力的平移，T' 使船舶横移，而 T 与 $-T'$ 构成力矩使船回转。因此，为使大船取得最大转船力矩，拖力作用点应选在远离重心 G 的船首尾处，而横移的快慢则应通过拖力 T 的大小来控制。如要使大船减小偏转而尽量横移，则 T 的作用点应选在重心 G 附近。

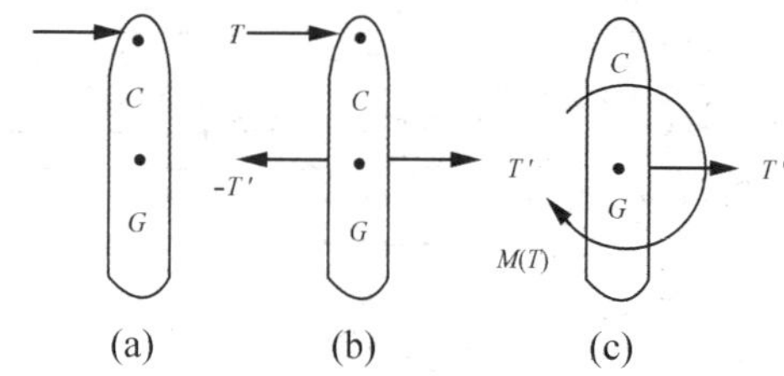

图 2-5-8　单拖船顶推

被拖船在既偏转又横移的运动中显然同样存在着转心 P。由于该点处转头线速度与横移速度等值且反向，故该点横向速度为零。转心距重心的距离 GP 值可用 $GP\approx\dfrac{(0.35L)^2}{GC}$ 估算。式中 L 为船长（m），GC 为拖力作用点 C 至重心 G 的距离（m），如图 2-5-9 所示。显然，当 $GC=0.4L$ 时，$GP\approx 0.31L$，即当拖船配置在船首垂直顶推或吊拖时，大船转心约在距船尾 1/5 船长处。当拖船配置在船尾时，转心约在距船首 1/5 船长处。当 GC 取值小于 1/4 船长时，GP 值将大于 $0.5L$，P 点的位置将处于本船无拖船端的首尾延长线上。

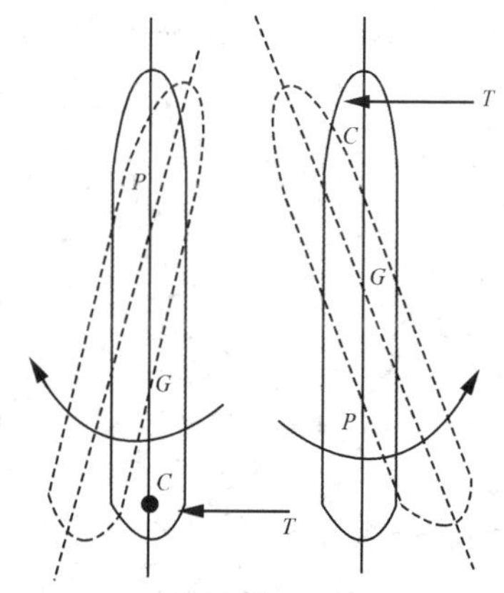

图 2-5-9　单拖船横推时大船的转心位置

（吊拖）时大船的转动与横移

(2)静止中的大船被一拖船斜向拖带时的运动

如图 2-5-10(a)所示,将拖船拖力 T 沿平行和垂直大船首尾方向分解为 T_1 和 T_2,则 T_1 使船前移并回转,T_2 使船横移并回转。总回转力矩 $M=T\cdot\sin\theta\cdot b-T\cdot\cos\theta\cdot a$。因为船舶纵向移动时的虚质量和阻力远较横移时小,所以拖力作用的效果是使船纵向移动大于横向。转头与移动的效果,将使大船沿着较拖曳方向稍偏于艏艉线方向 T'移动。

(3)静止中的大船首尾被两艘拖船同时斜向拖带时的运动

如图 2-5-10(b)所示。拖力大小和方向相等时,这种情况大致相当于单拖船拖首和拖尾斜航的叠加,如视船体前后对称,则可认为大船所受合力矩为零。同样,因为大船纵向和横向移动虚质量和阻力存在较大差异,所以船舶将沿较拖力方向更靠近首尾线的某一方向斜航,如图 2-5-10(b)中 GT'方向。

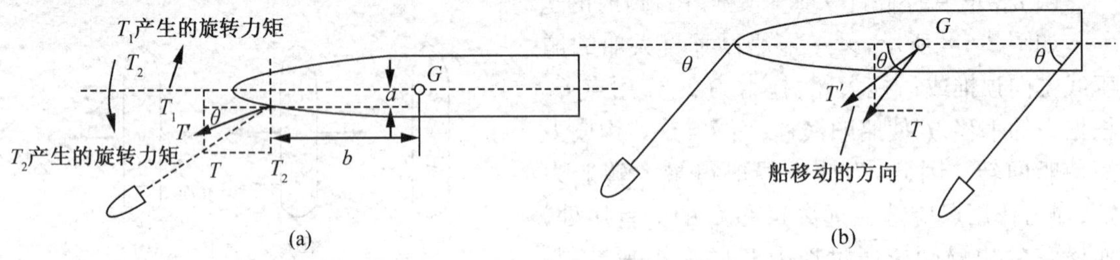

图 2-5-10　拖船斜向拖带时本船的运动

(4)对水静止中的大船,在顶流中拖船协助转头时的运动

如图 2-5-11(a)所示,将拖船配置在下流一端顶尾转头,使拖力迎着水流作用,水流的压力与推力方向相反,在大船掉头过程中,其向下游漂移小,且水流压力转矩与拖力转矩的方向相同,大船的回转也极为容易。

如图 2-5-11(b)所示,将拖船配置在上流一端拖首转头,使拖力顺着水流作用,水流的压力与拖力方向相同,故大船的漂移大。

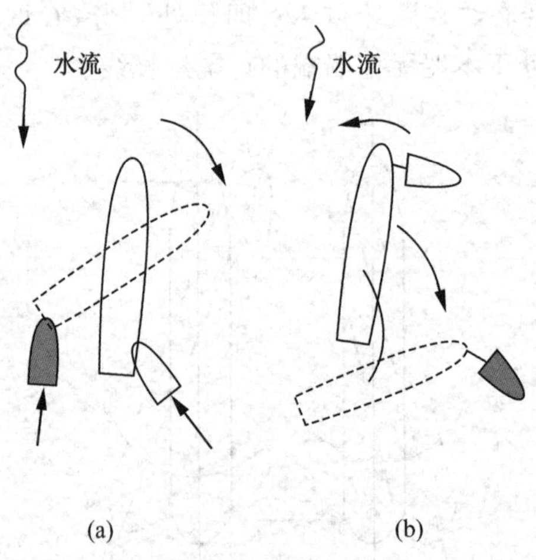

图 2-5-11　大船迎流漂移时顶尾与拖首的比较

2. 低速前进中的船舶被拖带时的运动

(1)本船低速航进中拖船顶尾时的运动

如图 2-5-12(a)所示,拖船顶尾右舷助大船右转。显然,转心位于重心之前,大船尾有明显的向左的横移量并出现斜航运动。此时,水从左前方流向船体,水动压力的横向分力 Y_w 所产生的转船力矩与拖船推力的转船力矩叠加,更加速了大船的回转,提高了大船的旋回性。

(2)本船低速航进中拖船拖首时的运动

当拖船在大船尾端顶推时,大船边前进、边向左横移,此时大船做斜航运动,水从左前方流向船体,因而产生的水动压力的横向分力 Y_w 更加速了大船的回转,但大船船尾的反移量较大。如图 2-5-12(b)所示,当拖船在大船首拖拉时,由于大船的漂角 β 偏向回转一侧,故产生的水动压力横向分力 Y_w' 阻碍了大船的回转,即回转效果差,但船尾左偏量小,适合于左舷水域受限的情况。当大船进速大时,其可能无法转向,甚至反向回转。

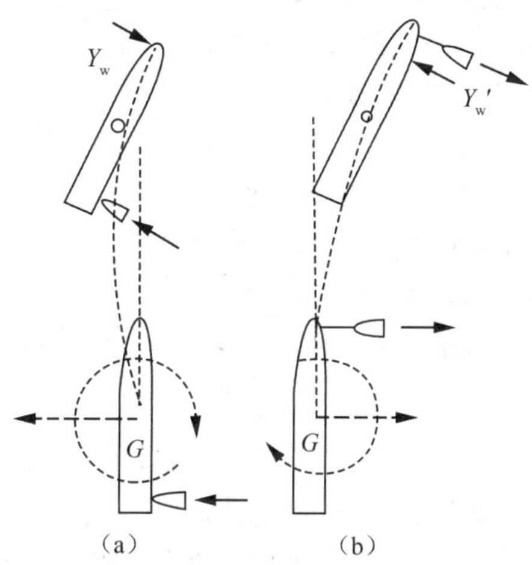

图 2-5-12 大船慢进时顶尾与拖首的比较

3. 本船航行中拖船协助转头时的极限航速

拖船协助大船转头时,拖船能给出的拖力是其推进器推力与其船体阻力之差值,即剩余推力或拉力,而且剩余推力或拉力随着其航速的增加而递减。实践证明,如将拖船配置在船尾,剩余的拖力与舵力并用还是有效的;如将拖船配置在船首,在大船达到一定航速后,因为斜航水动压力的增加,将会抵消拖船的助转效果,甚至出现反转的现象。

如图 2-5-13 所示,航进中的本船,左舵与拖船顶推右舷船首同时并用,船舶出现偏左斜航,此时,作用于船体的横向力 Y 和转头力矩 N 可表达为

$$Y = Y(\beta) + Y(T) + Y(\delta) \tag{2-5-2}$$

$$N = N(\beta) + N(T) + N(\delta) \tag{2-5-3}$$

式中:$Y(\beta)$、$N(\beta)$——船体斜航所产生的横向分力及转头力矩;

$Y(T)$、$N(T)$——拖船剩余推力产生的横向分力及转头力矩;

$Y(\delta)$、$N(\delta)$——舵力的横向分力及转船力矩。

当 $Y=0$ 时,可由式(2-5-2)求得 β,并代入式(2-5-3),就可求出 N。N 的方向决定了船舶的转头方向。

随着航速的增加,$N(T)$ 逐步减小,而 $N(\beta)$ 却增大,当航速达到某一值时,就可能出现 N

$(\beta)>N(T)+N(\delta)$，此时船舶将不向预定方向偏转而出现反转，而该航速就是拖船协助转头时本船的极限航速。

实践证明：前进中本船在拖船协助转头时的极限航速一般为5~6 kn；后退中顶尾时，类似情况也会出现，而且出现该情况的航速会变得更低。

六、使用拖船注意事项

1. 合理选择拖力作用点和配置位置

根据使用拖船助操的目的，合理选择拖力作用点。欲使被拖船取得最大转船力矩，拖船应配置在船舶首尾远离重心处；欲使被拖船横移，拖船应尽量配置在船舶重心附近。利用拖船助船转头时，还应考虑到合理选择拖船的配置位置（顶首或顶尾，还是拖首或拖尾）对被拖船的运动状态及助转效果都十分重要。一般情况下，当拖船协助前进中的大船回转或顶流中掉头时，将拖船配置在船尾顶推较合理。因为这时作用于大船船体的旋转力矩即舵力转船力矩 $N(\delta)$、斜航水动力转船力矩 $N(\beta)$ 和拖力转船力矩 $N(T)$ 的方向是一致的，所以有利于大船回转和掉头。

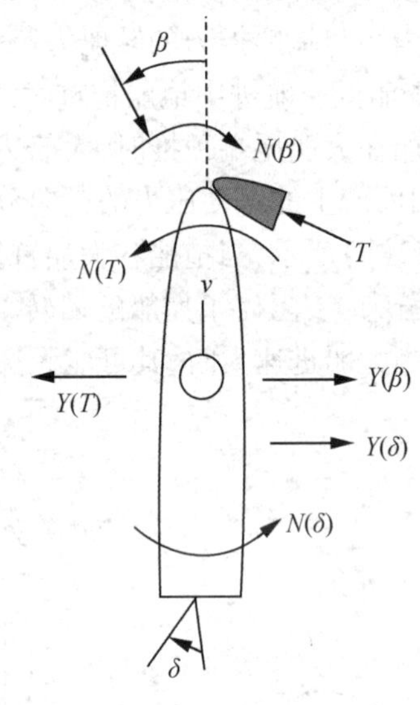

图 2-5-13　大船航进中拖船顶首助转

2. 严防横拖与倒拖

如图2-5-14所示，拖船吊拖大船首、尾时，若拖缆与拖船的艏艉线交角大于45°，当大船有过大前冲或后缩时，产生拖缆对拖船的拉力 T_1，当 T_1 与拖船本身推进器所产生的推力 T_2 之合力 T 的方向与拖船的艏艉面垂直时，出现拖船被横拖（girding）的现象。严重的横拖可能导致拖船大角度横倾甚至倾覆。

如图2-5-15所示，拖船吊拖大船首、尾时，若拖缆与拖船的艏艉线一致，在大船有过大的冲势或退势时，拖缆对拖船的张力超过拖船本身的拉力，大船反而拖动拖船倒行。此时拖船在拖缆的张力 T 和拖船倒行所受的水动压力 F_w 之合力 F 的作用下，很快靠近大船，甚至触碰大船。这种现象称为倒拖（reversed towing）。倒拖时，拖船失去舵效，也可能造成横拖。

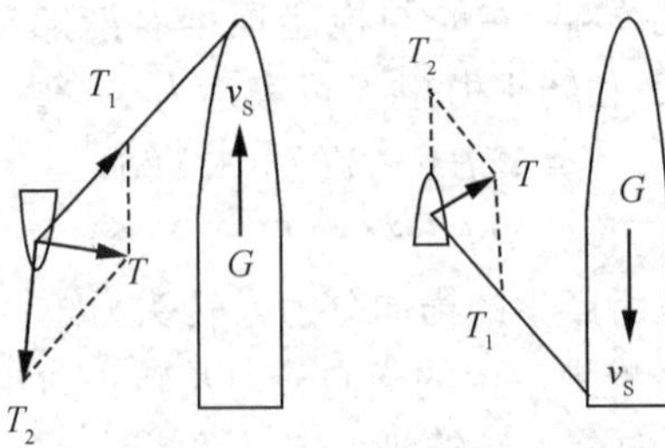

图 2-5-14　横拖现象

横拖与倒拖均为使用拖船不当而产生的极有害的现象，应予严格防止。船舶在使用拖船

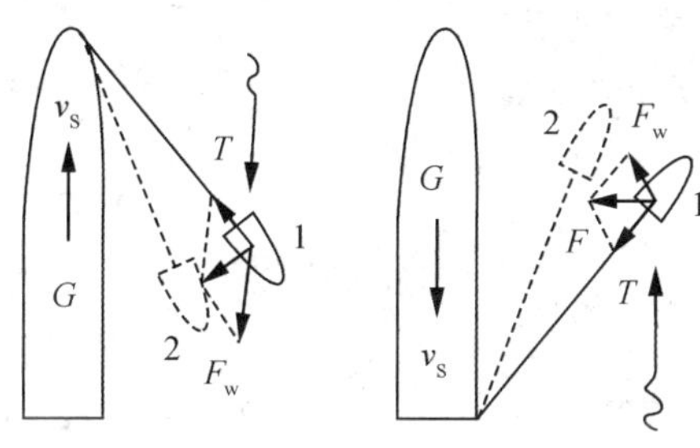

图 2-5-15　倒拖现象

助操时，应严格控制用车，并随时消除本船过大的冲势或退势；一旦发现拖船被横拖或倒拖，应立即停车，减小前冲、后缩，必要时立即解去拖缆。拖船在协助大船操纵时，应随时注意和调整自己与大船之间的相对位置及拖缆受力大小和方向，密切注意大船的运动态势。一旦发现自己被横拖或倒拖，应立即缓解拖缆受力或及时解去拖缆，这是最有效的应急措施。

3. 系解拖缆

选择质量好、强度足够的缆绳作为拖缆。传递拖缆时，应尽量保持两船相对静止，松放拖缆不宜太快。需要动车时，应确认拖缆与推进器无碍。应采用"∞"字形挽桩，且道数要足够。拖船起拖应渐渐增速，防止拖缆受力出现冲击负荷，以免损伤甚至绷断拖缆。

拖船完成助操任务后，在解拖前，应在稳定船位后(尤其受风流影响较大时)，在驾驶台授意下方可解去拖缆。为方便解拖，大船与拖船的相对位置应使拖缆适当松弛。若拖缆是由大船提供的，则解拖后应尽快绞起拖缆，以便大船尽早可以用车。

4. 通信联络

大船与拖船之间应保持有效的通信联络，尤其发出的指令应清楚、正确和规范，以确保大船和拖船的安全。

5. 拖船的功率和拖力

内燃机拖船的拖力可按 100 kW 功率发出 13.33 kN 拖力折算，也可按 100 ps 功率发出 9.8 kN 拖力来估算。在外界条件发生变化所需拖船功率不足时，应等待条件变化或增加拖船后进行操纵，以策安全。

思考与练习

1. 试述沉深横向力产生的机理及偏转效果与影响因素。
2. 试举例说明螺旋桨致偏效应在实践中的利用和防止(各举两例)。
3. 何谓舵效？影响舵效的因素有哪些？
4. 简述操舵的注意事项有哪些。
5. 简述锚链的标记方法。
6. 试述单锚泊用锚的抓力取决于哪些因素。
7. 简述随动控制系统的工作原理及其特点有哪些。
8. 简述带缆作业的注意事项有哪些。

9. 试述运用拖船的方式有哪几种。

10. 试述使用拖船时应注意哪些事项。

知识树

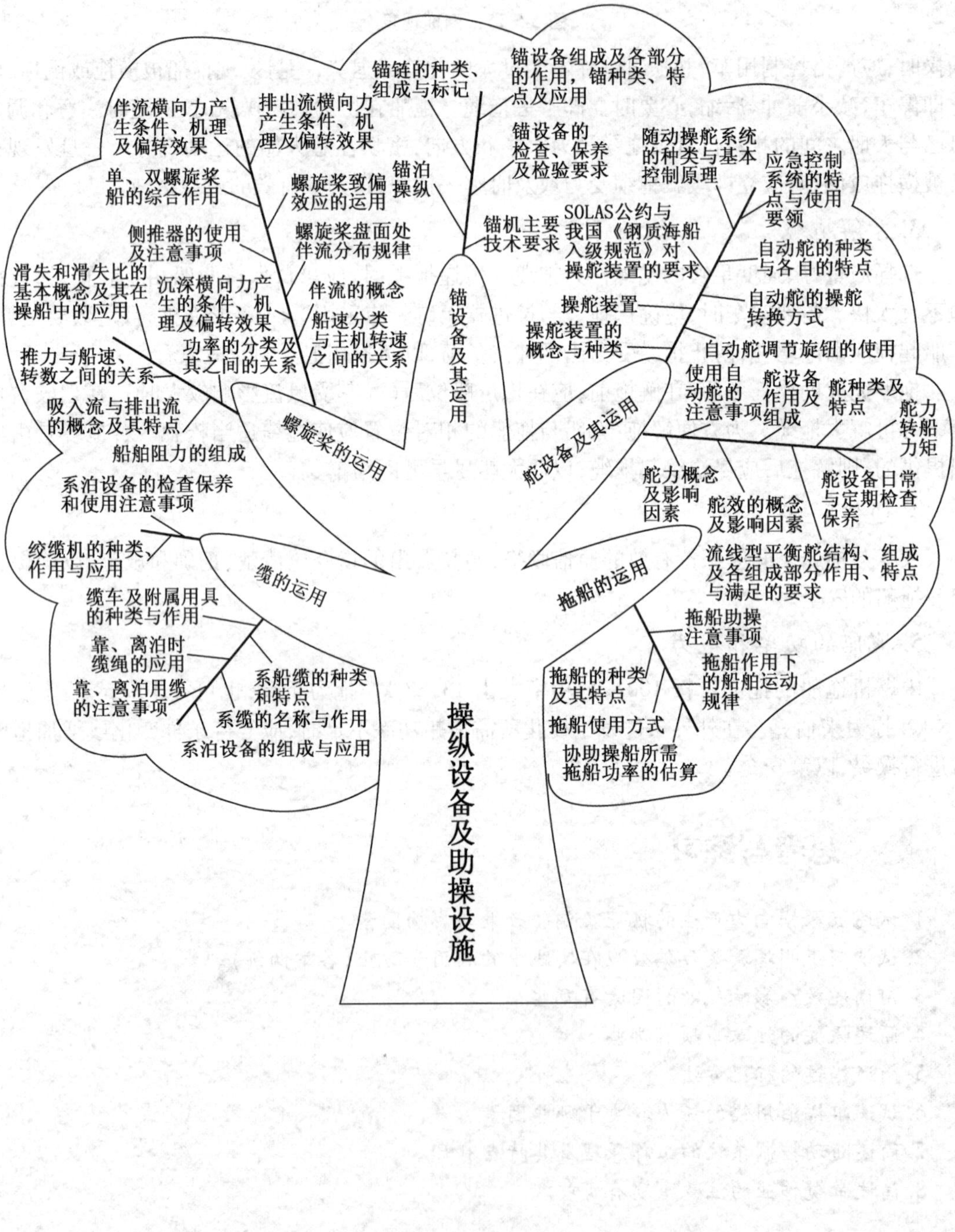

操纵设备及助操设施

螺旋桨的运用
- 伴流横向力产生条件、机理及偏转效果
- 排出流横向力产生条件、机理及偏转效果
- 单、双螺旋桨船的综合作用
- 螺旋桨致偏效应的运用
- 侧推器的使用及注意事项
- 螺旋桨盘面处伴流分布规律
- 滑失和滑失比的基本概念及其在操船中的应用
- 沉深横向力产生的条件、机理及偏转效果
- 伴流的概念
- 船速分类与主机转速之间的关系
- 功率的分类及其之间的关系
- 推力与船速、转数之间的关系
- 吸入流与排出流的概念及其特点
- 船舶阻力的组成

锚设备及其运用
- 锚链的种类、组成与标记
- 锚设备组成及各部分的作用，锚种类、特点及应用
- 锚设备的检查、保养及检验要求
- 锚泊操纵
- 锚机主要技术要求

舵设备及其运用
- 随动操舵系统的种类与基本控制原理
- 应急控制系统的特点与使用要领
- SOLAS公约与我国《钢质海船入级规范》对操舵装置的要求
- 自动舵的种类与各自的特点
- 操舵装置
- 自动舵的操舵转换方式
- 操舵装置的概念与种类
- 自动舵调节旋钮的使用
- 使用自动舵的注意事项
- 舵设备作用及组成
- 舵种类及特点
- 舵力转船力矩
- 舵力概念及影响因素
- 舵效的概念及影响因素
- 舵设备日常与定期检查保养
- 流线型平衡舵结构、组成及各组成部分作用、特点与满足的要求

缆的运用
- 系泊设备的检查保养和使用注意事项
- 绞缆机的种类、作用与应用
- 缆车及附属用具的种类与作用
- 靠、离泊时缆绳的应用
- 系船缆的种类和特点
- 靠、离泊用缆的注意事项
- 系缆的名称与作用
- 系泊设备的组成与应用

拖船的运用
- 拖船助操注意事项
- 拖船的种类及其特点
- 拖船作用下的船舶运动规律
- 拖船使用方式
- 协助操船所需拖船功率的估算

第三章　外界因素对操船的影响

本章学习目标：

1. 要求学员掌握风对船舶操纵的影响；
2. 要求学员掌握流对船舶操纵的影响；
3. 要求学员掌握浅水效应及其对操纵的影响；
4. 要求学员掌握船间效应、岸壁效应及其对操船的影响。

航行环境意指自然环境，包括气象、水文和水域等条件。在海上，空气的运动产生风，海水的运动产生海流、潮汐、波浪等。水面船舶在海上航行时，其运动状态无时无刻不受到这些气象、水文要素的影响。此外，在港湾水域，船舶运动状态还受到水域环境的影响，如宽度受限的航道、水深受限制的浅水等。因此，船舶操纵的安全性不但涉及船舶操纵性能，而且还要考虑各种航行环境的影响，操船者应对这些影响进行全面正确的评估，以利于船舶安全航行。

第一节　风对操船的影响

在水面航行的船舶，由于船体水面以上部分暴露在空气中，因而受到风压力的作用，从而改变了船舶在静水中的运动状态，进而影响船舶操纵的安全性。要分析风对船舶操纵的影响，首先必须掌握船舶在风中所受的风压力、风压力转船力矩、水动力和水动力转船力矩。

一、风压力和风压力转船力矩

船舶水面以上面积（简称受风面积）的风压总和称为风压力，也称为风压合力。风压力的作用改变了船舶的动力学状态，进而改变了船舶的运动状态。

（一）风压力的大小

操船中所指的风压力与气象学上所指的风压力不同。船舶航行时，对船舶造成影响的是相对风，也称为视风。如图 3-1-1 所示，最早的风压力计算方法是 Hughes 在 1930 年提出的，其表达式为：

$$F_a = \frac{9.81}{2}\rho_a \cdot C_a \cdot (A_a\sin^2\theta + B_a\cos^2\theta) \cdot v_a^{\ 2} \qquad (3\text{-}1\text{-}1)$$

式中：ρ_a——空气密度，为 0.122 6 kg/m^3；

θ——相对风舷角；

C_a——风力系数，其值随风舷角以及船体水线以上受风面积的形状的变化而变化；
v_a——相对风速(m/s)；
A_a——水线以上船体正投影面积(m^2)；
B_a——水线以上船体侧投影面积(m^2)；
F_a——水线以上船体所受的风力(N)。

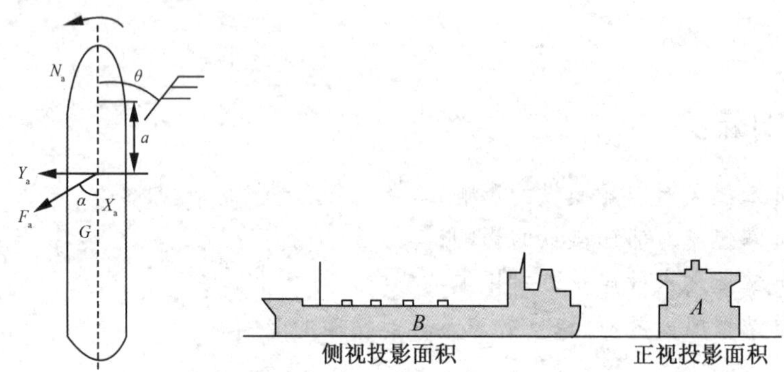

图 3-1-1　风压力、风压力矩及船舶受风面积

由式(3-1-1)可知，作用于船舶的风压力大小与风速、受风面积、风舷角以及风压力系数等因素有关。风速增加，风压力也增大。在风速、风向一定的情况下，受风面积越大，风压力也就越大。例如，船舶压载状态比满载状态受风面积大，则压载状态下，风压力相应较大；集装箱船和客船比油船和散货船受风面积大，则风压力也相应较大。

1. 风力系数 C_a

风压力系数 C_a 的大小主要决定于风舷角 θ 的变化，也与船舶吃水及船体上层建筑形状和面积分布有关。

从图 3-1-2 和表 3-1-1 可以看出，风力系数 C_a 随相对风舷角 θ 的变化曲线为一马鞍形曲线。

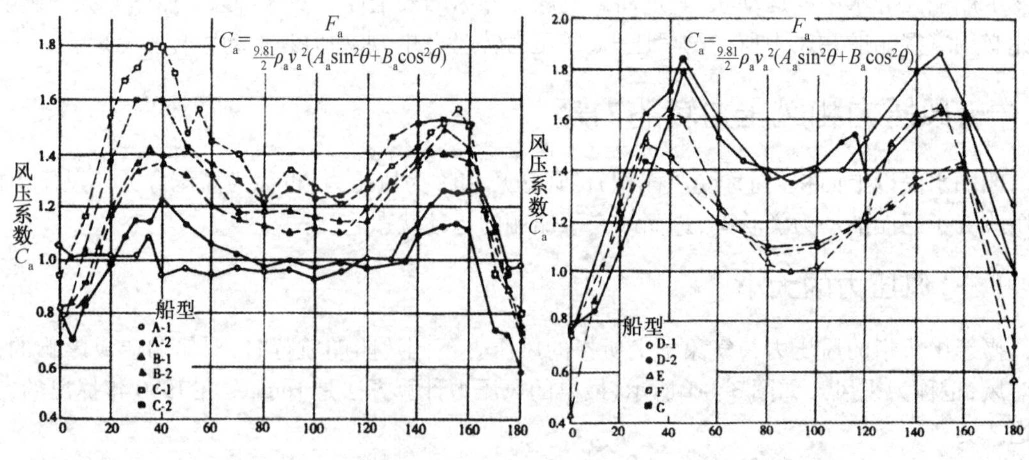

图 3-1-2　风力系数与风舷角

表 3-1-1　船型数据

船种类	油船		集装箱船		滚装船		货船(三岛型)		渡船	金枪鱼船	鲣鱼船
载况	满载	压载	满载	压载	满载	压载	满载	压载		满载	满载
符号	A-1	A-2	B-1	B-2	C-1	C-2	D-1	D-2	E	F	G
L_{pp}(m)	290.0	290.0	175.0	175.0	150.0	150.0	128.0	128.0	113.2	29.5	29.5
B(m)	47.5	47.5	25.0	25.0	23.4	23.4	17.5	17.5	15.85	6.0	6.0
D(m)	24.0	24.0	15.4	15.4	20.4	20.4	10.4	10.4	6.8	3.0	3.0
d_m(m)	16.08	9.33	9.40	6.50	7.0	5.44	7.94	4.25	4.43	2.40	2.40
D(t)	183 200	96 713			14 633	10 828	13 450	6 440		300	300
A_a(m^2)	1 030	1 280	522.2	609.4	447.2	499.3	285	370	261.8	26.7	34.2
AR_a	0.457	0.567	0.836	0.975	0.817	0.912	0.931	1.208	1.042	0.742	0.950
B_a(m^2)	3 123	5 180	2 311	2 377	2 351	2 590	999	1 490	1 312	108.4	140.5
AR_B(m)	0.038	0.062	0.076	0.078	0.105	0.115	0.061	0.091	0.102	0.125	0.161

(1)当风舷角 $\theta=0°$或 180°时,风力系数 C_a 值为最小;

(2)当风舷角 $\theta=30°\sim40°$或 $140°\sim160°$时,风力系数 C_a 值为最大;

(3)当风舷角 $\theta=90°$左右时,风力系数 C_a 值较小,但船舶所受的风力值达到最大。

另外,从船舶水线以上船体形状来看,外形流线型较好的客船、船体结构较为简单的油船,它们的风力系数较小;而受风面积较大的滚装船、集装箱船等的风力系数较高;同一船舶随吃水增大其风力系数的值略有减小。

2. 船舶受风面积

在决定风力 F_a 大小的各因素中,风速 v_a 和风舷角 θ 均可用船上的风向风速仪测得,船体水线以上的正、侧面受风面积 A_a、B_a 可以从船舶相应资料中根据船舶实际吃水查取。无资料可查的船舶,可以利用如图 3-1-3 所示中与本船种类相同或相似的对应曲线,根据本船实际吃水与满载吃水的百分比分别查取正、侧面受风面积系数 C_1、C_2,而后按下式求取船体水线以上的正、侧面受风面积 A_a、B_a 的概略值:

$$A_a = C_1 \cdot B^2$$

$$B_a = C_2 \cdot L^2$$

式中:C_1——正面受风面积系数;

C_2——侧面受风面积系数;

B——船宽(m);

L——船长(m)。

(二)风压力的作用方向

风压力 F_a 与艏艉线的夹角,称为风压力角 a。由图 3-1-1 可见,风压力 F_a 是作用于船体正面积上的纵向风力 X_a 与作用于船体侧面积上的横向风力 Y_a 的合力,风压力角取决于横向

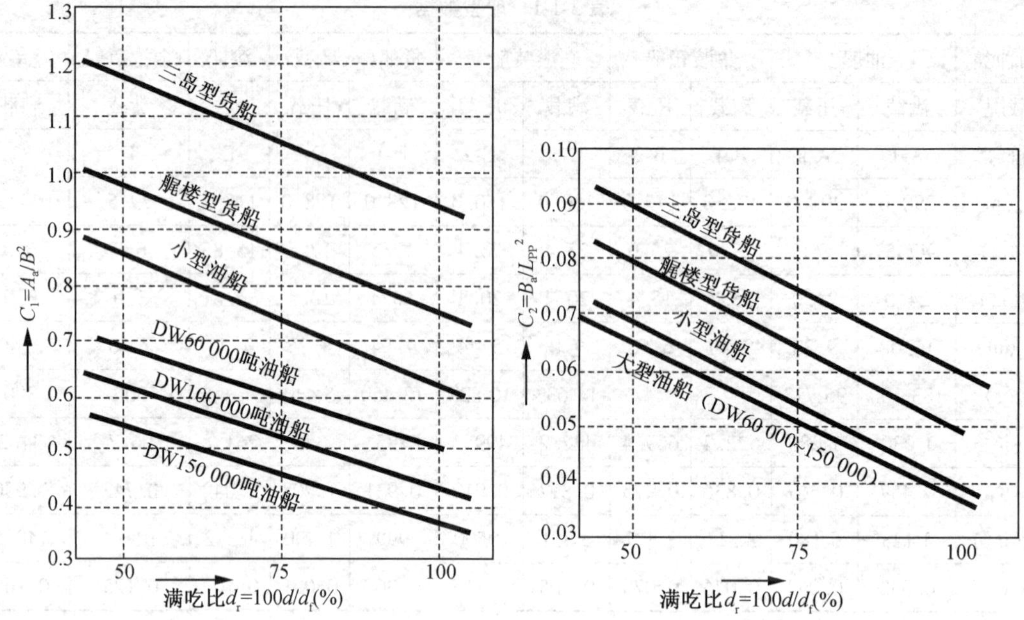

图 3-1-3　船舶正、侧面受风面积系数

分力 Y_a 与纵向分力 X_a 之比，即

$$\tan a=\frac{Y_a}{X_a}=\frac{\frac{1}{2}\rho_a C_{ay} B_a \sin\theta v_a^2}{\frac{1}{2}\rho_a C_{ax} A_a \cos\theta v_a^2}=\frac{C_{ay}}{C_{ax}}\cdot\frac{B_a}{A_a}\cdot\tan\theta \tag{3-1-2}$$

式中：C_{ay}——横向风力系数；

C_{ax}——纵向风力系数。

风压力角 a 取决于相对风舷角 θ、受风面积以及船型等因素，一般船舶侧面受风面积远大于正面受风面积，且在不是顶风或顺风时，横向风压力系数通常大于纵向风压力系数，因此，风压力的方向总是较风的来向更接近于正横方向。

风压力角 a 对同一船舶而言是相对风舷角 θ 的函数，即风压力角 a 随相对风舷角 θ 的变化而变化：

(1)当相对风舷角 θ 约为 0°或 180°时，风压力角 a 约为 0°或 180°，即顶风或顺风时不产生横向风压力；

(2)当 θ 约为 90°时，风压力角 a 约为 90°，即横风时不产生纵向风压力；

(3)当风舷角 θ 为 40°~140°时，风压力角 a 为 80°~100°。

(三)风压力中心的位置

风压力中心位置是指受风面积中心沿船舶纵向的位置，如图 3-1-4 中的 A 点一般以距船首的距离与船长之比(l/L)来表示风压力中心位置。l/L 与相对风舷角 θ 和船舶受风面积沿纵向的分布等因素有关。

风压力中心位置是相对风舷角 θ 的函数，船型一定时，风压力中心位置 l/L 随风舷角的增大，逐渐向后移动，即 θ 增大，风压力中心位置 A 将由船的前部向后移动。

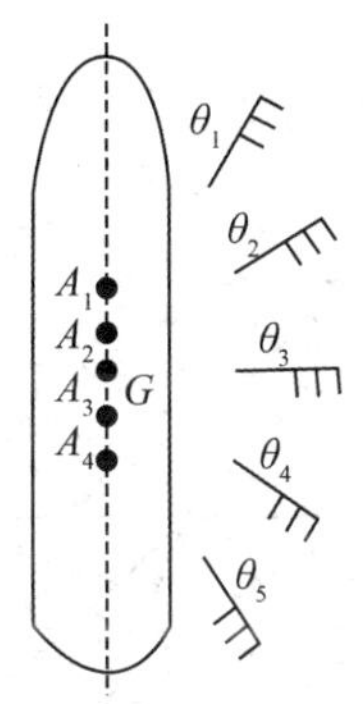

图 3-1-4　风压力中心位置

(1)当 θ 由 0°向 180°变化时,l/L 大都在 0.3~0.7 范围之内;

(2)当 $\theta<90°$ 即风从正横前吹来时,风压力中心 A 在重心 G 之前;

(3)当 $\theta=90°$ 左右即船舶正横受风时,$l\approx0.5L$,即风压力中心在船中附近;

(4)当 $\theta>90°$ 时,即风从正横后吹来时,风压力中心 A 在重心 G 之后。

对于运输船舶,船舶受风面积在船中前后的分布多数不是对称的。当风舷角 θ 一定时,水线上面积集中于船中后部的油船和客船,其风力作用中心比三岛型货船要靠后;而同一船舶,空载或压载时多艉倾,船首部水线以上侧面积增大,所以其风力作用中心要比满载时靠前得多。

(四)风压力转船力矩

如果知道风压力 F_a、风压力角 a 和风压力中心位置 A,则风压力转船力矩的大小可根据船舶在不同状态时的支点位置来确定。

(1)当船舶处于漂浮状态时,以重心 G 为支点,则风压力转船力矩 M_a 为

$$M_a = F_a \cdot \sin a \cdot (l_G - \alpha) = \frac{1}{2}\rho_a C_{ma} v_a{}^2 (A_a \cos^2\theta + B_a \sin^2\theta) \tag{3-1-3}$$

式中:l_G——重心至船首的距离(m);

C_{ma}——风压力转船力矩系数,其大小随船舶种类、载况和船舶受风面积的大小与分布的情况以及风舷角的不同而不同。

图 3-1-5 为船舶风力转船力矩系数随风舷角变化情况的示意图。由图可知,该船舶在正横稍前受风时,$C_{ma}=0$;$\theta=90°$ 即正横受风时,C_{ma} 很小;斜顶风、斜顺风时,C_{ma} 最大;正横后受风时 C_{ma} 又比正横前受风时大;$\theta=0°$ 或 180°时,$C_{ma}=0°$。

应当指出的是,在计算船舶所受的风压力以及风压力转船力矩时,实际中非定常风由于风向风速经常发生变化,计算时应加以修正。

风速变动很小时:可取平均风速;

强风时:可取 1.25 倍平均风速;

风暴时:可取 1.50 倍平均风速。

(2)当船舶靠离泊中受风作用,采用船首固定或艉离方式离泊时,船舶以船首为支点,则压力转船力矩 M_a 为

$$M_a = F_a \cdot \sin a \tag{3-1-4}$$

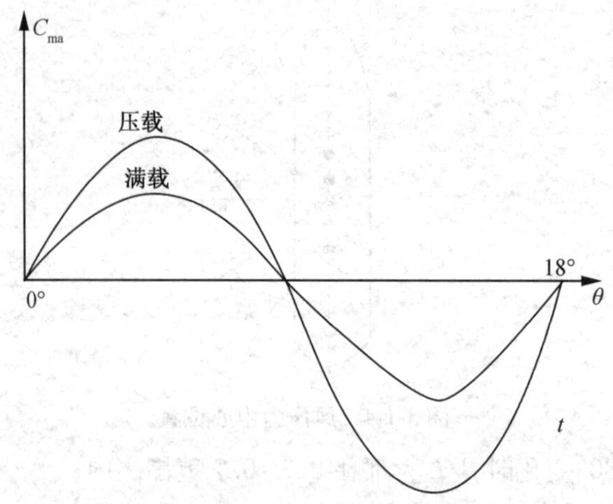

图 3-1-5　风压力转船力矩系数随风舷角变化情况

(3)当采用船尾一端固定或艏离方式离泊时,则船舶以船尾为支点,风压力转船力矩 M_a 为

$$M_a = F_a \cdot \sin a \cdot (L - \alpha) \tag{3-1-5}$$

二、水动力与水动力转船力矩

船舶自身在车、舵、锚、缆或拖船的作用下与周围的水产生相对运动或静止中的船舶受到风、流的作用与周围的水产生相对运动时,船体所受到的水的作用力称为水动力。操纵船舶时需要掌握这种水动力及水动力转船力矩的作用规律。水动力既然是力,必然具有力的三要素,即力的大小、方向、作用点。水动力的三要素均与船和水的相对运动方向有关。

(一)水动力的大小

水动力 F_w 是由作用于船首尾方向的分力即纵向分力 X_w 和横向分力 Y_w 合成的合力。船舶前进时,由于水线下船体在船首尾方向流线型好,纵向分力 X_w 一般较小,且该力也不会引起船首偏转,所以通常我们主要研究水动力横向分力 Y_w,其值可用下式估算:

$$Y_w = \frac{9.81}{2}\rho_w \cdot C_{Yw} \cdot L \cdot d \cdot v_w^2 \tag{3-1-6}$$

式中:Y_w——横向水动力(N);

ρ_w——水密度(海水中取 1 025 kg/m^3,淡水中取 1 000 kg/m^3);

C_{Yw}——水动力系数,其值随漂角 β 以及船体水下形状等因素的变化而变化;

β——漂角,即相对水流与艏艉面的夹角;

v_w——船舶与水的相对速度(m/s);

L——船舶水线长度(m);

d——船舶吃水(m)。

在实用中,船舶所受的水动力可以分解为船首尾方向的水动力 X_w 和正横方向的水动力 Y_w,即:

$$X_w = \frac{9.81}{2}\rho_w \cdot C_{Xw} \cdot L \cdot d \cdot v_w^2 \tag{3-1-7}$$

$$Y_w = \frac{9.81}{2}\rho_w \cdot C_{Yw} \cdot L \cdot d \cdot v_w^{\ 2} \tag{3-1-8}$$

式中：C_{Xw}、C_{Yw}——船首尾方向、正横方向的水动力系数。根据 C_{Xw} 求得的船首尾方向的水动力在操纵中可通过用车加以克服，故对一般商船而言也可不予考虑。

图 3-1-6 所示为横向水动力系数 C_{Yw} 在几种不同水深情况下与漂角 β 的关系。

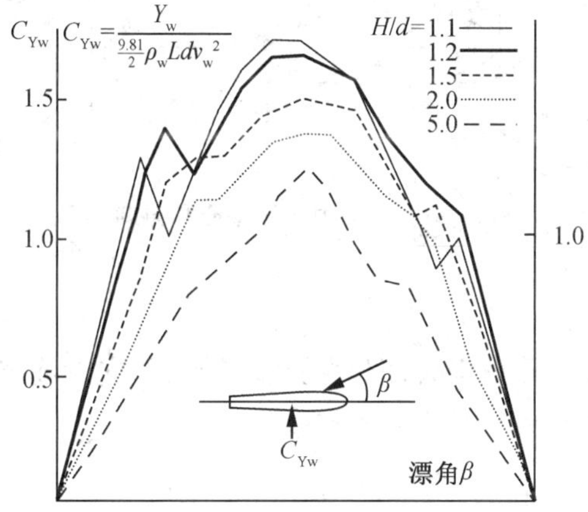

图 3-1-6　横向水动力系数与 β 的关系

由图可知，横向水动力系数 C_{Yw} 随漂角 β 的变化关系近似于正弦曲线，同时 C_{Yw} 受水深影响较大，浅水中水动力明显增加。水动力系数 C_{Yw} 与漂角 β 及水深吃水比 H/d 的关系可用下式表示：

$$C_{Yw} \propto k\sin\beta \tag{3-1-9}$$

其中，系数 k 表示水深的影响，H/d 减小，k 增大。因此，在港内、狭水道等相对水深较小的水域中，同样的流速条件下，流压力将急剧变大。在实操时应注意到这一特征。

(二)水动力的方向

水动力角 γ 是指水动力 F_w 与船舶首尾面的夹角。如图 3-1-7 所示，与风压力角 a 相类似，水动力角 γ 取决于横向水动力和纵向水动力的比值，即：

$$\tan\gamma = \frac{Y_w}{X_w} \tag{3-1-10}$$

因为船体水下正投影面积较小，纵向水动力较小，$\tan\gamma$ 趋向于无穷大，所以水动力角 γ 在 90°左右。

(三)水动力作用中心

如图 3-1-7 所示，水动力作用点 W 的位置受漂角、船体水下侧面积形状及分布情况所影响。水动力作用中心 W 至船首的距离 a_W 随漂角 β 的增大而增大。在漂角 β 由 0°向 180°变化的过程中，水动力作用点 W 距船首从 0.25L 处渐次移至 0.75L 处。

(1)当 β=90°时，$l_w \approx 0.5L$，即水动力作用中心在重心 G 附近；

(2)当 β<90°时，水动压力中心 W 在重心 G 之前；

(3)当 β>90°时，水动压力中心 W 在重心 G 之后。

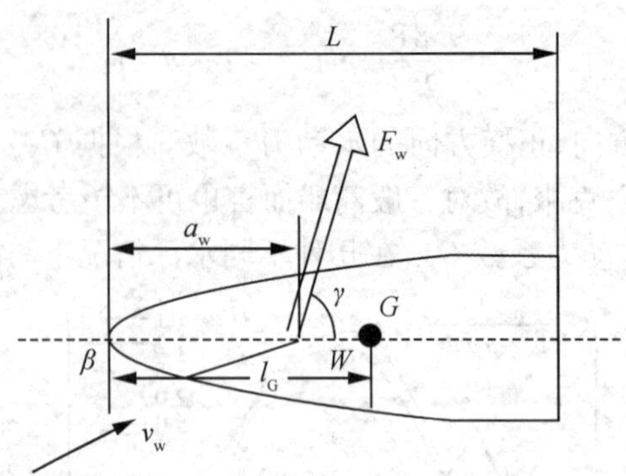

图 3-1-7 水动力作用中心和方向

(四)水动力转船力矩

当水动力大小、方向、作用点求出后,即可据船舶转动的支点确定水动力转船力矩。水动力转船力矩可以表达成与水动力相类似的形式,即:

$$M_w = \frac{9.81}{2}\rho_w \cdot C_{Mw} \cdot L^2 \cdot d \cdot {v_w}^2 \tag{3-1-11}$$

式中:C_{Mw}——水动力转船力矩系数。

C_{Mw} 随漂角、水深吃水比、船体水线以下形状等因素的变化而变化。C_{Mw} 与漂角 β 和水深吃水比 H/d 的关系如图 3-1-8 所示。当相对流向角为 0°和 180°时,$C_{Mw}=0$,则 $M_w=0$;当相对流向角为 90°时,C_{Mw} 也近似为 0,则 $M_w \approx 0$;相对流向角大于 90°时的 C_{Mw} 值比相对流向角小于 90°时的 C_{Mw} 值大。说明由于船体首瘦尾肥,向船尾方向运动时水动力构成的转船力矩较大。当水深吃水比 H/d 减小时,C_{Mw} 明显增加。因此,在浅水区域操船时,应充分估计到斜向相对水流对船首偏转产生的作用。

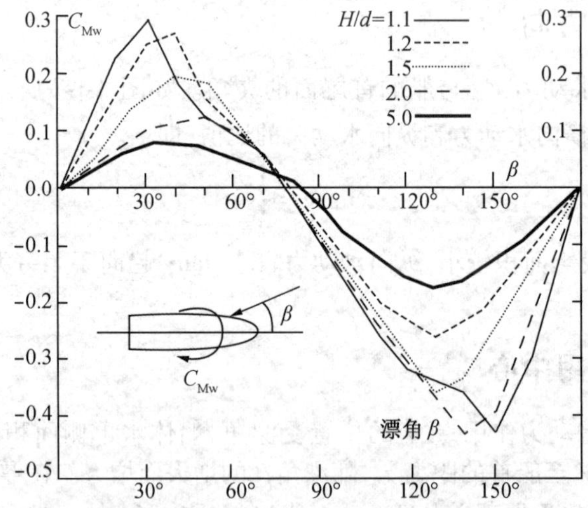

图 3-1-8 水动力转船力矩系数与 β 和 H/d 的关系

当已经求得船舶所受的水动力、水动力作用中心以及水动力角时,水动力转船力矩也可按下式计算:

$$M_w = F_w \cdot \sin\gamma \cdot (l_G - l_w) \tag{3-1-12}$$

式中：l_G——船舶重心至船首的距离，可近似地取为 $\frac{L}{2}$（m）；

l_w——水动力中心至船首的距离（m）。

在船舶靠泊中，当船首或船尾处于一端用系缆固定于泊位的情况时，估算船舶所受的水动力转船力矩则可按下述公式进行计算：

船首固定时：
$$M_w = F_w \cdot \sin\gamma \cdot l_w \quad (3\text{-}1\text{-}13)$$

船尾固定时：
$$M_w = F_w \cdot \sin\gamma \cdot (L - l_w) \quad (3\text{-}1\text{-}14)$$

三、风致偏转规律

船舶在受风作用下偏转运动的方向决定于风力转船力矩 M_a 和水动力转船力矩 M_w 的合力矩方向。船舶的偏转情况可以分为两种，即迎风偏转和背风偏转，所谓迎风偏转是指运动中的船舶，不论是前进还是后退，其运动的前端（前进中指船首，后退中指船尾）在风的影响下转向上风方向的偏转，也称为逆风偏转；背风偏转是指当船舶运动速度远较风速为低时，船舶的迎风端转向下风的偏转，也称为顺风偏转。

在定性分析船舶偏转方向时，首先要清楚风压力和水动力的大小、方向和作用点的位置，即在定性说明船舶在风中的偏转方向时，风力中心 A、船舶重心 G、水动力中心 W 三者位置关系具有重要意义。船舶重心 G 一般情况下在船中附近。风力中心 A，如前所述，当风自正横前吹来时，一般在重心之前；横风时一般在重心附近；正横后来风时，则一般在重心之后。水动力中心 W 决定于水、船相对运动的方向。船舶前进行驶，或风来自后方吹船向前漂移时，水动力中心在重心之前；船横移时 W 在重心附近；船舶后退时，W 在重心之后。下面按船舶各种运动状态来定性分析风致偏转规律。

（一）船舶静止中受风

1. 风来自正横前

船舶停船时，若风从正横前吹来，$\theta<90°$，A 在 G 之前，风动力转船力矩 M_a 使船首向下风偏转，同时船身向下风侧漂移。在船舶偏转和漂移的同时，船体水线下部分受到水动压力作用，$\beta>90°$，W 在 G 之后，构成水动力转船力矩 M_w，M_w 有助于船身向下风偏转。直至变成正横附近受风时，M_a 和 M_w 趋近为零，船舶停止偏转，并将以接近正横状态向下风漂移，如图 3-1-9 所示。

2. 风来自正横后

不难分析，如果停船时风从正横后吹来，船舶同样也将最终转至接近正横受风状态并向下风漂移。

船舶类型不同，上层建筑布置也不同。停止中的船舶最终漂移时受风相对方向也略有差异。油船和艉机型船多保持正横稍前受风（$\theta\approx80°$），客船多维持正横状态受风（$\theta\approx90°$），而一般货船往往艉吃水较深，多维持在正横稍后受风状态（$\theta\approx100°$）。

（二）船舶前进中受风

前进中的船舶受风作用时，船首向上风还是向下风偏取决于风动压力转船力矩与水动压

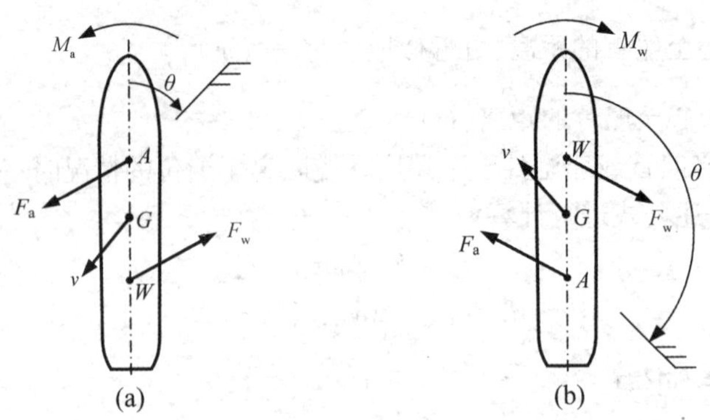

图 3-1-9 船舶静止中受风受力及运动情况

力转船力矩两者谁大。

1. 风来自正横前

当正横前来风时，$\theta<90°$，A 在 G 之前，船舶受风的作用，边前进边向下风侧漂移，但总体上仍在前进中，因此 W 在 G 之前。如图 3-1-10(a)所示，M_a 和 M_w 方向相反。

(1)当 $M_a>M_w$ 时，出现顺风偏，如空船、慢速、艉倾、船首受风面大时；

(2)当 $M_w>M_a$ 时，出现逆风偏，如满载或半载、快速、船尾受风面大时。

2. 风来自正横后

当正横后来风时，$\theta>90°$，A 在 G 之后，由于船舶前进的同时受风压力 F_a 作用向下风侧漂移，但总体上船舶仍在前进中，W 在 G 之前。如图 3-1-10(b)所示，M_a 和 M_w 方向相同，使船首逆风偏转显著。由此可见，船舶前进中，斜顶风航行时比斜顺风时易于保向。在风速低、航速高、风向来自正横前后各约 30°范围时，船首迎风偏转的倾向更明显，需操下风舵才能保向航行。在某些特殊情况下，如风速与船速之比超过一定值时，将出现即使操满舵也无法控制的危险局面。

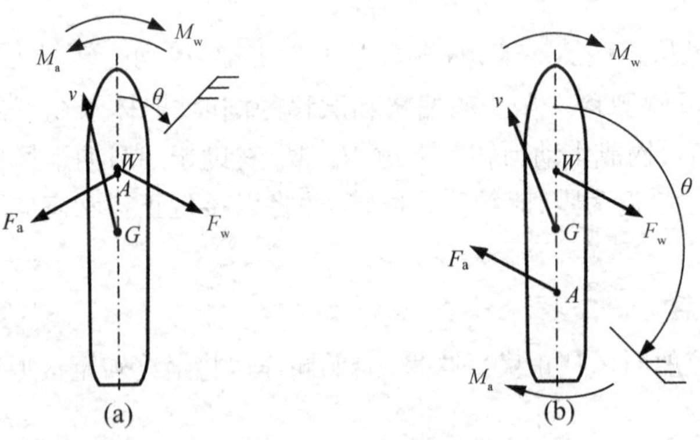

图 3-1-10 船舶前进中受风受力及运动情况

(三)船舶后退中受风

船舶后退中受风作用时，船身将向下风漂移，船尾常出现逆风偏转，即通常所称的“尾找风”现象。

1. 风来自正横前

当风从正横前来时，即 $\theta<90°$，如图 3-1-11(a)所示，船舶后退同时受风作用向下风侧漂移，A 在 G 的前方，W 在 G 的后方。风动压力力矩 M_a、水动压力力矩 M_w 作用方向相同，共同使船尾逆风偏转，产生的“尾找风”现象显著。

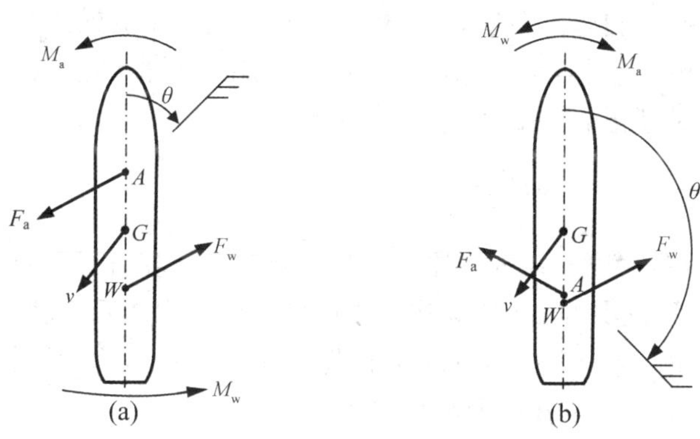

图 3-1-11 船舶后退中受风受力及运动情况

2. 风来自正横后

当风从正横后来时，即 $\theta>90°$，如图 3-1-11(b)所示，船舶后退同时受风压力 F_a 的作用向下风侧漂移，但总体上船舶仍在后退中，$\beta>90°$，W 在 G 之后。此时船舶偏转方向由 M_a 与 M_w 之代数和来决定。由于船尾要比船首肥大，且船尾还有舵及车叶等设备，所以在倒航中且船有一定退速时，作用于船尾部下风侧的水动力 F_w 迅速增大，而且 W 比 A 更靠近船尾，M_w 往往大于 M_a 使船尾迎风。但若退速较低，是 F_w 较小，此时受 M_a 作用，船尾偏向下风，其偏转规律基本上与静止中相同。

对于 FPP 右旋单车船而言，如遇来自左舷正横后的风，由于倒车时螺旋桨排出流和沉深横向力的作用，尾迎风将来得更早、更急，即使退速不大、风力不太强时，也会出现尾迎风现象。如遇右正横后来风，尾迎风则必须以一定的后退速度和一定的风速为条件，不具备这种条件，船尾便向下风偏转。总体上讲，正横后来风时，左舷来风比右舷来风“尾找风”现象更显著。

后退中的船舶，即便不考虑螺旋桨的影响，一直用正舵，也不具备航向稳定性，加之舵效又极差，因此，除非风速极低、退速极慢，否则这种尾迎风趋向很难控制，而且在尾迎风后，由于风力作用点 A 和水动力作用点 W 之间不容易找到平衡点，船尾还会左右偏荡难以稳定下来，同样也不具备航向稳定性。

(四)风致偏转规律

通过上述分析，风致偏转规律可归纳为：

(1)船舶在静止中或船速接近于 0 时，船舶将顺风偏转至风舷角接近 100°左右并向下风漂移。

(2)前进中，正横前来风，慢速、空船、艉倾、船首受风面积较大的船舶，艏顺风偏转；前进速度较大的船舶或满载或半载、艏倾、船尾受风面积较大的船舶，船首将迎风偏转。正横后来风，船舶将呈现极强的船首迎风偏转特性。

(3)船舶在后退中，在一定风速下并有一定的退速时，船尾迎风偏转，这就是通常所说的

“尾找风”现象。正横前来风比正横后来风显著，右旋单车 FPP 船左舷来风比右舷来风显著；退速极低时，船舶的偏转与静止时的情况相同，并受倒车横向力的影响，船尾不一定迎风。

四、风致漂移

静水中的船舶因风的直接作用和水动力的间接作用而产生的横向运动称为风致漂移。风致漂移不仅会影响船舶的航行效率，在受限水域，如船舶进出港、航道航行、靠离泊位等，它还可能危及船舶的安全，使船舶存在搁浅、碰撞等风险。

（一）风压差角

风压力对船舶运动的影响与风的作用时间长短有关，时间越长，影响越大。船舶在静水中以一定船速直航时遇到风的影响，风压力作用于船舶一定时间之后，改变了船舶对水的运动状态，使船速 V 发生了变化，这种变化不但改变了纵向速度 u，而且产生了横向速度 v。显然，如图 3-1-12 所示，风作用下的漂角 β 可表示为：

$$\beta = \arctan^{-1}\left(\frac{u}{v}\right) \tag{3-1-15}$$

式中：u——风中船速在 x 轴方向的分量

v——风中船速在 y 轴方向的分量，也称为漂移速度。

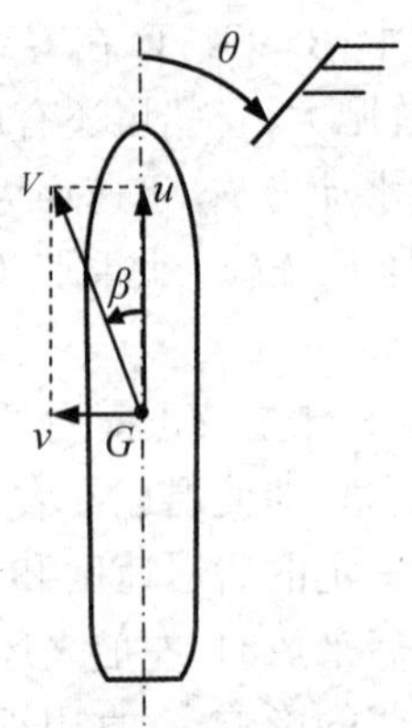

图 3-1-12　风压差角

实质上，船舶在风中的运动产生的漂角就是我们平时所指的“风压差角”，即船舶实际运动方向与船舶首尾面的夹角。其大小与风速、风向、船速等因素有关。在风速一定的情况下，风压差角的大小随相对风舷角和船速的变化而改变。当 $\theta=0°$，即正顶风时，基本不产生漂移速度，则漂角 $\beta=0°$，这时，改变船速仅仅可以调整风造成的船舶纵向移动量。当 $0°<\theta<90°$，即正横前斜顶风时，产生漂移速度，则漂角 $\beta\neq0°$，其大小随 θ 增大而增大。当 $\theta\approx90°$，即横风时，漂角 β 最大。同时，漂角 β 还与船速有关。由式(3-1-15)可知，船速越高，漂角越小，即风压差角越小；反之，船速越低，风压差角越大。故提高船速是减小风造成船舶向下风漂移的有效措施。

由式(3-1-15)和图 3-1-13 某 15 万吨油船的风压差曲线可知，当风速一定时，船速越高，风压差角越小；船速一定时，风速越高，风压差角越大。故提高船速是减小风造成船舶向下风漂移的有效措施。

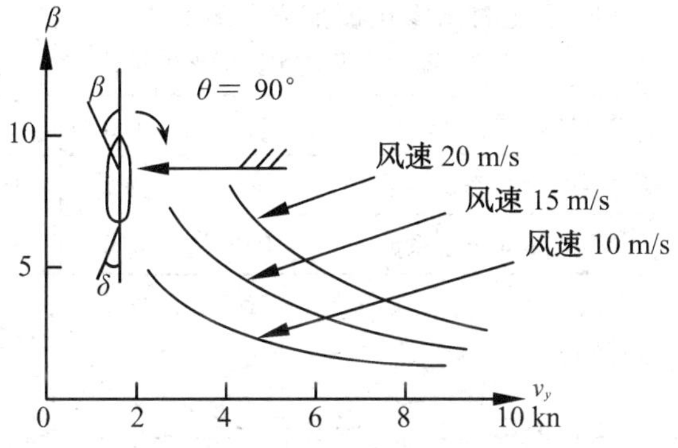

图 3-1-13　15 万吨油船的风压差曲线

(二)停船时的漂移速度

船舶静止中受风,最终将保持正横附近受风,并匀速向下风漂移。此时正横受风时的风力和向下风漂移时产生的水动力应保持平衡,即

$$F_a = Y_a = \frac{1}{2}\rho_a C_a B_a (v_a - v_y)^2 \tag{3-1-16}$$

$$F_w = Y_w = \frac{1}{2}\rho_w C_w B_w v_y{}^2 \tag{3-1-17}$$

$$F_a = Y_a = F_w = Y_w \tag{3-1-18}$$

由于横漂速度 v_y 比风速 v_a 小得多,故可用真风速直接代入,得到停船时的漂移速度 v_y

$$v_y = \sqrt{\frac{\rho_a C_a B_a}{\rho_w C_w B_w}} v_a = k\sqrt{\frac{B_a}{L_w d}} v_a \tag{3-1-19}$$

式中:C_a——风舷角 90°时的风动压力系数,一般空载时取 1.2,满载时取 1.4;

C_w——深水中横漂时(β=90°),一般取值 1.0;

ρ_a——空气密度(1.226 kg/m^3);

ρ_w——海水密度(1 025 kg/m^3);

B_w——水线下船体面积(m^2),按 $L_w \cdot d$ 计算;

v_y——深水中停船时受风横向漂移速度;

v_a——真风速(m/s);

B_a——水线上船体面积(m^2);

L_w——水线长度(m);

d——船舶当时实际平均吃水(m);

k——系数,随船型、排水状态以及水深与吃水之比等因素变化而不同。在深水中横漂时一般取为 0.038~0.041。则深水中半载时横向漂移速度为:

$$v_y = 0.038\sqrt{\frac{B_a}{l_w d}} v_a \tag{3-1-20}$$

同一船舶在浅水中横漂时,由于浅水中水动压力增加,横漂速度将会相应减小。因此,估算狭水道等浅水域中船舶受风作用产生的漂移速度时,应对按上述公式计算出的深水中的横

漂速度进行修正。不同水深吃水比时 k 修正值如表 3-1-2。

表 3-1-2　不同水深吃水比时 k 修正值

水深与吃水之比(H/d)	1.1	1.5	2.0
普通型船舶的修正系数	0.6	0.7	0.8
超大型船舶的修正系数	0.5	0.6	0.7

另外,一般有以下经验数据:

大型船舶空载时:$\dfrac{B_a}{L_w d} \approx 1.8, v_y \approx \dfrac{1}{20} v_a$;满载时:$\dfrac{B_a}{L_w d} \approx 0.8, v_y \approx \dfrac{1}{30} v_a$。

(三)航行中的风致漂移速度

根据实船试验,船舶航行中受正横风影响的漂移速度与停船时的漂移速度有如下关系:

$$v_y{}' = v_y \cdot e^{-1.4vs} \tag{3-1-21}$$

式中:$v_y{}'$——船舶航行中的风致漂移速度(m/s);

v_y——停船时的漂移速度(m/s);

v_s——船速(kn)。

由式(3-1-21)可知,在水深和相对风速一定的情况下,船速越高,漂移速度越小;随着船速的降低,漂移速度将逐渐增大。特别在低速情况下,漂移速度将随船速的降低而急剧增大,当船速 v=0 时,漂移速度最大。

图 3-1-13 所示为某 DW15 万吨油船的风压差曲线,由图可知,当风速一定时,船速越高,风压差角越小;船速一定时,风速越高,风压差角越大。故提高船速是减小风造成船舶向下风漂移的有效措施。

另外试验表明,船舶受风时的漂移速度除与船速密切相关外,还与水深吃水比和船舶受风特点密切相关。在浅水中由于水动力较大漂移速度较小,随着水深的增加,水动力逐渐减小,漂移速度逐渐增大。在水深和船速一定的情况下,相对风速越大,漂移速度越高;反之,相对风速越小,漂移速度越低。

五、强风中操船的可保向界限

下面讨论的风对船舶操纵的影响,实质上就是风作用下的船舶操纵性能。由于风压力属于不可控制的外力,只能通过控制力来减小其对船舶运动的影响。但是,船舶能产生的控制力(如舵力、推力等)是有限的,如果风压力的影响超过船舶本身控制力所能及的界限,则不能控制船舶,该界限称为控制界限,就控制航向来说即保向界限。

(一)保向界限的概念

船舶在风中航行时,要使船舶保持某一航向,则需要进行操舵,用舵力产生的力矩来克服外力矩的影响。这时,作用于船舶的横向合力和合力矩为:

$$Y = Y_w + Y_\delta + Y_a \tag{3-1-22}$$

$$M = M_w + M_\delta - M_a \tag{3-1-23}$$

式中：Y_a、M_a——风动压力横向分力及其转船力矩；

Y_w、M_w——水动力横向分力及其转船力矩；

Y_δ、M_δ——舵力横向分力及其转船力矩。

当 $Y=0$，$M=0$ 时，风动压力、水动力和舵力构成一个平衡力系，此时船舶将以某一航向保持斜航状态，这种状态称为保向状态。要使船舶处于保向状态，则应：

$$M_\delta = M_a - M_w \tag{3-1-24}$$

由式(3-1-24)可见，如果操舵产生的力矩大于风压力矩和水动力矩的代数和，这时，船舶在风中具有保向能力。反之，船舶则不具有保向能力。能够用舵保持航向的风速界限，称为保向界限。

(二)影响保向界限的因素

船在航行时，除船首尾来风不发生偏转外，其他方向来风都将使船在向下风漂移的同时还将产生偏转运动，大多呈现为迎风性偏转，为保向航行，需向下风舷压某一舵角，以抵消迎风偏转合力矩的作用。压舵后有时可以有效保向，有时却不能，这种差异不仅仅取决于相对风速，而且还与舵角、船速、风舷角、船型、载况等诸多因素的影响密切相关。

图 3-1-14 所示是某 DW15 万吨油船在强风中分别用 15°、35°舵角压舵时的可保向界限曲线。保向界限可用连续的 U 形曲线来表示，曲线以下的区域为可保向范围，曲线越处于较低位置，越不容易保向；曲线上方的区域为不可保向范围；在舵角为 35°的可保向曲线的上方区域内，即为不能凭操舵保向的范围。由图可知：

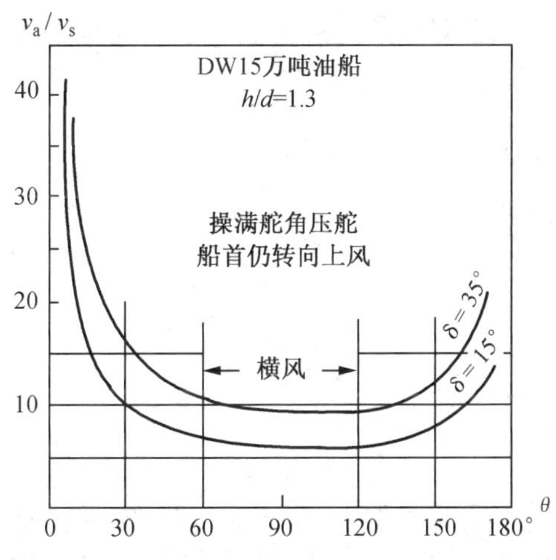

图 3-1-14　强风中操船的可保向界限曲线

(1)风舷角 θ 为 60°~120°时，曲线位置较低，可保向范围小。这说明当风来自船舶正横附近时，风速只要达到船速的数倍，就将出现即使操满舵也难以保向的情况。

(2)当相对风向逐渐向船首、尾靠拢时，曲线位置升高，可保向范围扩大。这说明随着相对风向向船首、尾靠拢，满舵也无法保向的情况，仅出现于更高的风速船速比情况下。

(3)船首附近来风时的可保向曲线要比船尾附近来风时的曲线高得多。这说明船首斜迎风或迎风时的保向性要比船尾斜迎风或迎风时的保向性好得多。其原因是当船舶斜顶风航行时，风力转船力矩和水动力转船力矩的方向相反，风致偏转的趋势相对要弱一些；而当船舶斜顺风航行时,风力转船力矩和水动力转船力矩方向相同,均使船舶产生迎风偏转,风致偏转的趋势相对要更强一些。故斜顶风时要较斜顺风时容易保向。

(4)强风中船舶保向性,总的说来随风速的降低而提高,随船速的降低而降低,增大舵角可提高保向性。

(5)对于不同类型的船舶而言,水线上下侧面积之比 $B_a/L_w d$ 较大的船舶其保向性较差;浅水对强风中船舶的可保向界限的影响甚微。

在近岸水域船舶往往低速航行,尤其是在较窄的进港航道上,强风中低速航行出现不能保向问题将会导致灾难性后果。操船者应掌握不同船速、不同风舷角情况下的船舶可保向的极限风速。

第二节　流对操船的影响

对船舶操纵来说,流是一种外界影响,流速和流向是不可控制的。但通过操纵措施可以减小流对船舶运动的影响。在比较宽阔的水域,流将影响船舶的航行效率,但不会危及船舶安全。但在受限水域,如船舶进出港、航道航行、靠离泊位等,流不但影响航行效率,还可能危及船舶的安全,存在搁浅、碰撞等风险。这一节着重讲述流对船舶操纵运动及安全的影响。

一、流对航速的影响

船舶在单向流场中航行,船舶对地的速度为船对水速度与流速的合成:

$$\vec{v_0} = \vec{v} + \vec{v_c} \tag{3-2-1}$$

式中:$\vec{v_0}$——航速,也称对地速度;

$\vec{v}$——船速,船舶对水速度;

$\vec{v_c}$——流速。

顺流航行时,实际航速:

$$v_0 = v + v_c \tag{3-2-2}$$

顶流航行时,实际航速:

$$v_0 = v - v_c \tag{3-2-3}$$

因此,在静水船速和流速不变的条件下,顺流航行时,实际航速等于静水船速加流速;顶流航行,实际航速则等于静水船速减流速。因此顺流航行时对地船速比顶流航行时对地船速大2倍流速。当流向与船舶首尾向有一定的交角时,流速和静水船速的合速度将使船向来流的相反一舷运动,船员通常称之为流压。流速越大,交角越大,船速越慢,流压角就越大。如图3-2-1所示,在顶流靠泊时,根据流速的大小,摆好水流与艏艉线的交角,并控制好船速,可以使船舶慢慢地向泊位靠拢。如船速和交角控制不当,尤其是急流时,交角摆得太大,流压将造成船舶压碰码头的事故。要调整流压,只需运用车、舵、锚、缆的作用调整艏艉线与流向得到夹角即漂角,即能达到预期的目的。

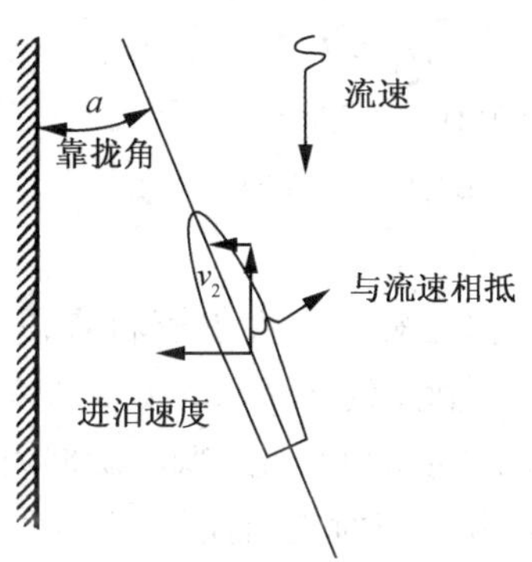

图 3-2-1　斜顶流靠泊速度合成

二、流对冲程的影响

因冲程是船舶对水移动的距离，船舶顶流和顺流航行时，若其他条件相同，停车冲程是一样的。但在其他条件相同时，船舶在顶流制动时对地移动的距离小。进港靠泊过程中为控制余速，通常选择顶流靠泊。在顺流进港时，针对停车后降速过程非常缓慢的特点，一方面应及早停车淌航，另一方面应及时地运用倒车、抛锚或拖船进行减速制动。

在航中若停车避让前方障碍物或锚泊他船，如果其他条件相同，则顶流时可以比顺流时在更短的距离采取行动。若停车避让前方在航他船，流的作用不应当计入冲程，顶流时与顺流时应在同样的距离采取行动。

三、流对舵力、舵效的影响

舵力以及舵力转船力矩是与舵叶对水速度的平方成正比的，而舵叶对水速度又与船舶对水的速度成正比。因此船舶在均匀流中航行，船舶对水的相对速度不变时，不论顶流或顺流，舵叶对水的相对速度是保持不变的，所以在舵角和螺旋桨转速等条件相同时，顶流或顺流时的舵力将保持不变，其舵力转船力矩也是一样的。但对舵效而言，顶流时对地的速度较顺流时的对地速度小，故使用相同的舵角顶流时能在较短的距离上使船首转过较大的角度，也比较容易把定。因此，顶流时的舵效要比顺流时的舵效为好。但是必须注意，均匀流中当船首斜向顶流时，由于水动力转船力矩的作用，向迎流舷转向困难，舵效反而变差。

四、流对旋回运动的影响

在均匀流场中，船舶对水的旋回运动与上述静水中的情况一样，即对水的旋回圈大小不发生变化。但对地的旋回圈将在流的方向上以流速发生漂移而变形：流越急，这种变形就越大。

船舶在受限水域中旋回掉头或转向时，应对流的影响有足够的估计，预留足够的水域，选择适当的时机进行操舵。在静水中转向时，可根据船舶旋回性试验资料，选择适当时机操舵进行转向；在有流的水域转向时，应根据掉头方向与流的关系选择好转向时机。静水中，可在转向依据的物标接近正横时转向；顺流时，操舵时机应适当提前；顶流时，操舵时机应适当延迟，这样在流压的作用下，船位在转向后仍能保持在预定的航迹上。

船舶在有流水域中旋回时，顺流漂移的距离可以利用下式简单估算：

$$D_d = T \times v_w \times 80\% \tag{3-2-4}$$

式中：T——有流水域中船舶旋回180°所需时间(s)；

v_w——流速(m/s)，通常指航道中央的流速；

D_d——旋回中的流致漂移距离(m)。

船舶旋回180°所需时间可根据船舶操纵性能资料查得，否则可按船舶排水量大小估算为：0.5万吨（约3.0 min）、1.0万吨（约3.5 min）、5.0万吨（约4.5 min）、10万吨（约5.5 min）、20万吨（约6.5 min）。排水量大、船速低时旋回时间明显增加，加之浅水中船舶旋回性能变差，因此狭水道、港内旋回时，应对旋回操船所需时间做出充分的估计。旋回掉头时所需水域大小D_1可按下式估算

$$D_1 = A_{dm} \pm D_d + \text{安全余量}$$

式中：A_{dm}——旋回最大进距；

D_d——流致漂移距离，顺流时加，顶流时减。

第三节　受限水域对操船的影响

受限水域是指水深和宽度受到限制的可航水域。在受限水域中操船时，船舶运动会出现不同于深水域的现象和特点。由于水域的水深相对较浅而使船舶运动特点发生的变化，称为浅水效应。由于水道的宽度相对较窄而使船舶运动特点发生的变化，称为侧壁效应。船舶往往同时受到浅水效应和侧壁效应的影响，统称为受限水域效应。

一、受限水域

有关浅水域的浅度和窄水域的狭窄程度，虽然至今仍无国际上的统一标准，但是就对船舶运动的影响而言，则可以认为取下列数据作为一般标准是可行的。

1. 水深

浅水是一个相对的概念，同一水深，对于小船可能是深水，而对于大船可能是浅水。显然它与船舶吃水有关，通常采用相对水深的概念来表示水深的大小，即水深吃水比(H/d)。根据霍夫特(Hooft)的研究可做如下界定。

(1)从对船体前进时阻力的影响来区分，低速船以$H/d \leqslant 4$为界，高速船以$H/d \leqslant 10$为界，即可作浅水域对待。

(2)从出现对船体横向运动的影响来区分，以$H/d \leqslant 2.5$为界作浅水域对待；同时该数值也可作为对船舶前进中的操纵性有影响的水深界限。

(3)对操纵性有较明显影响，并达到易发现程度的水深则应以$H/d \leqslant 1.5$来界定。

2. 航道宽度

从操船角度分析，通常认为应以航道有效宽度W与船长L之比而定。

(1)出现岸壁效应时，应以$W/L \leqslant 2$来界定，作为窄水域对待。

(2)对操纵性有明显影响，并达到易发现程度的航道宽度则应以$W/L \leqslant 1$来界定。

二、浅水效应及其对船舶操纵性的影响

(一)船舶在浅水中运动特点

船舶从深水水域航行至深度受限的浅水水域过程中,由于相对水流从三维流场变为二维流场,则船体龙骨之下的流态必然发生变化,相应的水动力特征也随之改变,从而影响船舶的操纵运动特性。

1. 浅水对附加质量和附加惯性矩的影响

船舶在水中运动的同时,会带动其周围部分的水一同运动。船舶前进运动、横移运动时,相当于在船舶本身质量上增加了一部分质量,增加的质量称为附加质量;船舶做回转运动时,会比船舶本身转动惯矩相应增加一部分惯矩,增加的惯矩部分称为附加惯矩。附加质量与船体质量之和称为虚质量;附加惯矩与船舶惯矩之和称为虚惯矩。

在深水中,船舶运动的附加质量及附加惯矩的比例大致可取值为:前后方向运动时的附加质量为船体质量的 0.07~0.10 倍;横向运动时的附加质量为船体质量的 0.75~1.0 倍;附加惯矩为船体惯矩的 1.0 倍。

在浅水中,船舶运动的附加质量和附加惯矩比深水中明显增加。当 $H/d \leqslant 2$ 时,增加比较明显;当 $H/d \leqslant 1.5$ 时,这种增加将急剧地增大。此外,船型越肥大、船速越高,附加质量和附加惯矩越大。如图 3-3-1 和图 3-3-2 所示,随着相对水深变浅,船体越肥大,则附加质量及附加惯矩比深水中增加的倍数越显著。另外,该两图同时表明,浅水与深水相比不论是附加惯矩或附加质量增加的倍数均与船速有关,船速越高,则增加倍数也越高。

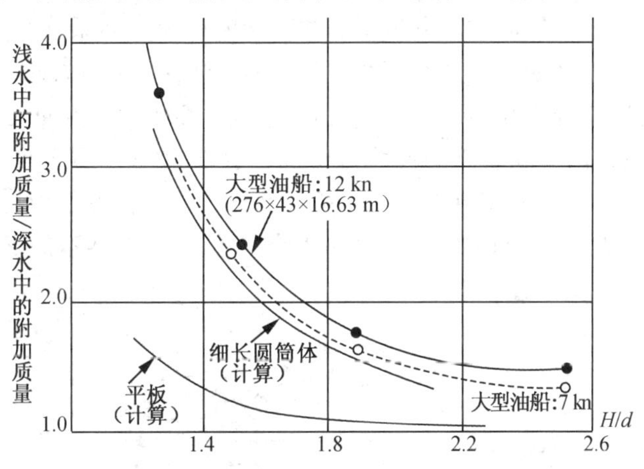

图 3-3-1 浅水中船舶的附加质量

2. 浅水对船舶横向阻力的影响

浅水域中横向阻力的增加、转头阻矩的增大均对操船有重大影响。靠泊操纵中,船舶斜航时(斜航漂流角为 β)的横向水动力系数、水动力矩系数随相对水深的变化如图 3-1-6 和图 3-1-8 所示。该两图表明,随着水深变浅,横向水动力系数和水动力矩系数会有成倍的增长,其增加的倍数与附加质量及附加惯矩增加的程度相同。尤其是在 $H/d<2$ 之后,随着相对水深变浅,上述系数增大得更多。

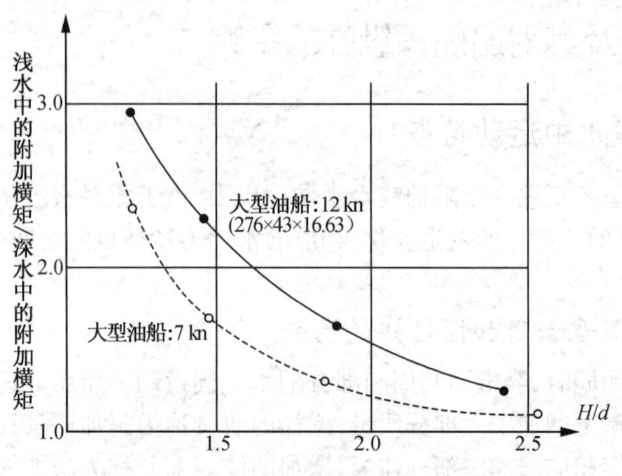

图 3-3-2　浅水中船舶的附加惯矩

3. 浅水对兴波的影响

船舶深水中航行时,船体周围水压分布特点是:在船首处,因前进时船首推压水,水流流速降低,压力增高,水位上升,呈高波峰;在船侧中部,水流流速大,水位下降,形成低压区,呈波谷;在船尾部,因通过船侧和船底的水流在船尾部汇合,形成又一水位较高的区域,压力较高,呈低波峰。这种水压力的变化、高低及沿船长分布情况与船型、船速、水深与吃水之比有关。肥大型船,船速越高,这种压力变化越激烈,兴波也越大。

当船舶驶入浅水域时,随着水深变浅,具有一定船速和吃水的船舶,其船体中央部分的低压区将逐渐向船尾方向扩展。由于船舶前进时周围的水位有升降,形成了兴波运动,即船行波。船行波可分为首波系和尾波系。发生于艏柱稍后的称为首波系;发生于艉柱稍前的称为尾波系。尾波系不如首波系明显。这两个波系各有两种波,一种是散波,它是由两舷向外扩散的短波;另一种是横波,它处于船体两侧散波之间,垂直于船舶运动方向,由前向后传播。散波与横波相遇处呈较高波峰,各连接点的连线近似成一直线,如图 3-3-3 所示,此直线与艏艉线的夹角称为散波角。深水中,散波角约为 18°~20°,而在浅水中,船舶前进时,散波角增大,当该角度增加到 40°,则说明浅水阻力的影响开始出现。角度越大,浅水的影响就越显著。

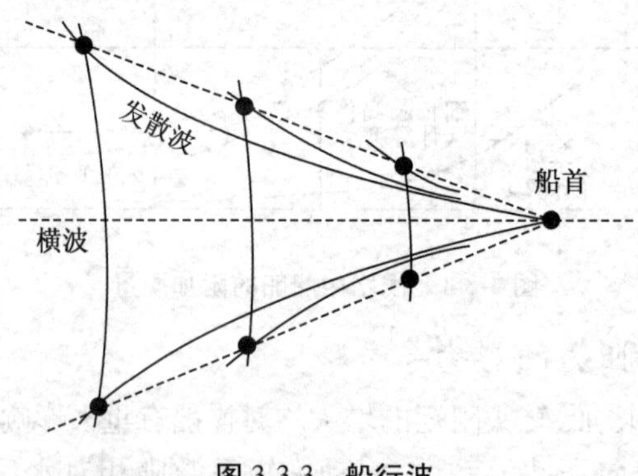

图 3-3-3　船行波

在浅水中,船行波受到干扰,船首和船尾两个散波和横波相互叠加,产生高波峰,因此浅水域中横波的范围和高度增大,消耗能量增大,兴波阻力增大,散波角增大,此时宛如散波在向前

追赶船舶,称为“赶浪”。如果航速 v_s 达到孤立波传播的速度,此时波峰线与船舶中纵剖面间的夹角达 90°即散波和横波完全相互叠加在一起,形成两个同船一起横向移动的巨大横波,船员称为“拖浪”,此时兴波阻力达到最大值。

另外船舶进入浅水后,会出现下列现象:首散波变小,水花声减小;尾波增大,船尾及其两侧由于螺旋桨排出流作用而致水变混浊;船尾伴流增强,螺旋桨上、下桨叶推力之差较深水明显,船体振动加剧。

(二)浅水对船体下沉和纵倾变化的影响

在浅水中,由于船体周围水的流动由三维流动变为二维流动,流速增加,使船体周围水压力的变化加剧,船中低压区向船尾扩展,船体下沉和纵倾变化均较深水中更为显著。同理,如果宽度同时受到限制,船体周围流速进一步变快,使船体下沉量比无限水域中更大。

1. 深水中船体下沉和纵倾变化

在深水域中船体下沉与纵倾变化,主要决定于船型和船速。试验结果表明,肥大型船舶船体下沉和纵倾变化激烈;航速越快,船体下沉和纵倾变化越激烈。

船体在深水中下沉和纵倾变化随船速的关系,可用船速无因次量弗劳德数 Fr 来衡量:

$$Fr = \frac{v_s}{\sqrt{gL}} \tag{3-3-1}$$

式中:v_s——船速(m/s);

L——船长(m)。

(1)当 $Fr \approx 0.06$ 时,开始出现船体下沉现象。

(2)当 $Fr<0.3$ 时,船首尾均下沉,并出现船首下沉大于船尾下沉现象。因为多数商船的速度在该范围内,所以静浮时若为平吃水状态的船舶,在深水域中航行时表现为平均吃水增加,并出现艏倾。

(3)当 $Fr>0.3$ 时,船尾下沉量将大于船首下沉量。静浮时为平吃水状态的船舶将变成艉倾。

(4)当 $Fr>0.6$ 时,一般艉倾增大,船舶反而出现逐渐上浮并超过静浮位置,保持艉倾趋势,呈滑行于水面的状态。

船舶在深水中船体下沉和纵倾变化与船型的关系,可用肥脊率($\nabla/0.1L^3$,其中∇为排水体积,L 为船长)来衡量。对于中低速船,吨位较大、船长较大者,速长比均较小,一般船首和船尾均是下沉的,而且,船首下沉量要大于船尾下沉量,所以表现为艏倾。肥脊率越高的船,该艏倾及下沉情况越显著。当然,低速时,这种艏倾是很小的。

2. 浅水中船体下沉和纵倾变化

浅水中的船体下沉及纵倾的变化较深水中更为激烈。其除与船型、船速有关外,还与水深有关。由于水深较浅时,船体周围的水位下降现象范围更大,还受到水深较浅时产生的孤立波影响,所以船体下沉及纵倾变化与深水中相比有其特点,其变化与船速及水深的关系可用水深弗劳德数 Fr_H 来表示。

$$Fr_H = \frac{v_s}{\sqrt{gH}} \tag{3-3-2}$$

式中：v_s——船速(m/s)；

H——水深(m)。

船速较低时就开始下沉。

(1)$Fr_H<0.6$，即 $v_s<0.6\sqrt{gH}$ 时，船首下沉量大于船尾下沉量，静浮时平吃水状态变成艏倾；

(2)$Fr_H>0.6$，即 $v_s>0.6\sqrt{gH}$ 时，船体下沉加剧，船尾下沉量增大，超过船首下沉量，原为平吃水状态的船舶将变为艉倾；

(3)$Fr_H=1$ 时，船体艉倾最大，阻力最大，船体下沉加剧；

(4)$Fr_H>1$ 时，船体以艉倾状态上浮。

图 3-3-4 所示为浅水和深水中船体首、尾下沉量的比较。由图可知，浅水中船体下沉和纵倾的特点是：

(1)船速较低时就开始出现船体下沉；

(2)随着船速增加，下沉量增加率比深水中大；

(3)船体达到艏纵倾最大值及由艏倾变为艉倾时所需船速低。

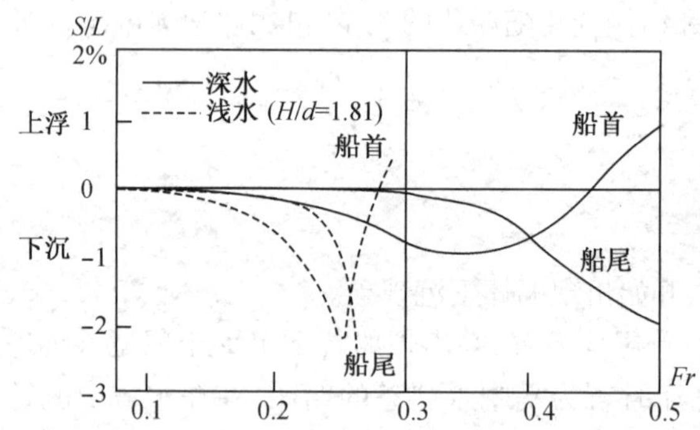

图 3-3-4 浅水与深水中船首和船尾下沉量的比较

一般商船速度范围内的船舶在浅水中航行时，通常表现为船首下沉量大于船尾下沉量，即原为平吃水的船舶将变为艏倾。但是，如果船舶在浅水中回转，却有可能呈艉倾状态，这是由于一方面旋回中船速下降，船首尾下沉量均减小；另一方面由于旋回时转心位置接近船首，因而旋回时船尾切线速度比船首大，即船尾切向水流流速大，水位下降多，导致船尾下沉量增大。

受限水域中船体下沉及纵倾较无限水域中更加明显，基线以下富余水深变得更小，不但使船舶操纵性能降低，严重时可能造成擦底或搁浅，对船舶安全构成威胁，这也是船舶在受限水域航行所面临的危险之一。船体下沉量大小的估算，可根据模型试验的图表或估算公式进行推定。

学者塔克(Tuck)等人在对船型做适当假定的条件下给出了求平均下沉量 S 和纵倾变化 τ 的公式：

$$\frac{S}{L}=1.5\left(\frac{d}{L}\right)\left(\frac{C_b}{\frac{L}{B}}\right)Fr_H^{\ 2} \tag{3-3-3}$$

$$\frac{\tau}{L}=30\left(\frac{d}{L}\right)\left(\frac{C_b}{\frac{L}{B}}\right)^3 Fr_H^{\ 2} \tag{3-3-4}$$

式中：C_b——方形系数；

L、B、d——船长、船宽和船舶吃水(m)；

Fr_H——水深弗劳德数，即 $\frac{v}{\sqrt{gH}}$；

g——重力加速度；

H——水深(m)。

由上可见，相对船体下沉量 S/L 在浅水中与水深弗劳德数的平方、方形系数、船舶吃水成正比，而与船舶长宽比 L/B 及水深成反比。

大型油船在浅水域中航行时船首下沉量与水深/吃水(H/d)、船速的关系，如图 3-3-5 所示。该图为一模型船的船首下沉量试验结果。对于与船长 300 m 模型船不同船长的船舶，可将图示的船首下沉量乘以 $\sqrt{\frac{L_i}{300}}$ 求得(L_i 为各船的船长)。

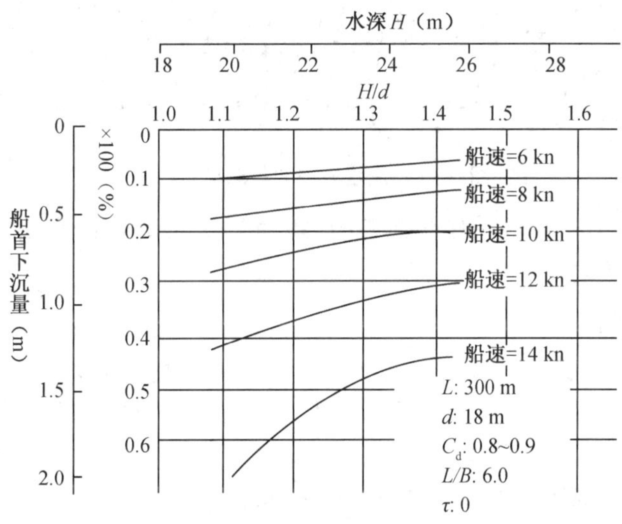

图 3-3-5　某油船船首下沉量与船速及 H/d 的关系

(三)浅水对船舶操纵性的影响

船舶驶入浅水水域过程中，与深水情况比较，其操纵性会发生明显的变化。

1. 浅水对船速的影响

驶于浅水域中的船舶，船体周围的水流因空间受限，水流流速加快，因而摩擦阻力增加；此外，浅水域中航行时，船体下沉，吃水增加纵倾加大，也增加了摩擦阻力；同时船舶在浅水域中航行时，兴波阻力增加，船尾涡流增大造成涡流阻力增加，由于推进器附近涡流的增强而导致推进器效率下降。以上因素的综合影响结果使船速降低，而且，航道越狭窄、水深越浅，船舶所受阻力增大越明显,船速也相应降低。这就是港内船速比海上船速低的原因之一。

船舶在浅水域中,船速的下降比例,在实用上可利用施利希廷(Schlichting)的减速图近似求取,如图3-3-6所示。图中所列曲线为等比例船速降低率曲线,线上标注数值为降速率的百分数。因此,从深水域以船速 v_s 驶入浅水域时,其船速 v_{hs} 的表达式为:

$$v_{hs} = v_s(1 - \alpha) \tag{3-3-5}$$

式中:α——降速率。

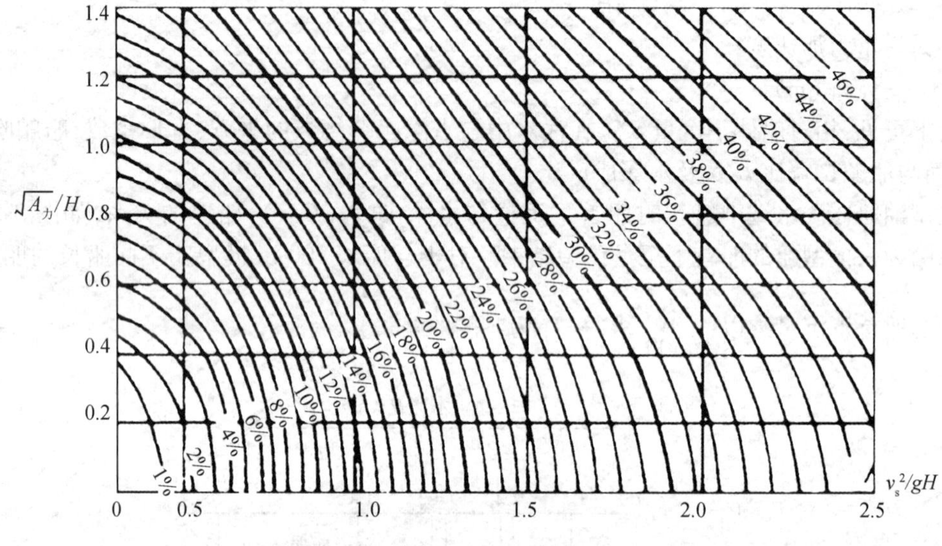

图3-3-6 浅水域中的船舶降速率

图中,$\sqrt{A_{力}}/H$ 为船中水线下横剖面积的平方根与水深之比;$v_s{}^2/gH$ 为深水域船速的平方与水深和重力加速度之比。

2. 浅水对舵力的影响

浅水中,舵叶周围的水流发生了变化,伴流、涡流增加使舵力下降。另一方面,由于相同转速时浅水中船速下降,增大了螺旋桨的滑失,又提高了舵力。但总的结果是舵力下降实际上并不大。

但是由于浅水中回转阻力大大增加,舵效却明显变差。

3. 浅水对旋回性和航向稳定性的影响

浅水中航行时,舵力及其转船力矩变化不大。船舶旋回阻矩及虚惯矩均有较大增加,其中旋回阻矩的增加幅度更大。因此,船舶从深水进入浅水时,旋回性变差,而航向稳定性变好。

4. 浅水对冲程的影响

船舶驶于浅水域时,由于船体下沉、艏倾、兴波增强、二维流增速等,船体阻力将有所增加。另外,由于螺旋桨推进效率的降低,船速有一定的减小,缩短了停船距离。特别是刚停车后余速较高的一段时间内,浅水阻力较大的特点将有利于较快降速而减小冲程。但当船速降至较低时,因为上述作用因素的减弱,减速情况趋缓,所以对减小冲程的作用减弱。

三、岸壁效应

在受限水域，由于边界(如航道岸壁或码头岸壁)的限制，船体周围的流态必然发生变化，船舶相应的水动力特征也随之改变。

1. 岸壁对附加质量的影响

在狭窄水道中，不但相对水深较小，同时航道相对宽度也受限制。由于存在有限宽度的影响，附加质量将比单独浅水中更大些。但总的来说，可以认为有限宽度对附加质量的影响比有限水深的影响要小得多。例如，在运河中航行时，当运河宽度为通航船舶宽度的 5~6 倍时，宽度的影响实际上已小到可以忽略的程度，即使运河宽度只有船宽的 3 倍，附加质量也只比开阔的浅水域中增加 20%左右。但是，应注意的是，当船舶横移靠向岸壁时，则不仅要考虑到受水深的影响，同时必须考虑岸壁对附加质量的影响。试验表明，当距岸壁接近至 1.7 倍船宽时，横移阻力较仅受浅水影响时有明显增加，如图 3-3-7 所示。

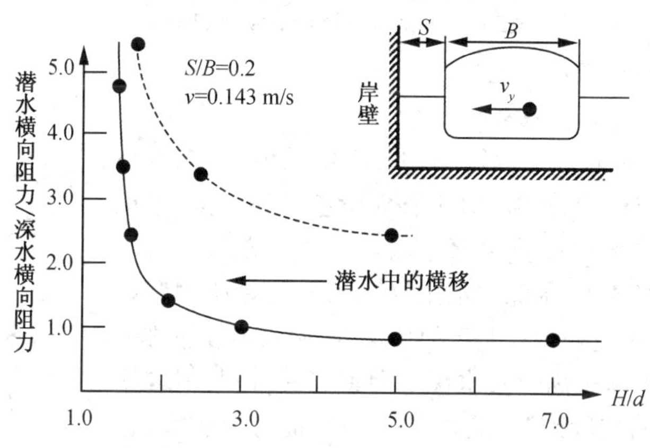

图 3-3-7　浅水域有岸壁影响时的横向阻力系数

2. 岸壁对船体下沉的影响

船舶在宽度受限的水域航行时，船体下沉量比宽广水域中大。图 3-3-8 所示为船舶在宽度受限的运河航道中航行时，船体下沉量和吃水变化比宽广水域中的增加率。其中 W 为运河宽度(m)，Fr_H 为水深弗劳德数。

3. 岸壁效应

船舶偏离航道中线而靠近航道一侧岸壁时，靠近岸壁的一侧水流加速、压力降低，产生使船舶靠向岸边的附加作用力，即岸吸力，它可能导致船舶触碰岸壁；同时还产生一个使船首偏离岸壁的力矩，即岸推力矩。岸吸力和岸推力矩统称为岸壁效应，它可能导致船尾触碰岸壁，船首冲向航道中央，如图 3-3-9 所示。

4. 岸壁效应的影响因素

模型试验和实船试验表明，岸壁效应与下列因素有关：

(1)距岸间距越小，岸壁效应越明显。船岸间距达 1.7 倍船宽时，便可出现岸壁效应。

(2)水道宽度越窄，岸壁效应越激烈。

(3)航速越高，岸壁效应越激烈。

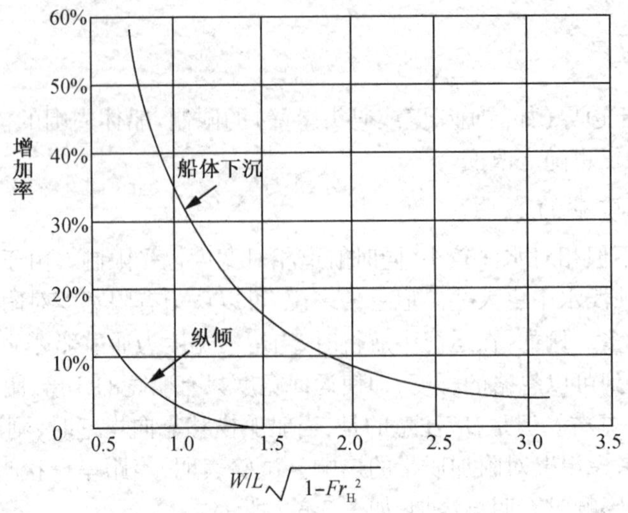

图 3-3-8　船体下沉与纵倾增加率

(4)船型越肥大,岸壁效应越明显。

(5)水深越浅,岸壁效应越激烈。

(6)岸壁的几何形状的影响:试验表明,岸壁的坡度、淹没率等几何参数对岸壁效应影响较大。对于直立岸壁,岸吸力和岸推力矩与船型、船速、距岸距离以及水深等因素有关。方形系数越大、船速越高、距岸距离越小、水深吃水比(H/d)越小,岸吸力和岸推力矩越大,岸壁效应也越剧烈。对于斜坡岸壁,岸吸力和岸推力矩不但与船型、船速、距岸距离以及水深等因素有关,还与斜坡岸壁的坡度有关。岸壁的坡度越陡峭,岸吸力和岸推力矩越大,这时,更接近直立岸壁的效应;反之,岸壁的坡度越平缓,岸吸力和岸推力矩越小。对于淹没岸壁,淹没岸壁水下部分越高,越接近直立岸壁的情况,岸壁效应越明显。

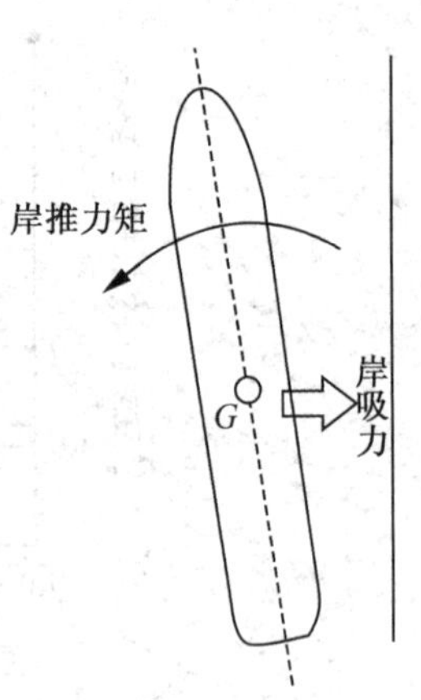

图 3-3-9　岸壁效应

四、狭水道中船舶保向操纵

船舶在宽度受限的水域航行时,由于岸壁效应的影响使船产生先直航,然后变为回转,再变为横漂的运动。为保持船舶在预定的航线上航行,势必要向岸壁侧(即内舷)压舵。航道宽度越窄、航速越快、岸壁效应越明显,船舶保向所需要的压舵量越大。另外,水道断面面积与船体横断面面积之比(也称阻塞比)亦影响船舶的保向性。

1. 接近岸壁航行时的保向

接近岸壁航行时,为了抵消岸吸力的作用,抑制激烈的岸壁效应,正确的操船措施是向岸壁方向压某一舵角。通过连续调整压舵角可使船舶航迹平均地保持一定近岸距离航行。运河航行中,如上述平均压舵角高达 5°以上仍不足以保向,应引起操船者重视,需尽可能使船舶的近岸距离增大或降低船速,以保持船舶直航。

2. 驶于中心航道时的保向

船舶驶于类似苏伊士运河的狭窄水道时，即使行驶于水道中央，也需不断操舵保持航向，且船速越高，所需操舵的平均舵角也越大。根据模型试验结果并结合实际引航经验，在水道宽度接近船长的浅窄水道内，行驶于航道中央的船舶应将其船速降至 10 kn 以下，以便于保向。

3. 驶于海底倾斜的浅水域时的保向

当船舶驶于其海底沿船宽方向有明显倾斜的浅水域时，船舶将因海底倾斜效应出现与岸壁效应相类似的运动，即整体向水浅的方向横移，船首则向水深的一侧转头，1934 年英国军舰“纳尔逊号”出朴次茅斯港时因此而触礁。海底倾斜效应本质上是一种岸壁不垂直水面时的岸壁效应，为保持航向，船舶也需不断地朝浅水一舷操舵。

五、浅水域航行时的富余水深

浅水域操船，有时会出现舵效极度降低甚至无舵效，即不能自力操纵的局面；横移阻力因水浅而过分增大，不得不依赖多艘拖船支援；浅水域航行中船体进一步下沉会危及船体、舵和推进器的安全，甚至危及主机的正常工作。因此，在浅水域中为保证船舶安全航行，应使水深超过实际吃水，并保证有一定安全余量，这个余量通常称为富余水深。富余水深如图 3-3-10 所示。

富余水深可由下式求出：

富余水深=海图水深+当时当地潮高-船舶静止时的吃水

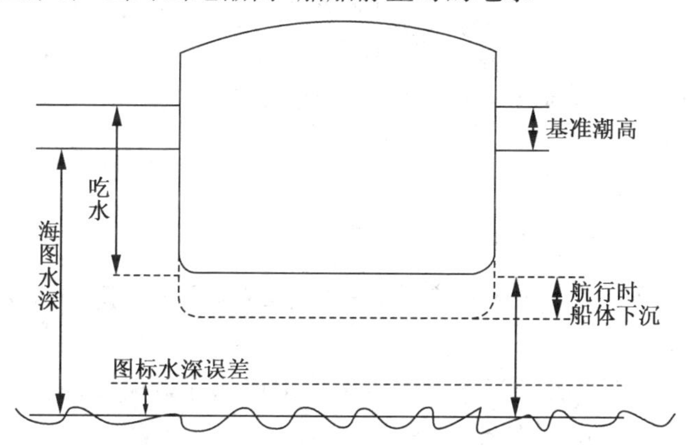

图 3-3-10　浅水域中船舶的富余水深

（一）确定富余水深应考虑的主要因素

在确定富余水深时，一方面必须保证船体底部不会触及海底；另一方面又必须保证船舶具备一定的操纵性能，以确保安全操船。因此，富余水深应根据当时的船舶状态（如航速、吃水、纵横倾等）和环境条件（如海况、气象、水道形状及宽度、船舶通航密度、水深资料的精度以及当地的特殊规定等）加以确定。

1. 船体下沉和纵倾变化

船舶在浅水域中航进时，船体下沉量增大。在通常商船速度范围内，直航时一般为艏倾，故尤应注意船首下沉量

2. 船体在波浪中的摇荡

船体在波浪中的摇荡包括横摇、纵摇及垂荡可能造成实际吃水的变化，其下沉量可分别近似求得如下：

(1)横摇时的吃水增量：1/2(船宽 B)×sin(横摇角 θ)；

(2)纵摇时的吃水增量：1/2(船长 L)×sin(纵摇角 φ)；

(3)垂荡时的吃水增量：垂荡的位移量。

3. 海图水深的测量误差

按照国际测深标准，海图的图标水深可能有如下等级的误差：

(1)水深范围 20 m 以下，允许水深误差 0.3 m；

(2)水深范围 20~100 m，允许水深误差 1.0 m；

(3)水深范围 100 m 以上，允许误差为水深的 10%。

与此同时尚需考虑碍航物、海底地形及其变化。

4. 水位的变化量

(1)当时当地的潮高误差；

(2)气压变化引起的水位变化：气压每升高 1 hPa，水面下降 1 cm；

(3)水的密度变化引起的吃水变化。

设船舶由海水(密度为 ρ_1)进入淡水(密度为 ρ_2)，则吃水变化量为：

$$\Delta d = d_1 \frac{C_b}{C_w}\left(\frac{\rho_1}{\rho_2} - 1\right) \tag{3-3-6}$$

式中：d_1——在海水中的吃水(m)；

C_b——方形系数；

C_w——水线面系数。

5. 为安全操纵应考虑的因素

(1)受限水域航行时会产生浅水效应、岸壁效应，故应留出一定的富余水深，以保证船舶航行安全。

(2)防止主机冷却水入口吸入泥沙。主机冷却水使用靠近船底的吸入门时，至少需有冷却水吸入口直径 1.5~2 倍的船底富余水深。

(3)海底表层为硬岩时，由于不平坦，触底的危险性就更大，所取富余水深应比软泥底时大。根据 Bojtch 的提案，对岩石底质估算为 60 cm、沙底估算为 30 cm 的富余水深是必要的。

(4)在港内操船时，往往为制动或掉头而用锚，锚的抓底情况因底质不同而异，当底质为泥时，一般都是锚爪向下全部埋入泥土。而在结实的沙底上拖锚时，锚爪往往未能充分埋入，所以船底下应留有相当于锚头宽度的间隙，一般取锚冠凸缘的宽度。

在具体确定富余水深时，应将上述各因素根据具体航行条件加以考虑进行取舍。

(二)富余水深的确定

(1)欧洲引航协会(EMPA)，对进出鹿特丹港、安特卫普港的船舶建议采用如下的富余水深：

外海水道:船舶吃水的20%。

港外水道:船舶吃水的15%。

港内:船舶吃水的10%。

(2)荷兰的Europort港,对VLCC采用较上述值低5%的富余水深标准;马六甲海峡、新加坡海峡对VLCC(DW>15万吨)油船及深吃水(d>15 m)船舶过境,规定了至少应确保3.5 m富余水深的义务。

(3)上海港引航站规定,通过长江口南水道的船舶,应留0.6 m的富余水深;又如大连港规定,涨潮进港富余水深不小于最大吃水的5%,落潮进港富余水深不小于最大吃水的10%。

(4)日本濑户内海主要港口的富余水深标准为:

吃水在9 m以内的船舶,取吃水的5%;

吃水在9~12 m的船舶,取吃水的8%;

吃水在12 m以上的船舶,取吃水的10%。

第四节　船间效应

船舶在对驶、追越或并进过程中,若两船距离过近,两船之间产生的流体作用,将使船舶出现互相吸引、排斥、转头、波荡等现象,称为船间效应。船间效应是有害的流体现象,易导致碰撞事故的发生,在船舶操纵中应引起充分的重视。

一、船间效应的现象及产生原因

1. 吸引与排斥

航进中的船舶,船首尾处水位升高,压力增高从而给靠近航行的他船以排斥作用;而船中部附近的水位下降,压力降低,则给靠近航行的他船以吸引作用,如图3-4-1所示。

2. 波荡

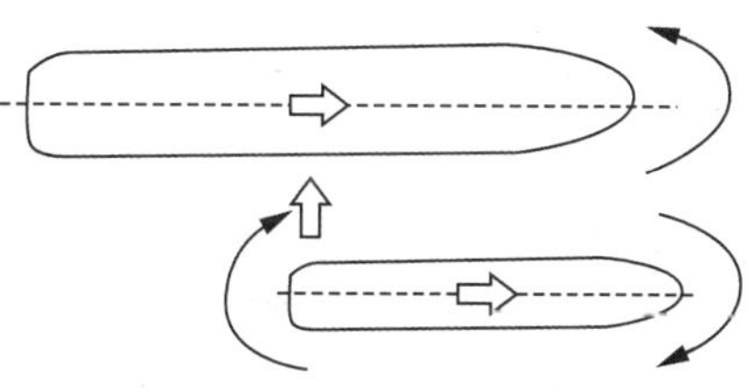

图3-4-1　吸引与排斥

当两船平行接近处于追越关系时,就要受到追越船或被追越船所造成的发散波(船首尾兴波)的作用。与其他波浪一样,船舶航行所产生的兴波之水质点本身并不随波形移动。在深水中,波浪的水质点以一定的速度做轨圆运动,当水质点处于波峰时,其运动方向与波的传播方向相同(向前运动);处于波谷时则与波浪的传播方向现反。因此,如图3-4-2所示,当追越船处于被追越船的发散波之波峰之前时,由于水质点的运动方向与波的传播方向即船舶前进方向一致,船被加速;当处于波谷时,由于水质点运动方向与波的传播方向相反而船被减速。

这种处于他船发散波中的船舶,由于相对于波的位置不同而受到加速或减速的现象,称为波荡或无索牵引。在狭水道内航行时,大型船舶速度越高,兴波越为激烈,小型船舶吃水越浅,波荡现象就越激烈,对小船的影响就越大。

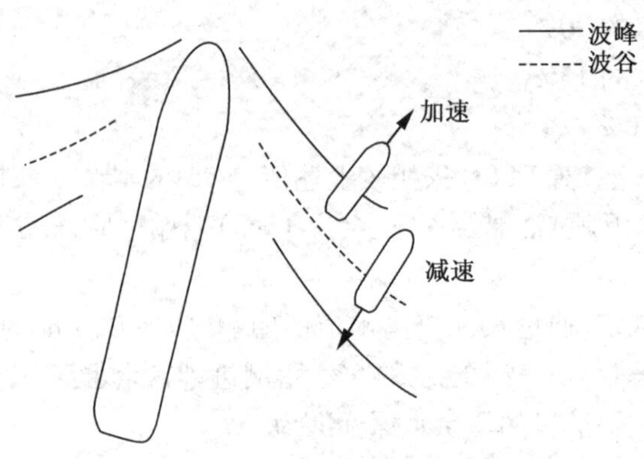

图 3-4-2　波荡

3. 转头

处于他船发散波中的船舶,当其船首向与他船发散波方向存在夹角时,即船舶斜向与发散波遭遇时,由于波中水质点做轨圆运动,波峰处的船体部分受波的前进方向的力,而波谷处的船体部分则受相反方向的力,其结果构成了力矩使船首转头。如图 3-4-3 所示,兴波自左前方来时,当船首处于波峰、船尾处于波谷时,船首将向右偏转,这种现象称为转头。显然,他船的船速越高、兴波越激烈时,这种转头作用越大;越接近他船时,这种作用也越明显;越是较小的船舶所受的影响也就越突出。

上述吸引与排斥、波荡、转头等现象有时可能是同时出现的。

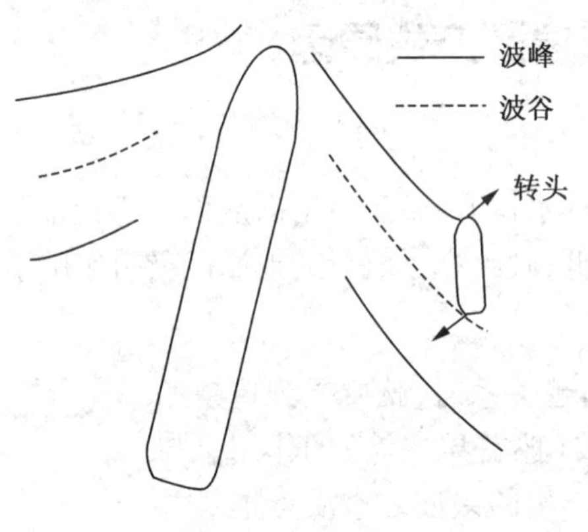

图 3-4-3　转头

二、影响船间效应的因素

1. 船间距离

两船间距越小,相互作用越大。船间作用力的大小约与两船间横距的 4 次方成反比;船间作用力矩约与两船间横距的 3 次方成反比。一般当两船间的横距小于两船船长之和时,就会直接产生这种作用;两船间横距小于两船船长之和的一半时,相互作用明显增加。若两船过度接近则有碰撞的危险。

2. 船速

船速越大，船体周围流压变化越激烈，则兴波越激烈，相互作用也越大。根据船模试验，船间作用力和力矩约与船速的平方成正比。

3. 作用时间

双方航向相同且船速差别较小时作用时间长，相互作用也更大。航向相反时，作用时间短，相互作用较小。

4. 船舶排水量

大、小不同的两船互相接近时，小船受到的影响大。

5. 航道尺度

在浅窄的受限水域航行时，由于船体周围的水压力的变化及兴波均较深敞水域中更为激烈，因此，船间效应也就比深水中更为激烈。

三、追越中两船间的船间效应及其预防

追越中两船间的船速差别较小，持续时间较长，船间效应影响较大，尤其是对较小的船舶，如果不予以充分注意并采取适当措施，近距离追越时极易发生碰撞事故。根据模型试验结果可以得出以下结论：

(一)追越过程中的船间作用

试验结果显示，追越过程中随两船相对位置的变化，船间作用力的大小和方向也相应发生变化，产生不同的作用效果。如图 3-4-4 所示，A 船为追越船，而 B 船为被追越船，定性分析如下：

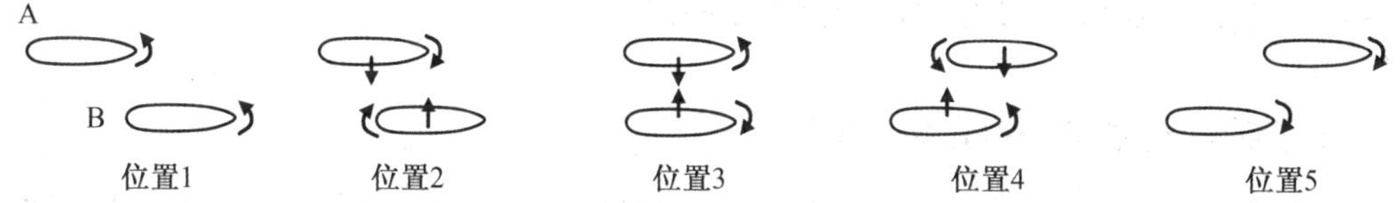

图 3-4-4　追越中船间作用效果

位置 1：当追越船 A 船船首接近被追越船 B 船船尾时，B 船船尾受到 A 船船首高压排斥使船首内转，可能挡住 A 船进路，而与 A 船船首部发生碰撞，尤其是在被追越船明显小于追越船时。

位置 2：当追越船 A 船船首接近被追越船 B 船船中，两船船体部分重叠时，由于两船首、尾分别受到另一船船中低压吸引，B 船船尾内转，A 船船首内转，与此同时，两船体相互靠近。此位置两船转船力矩最大，极易发生大幅度回转而使 A 船船首与 B 船船中、尾发生追越中碰撞。事故的统计分析充分说明了这一点近。

位置 3：当追越船 A 船船首接近被追越船 B 船船首，两船并驶时，其间流速加快，压力下降，产生最大的吸引力，导致两船互相接近，因此该位置也是容易发生碰撞的位置之一。与此同时，两船船首高压互相排斥而导致外转。

位置 4：当追越船 A 船船尾接近被追越船 B 船船中，两船船体部分重叠时，由于两船首、尾

分别受到另一船船中低压吸引,A 船船尾内转,B 船船首内转,与此同时,两船体相互靠近。此位置两船转船力矩仍处于最大,极易发生大幅度回转,但追越船船速比被追越船高,此时易发生 B 船船首与 A 船船中、船尾擦碰。

位置 5:当追越船 A 船船尾接近被追越船 B 船船首时,A 船船尾受 B 船船首高压排斥而外移并船首内转,B 船船首受 A 船船尾高压排斥而外移。此时,追越过程已经结束,如果两船维持船速,通常不会引起碰撞。

(二)追越中为避免激烈的船间效应而发生碰撞的预防措施

通常在开阔水域中,追越中两船的间距往往远超过可能产生船间效应的距离。而在受限水域,特别是近距离追越过程中,应当注意船间效应的影响,及早采取有效措施,避免碰撞事故的发生。

(1)尽量避免在狭窄弯段或浅滩处追越,应选择平直、通航密度小的允许追越的航段进行追越。

(2)追越前必须用 VHF 或声号征得被追越船的同意后方可追越。

(3)被追越船如同意追越,应尽量让出航道,减速至能维持舵效的速度行驶;追越船应适当加车,尽可能加大两船的间距,以便增大两船间的速度差,减小两船并行的时间。

(4)深水中快速追越时,两船间横距应至少保持在大船的一倍船长,最好能大于两船船长之和。在港内低速追越时,两船间的横距可以减少到最少保持一倍船宽,但若考虑到操船上的安全,最好能大于大船的一倍船长。

(5)一旦出现明显的相互作用而有碰撞的危险,追越船应减速、停车或倒车,并用相应的舵角制止偏转;而被追越船则应适当地加车以增加舵效,抵制偏转。被追越船如果减速则可能丧失舵效,反而容易引起碰撞。

四、两船对驶时的船间效应及其防止

(一)对驶过程中的船间作用

两船对驶会船时的相互作用情况,与追越过程类似,随两船相对位置的变化,船间作用力的大小和方向也相应发生变化,其作用结果可用图 3-4-5 简要表示。

图 3-4-5　两船对驶时船间效应

位置 1:两船船首内侧高压互相排斥,船首各自外转。

位置 2:两船前半部分重叠时,船首被对方船中的低压所吸引,船首各自内转,同时船体相互靠近。

位置 3:两船首尾重叠时,两船内侧各为低压,互相吸引。

位置 4:两船后半部分重叠时,船尾被对方船中的低压所吸引而内转,船首外转,同时船体相互靠近。

位置5:两船船尾重叠时,船尾内侧高压相互排斥而外转,船首各自内转。

在对驶会遇的过程中,两船间的这种相互作用力和力矩非常大,所幸的是,这种非常大的力和力矩的出现是短暂的,在其所产生的运动发展之前,两船已经相互驶过了,使这种力和力矩的作用效果大大减轻。

(二)对驶中为避免船间效应而发生碰撞的预防措施

对驶会船时,为避免激烈的船间效应而发生碰撞的预防措施是:

(1)应避免在复杂的航段会船。

(2)两船横距应尽量拉开。对驶会船前应减速缓慢行驶,尽量保持两船间的横距大于大船的船长。

(3)两船船首相平时,切忌用大舵角抑制船首外转,否则将导致船首进入对方船中部低压区时加速内转而引起碰撞。正确的措施是适当加车以增加舵效,稳定船首向,减少通过的时间,使相互作用迅速消失而安全通过。

(4)在两船对驶会船时,两船间相互作用造成碰撞的危险虽比追越过程中低,但当两横距过小,一船船首或船尾分别处于他船内舷的高压区或低压区时,则有可能因剧烈转头而使该船船首或船尾碰撞他船。

五、驶过系泊船时的相互作用及其预防

当船舶近距离驶过系泊船时,船间的相互作用使得驶过船受到的影响类似于岸壁效应。但除船间作用力和力矩的影响之外,系泊船也会受到驶过船的船行波及其岸壁反射波的影响。这种影响常表现为船舶的艏摇、横摇、纵摇、横荡、纵荡以及垂荡六个自由度的运动。其中对船舶影响最大的是纵荡。不良后果是可能造成系泊船靠岸舷侧的擦损、断缆以及舷梯损坏等事故。

(一)影响因素

根据经验,航行船舶近距离驶过系泊船时,系泊船所受影响的大小与下列因素有关:

(1)航行船舶排水量越大、航速越高,系泊船所受影响越大;

(2)水深越浅、船间距离越小,系泊船所受影响越大;

(3)系泊船排水量越小,这种影响也就越大;

(4)风强流急又将助长这种影响。

(二)预防措施

为了避免对系泊船造成过大影响,航行船舶近距离驶经系泊船时,宜减速行驶,同时尽可能加大与系泊船的横距。

系泊船在有航行船舶驶过时,为了避免受航行波影响而造成事故,应当采取有效措施:

(1)加强值班,保持系缆受力均匀,避免某根缆绳单独过紧或过松;

(2)必要时对系缆和碰垫做必要的调整,以增加船舶系泊稳定度;

(3)发现有大船快速驶过时,系泊船应对舷梯做出必要调整,停止有关可能受影响的作业,避免发生事故。

思考与练习

1. 何谓风压力及其转船力矩？它们的大小与哪些因素有关？

2. 试绘图说明船舶在不同运动状态中受风偏转的规律。

3. 船舶静止中和航行中的风致漂移速度与什么因素相关？为减少风致漂移速度可采取什么措施？试说明其理由。

4. 试述流对船速、舵力、船舶漂移和旋回的影响。

5. 浅水对船舶操纵有何影响？

6. 何谓岸壁效应？岸推岸吸现象的影响因素有哪些？在操舵保向方面应注意什么？

7. 何谓船间相互作用？影响船间相互作用大小的因素有哪些？如何防止和克服？

8. 试绘图说明大小相似两船追越时的船间相互作用。

9. 确定富余水深的要素有哪些？

知识树

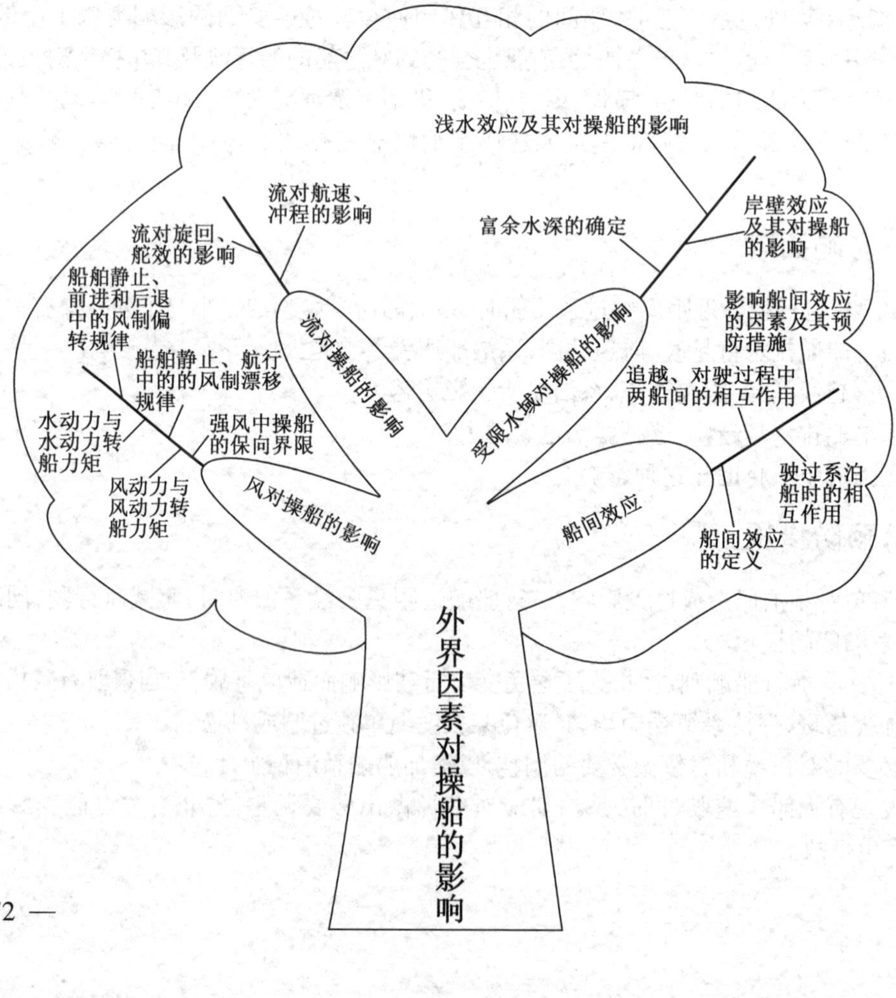

外界因素对操船的影响

风对操船的影响
水动力与水动力转船力矩
风动力与风动力转船力矩
船舶静止、前进和后退中的风制偏转规律
船舶静止、航行中的的风制漂移规律
强风中操船的保向界限

流对操船的影响
流对旋回、舵效的影响
流对航速、冲程的影响

受限水域对操船的影响
浅水效应及其对操船的影响
富余水深的确定
岸壁效应及其对操船的影响

船间效应
船间效应的定义
影响船间效应的因素及其预防措施
追越、对驶过程中两船间的相互作用
驶过系泊船时的相互作用

第四章　港区操纵

本章学习目标：

1. 掌握船舶进出港操纵；
2. 掌握接、送引航员时的操船方法，SOLAS 公约关于引航员软梯的布置要求；
3. 掌握锚地选择方法及各种环境条件下锚泊作业方法；
4. 掌握走锚、锚链绞缠等处置方法；
5. 掌握港内掉头适用及掉头方法；
6. 掌握船舶靠离泊作业方法；
7. 熟悉系离浮筒、尾系泊、船舶并靠、进出船坞、进出船闸的操纵注意事项；
8. 了解大型船舶操纵。

第一节　港区操纵的准备

一、船速的控制

船舶在接近停泊区域时，不仅仅要考虑船舶自身的操纵性能，尤其是停船性能；还要考虑航行水域的宽度、深度受限、风流致漂移，以及通航密度增大可能带来的船舶搁浅、碰撞的危险，在停泊之前必须适时地将海上船速（sea speed）或常用船速（normal speed）改换为备车速度（stand by speed）或操纵速度（maneuvering speed）。

（一）进港减速过程

船舶进港时的减速过程，一般应根据船舶种类、船型、主机功率、进港航道（或水道）情况、水文气象等分阶段加以实施，根据经验一般可按如下阶段进行。

1. 备车

船舶由沿海水域驶入港口水域并向停泊位置接近过程中，由于港内航行需要频繁改变船速，因此，首先要进行备车。处于备车航行状态时，船舶是否降速，取决于船舶距停泊位置的距离、船舶吨位、操纵性、通航环境以及船舶类型等因素。船舶减速实例如下：

（1）中、小型的一般货船

操船环境较好时一般减速方法是按表 4-1-1 要求进行；若操船环境较差，可以距离泊位

10 n mile 以上或提前 1 h 进行备车。

表 4-1-1　接近锚地用车与距离(海里)参考表

船舶种类 \ 车钟令	备车	前进二	前进一	微进	停车
一般货船、集装箱船	5	4	3	2	1
超大型油船、散货船	10	7	6	5	3

(2)大型集装箱船

高速集装箱船的主机功率较一般货船为高,制动能力也较强。当驶向水域广阔的泊位时,通常仍可按一般货船要求,在剩余航程 5 n mile 左右备车,接近泊位需时约 30 min;当驶向港湾水道交通情况均较差的泊位时,则应提早在剩余航程为 10 n mile 处备车,接近泊位需时约 1 h。

(3)超大型油船

超大型油船由于排水量大、主机功率低,因此换车减速时机较其他种类的船舶为早,可参考表 4-1-1 要求进行用车和停船。

(4)节能型船舶

该类船舶所配备主机功率较低,与超大型油船减速类似。

2. 高速阶段

距离停泊位置为 10~15 n mile 时,船舶一般位于港外航道或港口界限之外,船速为 10 kn 以上(港内全速),属于高速阶段。在高速阶段,由于船速相对较高,受风、流的影响较小,船舶对操舵的反应较为灵敏,故其可通过操舵对航向进行有效控制,不需要拖船协助。

3. 中速阶段

距离停泊位置为 3~10 n mile 时,船舶一般位于港口航道之内,航速约为 6~10 kn(半速或慢速),属于中速阶段。在中速阶段,尽管舵效有所下降,风流造成的影响比高速阶段有所增大,但船舶航向基本还是可以由操舵进行控制,基本不需要拖船协助;在受限水域,可能需要拖船系在大船的舷侧或船尾,以协助船舶进行保向。这时船舶操纵风险较高速阶段有所增大。

4. 低速阶段

距离停泊位置约为 1~3 n mile 时,船舶位于内港或航道内,船速一般约为 4~6 kn(微速或停车),属于低速阶段。在低速阶段,风流影响比中速阶段进一步增强,舵效下降非常明显,特别是船速降至失去舵效的临界点时,停车之后船舶很快失去舵效,操舵不足以控制船舶航向,船舶操纵风险也相应增大,则需要侧推器或拖船协助船舶保持正确的位置和航向。

5. 制动阶段

距离停泊位置 3~5 倍船长时,船舶位于进港航道端部和泊位前沿之间的过渡水域,船速一般为 3~4 kn,在此时需要制动操纵,属于制动阶段。在制动阶段,由于需要倒车制动,舵效完全丧失,需要使用侧推器或拖船全面控制船舶运动。

(二)减速过程中的控向

在进港操船中,随着船舶逐步减速,舵效将会变得越来越差。根据实践经验,需要注意的

是不同的操舵手段，需要有相应的速度域，才能保持一定的舵效，达到有效地控制船舶航向的目的。

一般说来，操船者应当知道下列数据：

(1)自动舵可有效控制航向的速度范围为 8 kn 以上；

(2)万吨级船舶手操舵有舵效的最低速度约为 2 kn，而大型船舶约为 3 kn；

(3)侧推器起作用的速度范围为 4 kn 以下；

(4)港作拖船发挥作用的速度范围为 4~6 kn 以下。

当然，具体船舶在减速过程中的航向控制问题，在实际操船中并不完全像上述四条那样单一，各种控向手段可实施控制的有效速度域，还常随船舶种类、线型、外界环境条件的不同而不同，因此，仍需时时注意具体船舶及其所处的具体环境情况予以修正才行。

(三)出港加速过程

船舶出港为逐渐加速的过程，舵控制航向的能力从进车的初始，就有明显的效果。比较而言，船舶出港操纵较进港操纵容易。

船舶出港航行于港口水域时，应根据船舶状况、外界水文气象环境、航道及交通流情况决定行驶的速度，一般航行速度以不超过 6~8 kn 为宜。

二、接送引航员

(一)引航员登离船装置的要求

引航员登离船装置的要求如图 4-1-1 和图 4-1-2 所示。

1. 对干舷为 9 m 及以下船舶的安装要求

(1)扶手立柱直径至少 32 mm、高出舷墙 120 cm 以上，两柱之间距离在 70~80 cm 之间；

(2)根据引航员的需要，准备两根没有绳结、直径在 28~32 mm 之间的扶手绳(也称安全绳)；

(3)边索直径至少 18 mm，两根边索的间距至少 40 cm；

(4)所有踏板必须保持水平并稳固地靠在船舷，每两块踏板之间间距为 31~35 cm；

(5)最下方的 4 块踏板可用具有足够强度和刚度的橡胶板制成，第五块必须是长 180 cm 以上的防扭加长踏板；

(6)两块防扭加长踏板之间最多设 9 块踏板；

(7)软梯离海面高度由引航员决定。

2. 对干舷为 9 m 以上船舶安装组合梯的要求

(1)舷梯必须使用系留座或磁性、气动系统系固在船舷上，并朝向船尾，最大坡度不超过 45°；

(2)舷梯宽至少 600 mm，下平台必须保持水平，离海面 5 m 以上，舷梯及平台两边均应装有坚固的立柱和栏杆；

(3)软梯自舷梯下平台还须向上延伸至少 2 m，系固在舷梯下平台上方 1.5 m 的船舷上；

(4)软梯和下端平台之间的水平距离应在 0.1 m 和 0.2 m 之间，引航员需要攀爬的软梯

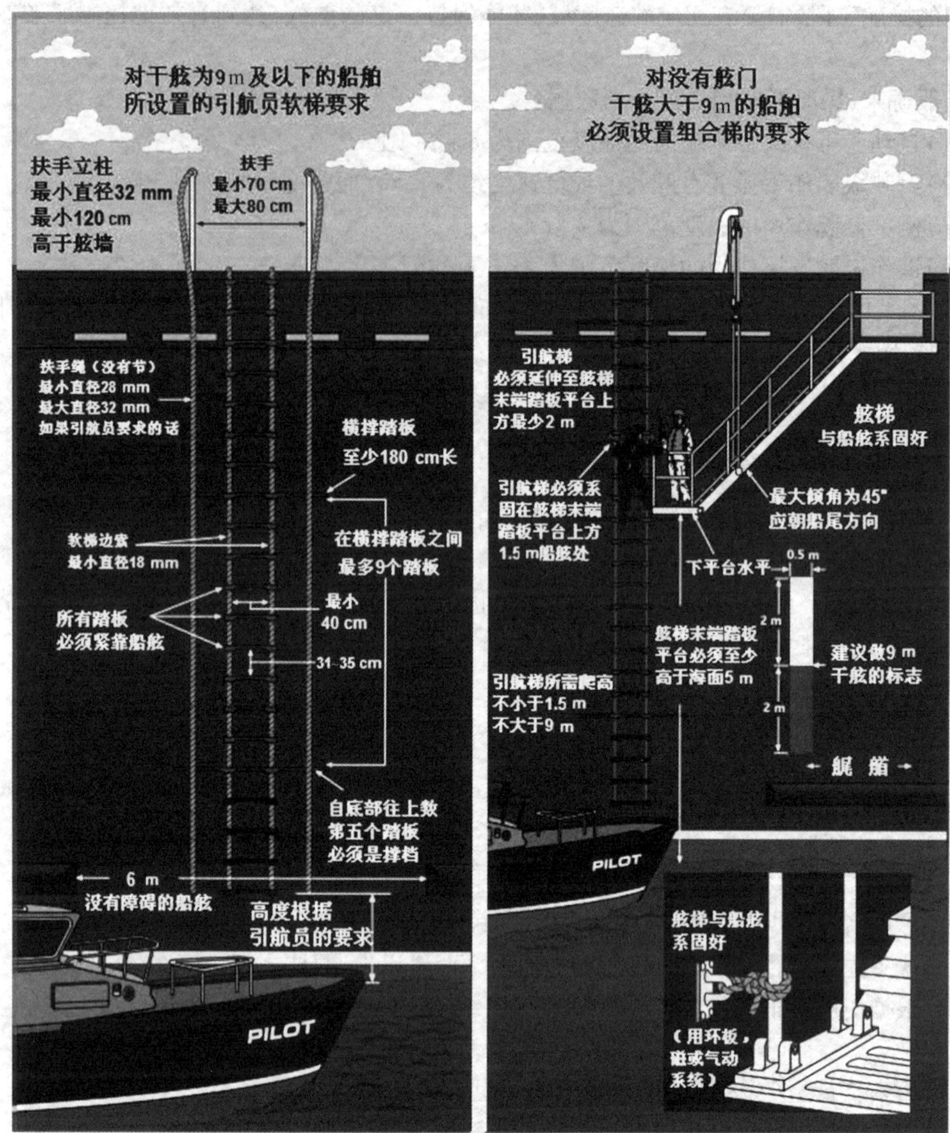

图 4-1-1　引航员登离船装置的要求(一)

长度在 1.5~9 m 之间；

(5)推荐在安装引航员登离船装置附近的船舷上涂一个上白下红的“9 m 干舷标识”，其高是 4 m、宽是 50 cm，白红相间处至甲板是 9 m。

3. 对引航员软梯的具体要求

(1)边索上禁止有卸扣、绳结或插接，两边索间的距离必须保持相等；

(2)踏板必须水平，踏板之间等距离，踏板下的楔子必须紧紧扎牢边索；

(3)踏板必须具有有效的防滑表面，不应油漆、弄脏或打滑；

(4)防扭加长踏板禁止绑在正常的两块踏板中间；

(5)软梯最下端禁止有各种绳圈和调节绳，因存在把人绊倒和缠住引航船艇的危险。

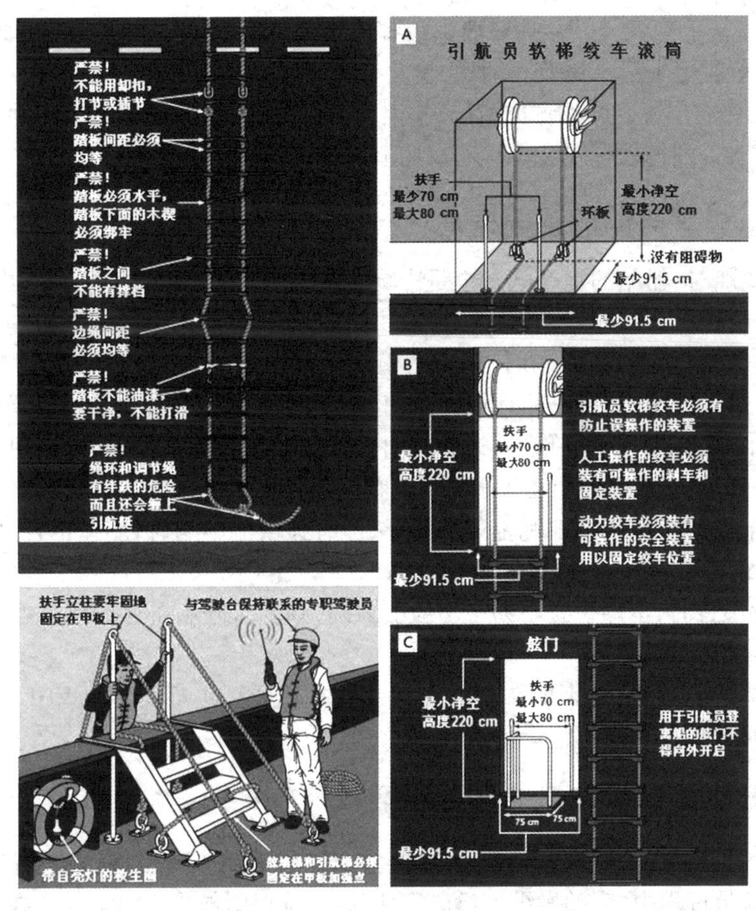

图 4-1-2　引航员登离船装置的要求(二)

4. 对使用舷墙梯及引航员登离船出入口处的要求

(1)舷墙梯应紧紧地系固在船舶甲板的加强点上，以防引航员登离船时舷墙梯发生倾覆，登离船出入口处禁止有障碍物；

(2)扶手立柱应紧紧固定在船舶甲板上；

(3)舷墙梯处放置一个带自亮灯浮的救生圈用于应急，准备一根撇缆绳用于提起或送出引航员的背包或引航设备；

(4)负责接送引航员的驾驶员须携带无线电对讲机在现场照料并保持与驾驶台联系。

5. 安装和固定引航员登离船装置的具体要求

(1)软梯位置应避开船上任何可能的排泄口；

(2)应为引航员提供安全、方便和无障碍的甲板通道，通道上方有障碍物时应该进行警示等；

(3)设在舷墙梯上的两根扶手立柱，必须在底部或靠在船舶结构处牢牢固定，扶手立柱或栏杆不应仅安装在舷墙梯上；

(4)夜间应使引航员登离船装置和甲板通道均有足够的照明。

6. 安装引航员登离船装置和接送引航员的经验做法

(1)安装软梯时，应有值班驾驶员进行监督；

(2)当软梯、扶手立柱、扶手绳、舷墙梯等都安装妥当后,应安排船员沿舷墙梯或舷梯,抓牢扶手立柱,在软梯上上下下试验一两次,检验有无问题;

(3)安装软梯的位置,如没有办法远离排泄口,则应在引航员使用时关闭并用挡板或帆布将该排泄口遮挡,否则把软梯安装在排泄口的上风处。

(二)引航员登离船的操纵要点

引航员登离船时,船舶的运动状态也是影响引航员安全的因素之一。航行中接送引航员,除了要做好引航员登离船装置的安放检查,还要精确地控制船舶,其操纵要点如下:

(1)调整进港船速,准确预报和控制抵达引航员登船点的时间。过早或过晚都不利于船舶安全,尤其是过早抵达引航地点而引航员未抵达,因水域狭窄往往造成被动局面。

(2)根据引航员的要求调整航向,通常将引航梯或舷梯放在下风舷,以利用船体的遮蔽作用减小下风舷的风浪。在引航员上下船时,应保持航向和航速。

(3)降低船速,以适应引航船和拖船的并靠,但有强横流影响时,船速不宜过低,以免漂移过大而造成搁浅,一般以保持舵效的船速为准。

(4)能见度不良时,本船位置不易被引航船识别,必要时开启雷达为引航船导航并鸣放合适的声号供引航船识别。

(5)引航员登船点附近往来船舶交通密集,应加强瞭望,注意及时用 VHF 与 VTS 和他船取得联系并及时避让。

(三)直升机接送引航员船舶操纵要点

随着船舶的大型化,引航员登船点离港口越来越远,采用直升机接送引航员越来越普遍。直升机接送引航员过程中,船舶操纵人员应密切配合,确保引航员、飞机、船舶在引航员登离船舶期间的安全。

1. 直升机抵达前的安全检查

对于所有船舶:

(1)根据有关最低要求的规定将降落区域报告交管中心(VTS)。

(2)所有甲板吊杆或克令吊以及其他活动的设备落下并固定。

(3)所有降落/吊运区域附近的松动物品移开或固定。

(4)降落/吊运区域附近清洁,并没有残留货物或冰凌。

(5)降落/吊运区域附近在日没至日出之间,或在能见度不良时有足够照明(直升机飞离之前不可关闭甲板照明灯)。

(6)甲板照明灯照射方向向下指向甲板,以免直接指向直升机驾驶员。

(7)注意甲板上的相对风向和风速,挂妥船旗或三角旗。

(8)VHF 设定在港口指定频道。

对于油船还要做到:

(9)不早于直升机降落前 30 min 释放货舱压力(若没有配备惰性气体系统)。

(10)降低货舱压力使其为正值(若配备惰性气体系统)。

(11)通风后关闭所有货舱开口。

对于液化气船还要做到:

(12)采取所有防范水蒸气泄漏到甲板的措施。

对于散货/液货混装船还要做到：

(13)停止所有舱面通风，并落下舱口压条(干散货)。

消防措施：

(14)根据有关要求，在降落/吊运区域预先设置消防设备。

船员注意事项：

(15)指定协助直升机降落/吊运的船员，并在操作前在下列方面对其给予指令：

①降落/吊运区域的位置(如果船上没有固定的场所)；

②直升机降落之前或降落期间尽可能处于离开降落/吊运区域的安全位置；

③在任何时候都应远离降落/吊运区域；

④在吊运期间，不要接触吊索。

(16)指定协助直升机接送引航员的船员须携带手提 VHF 对讲器。

(17)指令所有不参与操作的船员远离露天甲板。

(18)指令所有船员不得使用闪光灯照相机，以免影响直升机驾驶员的视线。

如果在驾驶台两翼吊运：

(19)去除驾驶台两翼的遮阳罩。

(20)所有雷达天线停止运转。

上述所有项目检查完之后，船长应确认：

(21)甲板消防组到位并做好操作准备。

(22)船长上驾驶台，并确认安全检查的所有项目已经做到。

(23)船长通知有关方面船舶准备就绪，必要时通知 VTS。

2. 船舶横摇和纵摇角

船舶的过度运动可能造成直升机滑出甲板上的降落区域。因此，在直升机降落甲板期间，一般要求船舶的运动状态最低达到下列要求：

横摇角左、右各不超过 2.5°，即横摇幅度不超过 5°；

纵摇角前、后各不超过 2°，即横摇幅度不超过 4°。

为了减轻船舶摇摆幅度，往往直升机驾驶员会要求船长调整航向和航速。

3. 船舶航向和航速

直升机向甲板降落期间，一般要求船舶保持航向和船速。直升机驾驶员和引航员之间进行协商确定具体的航向和船速。一般情况下，要求船舶风舷角不大于 30°，并避免航向的突然变化。

第二节　锚泊操纵

船舶在装卸货物、检疫、等泊位、候潮、避风等情况下，都可能在锚地抛锚停泊。锚泊作为一种停泊方式具有作业简单、机动性较高、抗风浪能力强等特点。锚泊前应选择好锚地，制订锚泊计划，并做好抛锚前的准备工作，以确保锚泊过程的顺利进行和安全。

一、锚地的选择

一般港口都有指定的通用或专用锚地，选择锚地时，应根据船舶本身特点，结合海图、航路指南等航行资料以及水文气象预报做出合理的选择。通常应考虑锚地的水深、底质和海底地形、旋回余地、避风条件等。

1. 水深

锚地的最小水深，应根据船舶吃水、海图水深、潮高、波高及船舶的摇摆状况综合加以确定。

(1)在无浪涌侵入、遮蔽良好的锚地，当短时间锚泊且需自力操船时，所选锚地的水深应保证在低潮时具备相当于吃水20%的富余水深，否则便难于自力操纵。即使有拖船协助操纵，该富余水深也应高于吃水的10%。

(2)有浪涌侵入或锚地对风浪遮蔽不良时，考虑到船舶摇荡时可能出现的船舶礅底(striking the bottom)现象，低潮时的水深 H_{low} 与吃水 d 和最大波高 H_{max} 的关系应满足：

$$H_{low} = 1.5d + \frac{2}{3}H_{max} \tag{4-2-1}$$

普通万吨级货船锚地水深约为15~20 m。

深水区域选择锚地，应考虑锚机的额定起锚能力和锚的稳定抓力两方面因素。锚地水深一般不得超过一舷锚链总长的1/4，否则将会影响锚的抓力；考虑到锚机的起锚能力，深水抛锚的水深极限一般可取85 m。老旧船、锚设备保养较差的船舶，对于可抛锚最大水深的确定，应当适当减小。

2. 底质和海底地形

锚抓底之后能否发挥出较大的抓力与底质的关系极为密切。软硬适度的沙底和黏土质海底抓力均好，泥沙混合底次之，硬泥、软泥底质较差，石底、珊瑚礁底不宜抛锚。

锚地的海底地形以平坦为好，若坡度较陡(等深线较密)，锚爪不易入土抓牢，将影响锚、卧底锚链抓力，容易出现走锚。

3. 旋回余地

旋回余地应根据出链长度、锚地底质、锚泊时间长短、附近有无障碍物及水文气象等条件综合考虑加以确定。根据经验可按以下几种情况来考虑：

(1)港区锚地锚泊时所需水域

在港区锚地内，由于锚泊船密度较高，一般情况下很难给出宽阔的旋回余地，其锚泊所需水域可按如下方式估计：

单锚泊时取旋回半径为：船长 L+(60~90) m。

八字锚泊时取旋回半径为：船长 L+45 m。

(2)在港外锚地或开阔水域抛锚时所需水域

单锚泊时旋回半径为：船长 L+实际出链长度+$2r$(r 为测量误差，在雷达定位时约为测定船位至物标距离的2%，下同)。

(3)锚泊船与其他锚泊船之间的距离 D_{ss}

如按各船舶的船首向指向同一方向计，如图4-2-1所示，应为：

$$D_{ss} = 船长\ L + 2 \times (实际出链长 + 2r)$$

此外，根据实际经验，大风浪中锚泊，为确保锚泊安全，船舶应至少距下风方向 10 m 等深线 2 n mile，条件许可时，最好有 3~5 n mile。

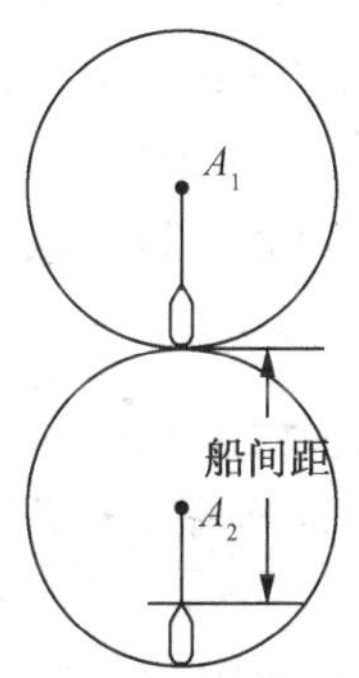

图 4-2-1　锚泊中的船舶间距

4. 避风浪的条件

水域周围的地形应能成为船舶躲避风浪的屏障，以保证锚泊水域海面的平静，尤以可防浪涌袭扰的为最好。

当根据当地气象预报、海浪预报和所处海区盛行的季风选择锚地时，应以免受强风袭扰，靠上风水域一侧为原则（避风水域内）。

5. 其他方面

所选锚地附近应远离航道或水道等船舶交通较密集地区，还应是无海底电缆、沉船、礁石等水中障碍物的水域，水流宜缓而方向稳定。

二、锚泊方式的选择

锚地选好后，应根据该锚地的底质、水深、风流、潮汐、船舶密度，并结合本船吃水、抗风能力和锚泊时间的长短等情况来决定锚泊方式。不同的锚泊方式适用于不同的水域和条件，各有自身的优点及缺点。锚泊方式一般分为四种，如图 4-2-2 所示。

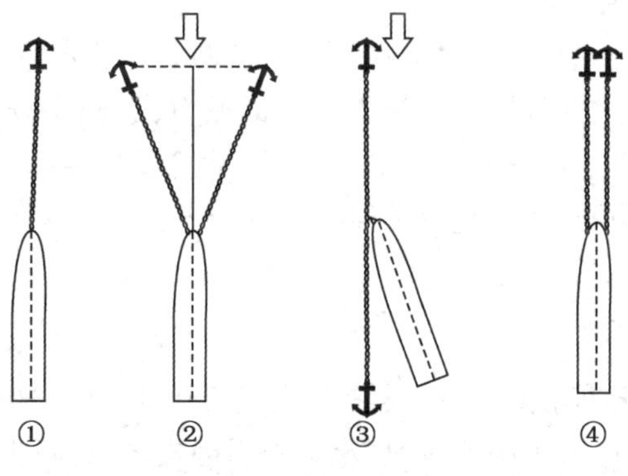

图 4-2-2　锚泊方式

1. 单锚泊

船舶抛一只锚进行锚泊的方式称为单锚泊,是应用最为普遍的锚泊方式,如图 4-2-2 中①所示。单锚泊方式具有作业容易,抛、起锚方便,适用范围较为广泛等优点。不足之处是大风急流情况下锚泊力略显不足,且偏荡严重,容易导致走锚。

大风浪中为抑制船舶偏荡运动,也将另一锚抛出,呈短链拖动状态。但由于该锚并不在系留方面起主要作用,仅仅是一个止荡锚,因此仍将该锚泊方式列在单锚泊方式中。

2. 八字锚泊

船舶先后抛出左右两锚,使双链保持一定夹角(一般为 60°左右)的锚泊方式称为八字锚泊,如图 4-2-2 中②所示。在港内锚泊水域受限,单锚泊不足以抵御外力时,可采用此种锚泊方式。

八字锚泊方式,锚泊力和抑制偏荡的作用随两链交角不同而异。通常两链夹角为 30°~60°;为防止偏荡两链夹角为 50°~60°;为防止大型船舶的偏荡两链夹角取 60°~90°。以 60°夹角的八字锚泊的锚泊力约为单锚泊的 1.7~1.8 倍,夹角越大,锚泊力越小。

与单锚泊比较,八字锚泊方式具有锚泊力较大,旋回水域较小,大风、急流情况下对偏荡有一定的抑制作用等优点。其缺点是作业较为复杂,当风流方向多次改变后锚链常出现绞缠。

3. 一字锚泊

在狭窄水域内,船舶沿水域纵长方向(一般沿流向)先后抛出两锚,使双链交角保持在近于 180°的锚泊方式称为一字锚泊,如图 4-2-2 中③所示。在风流影响下,受外力作用较大的锚称为力锚;另一锚则称为惰锚。锚链相应地称为力链和惰链,通常力链长度为 3~4 节,惰链长度为 3 节。

一字锚泊方式具有最大限度地限制锚泊船运动范围的优点。但作业也较为复杂,风流方向变化后缠链也较频繁,且风大流急情况下锚泊力不足。此方法适用于回旋余地较窄的狭水道、内陆江河或港内锚泊。

4. 平行锚泊

船舶同时抛下左右两锚,使双链等长并保持平行,即夹角为零的锚泊方式称为平行锚泊,也称为一点锚,如图 4-2-2 中④所示。

该锚泊方式可抵御强烈的风浪,也可在江河中抵御湍急的水流,是可以最大程度地发挥双锚锚泊力的一种锚泊方式。其合抓力约为 2 倍单锚抓力,且操作较为简单。我国南海海域常受台风袭扰,许多船长采用平行锚泊方式抗台取得了可喜的成绩。它的缺点是由于两锚距离较近,偏荡现象尚难受到抑制,两锚链也可能出现绞缠。

三、接近锚地

驶向锚地过程中,应根据水文气象、碍航物、通航密度以及本船操纵性能,适时控制船速,保持一定的舵效。接近锚位过程中注意风、流等外界因素影响,减少横向漂移。船舶抵达锚位之前的船速不宜过快,否则,为了减速不得不长时间倒车,将对抛锚时的姿态产生影响。由于驶向锚位过程中,船速较低,受风流影响较大,为防止船舶被风流压向其他锚泊船,加之其他正常锚泊的锚泊船的锚、锚链均位于其船首,应尽可能从锚地其他锚泊船的船尾通过,而避免从

其船首通过。

尽早备锚航行,加强瞭望,应特别注意正在起锚准备开航的船舶,也应注意与锚地中在航船舶的避碰。

四、单锚泊操纵

抛单锚泊操纵方法有前进抛锚法和后退抛锚法两种。军舰为确保锚位准确,有时采用前进抛锚法。一般商船多采用后退抛锚法。

1. 备锚

备锚是指使锚和锚链处于预备抛出状态。其包括启动锚机、合上离合器、解开制链器、用锚机将锚从锚链筒处送至预定抛出高度、刹紧制动器、脱开离合器等操作步骤,然后等待抛锚指令。

2. 调整船身与风向、流向的交角

船舶进入锚地的船首向最好指向风流作用的合力方向。锚地有其他锚泊船时,可根据其他锚泊船的船首向和锚链的松紧程度大致判断当时的风流作用力方向和大小。通常,为使锚得以稳定入土,在空载、强风、流弱时,应以船首迎风抛锚;重载、流强时,应以船首迎流抛锚,尤其是重载流急时,艏艉线与流向的交角越小越好,一般不大于15°;若交角过大,锚链将会承受船身传递的过大的水动压力负荷,易造成断链事故;切忌横风横流时抛锚。

3. 控制退速

为了减轻抛锚时锚链受到的张力,减少拖锚距离,保持锚的抓底稳定性,抛锚的最佳时机是船静止略有退势时。若进速较大,就不得不使用较多倒车,则会影响船首向与流向的夹角,影响锚位的准确性;若退速过大,就会出链过快而刹不住,即便刹紧,锚链也可能要断裂或拉损锚机;若静止不动,则锚链会垂直松下与锚绞缠。

落锚时后退的对地船速,一般万吨级商船应控制在2 kn以下,而VLCC因锚机刹车力的关系,则应小于0.5 kn。

落锚时的船速除利用冲程资料估算之外,还可用正横附近灵敏度较高的串视物标的相对运动来判定。在流缓水域,也可用本船倒车排出流水花来判断。当倒车排出流水花达本船中部时,可判断为船舶已对水停止。必须注意,当流急时,此时船虽对水停止前冲,但对地却以与流近乎同速漂移,即对地已经有了退速。

夜间,如对流向、流速情况不太了解,当估计本船余速已经很微小但把握又不太大时,可先抛出短链(出链长2倍水深以内)即刹住,根据锚链方向和松紧程度判断本船对地速度及流向,然后用车、舵将船首向调整至顶流方向,并保持略有退势时,再松链至所需要长度。这种做法比较稳妥。

4. 松链

在一般情况下,应轮流使用左、右锚进行单锚泊。为了操作方便,右旋定距单桨船可抛左锚;在风流来自某一舷时,则应抛上风舷或迎流一舷的锚。

抛锚时,船首指挥人员若估计船速尚较快,可先抛短链,此时因其抓力较小,较易刹住并可拖锚制速;若出链较长,就难以刹住,可能会出现故障。一般在最初出链2~2.5倍水深时,即应刹住使链受力,使锚爪啮入土中。

抛出短链后,抛锚操作人员应随时观察锚链松紧程度和方向并向驾驶台报告。抛出锚链的方向通常用整点时钟表示,例如“12 点”表示锚链指向正前方;“3 点”表示锚链指向右正横;“9 点”表示锚链指向左正横。锚链的受力情况,可以根据悬垂量的大小以及锚链与水平面的夹角判断。锚链悬垂量大,或呈接近垂直入水状态,受力较小。

驾驶台人员应根据锚链的受力大小及方向,及时用车、舵配合进行调整。在锚链指向正横之后时,即使锚链受力较大,也不可松链,这时应当倒车使锚链指向正横之前,再进行松链。

松链时,宜松出适当长度后,再紧一下锚链,不要一下子松出很多,否则,船身在风流作用下后退速度较高,刹链时将受到较大顿力,对设备不利。松链至预定长度的最后一节时,如船仍有一定退速,宜用短暂进车加以缓和,以稳定锚的最终抓土态势,避免因锚链张力过大而拖动。

5. 深水抛锚

锚地水深过大时,锚从锚孔落下,下落速度较高,冲击力较大,容易出现锚机刹车带失效或受损等情况。同时,由于水深过大,锚落底时的水中速度将远大于其投落试验时的速度,如果海底底质比较坚硬,则可能引起锚的变形及损伤。另外,有时在必须进行深水抛锚的地方,其海底多向洋面一侧出现急剧倾斜,甚至会遇到凹凸不平、底质甚差等情况,此时,应采用深水抛锚法。其要领如下:

(1)水深大于 25 m 时,应利用锚机将锚送出至接近海底的高度,而后使船在极小的退势下,用刹车带将锚抛出。

(2)水深大于 50 m 时,可利用锚机先将锚送达海底后以极微的退势抛锚,或利用锚机将预定需抛出的锚链送出去,并使锚链横卧海底。

五、双锚泊操纵

(一)抛八字锚

在抛八字锚之前,应根据外力影响选择合适的锚链夹角和开口方向,进一步确定两个落锚点的位置、两锚间距与最终出链长度。八字锚的操作方法有以下几种:

1. 顶风后退抛八字锚(图 4-2-3)

使船沿迎风、迎流或迎风流之合力方向缓速航进到位 1,在略有退势时,抛下任意一舷锚,通常是左舷锚;风流不一致时,应先抛上风舷锚。

倒车后退松链约 2 节,进车,向未抛锚舷施舵,控制已抛锚的链长达预定长度的 0.5~1 倍,即能保证夹角为 30°~60°(位 2 时),用舵调整船身,并抛下另一锚,然后,随着风流作用船体后退,继续松链至预定长度。使两链均衡受力,并保持有一舷的连接卸扣留在甲板上,船在位 3 停泊稳妥。

2. 横风流抛八字锚

横风条件下抛八字锚,分为前进抛锚法和后退抛锚法两种。图 4-2-4 所示为采用横风流前进抛锚法。

船横风流缓速航进至位 1 时,抛上风(流)锚,进车松链,达位 2 时抛下风(流)锚,微倒车,

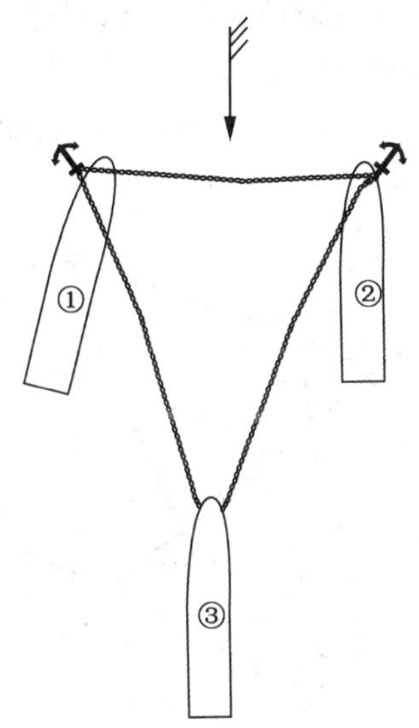

图 4-2-3　顶风后退抛八字锚

让风流将船压向下风流，同时相应松出两链至预定长度并调整使其受力均匀。在位 3 稳定锚泊。若采用后退抛锚法，则应先抛下风流锚，后抛上风流锚。

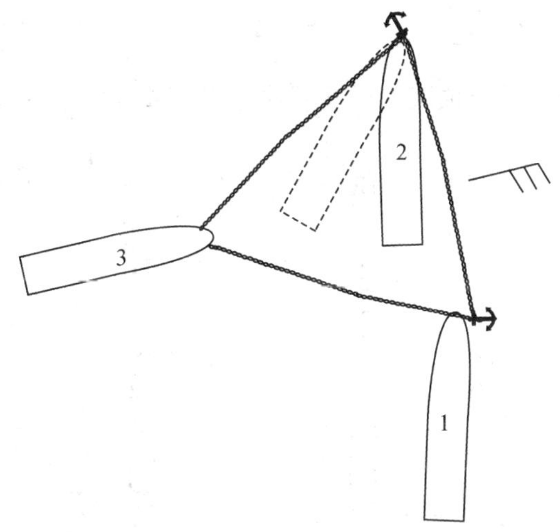

图 4-2-4　横风前进抛八字锚

3. 抗台抛八字锚

抗台风抛八字锚，为了避免两链受力不均匀和发生绞缠，应特别注意两锚抛下的先后顺序。在北半球，当判断本船处于台风右半圆时，因为风向顺时针方向变化，所以应先抛左锚，后抛右锚，出链长度则左长右短；左半圆风向逆时针变化，则应先抛右锚，后抛左锚，锚链右长左短。若在南半球，则相反。如先后次序颠倒，当风向转变时，双锚链将发生绞缠。

图 4-2-5 所示是北半球右半圆抛八字锚抗台的例子。

(1) 台风来临前，吹 NNW—NNE 风向时，抛出左锚至足够长度，然后再抛出 1～2 节右锚链，如位 1。

(2)风向顺时针变化至 NE 时,可逐渐松出右锚链,尽量避免右锚拖动,如位 2。

(3)当风向转至 E 时,风力已增强;转至 SE,风力最强。此时,右锚也松至足够长度,与左锚链长度相等,两链交叉成 60°夹角,八字口正好对着风向,如位 3。

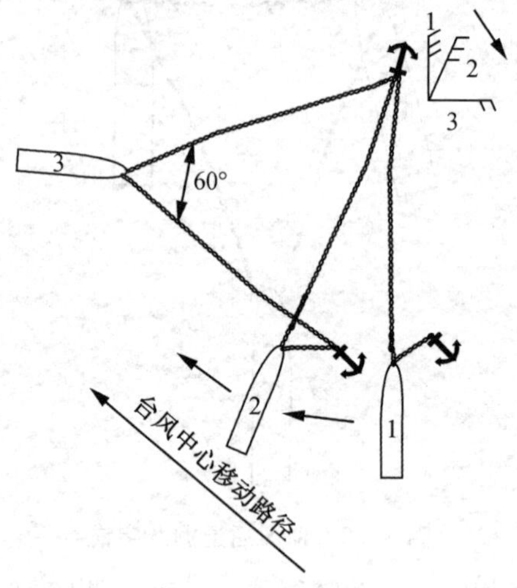

图 4-2-5　八字锚抗台

(二)抛一字锚

一字锚抛法有顶流前进抛与顶流后退抛两种,如图 4-2-6 所示。

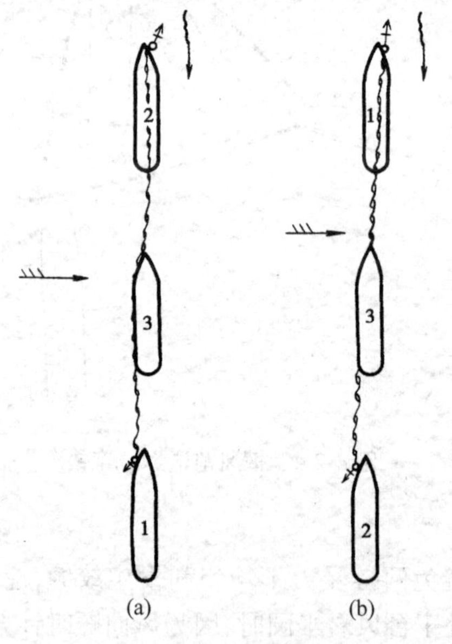

图 4-2-6　一字锚抛法

1. 顶流前进抛锚法

利用船舶前进余速,先抛惰锚后抛力锚的方法称为顶流前进抛锚法。船舶及早停车淌航使船顶流前进,保持对地余速为 1 kn 左右,至惰锚锚位抛出第一锚。如有侧风,为防止两锚链绞缠,第一锚应为上风舷锚。根据需要,可使用车舵以保向和调整惯性,使船仍沿锚位线前进,

并徐徐松出锚链，松至预定的两舷出链长度之和时，刹住。当船首到达力锚锚位附近时，在使船略有对地退速情况下，抛出力锚(侧风时为下风舷锚)并逐渐松出力链，使之吃力，同时绞进惰链。待船首抵两锚位中点附近时，调整两链至预定长度为止。一般情况下各抛锚链3节甲板左右或力链4节甲板，惰链3节甲板。此方法由于易于保向，锚位准确，风流作用下两锚均保持良好抓底状态，因而采用较多。

2. 顶流后退抛锚法

顶流后退抛锚法，是先抛出力锚，待力锚带力，渐渐后退松出力链；至惰锚锚位处再抛出惰锚，然后在送出惰链的同时绞进力链，最终将船首系留在两锚位中点附近。此方法较有利于防止前进中惰链受力过大的缺点，但不利于保持船舶状态和航向，特别是受到较大外力影响时，如横风等，很难有准确锚位和良好的锚泊状态。

在涨、落流速相差较大时，迎向强流方向的链一般可出链4节，迎向较弱一方的链一般可出至3节。收链过紧对抵御横风影响造成的船位移动有利，但两锚因横向受力过大而易走锚；收链较松，船位移向下风侧较远，则应视需要进行调整。

总的来看，一字锚的优点在于限制了锚泊船的回旋范围，适用于狭窄水域内的锚泊。其缺点是，当几次转流后，如不适时妥善处理，两锚链容易绞缠，而且在横风较大时，也易走锚。

根据经验，为防止双链绞缠(foul hawse)，当转流时应将惰链绞紧，并向惰链一舷操一舵角有较好的效果。链绞缠后，可于平流时，请拖船顶尾进行清解(clearing hawse)，也较易行；若无拖船，则只有自力清解。为此，抛锚后应将锚链节的连接卸扣留在甲板上，以备发生绞缠时便于清解。

(三)抛平行锚操纵方法

平行锚的抛法为，在顶风流略有退势时，将两锚同时抛出，然后同时松链至两舷所需链长，出链长度相等为止。平行锚比任何双锚泊方法都简便易行，又有最大的抓力输出；而且，只要做到两舷锚链等长，就可使船左右两舷所受外力较抛单锚更接近平衡，从风力形成偏荡的观点来看锚泊力也稳定得多。此外，由于双锚就近同时抛出，因底质不同而使两锚抓力相差过多的可能性大大减小，因而增加了锚泊的稳定度。

在台风中，不管是在可航半圆，还是在危险半圆之内，风向改变在整个台风过境中也仅为180°左右。因此，即使出现链绞缠，也只左右交叉一次，而且随着风向渐次改变，海底双锚的拖动对于缓解这种链的绞缠又起着有利作用。按照实操经验看，台风过后，清解这种绞缠并不困难，而有时则根本不出现这种绞缠。

六、锚泊船的偏荡运动及缓解偏荡的措施

锚泊船因所受风作用力、水动力和锚链拉力周期性的变化而导致的艏摇、纵荡和横荡相复合的周期性运动，称为偏荡运动，如图4-2-7所示。偏荡中，船舶的重心将描绘出一个与风向横交的“∞”字形轨迹，并且一般说来抛锚一侧的半个“∞”字形相应地短些。

单锚泊船舶、抛平行锚的船舶、抛八字锚的船舶在风向明显改变而未及时调整双链的出链长度时，都会因风、流、浪等外力的作用而产生偏荡现象(yawing at anchor)。

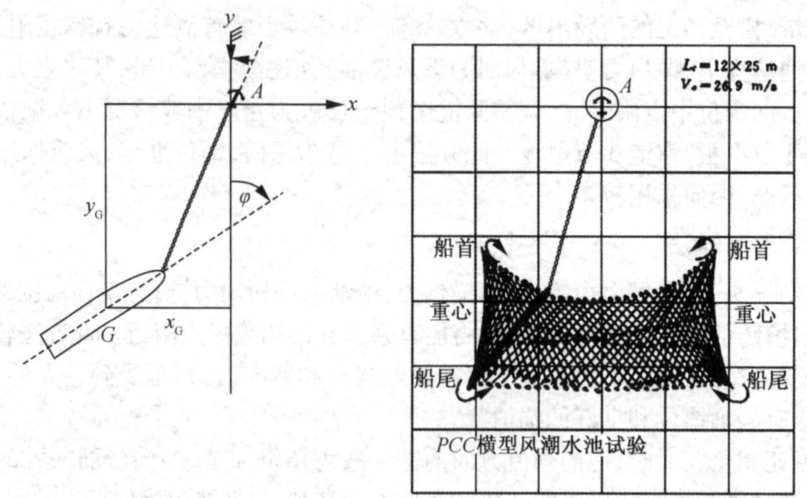

图 4-2-7　锚泊船的偏荡

1. 偏荡中锚链所受的张力

偏荡中锚链张力的变化情况如图 4-2-8 所示。

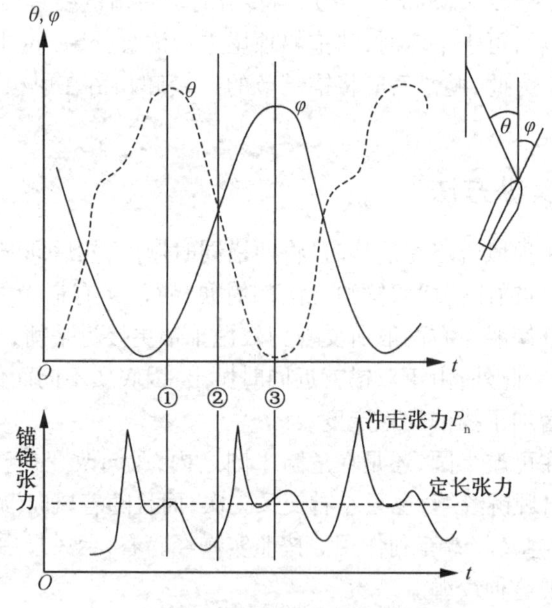

图 4-2-8　偏荡中锚链张力的变化

它可以分为定常张力和在定常张力基础上呈周期性变化的冲击张力两个部分。在一个偏荡周期内，冲击张力出现于由左或右方偏荡极限位置向平衡位置偏荡的过程中，并处在风链角与风舷角相等（即 θ 曲线与 φ 曲线的交点）的略后时刻，故在每个偏荡周期中冲击张力将出现两次。受风面积大或空载船舶，冲击张力在接近平衡位置处最大。定常张力亦称持续张力，由于锚链张力在偏荡过程中一直是变化的，这里所说的定常张力指的是冲击张力出现之后，在相当长一段时间内，锚链张力仍保持着较高的张力值。

单锚泊船偏荡的模型试验表明，当外力及其所造成的偏荡运动越大，冲击张力与定常张力

均有可能超过船舶的锚泊力，从而造成拖锚甚至走锚。单锚泊船大幅度偏荡时，小型船舶的锚链所受的冲击张力为船舶正面受风风力的3~5倍；空载的VLCC为3倍左右；满载的VLCC为2倍左右。

2. 偏荡运动特征参数及变化规律

(1)偏荡幅度

偏荡过程中，船首向左右偏离的最大位置为两个极限位置，此两个位置之间的水平距离称为偏荡幅度。通常出链长度越长、风力越大、船舶吃水越小，偏荡幅度越大；轻载比重载偏荡幅度大；艉倾比艏倾偏荡幅度大。偏荡振幅最大可达2.5倍船长。

(2)偏荡周期

偏荡周期是指锚泊船两次抵达同一极限位置所用的时间。偏荡周期越小，偏荡越激烈，锚链受到冲击力的频率越高。通常出链长度越短、风力越大、水面以上受风面积越大、风压力中心前移，偏荡周期越短；轻载比重载偏荡周期短。一般锚泊船的偏荡周期为10~15 min。

(3)风舷角

偏荡过程中，风舷角呈周期性变化。在一个偏荡周期内出现两次风舷角最大值。一般船首接近平衡位置时，风舷角最大，其最小值出现在极限位置附近。最大风舷角可达50°以上。

(4)转动角速度

偏荡过程中，转动角速度也呈周期性变化。一个周期内出现两次转向角速度最大值，此时船首接近平衡位置附近。

3. 减轻偏荡的措施

(1)增加吃水

打入压载水，以增加吃水及减少水线上船体受风面积，同时增大船体水阻力，对缓解偏荡有一定好处。如能达到3/4以上满载吃水，剧烈的偏荡可大大缓解。

(2)调整纵倾状态

将船舶调成适量的艏纵倾，使船体所受风动压力中心后移，水动压力中心前移，从而缓解偏荡。但小型船舶采用该法应谨慎。

(3)加抛止荡锚

就是在船舶偏荡至未抛锚舷的极限位置向平衡位置开始荡动时，抛下另一艏锚。出链长度一般为1.5~2.5倍水深。

(4)改抛八字锚

当风力加强、偏荡严重、单锚泊抓力不足以抵抗外力时，应不失时机地改抛八字锚。双链夹角控制在60°左右，超大型船舶则以90°左右为宜。

(5)恰当地使用车、舵

对于主机可连续使用微进车、应舵较快的船舶而言，可通过用微进辅以舵的配合，抑制偏荡。但当船舶偏荡到左右极限位置时，微进车过多，反而会加大锚链的负荷，增加走锚和断链的危险。

大型船舶由于主机转速难以微调、应舵缓慢，采用进车很难与变化中的外力达到平衡，故一般采用连续慢速倒车。值得注意的是，倒车增加了锚链的张力和锚的负荷，有导致走锚的可能，故应使用最低的倒车转速。模型试验表明，倒车抑制偏荡的效果比进车好。对于用车、舵缓解抛一点锚时所产生的偏荡,则应用稳定的正车低转速,并通过操舵使船尽量保持一个较小的风舷角且一侧受风,被认为是较好的抑偏方法。

(6)灵巧地使用侧推器

利用侧推器产生的侧推力和转船力矩可以减少船舶偏荡时的横荡与艏摇,但使用侧推器时应注意控制使用时机和推力方向,否则将适得其反。

七、走锚及防止

锚泊船因底质不佳、出链长度不足、风浪增加及偏荡严重等,所受的力大于锚泊力时,锚在海底被拖动、自转乃至翻转出土,从而失去正常锚泊力,导致锚泊船连续移动的现象称为走锚。走锚是安全锚泊的大敌,应及早发现走锚并及时采取措施。

(一)发现走锚的方法

1. 观察锚泊船的偏荡运动

如船舶偏荡运动仍然持续,说明锚泊力仍足以抵御外力对船舶的作用及其造成的偏荡的影响,因而船舶未走锚;如锚泊船周期性的偏荡运动消失,船舶变为单舷受风,锚链仅处于上风舷,则说明船舶已走锚。走锚时,锚泊船的船首一般位于偏荡运动轨迹的平衡位置附近,风舷角最大。

2. 观测岸上串视物标方位变化

强风中应注意船舶首尾附近串视物标串视线的方位变化,因为大风浪中锚泊船多为接近横风的态势走锚。在强流中,应重点观测船舶正横附近的串视物标的方位变化来判断是否走锚。

3. 勤测锚位

利用显著的物标进行陆标、雷达、GPS 等定位及时发现走锚。

4. 观察锚链的受力情况

正常锚泊中,锚链带有周期性松紧、升降现象;如锚链只张不弛或感觉到间歇性的急剧前后耸动,即有走锚可能。

5. 根据本船与锚地的其他锚泊船相对位置变化

注意观察周围船舶与本船的相对距离,如距离变大或缩小明显,且他船并未起锚航行,则必有一船走锚。如本船与下风、流侧的船舶间距缩小,则可判断本船走锚;反之,则为他船走锚。

(二)发现走锚后的措施

(1)立即加抛另一锚,这是最为重要的工作,松长锚链的方法应慎用。

(2)通知机舱备车,叫船长。在查明用车无妨碍时,可用车抵抗外力以减轻锚链受力,减轻或防止船舶继续走锚。

(3)悬挂及鸣放“Y”信号,并用 VHF 等通信手段及时警告他船。

(4)起锚重抛或出海滞航。

八、绞缠锚链的清解

若双锚泊船随风、流向变化而总向一舷回转，则两锚链就会发生相互绞缠。清解锚链的方法有：

（1）锚链绞缠成半个绞花状态时，可以先绞进绞花下面的锚链，当一个锚绞起以后即可以重新张开；

（2）当绞花在1个以上时，若风流较弱，可用拖船协助使船按绞花的方向转头进行清解；

（3）远离港口或在港内无拖船协助时，就需在风流较弱时自力清解。

自力清解的方法有：

（一）切断惰链法

1. 所用绳索

清解挂缆：强度足够的钢丝绳，一端连一活钩或卸扣。

保险缆：1根纤维大缆和钢丝缆，强度大于清解挂缆，系于清解挂缆附近作为保险用。

引解索：用钢丝绳或无档链条，船首端备一卸扣。

松出绳：1根白棕绳，系在拆开惰链的尾环上，锚链较小的可不用此绳。

绑扎绳：25 mm 软钢丝绳1根，系绑扎之用。

2. 清解步骤

切断惰链法清解锚链步骤如图4-2-9所示。

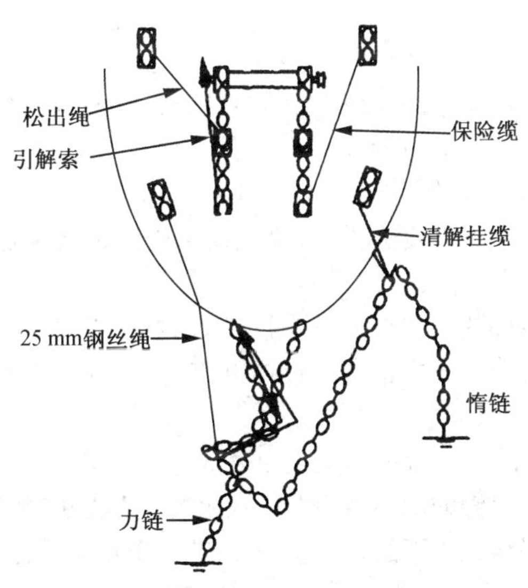

图 4-2-9　切断惰链法清解锚链

（1）宜选择在风流较弱时进行，绞进受力的锚链（力链），使锚链绞花全部露出水面。在绞花处如有卸扣，最好松惰链，使绞花下移或上移，以免卸扣阻碍惰链和力链分开。为防绞花滑下，可另用绳索绑扎绞缠下部。但割断时，为防止双链弹开时伤人，必须用25 mm 钢丝绳穿过绞花下方两条锚链的各自一条链环,钢丝绳的两端通过导缆孔收紧挽在缆桩上,以防止绞花滑下。待绞花解清后,可将该绑扎绳一端松掉,另一端收进使双链分开。

(2)将清解挂缆系在松弛锚链(惰链)的水上部分并绞紧,使惰链的重量吃在此缆绳上,再用保险缆系在清解挂缆附近,收紧后固定在系缆桩上。

(3)将引解索一端自惰链的链筒穿出,依惰链反方向绕过力链,再回进惰链筒,系在要拆开的锚链连接卸扣的前面,另一端围绕在锚机绞缆筒上。

(4)用制链器将惰链夹住,并用锚机将惰链松出若干,拆下连接卸扣,然后在其松出端系上引解索的一端和松出绳的一端。

(5)打开制链器,绞进引解缆,相应放松出。有时出现引解缆绞不动,可略收紧挂缆,绞紧力链,使相互的链环变得松动。这样,将断开的惰链松出惰链筒,推出绞花,链端仍自惰链筒引回甲板。这种解法,每次只能解开两个绞花,如绞花多,必须按上述方法,再行清解,直至解清为止。将完全解清了的惰链端与留在甲板上的惰链用联结卸扣相接,恢复原状,将保险缆、挂缆和绑扎绳去掉,便处于解清状态。

如为小船,则由于锚链小,待绞花扎牢后,可将松懈的锚链放在舢板内直接进行清解。

(二)切断力链法

如外力不强,也可绞收力链,使其一个连接卸扣位于绞花下方,然后,用 1 根强度足够大的钢丝缆由力链筒伸出,扣在力链的联结卸扣下方,用锚机绞收钢丝缆,使力链上端链条松弛,卸去力链卸扣,绞进力链即可解脱绞缠。

以上两种方法均需有足够多的人手,舷外作业的船员必须经验丰富并系好安全带,上面应有专人进行照料。上述方法在夜间和大风浪时进行比较危险。

(三)锚机操作法

本方法无须在甲板上切断锚链,而仅用锚机左右松绞以使绞花自行清解。其操作比较简便,清解作业要领如下(如图 4-2-10 所示):

(1)绞惰链(图中左锚链)、松力链(图中右锚链)。

(2)慢慢地绞入左锚链,左锚链变为力链,锚机仅承受左锚链施加的负荷,右锚链则变为惰链,绞花与原来方向相反。

(3)松右锚链时,右锚链即凭自重在左锚链上以绞着状态下滑。

(4)如此下滑,直至右锚链绞着左锚链接近锚链筒;左锚链无法绞进时,可通过左锚链交替松绞或急松右锚链使其下滑。

(5)绞入左锚链直至锚垂直,右锚链即又变为力链。

(6)续绞左锚链,直至左锚链的卸扣碰到右锚链无法绞入为止,船处于右锚系留状态。

(7)松左锚链,使左右锚链在水面的长度相等,绞花位于正船首方。

(8)由 $a>b$ 状态同时松出左右锚链,若风流较大,双锚链无法垂直,则可少量使用进车使船前进,直至左右锚链垂直,处于锚链孔的喇叭形出口正下方,左锚与绞花部分则没入水中。由于左右锚链孔水平间距关系,凭左锚链与右锚链的重量,绞花便自行解开。

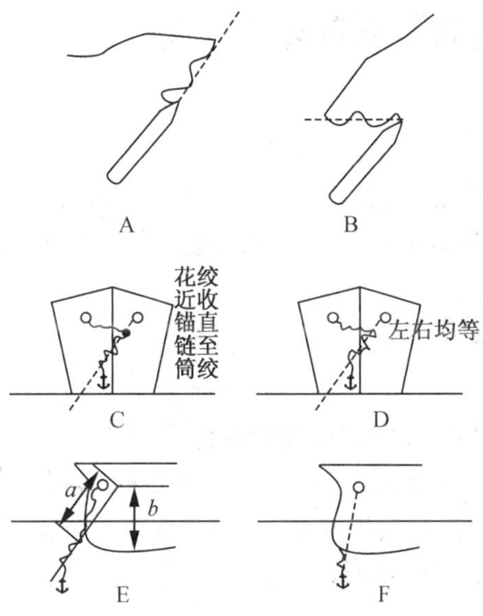

图 4-2-10　锚机操作法清解锚链

第三节　港内掉头

船舶由于进出港状态的变换，或由于适应码头货位货场的装卸条件，或出于港内操船安全方面的考虑，常常需要进行港内掉头操纵，如顺风或顺流进港，为了争取顶风或顶流靠泊需在港内掉头后再靠；离港时出口航道在船尾方向也需离泊后掉头出港等。小型船舶可以根据外界条件采用连续进车掉头、进退车掉头、船首顶岸以及利用码头系缆掉头方法；双车船可以利用一车进一车退协助掉头；作为一般商船，在港内水域受限时，可借鉴的掉头方法有：顺流抛锚掉头、顶流拖首掉头、拖尾掉头。

一、掉头时所需水域的估算

在泊位系泊设施附近，由于船舶操纵的实际需要，应设置必要的使船掉头的水域，俗称掉头区。船舶在港内出于控制船速的需要和实际水域有限，因而不可能按船舶全速满舵掉头的要求加以设置。

根据一般船舶的操纵性能，用锚、利用风流等外力因素的有利影响以及利用拖船协助掉头等不同条件，船舶掉头范围可参考下列数据：

(1)先使船舶降速，而后提高主机转速，满舵向右掉头需直径约 $3L$（L 为船长）的圆形水域；

(2)如可使用一艘拖船协助掉头，则需直径约 $2L$ 的圆形水域；

(3)若因地形等，利用顺流抛锚自力向右掉头需直径约 $2L$ 的圆形水域；

(4)完全使用拖船掉头时（两艘或两艘以上），需直径约 $1.5L$ 的圆形水域。

二、常用掉头方法的操纵要领

(一)顺流抛锚掉头

顺流抛锚掉头,是借锚的抓力拉住船首,利用流或风的有利因素推尾掉头。船舶顺流进港,常需要在狭小的港内掉头后顶流靠泊。顺流抛锚掉头是较为常用的一种港内掉头方法,如图 4-3-1 所示。

顺流抛锚掉头操纵要点如下:

1. 选择合适的流速

顺流掉头,流越急,掌握船位越困难,锚机受力过大易出事故,一般流速不应大于 1.5 kn;反之,若流速小于 0.5 kn 容易造成掉头过程太长而阻塞航道过久。因此,一般情况下,应控制流速在 0.5~1.5 kn,如系重载万吨级大船,则船抵掉头区时的流速以 1~1.5 kn 为宜;空载受流影响虽易控制,但也不宜在流速过急时进行。在潮流港要切忌在急涨、急落或平流中掉头,务必使船抵掉头区时恰为流趋缓和边流流向未变之时,流急或无力时均需要拖船协助掉头。

2. 保证足够的掉头水域

顺流抛锚自力向右掉头至少需直径约 $2L$ 的圆形水域。

3. 确定正确的掉头方向

(1)右旋 FPP 单桨船一般宜采用向右掉头,以便获得倒车沉深横向力和排出流横向力加速船首右转。

(2)遇到 4~5 级以上的横风,为了争取上风位置,减少风致漂移量,宜采取迎风掉头,特别是空船尤应如此。

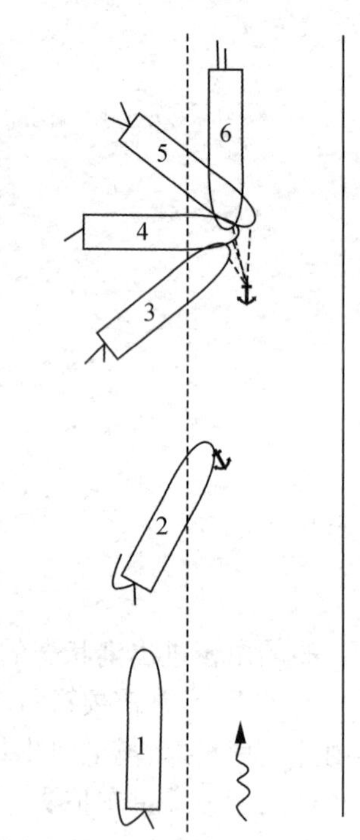

图 4-3-1　顺流抛锚掉头

(3)弯曲水道处凸岸边流缓,可以减少船首锚的负荷;而凹岸边流急,冲击船尾部,可加快船身回转速度,缩短掉头时间,故应向凸岸一边掉头。

4. 控制余速

根据本船停止性能及早停车淌航,务必使船抵掉头区之前,余速减少至最低限度,绝不能把制动船舶前冲惯性寄托于抛锚前的快倒车,不然船位和船首向就难以控制,而且惯性过大,不易用倒车抑制。例如万吨满载船约在 8 链之外就应将车停下。重载船或受风影响不大时,宁可早些停车,这样,可为无舵效时必须使用短暂进车留有余地。抵落锚点前,应适当使用倒车,减低冲力,助船右转。

5. 掌握正确的抛锚时机

抵落锚点前 1~2 倍船长处的船位应摆在航道中央略偏左的地方,此时若对水余速超过 1 kn,应立即使用倒车刹减,同时操右满舵,使船首向右侧回转,并超过航道中线而船身约与流向成 30°的状态(位 2),船身受流,横移阻力急增,余速剧减,可伺机停车并抛右锚,一般出链 2.5~3 倍水深,一次出够、刹牢,防止松链过长而拉断锚链。

抛锚后如发现冲势仍大，拖锚淌航过快，切不可松出右链，以免刹不住或拉断锚链。此时，应当加抛左锚、出链 1 节入水，或者请拖船助操，立即于船左首部就位进行顶推。落锚时，应注意海底电缆，尽量避免在其上游不远处掉头，以防锚勾上电缆造成严重损失。

6. 控制船身

抛锚掉头，假定锚和船首位置不动或移动很小，但船身是以锚为支点进行回转的，在驾驶台仍可发现串视物标在前后变化，尤其是驾驶台在船尾部的船舶更为显著。因此，船位的判断主要还是依据船首与物标之间的相对位移来决定。一般当船首掉转到 70°左右后(位 3)，由于流压和向后侧锚链的弹力作用，船身易出现后缩现象，船首尾应随时报告离岸距离和周围海面情况，以便及时进车加以抑制。当船转至近乎横流时(位 4)，作为支点的锚受力最大，可用片刻进车、右舵，以缓解锚链张力，配合顶流，领直船身(位 6)。

7. 起锚

应注意锚链的导向，及时用车、舵配合，如加抛了另一锚，则应先绞后抛之锚，不然双锚易发生绞缠。

(二)顶流拖首掉头

1. 操纵要点

顶流拖首掉头，可用在掉头区或离泊后就泊位前掉头出航。

(1)顶流掉头，为减少操纵中的流压漂移，便于控制船位、缩短掉头所需水域，最好应于平流时抵掉头区，争取在平流或近乎平流中掉头，否则顶流流速不宜超过 1 kn。

(2)掉头方向，一般情况下均以拖船拖首向右掉头较为方便，空船、横风较强、水域较窄则以迎风掉头为安全；若风影响较小，水域足够，在泊位边掉头，右舷靠泊，则向左掉头亦无不可。

(3)控制余速，抵掉头区前应及早停车淌航，开始掉头时，船的冲势应基本消失，以免影响拖船行动，避免出现危及拖船安全的现象。当抵掉头位置前尚有半个船长时仍觉进速太快，应立即倒车制止，使船停住。一般来说，满载万吨船应在掉头位置 1 000 m 以外停车淌航。

(4)注意掌握船位和船身进退。向右掉头，开始时船位宜保持在中央航道左侧，当船速消失即可令拖船向右拖转而开始掉头。拖船在领直而未右转拖带之前，大船不宜右舵以免妨碍拖船向右转向。在大船转向过程中，由于拖缆带有朝前趋势，大船可能出现前冲现象，此时，应在目测船首、尾与岸线之距离的同时，应用正横附近物标，以判断船身的进退，及时用车舵略做调整，特别要注意及早倒车制止前冲，保持船位于航道中间，以便顺利进行掉头。船身横于航道时，拖缆将变成倒向，大船船身可能后缩，一经发现，应用右舵并少量进车调整。

(5)减低转头速度，稳定船首向。船首转向 150°左右时，向右转头速度仍很高，应及时操左满舵，配合进车以刹减之，最后领直船身，稳住船首向。

2. 实例

弯曲航道，拖船拖首顶流掉头。

(1)客观情况：掉头区长度 485 m，深水航道宽 220 m(5 m 等深线至 10 m 等深线)，重载或压载，落潮流速 2 kn，风力较弱，拖船拖首向右掉头。

(2)步骤(如图 4-3-2)

位 1：选择前方串视叠标，作为掉头开始的船位，以最慢速度接近掉头位置。

位2、3:拖船拖大船右转,为防止船身前冲,适时倒车控制。

位4、5:船首伸至急流中,船尾在缓流中,加速掉转,同时船身横流逐渐向下流方漂移,拖船快车拖转。

位6:掉转150°左右,前进二、左满舵以缓和向右偏转惯性,待船身领直后解拖。

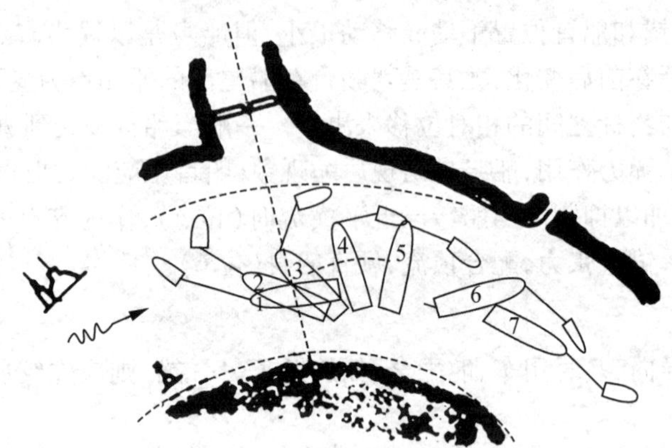

图4-3-2　拖船拖首顶流掉头

(三)拖尾掉头

拖船拖尾掉头常见于静水港。

1. 操纵要点

船尾部各缆解掉后,大船前部留艏缆、前倒缆,垫好碰垫,拖船缓缓起拖使大船尾离,待尾离出约30°左右(该角之大小依有无开风、拢风而定)松出并解掉船首各缆,如为较强拢风,尾离角度要更大,再解掉船首各缆。出泊后大船因拖缆在前阶段向后而有退势,应用右满舵、进车,以便助转和防止过度后缩危及拖船安全,与此同时,还应令拖船右转拖尾,保持大船在无前冲后缩情况下,由拖船拖尾使大船加速右转,然后,大船视情况采用进车、左舵以抑制船首右转角速度,稳住船首向。至此,掉头完毕,并解掉拖船。

2. 实例

(1)客观情况:静水港,无风,重载,右舷靠岸,倒开锚3节,拖船拖尾离码头后在港池内掉头出航,港池宽度为船长的两倍以上。

(2)步骤(如图4-3-3所示)

位1:单绑,绞紧开锚锚链,船尾带好拖缆后解艉缆,缆收进后令拖船起拖,解前倒缆。

位2:甩尾30°~45°,解头缆,绞锚。

位3:船身后缩渐快,令拖船向右拖转,大船右满舵前进一,制止后退。

位4:保持船位在串视线上,由拖船拖转。

位5:右转渐快,左舵前进一缓和之,领直后停车,解拖。

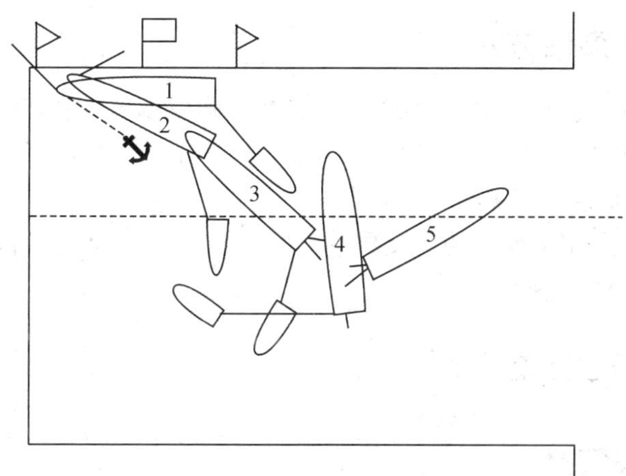

图 4-3-3　拖船拖尾掉头

第四节　舷侧靠泊操纵

靠码头时，船舶处于浅窄水中的低速、大漂角运动状态，船舶受力情况较为复杂；船舶运动及摆位情况的控制均较困难，但要求却较高。每一位操船者均需根据本船在上述条件下的实际操纵性能，结合当时靠码头的具体条件，搜集足够的有用信息，制订完整的操纵计划，并在靠码头操纵中，巧妙而灵活地运用车、舵、锚、缆、侧推器以及拖船等操纵手段，才能准确地控制船舶的运动和摆位情况，完成靠码头的任务。

一、靠泊方式的选择

按照是否需要外力的协助来区分，靠泊方式分为自力靠泊和拖船协助靠泊两种方式。靠泊方式不同，操纵方法也不相同，故在靠泊之前应根据船舶排水量、当时的操船环境以及操船者本身的具体情况来选择靠泊方式。

（一）自力靠泊方式

自力靠泊是指凭借船舶自身的控制设备进行靠泊的操纵方式。船舶自身的控制设备主要包括推进器和舵，最常见的是单车、单舵船。而舵控制船舶的能力受多种因素影响，特别是靠泊过程中的低速情况下，舵几乎完全失去作用。因此，传统意义上的自力靠泊方式一般仅适用于小型船舶（万吨级以下船舶），且仅限于在气象条件不太恶劣、水文条件不太复杂的情况下进行操作。

随着船舶控制技术的发展，船舶自身的控制设备也不断完善，船舶自力靠泊能力逐渐增强。例如现代化集装箱船的侧推器大大减小了对拖船的依赖程度；双车船自身的控制能力要高于单车船。因此，在气象条件不是很恶劣的情况下，有些装有侧推器的大中型船舶也采用自力靠泊方式。

(二)拖船协助靠泊方式

由于船舶行进速度低,船舶失控的概率大,且船舶吨位越大,操纵风险也就越大。因此,一般情况下,中、大型船舶均采用拖船协助靠泊方式。实际上,为了降低靠泊操纵风险,万吨级船舶有时也采用拖船协助靠泊方式。

拖船协助靠泊时,所用拖船总功率及数量根据船舶排水量、环境条件以及船舶操纵性能等因素确定,并留有一定的富余量。

二、靠泊操纵的准备工作

(一)了解有关信息

1. 掌握港口与码头信息

靠泊前,必须掌握外界的客观条件,其中包括港口、航道、码头的信息,泊位附近的风、流、水深的信息以及港内和泊位附近的船舶交通信息。

(1)对于港口方面的信息,应掌握航道的实际深度、宽度、弯势、走向、掉头区范围及有效宽度、禁锚区等规定细则,还有诸如分道通航制、港内限速、VHF使用以及导航、通信设施的使用规定等。此外,尚有各段航道的航向、航程及导标的配备等。

(2)对于泊位方面的信息,应掌握码头的走向、泊位长短、水深、前后停船多少、实际泊位空档的大小(一般为船长的115%~120%)及泊位附近的水域宽度等。

(3)船舶驶抵泊位时的当时当地的风、流、水深的信息。应充分注意港内,特别是泊位附近因受地域、地形制约,风、流情况与港外的差别及多变等特点;对于静水港主要考虑泊位附近风向与风速的变化,对于有流港在考虑风的同时还需考虑泊位附近的流向、流速和转流时机。

(4)交通方面的信息则可通过港务局的调度部门和海事局的交通服务和管理部门获得,特别经由实地瞭望及时掌握驶经航道或泊位附近的船舶动态,以便安全避让,并为安全顺利靠泊创造条件。

2. 掌握本船情况

其中包括本船的操纵性能、载重状态、实际运动状态,以及各种操纵设备投入使用的有效性及可靠程度等信息。

首先,需掌握本船的操纵性能信息。操纵性能信息可从船舶资料中获得,如旋回性能、停船性能及船舶操纵性试验得到的操纵性指数等数据。但应注意,在使用这些数据时必须结合港内条件、船舶载况,并根据实测或经验予以修正。

另外还应掌握本船的实际运动信息。这些信息主要有船舶在各种外力影响下的运动方向和运动速度,其中既有船首向和沿船首向移动的速度,也有船首向的变化和船舶纵、横向运动速度的变化,还有本船各种操纵设备的准备情况及运转信息,如车速、操舵角、出链、系缆等情况。

(二)制订靠泊操纵计划

掌握信息为制订靠泊操纵计划准备了条件,而完善的靠泊计划则是顺利靠泊的蓝图。

通常,靠泊操纵计划应包括进港准备、港外和港内航道航行操纵、靠泊操纵各阶段内的总体安排以及各阶段内的主要操纵环节、可能遇到的困难和对策。敏锐的观察、科学的分析、周密的安排、冷静的应对是制订靠泊操纵计划的基本原则。

良好的靠泊计划需就下述内容在时间、空间、操纵措施、关键问题和对策上做出明确的规定,例如,起锚并驶出锚地、驶进浅水区、港外和港内航道航行、掉头、抵泊和靠泊等。

执行靠泊计划需要全船人员的协同配合和全部操纵设备的综合运用两项条件。为此,需做好靠泊部署工作。其要求是:

(1)进入靠泊部署前,操船者应将靠泊计划、操纵意图、关键环节清楚地向各驾驶员明确交代,详细地给出必要的指示,使之心中有数并发挥其主动性。在到位的人员中,应更多注重其能力与特长的发挥;操舵、撇缆、带缆、抛锚等操作岗位的人员必须具有较高的技术水平和认真的工作态度。

(2)锚设备和系泊设备的准备工作,应按靠泊计划进行,混乱则可能导致靠泊失败或引发事故。操舵、操车的各种准备工作也应按靠泊部署要求进行。拖船的预约和协助也应按计划到位。操船者应通过严密的准备和组织工作,严格防止在关键时刻出现诸如锚不能及时抛出、锚链不能按要求刹住、缆绳不能按要求带上或松紧,乃至要车给不出、舵失灵等问题的发生。

考虑到各船的船员、设备情况各有特点,靠泊条件各异,在靠泊部署方面既应坚持有统一的标准,也应允许有具体的调整,这是对靠泊部署的进一步完善和补充。

三、靠泊操纵要领

靠泊操纵过程实质上就是利用有效操纵手段对船舶靠泊过程中的运动状态进行控制的过程。这里的运动状态主要是指速度、航向和距离等运动和几何参数。合理选择这些参数有利于靠泊操纵的安全。这些参数的选择一般与船舶排水量、载重状态、停船性能、靠泊操纵方式以及水域环境、水文气象条件等因素有关。下面以船舶自力靠泊开敞式码头为例简要说明操纵要领。

(一)控制惯性余速

根据本船载况,停车淌航冲程,结合当时当地风、流方向和速度以及本船倒车功率的大小,在抵泊前适时减速和停车。由于情况多变,要准确估算各种外力影响尚有一定困难,最为普遍的做法是,在保证船舶舵效的前提下,抵泊速度宜尽可能降低为好。其好处在于可避免较长使用倒车或频繁用车,从而有利于控制船位和船首向。另外,也为观察船舶动向和校正船舶的运动争得了充足的时间、空间,即使出现意外,也可防患于未然。

淌航至泊位后端,如图 4-4-1 中的位 *A* 时,是控制抵泊余速的关键时刻,如岸边景物后移速度较快,从而判断淌航余速较高,则应及早倒车加以抑制。

船首抵泊位中点(N 旗)的余速,以不足 2 kn 为宜,以便用少量的后退二,或短链拖外舷锚(如 10 m 水深,则出链 1 节入水),可在大约半倍船长距离之内将船拉停,然后根据具体条件,用车操舵调整船位及靠泊角度较为主动。

空载且横风较大时,为降低淌航时的风致漂移速度,淌航余速可适当提高。必要时可以提前拖锚,甚至拖双锚淌航。这样做既可大胆用车操舵,使船沿预定串视线进入泊位,又可在较短距离之内把船停住。

有流的港口，泊位附近的水深往往较航道为浅，流速往往偏低，方向也可能有变。船舶顶流靠泊时，由航道中央淌航至泊位边，会发现余速增大，操船者对此应有所估计。

重载船舶的惯性余速应比压载船舶略低；压载有横风影响时，惯性余速不宜过低；顺流的惯性余速应比顶流时略低；横风较大时，船速不宜过低；顺风较大时，船速不宜过高；船舶在静水港靠泊时，比有流港控速、倒车及拖锚时机一般均早。

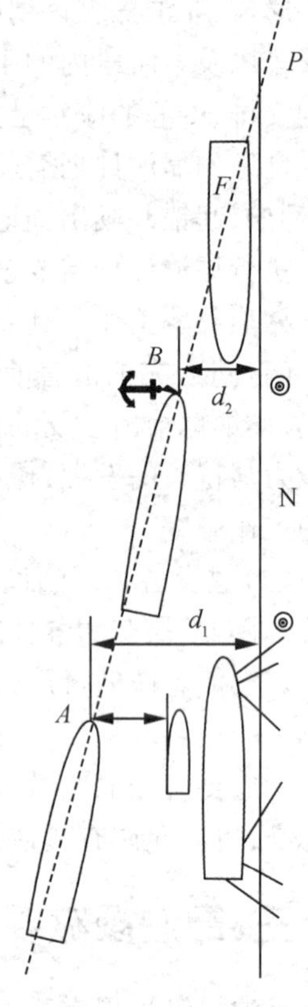

图 4-4-1　舷侧靠泊

(二)确定抵泊横距

任何形式的靠泊，在船舶驶至泊位外档之前，总是存在着合理地确定横距的问题，以便为下一步驶至泊位外档后解决入泊问题打好基础。

就舷侧靠泊而言，所确定的横距是指靠泊船的船首在进入泊位后端和驶抵泊位前端横开位置处，距码头外缘线的垂直距离，如图 4-4-1 中 d_1 和 d_2 所示，并分别称为初始横距和入泊横距。

靠泊前确定合理横距的问题，实质上就是确定合理可行的入泊航迹线的问题。该航迹线即由初始横距和入泊横距的横开端点连接而成的直线，俗称串视线(transit line)，如图 4-4-1 中 *AB* 线所示。因为 *A*、*B* 两点位于水面上，所以难于利用在船舶入泊的导航之中。较为可行的经验做法是，沿串视线前方选择位于陆岸的两个物标，如烟囱、楼角、旗杆等突出物，作为临时的串视标，并在其距离选择上保证有用作叠标的足够灵敏度，以保证船舶循着串视线驶至泊位外档适当位置处。

(1)d_2 的选定

d_2 为船舶停于泊位外档时船首距码头外缘应保持的横距，即入泊横距。一般情况下大型船靠泊时，为有效地制速，克服风流等因素的不利影响，而且便利于车舵机动，常需要抛下外档锚。从锚链带力、拖锚制速直到将船拉停时，船首与码头线的横距 d_2 应具备 20 m 左右的安全余量。当风流不大时，即以该值为基本参考数据确定 d_2 值；当有较强拢风或开风时，可视本船载况和风流的影响大小予以适量的增加或减少。

选择抛锚点应当服从于具体的操纵方法与要求，若从刹减余速的角度看，应根据船舶对地余速大小、风流的大小与方向和靠拢角度的大小等因素综合予以确定。根据经验，当靠拢角较小、顶流 1~2 kn、水深约 10 m 时，出链一节入水，抛锚点选于 N 旗略前处，此时船首距码头外缘线约为 30~50 m 范围内。

(2)d_1 的选定

初始横距 d_1 较入泊横距 d_2 值为高，其高出的部分即 d_1-d_2 值的大小，主要由船首自位置 *A* 淌航至位置 *B* 的过程中船舶横向移动距离来确定。其中，既包括淌航驶过泊位过程中的风致漂移距离 d_1'，又包括流速与船速的合速度使船身向码头线接近而横向移动的距离 d_1''。当本船预定泊位的后方有他船停靠或有两船并靠时，则初始横距的确定，还必须符合 d_1 值的选定要大于上述停靠船舶宽度之和的要求。

除特殊的船舶机动情况外，d_1 的选定是一个根据风流方向和大小、船舶余速大小、船舶载

况和靠拢角及入泊横距 d_2 综合估值的问题，泊位后方有无他船停靠也是一个需要考虑的重要因素。

当泊位后方无他船停靠且风流影响极小时，初始横距 d_1 将仅由泊位长度、靠拢角和 d_2 值所决定；靠拢角如按 5°~10°计，则 d_1 至少应保持两倍船宽。

当有吹拢风时，自 A 向 B 淌航中的横向漂移距离增大，因此横距 d_1 需要增加。一般情况下根据实际经验，初始横距应大于 3 倍船宽。

当有吹开风时，从船舶漂移考虑，固然应当减小初始横距。然而，从船舶保向考虑，在低速淌航中又不得不给予较大的风压差角，而使船首偏向内侧，造成较大的靠拢角，这又迫使初始横距不得不提高。因此，根据实际经验，初始横距也不少于两倍船宽。

泊位后如已有他船停靠，入泊横距 d_2 的选定固然可以不受影响，但初始横距 d_1 的选定需要考虑这一重要因素。其考虑的原则是，应能保证船首由 A 向 B 淌进的过程中，船尾的内舷不致因风、流的影响而触碰泊位后已停靠的他船。

（三）调整靠拢角度

所谓靠拢角度，就是船首向与码头线之间交角。船舶为了保持在选定的串视线上淌航前进，需要不断地调整该角度。减小靠拢角可减轻横向接近速度，顶流较强时尤为明显；增大靠拢角又可提高横向接近速度；首开风较强时还可采取顶风驶向 B 点的方法，使整个靠泊过程可免去对风致漂移，尤其是对横向漂移的担心。

在靠泊中调整靠拢角，主要是在淌航向泊位接近中通过操舵、用车来实现的；进入泊位后还可以在此基础上通过抛锚并适当松紧锚链、绞收系缆而加以实现；大型船则需更多地借助拖船来协助操纵。

确定靠拢角大小的总原则是，重载船顶流较强靠泊时，靠拢角宜小，以降低入泊速度并减轻拢岸力；空船、流缓吹开风时，靠拢角宜大，以减低风致漂移，并保证有足够的入泊速度。反复调整靠拢角度最理想的情况是使船接近平行地贴靠泊位码头。

由于码头设计标准和船体强度的限制，一般对船舶靠岸速度都有严格限制，船舶吨位越大、泊位水深越深，该项限制则越为严格。一般船舶贴靠速度应低于 15 cm/s；超大型船应控于 2~5 cm/s 之间，如超过 10 cm/s，则可能酿成事故。船舶法向靠岸速度可以参考表 4-4-1。

表 4-4-1 船舶法向靠岸速度

船舶排水量 $\Delta(t)$	法向靠岸速度 v(m/s)	
	有掩护的码头	开敞式码头
$\Delta \leq 1\,000$	0.20~0.25	0.25~0.45
$1\,000 < \Delta \leq 5\,000$	0.15~0.20	0.20~0.40
$5\,000 < \Delta \leq 10\,000$	0.12~0.17	0.17~0.35
$10\,000 < \Delta \leq 30\,000$	0.10~0.15	0.15~0.30
$30\,000 < \Delta \leq 50\,000$	0.10~0.12	0.12~0.25
$50\,000 < \Delta \leq 100\,000$	0.08~0.10	0.10~0.20
$\Delta > 100\,000$	0.06~0.08	0.08~0.15

河道弯头凹岸一侧、岛屿正对潮流一侧,往往有压拢流出现,停靠此类水域码头时,靠泊操纵应尽量选在缓流时进行。靠泊时宜及早拉平船身,以尽量减小与拢流的交角,必要时尚可使船首略偏向外档,以降低实际入泊速度。

上述控制余速、选定横距、调整角度三者,作为自力靠泊操纵的三个环节,是互相联系、互为条件、互相影响的。不难看出,当余速过高,势将频繁、长时间地使用倒车并影响到靠拢角与船位的控制;当余速过小,则必然相应地提高了风致漂移,难于按选定横距淌航于串视线上;靠拢角的调整、选定横距的实现,均需经由操舵和用车来实现,因而又将影响到余速的控制。由于靠泊中的船舶始终处于运动之中,操纵者必须针对船舶运动中出现的动态变化,紧紧抓住上述三个环节,给予必要的适当调整和控制,使之与客观条件的要求相适应,才能最终使船平稳地停靠于指定的泊位上。

大功率港作拖船的日趋普及,为大型和超大型船舶的港内操纵,包括靠码头带来了很大的方便。超大型船舶靠泊常常是操船驶于泊位的外档,并尽可能使之与泊位平行地停住,然后由拖船平推入泊。但上述控制余速、选定横距、调整角度三者,在风流条件较为复杂的情况下,仍然是应予考虑的要点。

四、舷侧靠泊实例

靠码头的操纵方法,因船舶、泊位和环境条件的不同而不同,甚至因操纵者的习惯而异。在此通过典型的靠泊实例进行分析,便于切实掌握靠码头的基本操纵方法。

1. 无风流右舷靠码头

如图 4-4-2 所示,泊位前后均有他船停靠,靠泊船为万吨轮,满载,其操纵方法为:

(1)根据本船冲程适时停车淌航。满载万吨轮考虑其冲程,在港内航行多用进一或微进车速,故在距泊位 1 n mile 左右停车;舵效极差时,可用短暂进车以改善之。

(2)当淌航接近到停靠于泊位后的他船时,应注意观察舷侧物标后移的快慢,据以准确判断本船的余速;如余速偏高,可用外舷舵、倒车加以抑制。但应保证不致造成船首右转而增大靠拢角,使本船首与泊位后停靠的他船保持不低于 2 倍船宽的初始横距驶上串视线(在图 4-4-2 中即由初始横距和入泊横距的横开端点连接而成的直线,并延长该线找出明显物标 C、D)。

(3)在船首平泊位前端约 1/4 船长之前,船身与码头线接近平行或略有向内角度时,如船的冲势尚快则可用倒车刹减之;仍嫌不足则应及时在外舷短链(1 节水面)、拖锚(位 3)。因为入泊横距已安排 2 倍船宽作缓冲,所以即使出现少量的船首右偏也无妨,等船首在减速中向泊位靠拢及时带上艏缆。如果发现拖锚停船后,船首在锚链作用下外摆而船身略有后缩,应及时进车右舵迫使船首继续拢岸(位 4)。

(4)带缆应先带艏缆,继之带前倒缆,然后配合操外舷舵短暂进车再带好船尾部各缆,并配合绞缆使整船贴靠码头。

2. 空载顶流开风靠码头

流速 1~2 kn,流向与码头平行,开风 5~6 级,拖船一艘协助,泊位前后均有他船停靠,如图 4-4-3 所示,其操纵方法为:

(1)根据本船空载实际船速、流速及入泊时的余速要求适时停车淌航。当船首抵达泊位后方停靠船船尾时,应保持距约 2 倍船宽,N 旗对开横距 1.5 倍宽处为参照点,结合操船者占

位和靠拢角选定串视线，并不断调整靠拢角使船舶驶于该串视线上。

串视线前方所选的叠标在判断船舶是否偏位时应保证有足够的灵敏度。随着淌航速度的降低舵效不足以保向时，应不失时机地短暂进车稳定，驶入泊位后停靠船舶的下风区因风力减弱宜操下风舵，必要时配合以微进以防船首直接向他船靠拢（位1）；同理，当船首驶出他船下风区应及时操上风舵以稳定船首（位2）。

在进行上述操纵时，操船者需要兼顾到串视线前方的叠标观察和与泊位后停船横距的观察这两个方面，以便做出正确的比较和判断。

（2）船首平N旗时，抛外舷锚1节入水，右舵，视拖锚中的船舶余速刹减情况进车，用车的级别和持续时间应以船首具有适当速度拢向码头并且在停车时不为锚链张力拉开船首为度（位3）。

（3）船首距码头20 m左右时，如冲势尚难制止，宜用后退二刹减；同时带上前横缆，继而带上前倒缆及艏缆，迅速绞进并挽牢（位4）。

（4）令拖船由缓而快地渐进顶尾，当船尾离码头20 m左右时，令拖船慢车顶住，带上后横缆、后倒缆及艉缆，边顶边绞好，将各缆挽牢。如果因船首各缆过度绞进致船尾各缆难以绞进，则不宜令拖船硬顶或强行绞进；如能将船首各缆略做调整，船尾即可顺利绞入。系妥船尾各缆之后拖船即可解去。

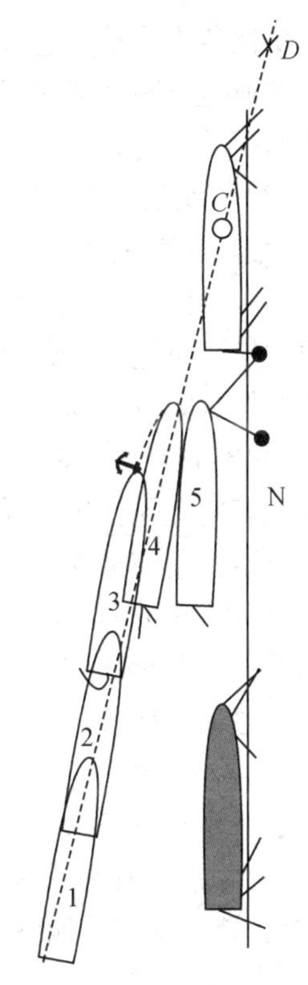

图4-4-2　无风流右舷靠码头

（5）如因操作不当，船首距码头过远而无法带上艏横缆，可先令拖船顶推船首，配合松链，先靠上船首后，再去完成顶尾作业。

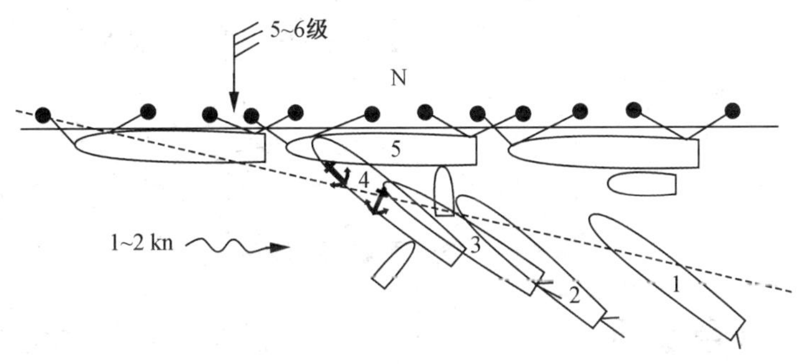

图4-4-3　空载顶流开风靠码头

3. 空载顶流拢风靠码头

流速1~3 kn，方向与码头平行，拢风5~6级，拖船一艘协助，万吨级船舶空载，如图4-4-4所示，操纵方法如下：

（1）在到达停车点之前，可尽量靠近航道中央行驶。根据本船停车冲程性能在预定点停车后，保持顶流淌航至船首抵泊位后方距码头横开118 m（根据估算 d_1' 约为27 m，d_1'' 约为71.4 m，d_2 为20 m；即27 m+71.4 m +20 m）处，余速可控在对地3 kn左右，并定该点为 A' 点。

（2）找出船首抵泊位前方之后约40 m远、码头线横开约70 m处为抛锚点，并定该点为 B'

点。从操船者占位处,如艉楼型船则自船尾找出与 $A'B'$ 平行的串视线 $ABCD$。随时注意本船不可偏航至该线的下风,以免出现难使船首抵达 B 点,抛锚距泊位较近因而不能稳定船首的危险局面。

(3)停车后,拖船应尽早就位,带缆后随船行驶。船首驶抵泊位后端,即应根据当时余速采用后退二,甚至后退三,使船首驶抵 B' 点。为防止船首因倒车而明显内转,需于倒车前操外舷舵加以预防,船首抵 B' 点即抛出外舷锚,出链 1 节。即使因倒车而船首落向下风,致使距码头线的横距不足 70 m 且尚未达到 B' 点,也应立即将锚抛下,协助刹减余速,以使船首接近至位 4 的船首附近,并将船速刹停。

(4)当锚链带力时,可松出适当链长(半节左右)再予刹牢以缓解船尾落向下风过快。如果船首偏向上风使内舷受流,可令拖船提尾使船首内转。如此反复,前面靠锚后面靠拖船控制船身向泊位制速横移入泊。

值得注意的是,拖船牵引方向应结合本船的动向予以确定。为防止流的影响和锚链带力使船后移,可令拖船向斜前方向拖带,否则应尽量向上风方向拖尾;如为大功率拖船则拖带位置可考虑适当前移,以利本船制速漂移入泊。

(5)当内舷距泊位为一倍船宽时,锚链松出量即应逐次减少,以确保在拖船配合下,使本船内舷平靠泊位;防止本船出现前冲后缩,可经由本船动车加以解决。

(6)视船舶贴靠码头情况带好各缆。但不论是船首先靠上,或者平贴码头,均应先带上艏缆,而后带上船首其他各缆;在令拖船协助船尾缓缓贴靠码头后,再带上船尾各缆。

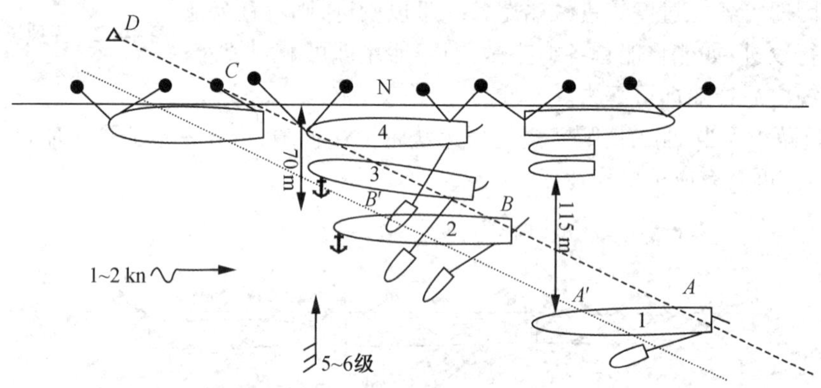

图 4-4-4　空载顶流拢风靠码头

五、靠码头注意事项

靠泊操纵由于涉及主客观因素太多,对各因素变化规律的影响方面的研究仍处于个别的分散研究阶段,因而仍然不得不主要依靠操船者的观察、判断和决策。这里想针对不同的靠泊条件,在操纵方法上提些注意事项。

(一)静水港靠泊

(1)余速。静水港往往航道短、港池小、淌航距离严重受限、航道折向港池或码头的转向角度较大,因而用车就比较频繁,控制余速、使用倒车乃至抛锚时机均比较早。大型船多用拖船协助减速和转向。

(2)靠拢角。静水港靠泊中，主要考虑风的影响。一般情况下，以顶风靠泊为宜，保持船首尾向与风向成尽量小的交角先靠上船首后，再用拖船协助将船尾靠上。

(3)拢风较强时，除及早拖锚外也可请拖船提尾。

(二)风流方向相反时靠泊

风流方向相反时，靠码头的船舶究竟是采用顶风靠还是顶流靠，应根据本船载况，就风流各自对船舶运动影响的大小做出的判断确定，并使船首对向影响较大的一方。根据计算，船舶空载时 2 kn 流的影响约与 6 级风的影响相抵消，1.5 kn 流的影响约与 5 级风的影响相抵消，该数据可作为判断的参考。重载船舶宜顶流驶靠，并请拖船协助。顶风顺流驶靠的船舶应尽量减小靠拢角度，并拖锚驶靠。

(三)抛长链开锚靠泊

某些江河(如长江)于洪水季节水位骤升、流速加大，无涨潮流。为能在较强拢风时实现自力离泊，常采用抛长链开锚靠泊的方法。

对于浮码头，锚位的横开距离约为 80~100 m，并处在泊位前方上游方向与浮码头的锚互无妨碍处，靠泊后的开锚出链长度约为 4~5 节。

对于固定码头，可将锚位选于泊位前方上游约 1/3 船长处，横开 60~70 m 处落锚，出链长度为 4 节左右，靠妥后的锚链方向与船首向约成 45°交角。

第五节　舷侧离泊操纵

一、离泊的准备工作

(1)离泊前，应实地观察风、流及泊位前后情况，前后有无动车余量、锚链方向及长度，系缆的角度及受力状态以及水域内来往船舶的动态，凡不适宜部分应做必要的调整。

(2)制订离泊方案。应根据气象、潮汐、泊位特点、船舶动态、装载情况，按照本船实际操纵性能，正确决定离泊时机、制订离泊方案，并于出航前的会议上向有关人员进行布置。

(3)如有拖船协助，应交代协助操纵方案，以便使其主动配合。

(4)机舱活车前，驾驶员应到船尾察看系缆及推进器附近是否清爽，舷梯、吊杆及岸上装卸设备是否有碍，在确认无碍后方可活车。另外，试舵、试声光信号，并按规定悬挂信号。

(5)备车后再做单绑。使用倒缆离艏或离艉时必须确保其强度，里档锚不应与码头护木齐平，突出部位或触岸部位应垫好碰垫，等水面清爽时即可实施离泊操纵。

二、离泊操纵要领

(一)确定离泊方法

离码头可取艏离(leaving bow first)、艉离(leaving stern first)，使用两艘或两艘以上数量拖船时也可平离。

1. 艏离

艏离方式是指使船首先离开码头，再进行船尾离开的离泊方式。小型船舶自力离泊时，顶流较缓，有吹开风，泊位前方较清爽，船首开出15°左右船尾的车舵与码头无碍时，均可采用艏离法。

2. 艉离

艉离是指使船尾先离开码头，而后再使船首离开码头的方式。小型船舶自力离泊时，一般采用艉离方式。艉离方式中当船尾离开码头，车舵已与码头无碍，因而可以自由机动。艉离是更为普遍的离码头方法，静水港内更是如此。

3. 平行离

平行离方式是指使船舶首尾平行离开码头的离泊方式。由于采用艏离、艉离方式，操纵风险都比平行离方式要大，在有拖船协助的情况下，普遍采用平行离泊方式。大型船，离泊多采用此法。一般船舶，强拢风时或其泊位前后余地不大、艏离或艉离均感不便时，也可借助两艘拖船平离。

（二）掌握摆出角度

艏离或艉离时，其摆出角度的大小决定于当时外力影响的大小和摆出后的操船需要。当外力影响有利摆出时，尽管摆出角仅有15°左右就连续进行其他离泊操纵，那么该摆出角度虽小也因其足够而不谓之小，顶流离艏、顺流离艉均如此；相反，当外力不利摆出时，尽管已摆出30°左右，在进行以后的操纵中因外力影响却又摆回到难以进行这种操纵的位置上，那么该摆出角度也因其不足而不可谓之大，顶流拢风离艉时就是如此。

当船首或船尾摆出之后，按预定操纵方案是需要径直出港，或是再行掉头移泊，还是就泊位前于离泊中完成掉头操纵，这些摆出后的操纵要求对于决定摆出角度的大小当然具有重要意义。

艏离或艉离时，在决定摆出角度的大小时必须注意所用倒缆的强度及受力情况。承受顿力、强度不足或因摆出角度过大使倒缆张力突然增加等情况均应予以避免。

（三）控制前冲后缩

当泊位前后余量较小、港池水域相对较窄时，无论是在泊位内的船首或船尾摆出中乃至处于港池或航道中的船舶，均应注意自身的前后活动余地，并利用正横方向附近的物标灵敏地判断本船的前冲后缩，有效地通过用车或使用拖船予以控制。

三、舷侧离泊实例

1. 顶流拖首离泊

流速1~3 kn、流向平行于码头，重载，泊位前有他船并靠或单船靠泊，拖船1艘助操，如图4-5-1所示，其操纵方法为：

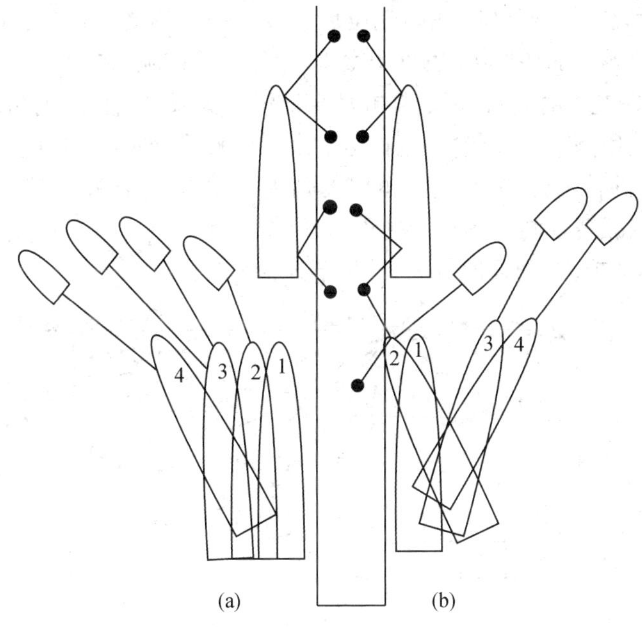

图 4-5-1　顶流拖首离泊

(1)不摆出船尾拖首离码头[图 4-5-1(a)]

①备车单绑,留艏缆和前倒缆、后倒缆。拖缆带好并带力后,解后倒缆收进,并操内舷满舵(位 1)。

②起拖后,因为拖缆是自艏楼外舷稍后送出的,而前倒缆是从船首导缆孔送出的,所以它们与内舷舵一起均具有使船尾出泊的作用,尤其是当内舷受流后也有利于船尾出泊。这三种作用如控制得当,可使得船首在出泊的同时,船尾也将缓缓出泊而不触及码头。如果船尾与码头的距离变近,可令拖船慢拖,同时尽量降低艏缆和前倒缆送出速度或使之稍稍带力,情况即可改观(位 2)。

③出泊后,前边停靠船对本船运动已无妨碍,因此即可解去艏缆和前倒缆。船舶由于速度尚未提高而且内舷受流,加上拖船的作用,船身将斜出泊位(位 3)。

④使用车、舵,稳定船首向,令拖船解掉(位 4)。

(2)摆尾拖首离码头[图 4-5-1(b)]

①离泊单绑,留艏缆、前后倒缆各 1 根。拖缆带好并带力之后,解去艉倒缆,内舷满舵、微进车,摆出船尾(位 1 和位 2)。

②船尾摆出约 15°左右,停车并令拖船起拖,缓缓溜出艏缆和前倒缆使船首出泊,同时船尾也将向码头极慢地摆回(位 2、位 3)。如果摆回过快可适当使艏缆和前倒缆带力即可加以缓解。

③当船首扬出泊位前方他船的外舷时,即可将艏缆及前倒缆解去。由于内舷受流,船身将斜出泊位。直至与前船已经清爽,利用车、舵稳住船身后,即可解拖。

2. 顺流甩尾拖首离泊

顺流 1~3 kn,满载,无开锚,泊位前后有船,有拖船 1 艘助操,如图 4-5-2 所示。操纵方法如下:

(1)离泊单绑,留艏缆、前倒缆,拖船就位后解掉艉缆。船受流作用,前倒缆受力,船尾部缓缓摆出。中小型船舶为加快摆出,也可用微进、内舷舵等措施,如位1、位2所示。

(2)船尾摆出20°左右时,令拖船起拖并解掉艏缆。为减轻前倒缆的负荷,加快出泊速度,本船应不失时机地使用倒车,前倒缆一旦松弛下来即可解掉,如位3所示。

(3)拖船不断向外转出,拖缆渐趋与本船的艏艉线垂直,令拖船减速,本船应采取内舷满舵、前进一等措施,以减缓首向外摆出的趋势,如位4所示。

(4)拖船移至本船前方,稳住船首后,即可解掉拖船。

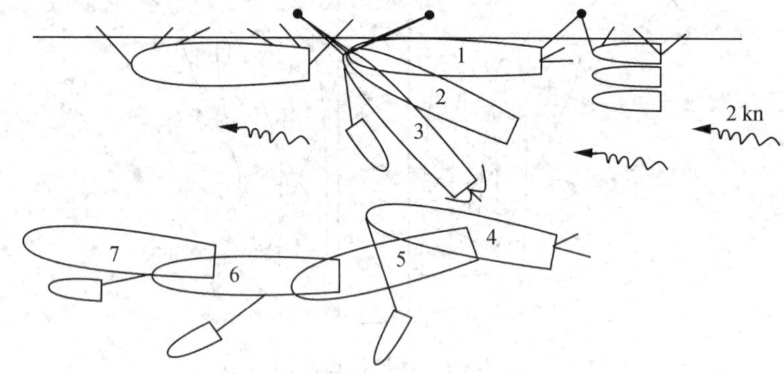

图4-5-2 顺流甩尾拖首离泊

3. 静水港内,开风拖尾曳锚出港池

船首向港池内,港池狭窄,开风6级,拖船1艘,如图4-5-3所示。操纵方法如下:

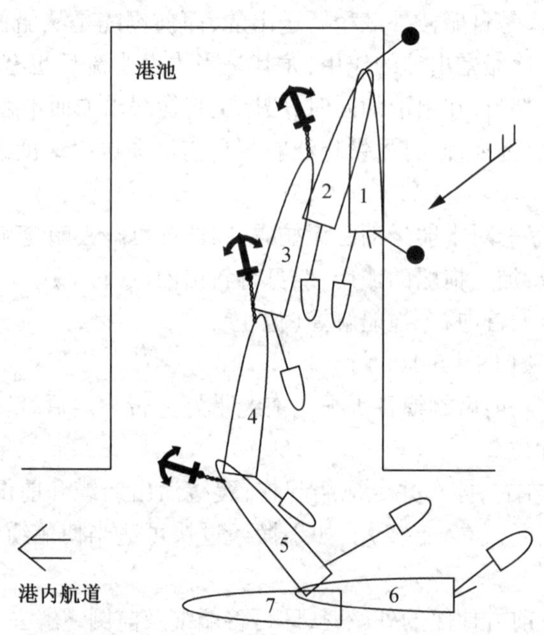

图4-5-3 静水港内,开风拖尾曳锚出港池

(1)离泊单绑,留艏缆、艉缆,系拖缆于本船船尾,起拖宜缓,略松艏、艉缆,同时抛锚,出链1节水面(位1)。

(2)随着起拖速度略略升高,锚链带力,先后解掉艏缆和艉缆。为免使船尾落向下风,可

令拖船略向上风侧拖带,如位 3 所示。

(3)本船船尾出港池前,令拖船向港内航道上风方向加速拖带。利用船尾迎风、拖船拉力和拖锚的阻滞作用,尽量减小风致漂移,以便顺利完成港池出口处的本船转向,如位 4 或位 5 所示。

(4)进入港内航道后,令拖船降速,并转向上风方向,以便本船起锚,如位 5 所示。

(5)起锚后,靠拖船领直本船方向,本船进车稳住船身后解掉拖船,拖缆收进后即可动车出港,如位 6、位 7 所示。

4. 顺流甩尾顶首掉头离泊

顺流 1~2 kn,风力微弱,泊位前后均有他船停靠,重载,有 1 艘拖船协助,如图 4-5-4 所示,操纵方法如下:

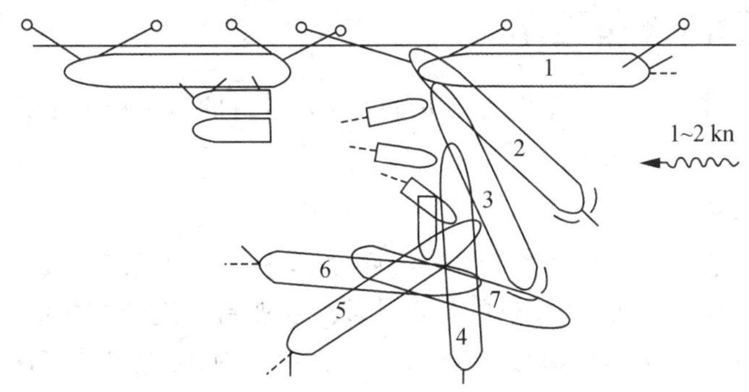

图 4-5-4　顺流甩尾顶首掉头离泊

(1)备车单绑,留艄缆、前倒缆、艉缆各一。

(2)拖船于船首稍后就位之后,解去艉缆并绞进,前倒缆带力后船尾即向外摆出。如流较缓,为了船尾较快摆出,亦可操内舷舵微进等措施,如位 1 所示。

(3)根据流的强弱,当船尾摆出一定角度后,解掉艏缆并下令后退一;当船首与码头无碍时,即可令拖船顶首;当倒缆松弛或妨碍船首出泊时即解去;然后及时停车,以使船首能转出,并与泊位前后停靠的他船无妨碍而退速较小为宜,如位 2、位 3 所示。

(4)尽量使本船在离泊位前不太远的水域完成掉转,为此应及时操舵用车,防止明显的前冲后缩,缩短流致漂移。

(5)及时稳定船首向,并解去拖船。

四、离码头注意事项

(1)选取艉离、艏离还是平离,应视风方向与缓急而定;是否需要在泊位前掉头则取决于离泊目的和是否具备足够的掉头水域。应灵巧地运用风流有利于离泊的一面,同时避免其不利的影响。当风与流的影响相反时,应结合本船载况考虑其影响较大的一方。

(2)离泊单绑时,应充分注意倒缆的受力状态,风大流急时应予必要的加强。对单绑各缆的出缆位置、系缆桩位置应据使用目的做出正确选择,其原则是有利于控制船舶运动,安全而有效地充分发挥各缆在操纵中的作用。大吨位船舶在离泊中一般不宜采用溜缆措施,在摆首或摆尾出泊时,应多借助拖船协助。

(3)使用拖船的功率及艘数,应根据本船吨位、相对水深、风流影响预先估算,并妥善决定拖带方式、就位点、起拖与停拖时机等。

(4)充分估计周围的安全情况,适时抑制不利的前冲后缩和不利的偏转,倒车时应对船首向和船位的保持及变化有明确的预见。

(5)条件恶劣时,为有备无患,应注意备好双锚。若根据经验或估算确无把握,应果断决定等待流变缓时再行离泊。

第六节　系离浮筒

一、系离浮筒的准备工作

系浮筒的准备工作主要有系浮缆的准备和必要时进行的带锚链的准备工作,后者多用于长期系浮或有风浪时系浮的情况。

1. 系浮缆的准备

为保持船体系泊在浮筒上而使用的系浮缆必须具备足够的强度。按照一般原则,单头缆与回头缆应具备同样的、至少应为相近的弹簧常数。在船首接近浮筒之前将其端部从导缆口送出。有的系浮缆作为单头缆使用时,在其端部装有系浮钩,可直接钩在浮筒环上;有的需备有卸扣以便连接浮筒环;有的则使用另备的套索来连接系浮缆与浮筒环。

2. 系浮锚链的准备

长时间的系浮或系浮中预报有大风浪来临时,需使用锚链系浮。右旋单车船多使用右舷锚链。准备系浮链时:

(1)如图4-6-1所示,将锚链少许倒出,把锚固定绑在船首舷侧。

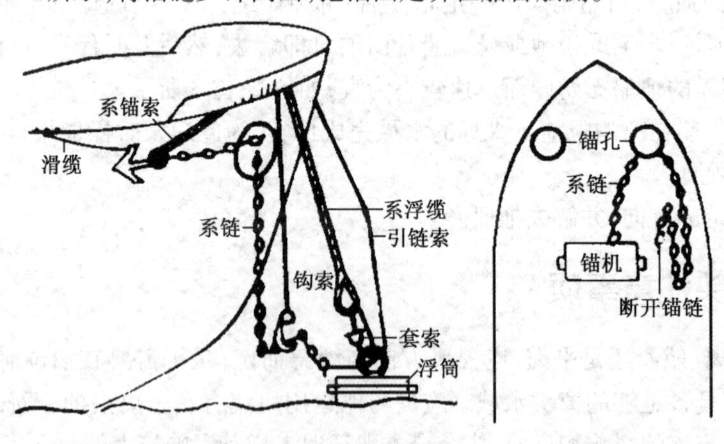

图4-6-1　锚链系浮筒

(2)将倒出的第一节锚链沿船首尾向排布在锚机甲板旁,并卸下第一节锚链的卸扣。

(3)将第二节锚链引入锚链筒上口并倒出至舷外水面。为支撑放出锚链的重量便于系链人员的操作,可使用钩索(hook rope)钩住其端部的数个链环后再行放下。

(4)准备好系浮链卸扣和配用的销子,并从船首甲板分别送出。

(5)为将锚链拉靠浮筒,另备一根引环缆从左船首舷送出。

二、系离单浮筒的操纵要领

(一)系单浮的操纵方法

船舶系单浮后,任风流影响而绕单浮转动的系泊状态叫作单浮系泊。一般船舶完全可以自力系单浮,超大型船则应有拖船协助,以解决控速和系缆问题。系单浮一般应取顶风方向,由于水域或其他限制也可横风抛锚接近浮筒。不得不顺风系单浮时,可在驶近或驶过浮筒时抛锚系浮筒;风流同时存在时应参考泊位附近载重状态相近船舶的船首向,顶风流的合力方向驶近浮筒。

1. 风力较弱时顶风系单浮

如图4-6-2所示,使船成顶风状态,将浮筒置于右舷(1~1.5)B处,以保持舵效的最低船速淌航驶近。如因航道等难于直线驶近,则至少应在$3L$之内保持直线驶近。当船首距浮筒的纵向距离约(0.5~1)L时,视实际船速使用后退二或后退一将船拉停,保持船首近乎与浮筒靠上的状态,送出系浮缆或系浮链等。

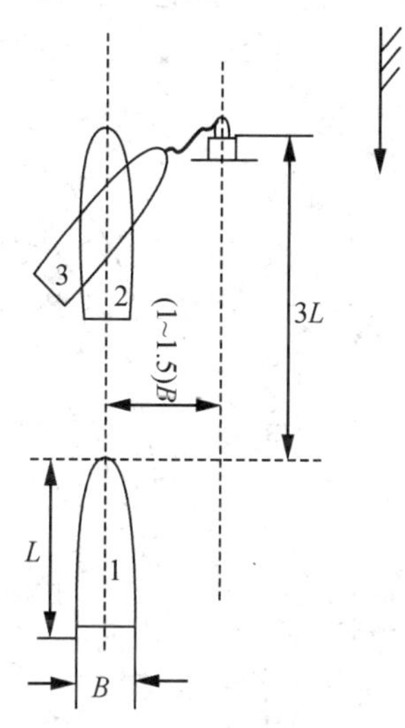

图4-6-2 风力较弱时顶风系单浮

2. 顶风较强、本船$B_a/(L_{pp}\cdot d)$值较高时系单浮

如图4-6-3所示,考虑到停船后,船首将很快落向下风,并给系浮带来困难,先在浮筒左侧(约0.5L)上风处抛左锚,出链1.5H为宜(视风力而定,但应能拖锚),利用风力并辅以必要的倒车或进车用舵使船首接近浮筒。完成系浮后应尽可能将锚绞起,或待风缓之后再行绞起。

3. 横风较强时系单浮

如图4-6-4所示,由于水域所限,横风系单浮时,应充分估计到当余速降低后风致漂移也将相应增大等情况,故一般应将浮筒置于下风舷侧约距航迹线70~80 m处,于船首抵浮前0.5 L左右使用后退二或后退一制速并抛出上风舷锚,出链1.5H左右,依靠风力,并辅之以倒车、进车的调整,在船首转向迎风和船身向下风漂移中使船首接近浮筒,完成系浮后也应尽可能将锚绞起。

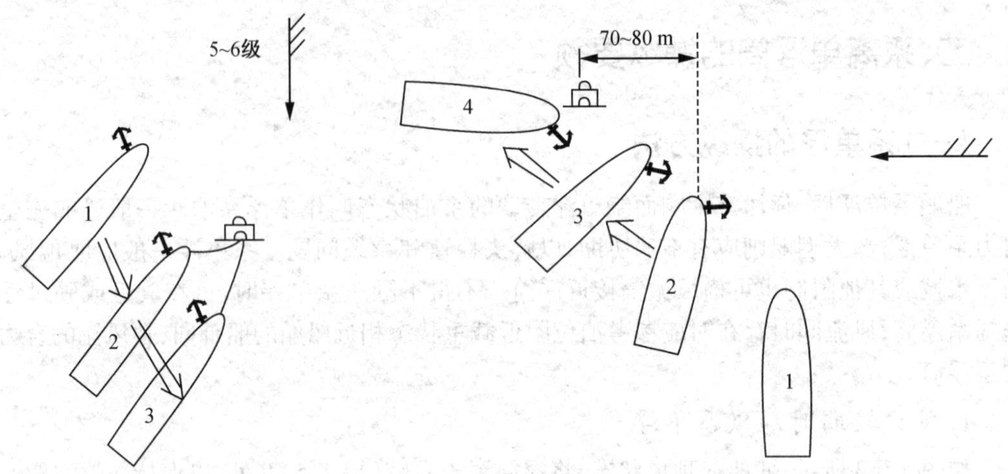

图 4-6-3　顶风较强时系单浮　　图 4-6-4　横风较强时系单浮

4. 顺风时系单浮

如图 4-6-5 所示,不得不顺风系浮时,应将船速控至最低程度。基本操纵方法是借风力掉头系浮,具体做法有二:

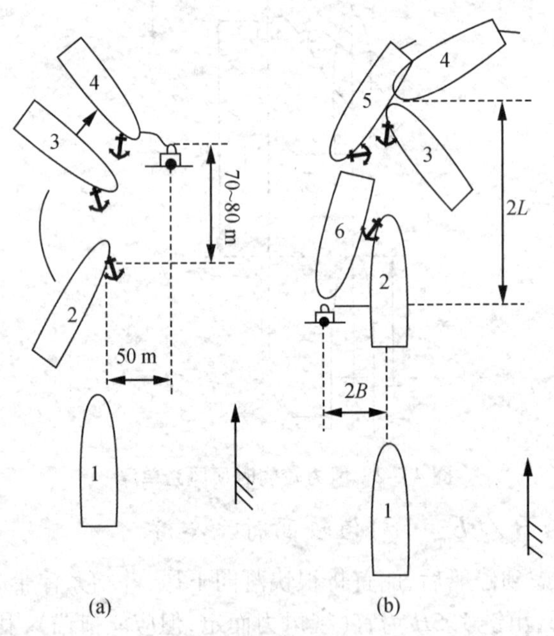

图 4-6-5　顺风时系单浮

(1)在未抵达浮筒前掉头系浮,如图 4-6-5(a)所示,使浮筒置于本船右舷,横距保持约 50 m 左右,以极低余速向浮筒驶近,抵浮前约 70~80 m 处,估计已充分避开浮筒用锚范围之外抛出右锚,出链 1.5*H* 左右顺风拖锚掉头。如果余速仍高,则可在风向转至右正横之前使用短暂倒车加以抑制,掉头后再用车舵使船首靠近浮筒,并于系浮之后将锚绞起。

（2）当浮筒下风侧有一定水域时，也可采用驶过浮筒后掉头系浮法，如图 4-6-5（b）所示。其长处是仍保持了顶风系浮船首方向易控的优点，而且起锚时不易出现与浮筒锚的干扰，这是一种变相的顶风系浮方法。

（二）离单浮筒

离单浮筒操纵较为简单。一般情况下先将系浮链或系浮缆中的单头缆解掉，风力较大时，可适当进车并收紧回头缆之后再解去，最后才解去回头缆。如需原地掉头后再离浮，一般应有拖船协助。

（三）系浮时的带缆操作

船首接近浮筒，需有带缆艇完成系浮缆和系浮链的系带操作。带缆艇停于本船首舷侧，将本船放出的系浮缆前部分收进并盘好。带缆艇向浮筒驶去时，本船应先放出甲板上的该系浮缆的剩余部分，当小艇拖不动时再将艇内的系浮缆部分松出，直至到达浮筒并将其连接在浮筒环上。

等带缆艇离开浮筒后，本船依靠绞进系缆并配合以进车，使锚孔尽量保持在浮筒上方。带缆艇人员再第二次到浮筒上进行系链操作。

将引环索穿过浮筒环引至锚链的端部后，通过绞进引环索使锚链端部与浮筒环靠上，用卸扣连接之后，将链松至所需长度（与系浮缆相比应略紧些），将原松出的引环索穿过浮筒环再绞回到本船，并呈松缓状态系牢作回头缆（slip wire）使用。

三、系离双浮筒的操纵要领

（一）系双浮筒

船首、尾各自系至不同浮筒上的系泊方法谓之系双浮筒。较之系单浮因其能使系泊船较好地保持在既定的系泊位置上，具有过驳装卸方便、易于进行管理且对扩大港内作业面和增加吞吐量及提高周转率有利等优点。其缺点是，当外力与双浮连线不一致时系缆负荷将明显增加。

从操纵上看，系双浮筒较靠码头时泊位较长、伸缩余地较大，且无碰码头之虑。但因为地形较为开敞，风流作用较码头边为大，带缆需时较长，靠离时无前后倒缆借以摆出船首或船尾，不得不更多借助于锚和拖船，大型船则更是如此，所以不能有丝毫麻痹大意。

1. 顶流、开风空载系双浮

顶流 1~3 kn，开风 5~6 级（从右侧进入泊位，风来自左舷），空载，有拖船 1 艘助操，如图 4-6-6 所示。操纵方法如下：

（1）停车淌航，距后端浮筒约 $3L$ 时，驶入下风侧，串视线的选定应同时考虑风、流两个方面的影响。余速在进入泊位后端浮筒时保持在对地 1.5~2 kn，应将初始横距（船首距后浮）d_1 定为 30 m 左右，而入泊横距（船首预定停靠位置）d_2 定为 0，在此基础上再去考虑操船者的占位和风压差两个因素的影响，如位 1 所示。

（2）船首平后浮筒，正舵或略做上风舵，船首可对向前端浮筒稍后一些，如位 2 所示。

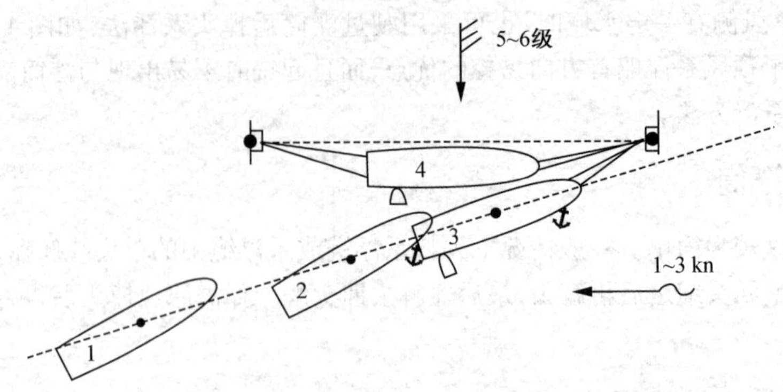

图 4-6-6　顶流开风空载系双浮

(3)船首抵泊位中点,抛右锚,出链1节入水,仍压上风舵,必要时略进车片刻以助舵效,拖锚使船首接近上端浮,抵达船首停泊位置(船首距前浮筒约20 m)处将船停住。如发现船身后缩,即用微进顶住,迅速带上船首单头缆、回头缆,并将其挽住。

(4)艏缆带妥后,令拖船(在下风舷船中就位)顶推本船下风舷,使整船入泊,等候带妥船尾部各缆时解掉拖船。

(5)淌航中为克服横风中的船首偏转而断续用车,这可能会使余速偏高。因此,拖锚可能略有提前,必要时也可考虑短促倒车。

(6)开风较弱或无开风且有顶流时,靠拢角应小些;流急时则该角度更应减小。重载船则应注意适当减小横距及早地拉平船身,以免碰及后端浮筒。

2. 顶流拢风空载系双浮

顶流1~3 kn,拢风5~6级,空载,有拖船1艘助操,如图4-6-7所示。操纵方法如下:

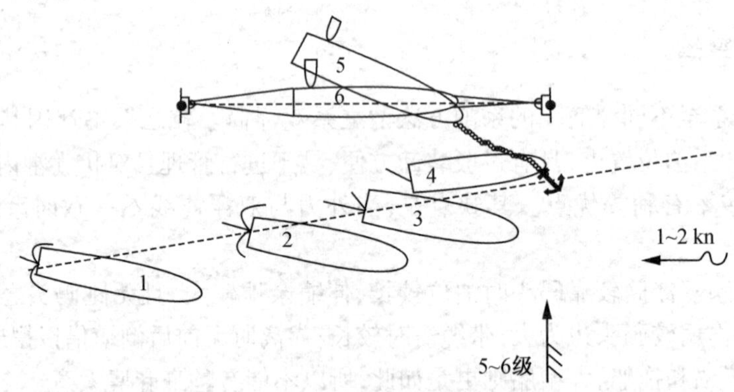

图 4-6-7　顶流拢风空载系双浮

(1)根据流速、冲程适时停车淌航,抛锚点选在前浮上风侧横开50 m左右处。由于是拢风,应随时注意调整风压差以保证船身不致被风压下,出现险情。

(2)船首平后端浮时,若余速过高,应及时以倒车略加抑制,如位1所示,但必须保持舵效以保向。

(3)船首抵泊位中点附近,至少应保持80 m左右的横距,以留够船首淌至抛锚点之前的拢风造成的漂移距离,如位2所示。

(4)船首抵抛锚点时,船速应刹减至零。在此之前应随时注意勿使船首落向下风,如位3

所示。

(5)抛开锚1节入水,随风流漂移中松出锚链至1.5节,而后适当进车以缓解船舶退势,如位4所示。

(6)锚链带力,船尾向下风流处摆入浮筒泊位之间,船首即可迅速带缆,然后再令拖船顶推本船中稍后处,并带好船尾各缆,如位5、位6所示。

3. 顺流空载开风于浮筒泊位掉头系双浮

空载,横开风5~6级,顺流流速1~2 kn,如图4-6-8所示。操纵方法如下:

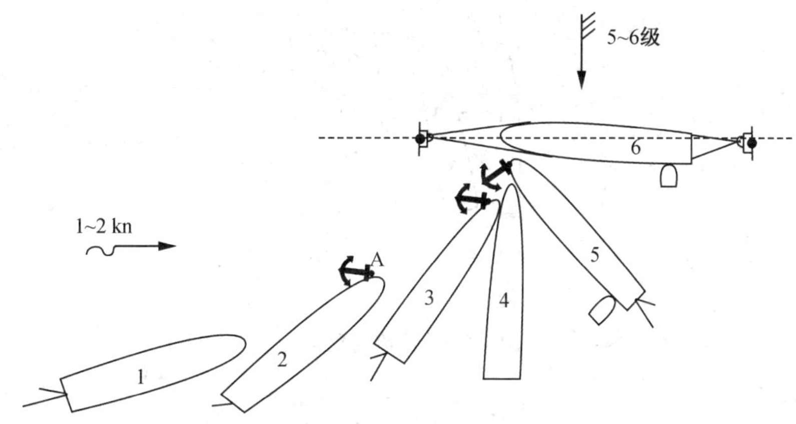

图4-6-8 顺流空载开风于浮筒泊位掉头系双浮

(1)根据本船在静水中慢车停车后的淌航冲程停车,按船舶的偏转情况,加以调整,使本船沿合理的串视线向预定抛锚点接近。

(2)船首距前浮筒约L,在使船首具有左转趋势的基础上(必要时应操左满舵),后退三抑制余速为1 kn时停车,并使船首向与浮筒连线成30°,如位1所示。

(3)船首驶抵A点时抛出上风锚,出链1节入水,如位2,并拖锚至位3。由于转向顶风,拖锚与转头速度将降低,从而不利于船舶进入浮筒泊位,应适度拖锚进车左舵,如位4所示。

(4)转过70°之后,因风流及链的反弹作用,需再次进车以制止船舶后缩,如位5所示。

(5)当本船转过130°~140°时,如位5所示,再次进车并视情况用上风舵,使船首接近浮筒,并及时带好船上各缆后放松锚链。

(6)令拖船顶推船中稍后处,当船尾入泊后带好船尾各缆。

(二)离双浮筒

1. 顶流离双浮

顶流1~3 kn,前后泊位有船,风力弱,拖船1艘助操。如图4-6-9所示,操纵方法如下:

(1)备车单绑,留艏、艉回头缆和艏单头缆。拖船带好拖缆并就位后,解去艏单头缆和艉回头缆,令拖船在右舷30°~50°方向起拖,拖速宜低,并以本船船首摆出泊位为度。必要时,本船也可操外舷舵帮助船首出泊,如位1、位2所示。

(2)当前端浮筒移至里档时,解掉艏回头缆,保持船身与流向约成20°左右(满载、流急时该角度不可再大)使本船横向出泊。如前冲明显,可令拖船降速,也可用本船倒车加以抑制。

(3)至进入航道之前,泊位前方停船已不会形成障碍,则令拖船领直航向,稳定船身后解

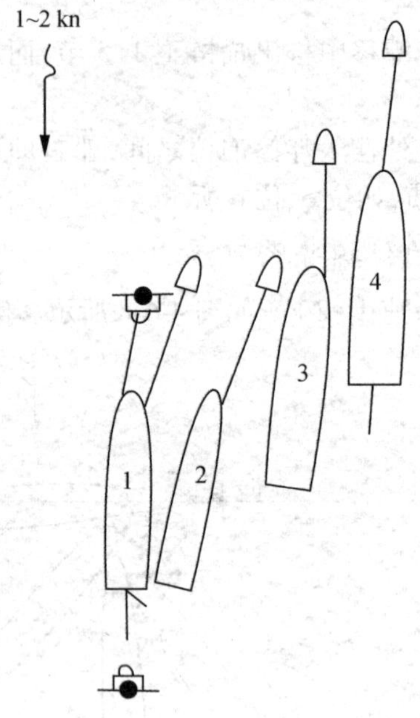

图 4-6-9　顶流离双浮

去拖船并出航。

2. 顺流拖尾离双浮

顺流 1~3 kn,航道宽度约为 L,风力微弱,满载或空载,有拖船 1 艘助操,如图 4-6-10 所示,操纵方法如下:

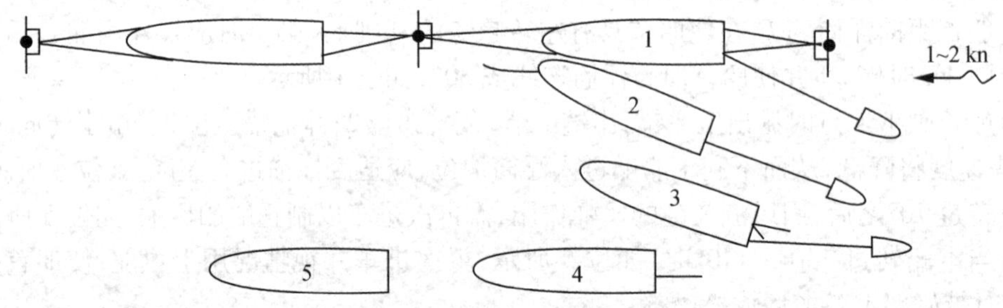

图 4-6-10　顺流拖尾离双浮

(1)备车单绑。留艏、艉回头缆和艉单头缆各 1 根,拖船于本船船尾带好拖缆于 30°左右就位后,解去艉单头缆,并令拖船起拖,如位 1 所示。

(2)随拖速增加,松开艉回头缆,船尾外摆。当里舷迎流、船尾渐渐出泊至扬出泊位后,如位 2 所示,即可解去艉回头缆。令拖船转向顶流方向拖带,船首摆出后解去艏回头缆,如位 3 所示。

(3)在拖船协助下,本船领直船身后即可解掉拖船,迅速收清拖缆后动车出航。

3. 拖船顶尾、拖首、顺流拢风掉头离双浮

顺流 1.5~2 kn,出口航道宽约为 1.7L,前方泊位有他船系浮,无开锚;吹拢风 5 级,万吨级船舶半载,有 1 艘拖船助操,要求就泊位旁掉头后出港,如图 4-6-11 所示。

操纵方法如下:

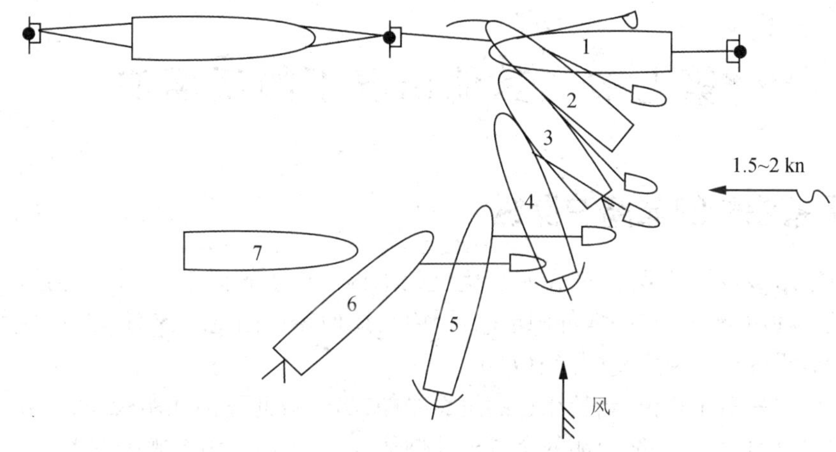

图 4-6-11　拖船顶尾、拖首、顺流拢风掉头离双浮

(1)备车单绑，留艏、艉回头缆和艉单头缆各 1 根。拖缆带至船首，拖船在下风舷侧后两舱之间就位后解去艉单头缆。

(2)拖船约以 70°左右方向顶推，溜出艉回头缆勿使受力过大，待船尾摆出 15°左右、里舷受流时解掉艉回头缆并迅速收进。

(3)当船尾继续摆出约 20°时，拖船转向顶流，离开本船开快车拖首，此时如船身随流前移，即刻用后退二加以抑制，待船尾摆出 30°左右，解去船首回头缆，如位 2 所示。

(4)位 3 时，注意前后水域的进退余量适时用车予以调整，若进车，可操右舵使船加速右转。

(5)转过 90°之后，右舷受风，加之受流的影响，为避免船身前冲，使船首距泊位稍远一些也可适时倒车，如位 5 所示。

(6)转过 140°左右，用右满舵进二完成掉头，稳住船身后解掉拖船出港，如位 7 所示。

四、系离浮筒注意事项

(1)一般泊位上系离浮筒船舶活动余地较靠码头为宽，但水域遮蔽差，风流影响较码头边为大，加上带缆需时长，系链需时更长，而且需有带缆艇协助，还需要有人上浮筒操作。这从一定意义上说，更要求操纵者认真分析客观条件，制订周密计划，精心操纵船舶，以防发生撞浮筒、触碰泊位前后他船等事故。

(2)迅速带缆是系浮中的一个重要环节。要求本船船首尽可能接近浮筒，一般纵向距离约为 20 m，横向距离约为 10 m，系浮时，尽量保持系船端与浮筒之间相对静止。

(3)拖锚是系浮筒的另一个重要环节。锚位距浮筒不宜过近，一般距浮筒连线大约为 30~40 m。

(4)风大流急常需拖船协助。操船者应合理确定所需拖船功率、艘数，正确指挥拖船完成系离浮筒的助操任务，并在对风流影响和拖船作用的估计中充分留有余地，以免出现被动的局面。

第七节　其他情况下的系离泊

一、尾系泊船的靠离泊操纵

为在有限水域容纳较多船舶，在遮蔽优良的港内(多为静水港)可进行尾系泊，俗称尾靠方式。这是一种用单锚或双锚向外固定船首，用系缆使船尾固定于浮筒、岸线、突堤或码头之上的船身与码头等近于相垂直的停泊方式。

该种停泊方式对于吨位、船长相近的尾靠船舶，尽管彼此停泊间距较小，却互不影响任一尾靠船的出航，而且可为编队船舶的鱼贯出港创造方便，因而多为军舰所采用。

埃及的塞得港是具备这种系泊方式的港口之一。采用这种系泊方式的商船多为临时性系泊，它也具有不便装卸的明显不足。对于大型船舶，艉缆通常采用 4 根，船首则采用双链交角较小(如 20°左右)的八字锚形式予以固定，出链长度视外力影响确定(从 2. 5~6 节不等)，也无须两链等长。为能在横风时单船出泊而又无碍于邻船，也可使两链保持平行。

(一)尾系泊船的靠泊

尾系泊的接近路线一般取与码头平行的进泊方向。系泊时应特别关注锚抓底的可靠性。上风舷的锚位应偏于本船停泊泊位的上风一侧，而船尾上风舷的系缆也应予以加强。

1. 无风时尾系泊

风很小或无风时，船舶尾系泊如果是短时间停泊，也可只抛单锚进行，如图 4-7-1 所示。其操纵步骤如下：

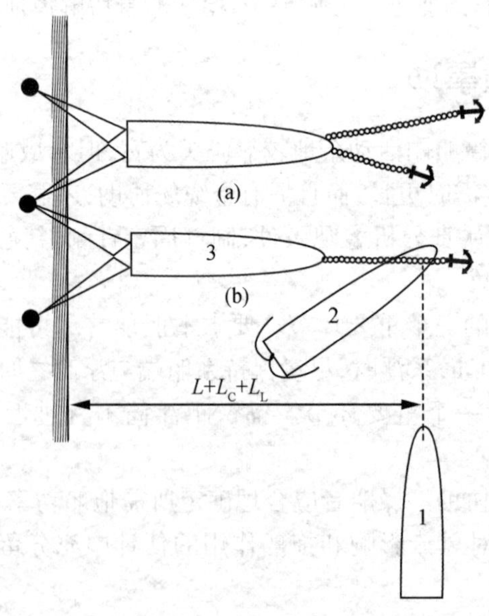

图 4-7-1　无风时尾系泊

(1)平行于码头线淌航进泊，船与码头所保持的横距 d 应包括船长 L(按锚孔至船尾导缆

孔的距离定出)、艉缆长 L_L 和出链长 L_c，即 $d \approx L+L_L+L_c$。

(2)余速应视本船载况确定，拟用拖锚法淌航至预定锚位点，需要预先估计拖锚淌航距离。

(3)抛锚采用进抛法时，应考虑与邻船所抛的锚无碍才行，同时使锚位处于泊位的正前方附近。如采用退抛法抛锚，则无须考虑拖锚问题，而应考虑按冲程要求将船停在预定的锚位旁。

(4)利用进车、倒车、适当操舵，并伴随松出锚链至预定长度，使船到达预定系泊位置，带上船尾各缆。

(5)如抛双锚，则应按抛八字锚方法抛锚后再行靠尾。

2. 有风时尾系泊

在有风情况下仍可按平行码头的方向接近。抛双锚以后，拢风和开风对船舶退入泊位均有使船舶正直入泊的有利一面。在沿码头线平行地驶入抛锚位置时，一般将码头线置于本船的左舷进行操纵比较方便。

(1)顺风接近泊位，如图 4-7-2 所示。

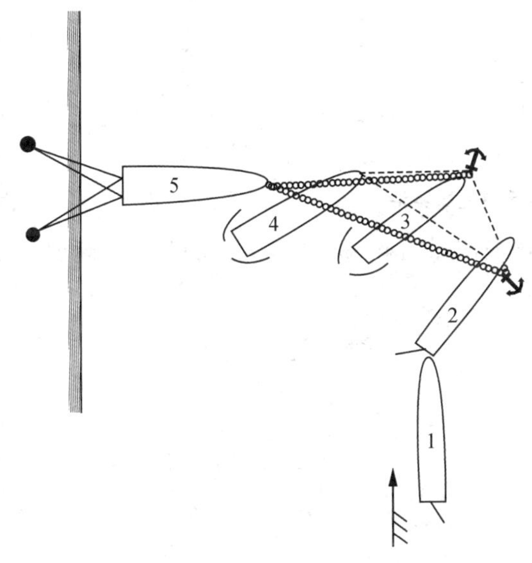

图 4-7-2　顺风接近泊位尾系泊

淌航接近上风侧锚位即第一锚位时，宜控制余速于 1 kn 之内，用进抛法抛出外舷锚之前，应略使船首转向外侧，出链 2.5H，并开出倒车。

利用倒车、拖锚刹减余速后，用退抛法抛出下风侧锚即第二锚，继续倒车、控制船的退速，使船尾渐渐对向码头泊位。锚链带力后，进一步松链至预定长度，以控制船尾与码头之间的距离，然后先上风舷、后下风舷依次带好各艉缆，绞紧挽牢即可。

自力尾靠时应予注意的是，从船舶抛出第二锚之后即应尽可能保持船身的连续后退，后退速度一般为 1~2 kn，以尽可能减小向下风的漂移。船尾抵泊位之前又应适时进车以刹减后退速度。

风力过强时，宜使用拖船顶推本船下风舷中部助操。

(2)顶风接近泊位，如图 4-7-3 所示。

接近泊位路线应尽可能离码头稍为近一些,然后用大角度转出,以大约横风方式先后抛出上风舷锚之后,再以上风舷锚为支点,利用下风舵进车迫使船尾转向上风(由位 1 至位 2),用倒车退到第二锚位抛锚,直至抵达码头泊位带缆。

(二)尾系泊船的离泊

尾系泊船在无风条件下离泊时,操纵较为简单,如图 4-7-4 所示,解掉艉缆后,收短两舷锚链,先绞起短链锚或非出航一侧的锚链,依靠出航侧的锚作支点,使船首对向出航方向后,起锚出航。

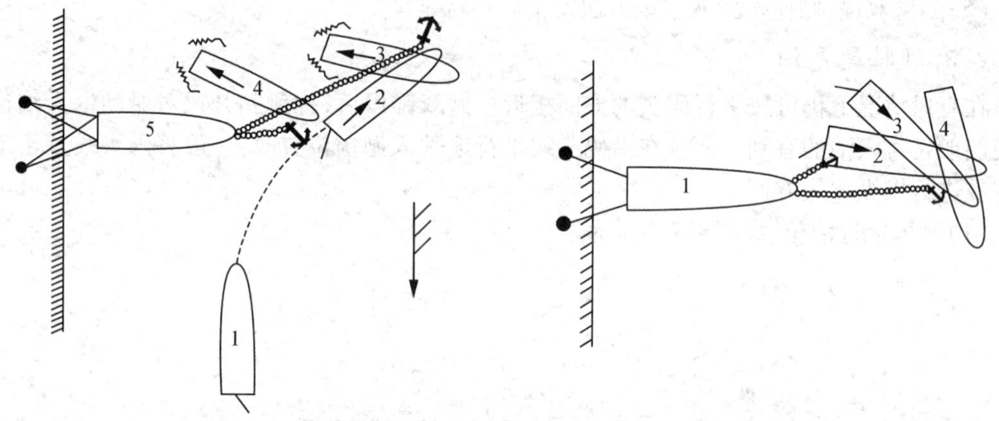

图 4-7-3　顶风接近泊位尾系泊　　　　图 4-7-4　无风尾系泊船的离泊

强横风条件下,如在尾系泊船的下风舷侧停有他船时进行离泊,在操纵上应该注意以下问题,如图 4-7-5 所示。

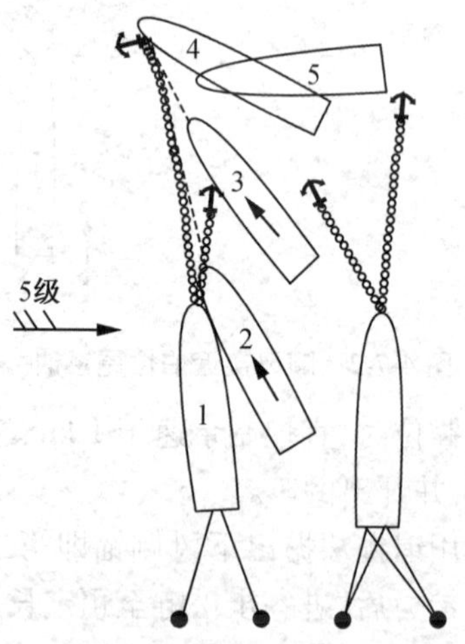

图 4-7-5　强横风尾系泊船的离泊

(1)使下风舷锚链呈松弛状态(先松出一些),绞紧上风舷锚链。离泊单绑时,船尾部留有两条化纤缆,并尽可能收短,以便为及早动车创造条件。

(2)在本船下风舷侧,特别是船尾准备好碰垫后,绞进上风舷锚,等船首转向上风并向前启动时,立即解掉艉缆并收进。前进二或进三配合操舵免使船舶落向下风。

(3)当船首抵二锚位时分别绞起惰锚和力锚,并配合车舵使船首面向出港航道。

(4)如距下风侧船舶过近,可使用由船尾下风舷引出带到码头上风一边的较远缆桩上的保险缆,绞进收紧以代替原船尾系缆,则离泊时的不利情况即可得到缓解。

二、靠离系泊船

(一)靠离系泊船的准备工作

靠离系泊船,甚至靠离在航船,均属于船舶之间的靠离。并靠他船时,因为两船吃水、吨位、干舷高度不一,特别是在船首尾部分线型变化较大,所以容易出现相互挤损。靠离他船的准备工作及操纵要点与靠离码头基本相同,但需注意以下几点:

(1)并靠的两船,最好不要有向并靠一舷的横倾。并靠一舷的突出于舷外的部件,如舷梯等应一律收进,同时应准备好固定于舷边或手提的碰垫。在锚地过驳或过载时,为防止涌浪引起的船间撞击,可使用专用的橡皮缓冲碰垫。

(2)靠上他船时应尽量平行靠拢,使两船平直的船舷部分相互接触,以免造成点接触而损及船体。此外,干舷高的船首、船尾不要自上而下地凌于干舷低的船舷上方,以免损及栏杆、舱面设施或甲板建筑。

(3)抛锚时,应预先掌握对方船的锚位、锚链方向及出链长度,以免使两锚之间相互纠缠。靠锚泊船舶,如条件允许,应靠其未抛锚舷侧,靠泊结束,应将本船的锚绞起。

(4)并靠系浮的他船时,一般应先带好两船之间的相缆(即固定用缆),后带浮筒缆,以防引起两船之间的相互移动及错位,各系缆应尽量均匀受力、系紧挽牢,防止从导缆孔跳出或严重磨损。

(5)锚泊船在风大流急时会产生严重偏荡,这给靠泊带来一定困难。但因为一般情况下,偏荡周期较长,有20~40 min之多,所以偏荡速度除中间的平衡位置处最快之外,在两边极限位置处则速度最低,而且往往成顶风态势,故靠上偏荡之中的船舶应选在该位置进行。涌浪较大,船舶颠簸剧烈则不宜靠泊,应等待条件好转时靠泊。

(二)靠离系泊船的操纵要领

1. 空载船靠锚泊船

巨大型矿砂船重载,限于吃水在过驳锚地抛锚,水深20 m,出链5节,锚地流速1 kn,风力4~5级,其方向如图4-7-6所示。本船为空载1万吨船,操纵方法(以船首拢风靠船为例)如下:

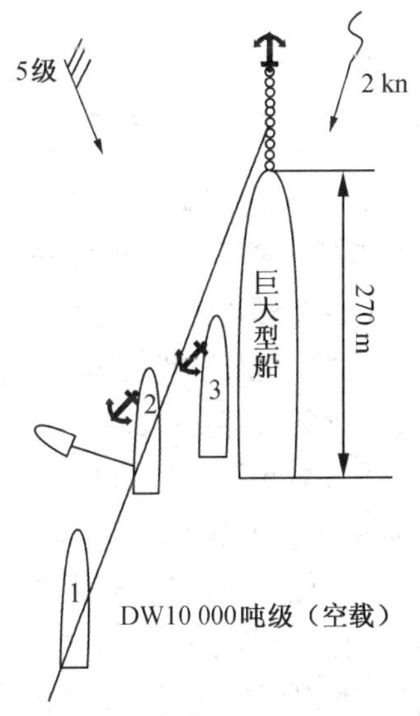

图4-7-6　空载船靠锚泊船

(1)根据本船冲程资料,按船速、流速适时停车淌航。当本船船首与巨大船船尾的纵向距离约100 m时,对地余速(以巨大船为参照)约控于2 kn;若余速较高,可先用左舵,以适当倒车予以抑制。

(2)明确本船首、尾与巨大船并靠位置*F*点和*A*点以及它们的中点*N*,以*N*点横开约2*B*、*A*点横开不低于3*B*为参考点选定串视线向巨大船接近,经计算,串视线与巨大型矿砂船的艏艉线交角在25°~30°。

(3)为保证本船驶在串视线上,在本船船首尚未与巨大船船尾齐平之前,靠拢角应尽可能减小,可取10°左右;接近齐平时,应注意由于巨大船的存在而产生的整流作用,及时操舵用车以纠正船舶的偏转;船首驶过 A 点时应谨防船首因风的影响而过早压拢。

(4)船首抵 N 点横开处,抛外舷锚,出链2.5H,内舷舵如位3所示,防止因拢风影响使本船船尾落向大船。

(5)如果有拖船应令其在本船船尾左舷就位,自拖锚开始指挥其拖尾。如果无拖船协助则可借顶流作用或短暂进车、内舷舵,以缓解船尾靠拢过快,再根据需要松出锚链和降低拖船转速,使本船平贴巨大型船的船舷,然后系缆。

2. 重载、缓流、吹拢风离开巨大型船

如图4-7-7所示,流速0.5~1.5 kn,拢风4~5级,拖船1艘协助操纵。操作方法如下:

(1)备车单绑,留艏缆、艉缆、后倒缆各1根。拖船在船首带好拖缆后,沿45°方向起拖,如位1所示。

(2)本船操外舷舵,解掉艏缆,船首开始外摆。当摆出角度约20°~30°时,解掉艉缆,令拖船加速拖首,并回正舵,解去后倒缆,如位2所示。

(3)流较急时对离开巨大型船较为有利。如拢风强则因本船是满载状态,仍然影响较小,可考虑适当增加船首摆出角度。

(4)若采用艉离法,必须防止船首与巨大船之间的挤损等问题。

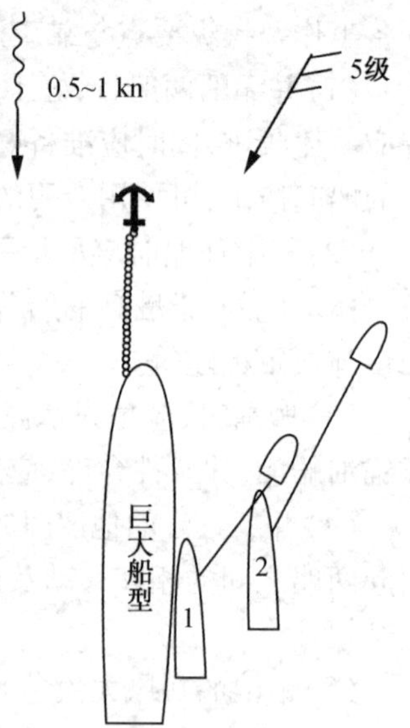

图4-7-7 离大型船

三、进出船坞

(一)船舶进坞前的准备工作

(1)船舶进坞前,应调整到要求的吃水差、无横倾的状态,并收妥双锚。按厂方要求做好其他入坞前的准备工作。

(2)船舶进出坞,因本身无动力,需靠拖船助操。通常情况下需3艘拖船,其中的1艘绑在船尾的一舷,以代替本船的车舵;1艘用于拖船首;另1艘用来提尾。如果船舶较大或风流较急,则根据需要另配拖船在下风流舷侧顶推。绑在船尾的1艘拖船应具有较高的主机功率。

(3)船舶接近坞门时的余速、船身与风流的交角以及与岸边的横距等因素,依靠对拖船的全面指挥和正确的配合。

(4)船抵坞门后,分别从船首左、右舷各送出1根缆绳系于坞边的缆桩上,以校正和稳定船首的位置;另送出1根缆绳引至坞前方的绞车上,以便在坞内绞船前进。随着船身在坞中的前移,船尾可带缆时,再带上左、右各1根缆以稳定船尾、取代拖船。

(二)船舶进出坞的操纵方法

(1)涨末,流速0.5~1.0 kn,吹拢风4~5级时进坞,操作步骤如图4-7-8所示。

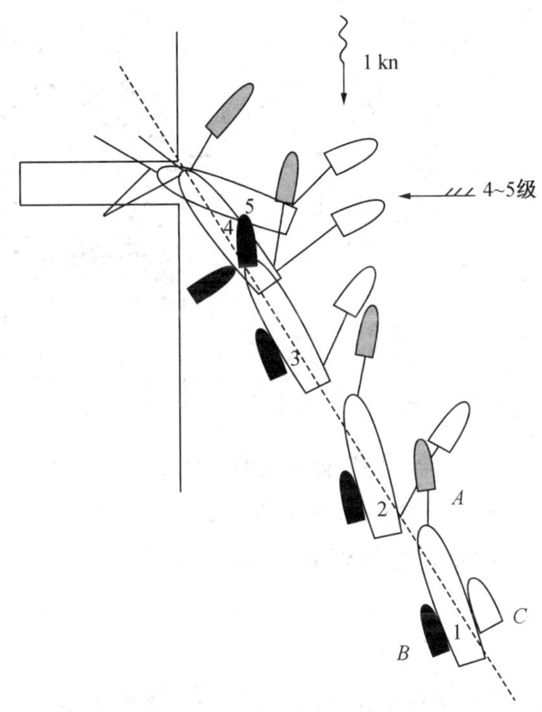

图 4-7-8　涨末、顶流、拢风进坞

①用主机功率最大的拖船 B 并靠于本船船尾左舷，功率较低的拖船 A 拖首，拖船 C 提尾。通过上游侧的坞门角选定串视线，保证使船首距坞门 L 时，船首与坞门的横距不低于 $3B$。为此，应取较小的靠拢角，船首应扬出串视线外。

②本船余速的控制主要靠拖船 A 降速和拖船 B 倒车来实现；本船船首向的控制则主要由拖船 B 来掌握；本船横距的保持则主要靠 A、C 两拖船的拖带方向来确定，如图 4-31 位 1、位 2、位 3 所示。

③船首抵坞门时，本船余速应控为零。拖船 B 改为顶尾，拖船 A、C 应全速向上风上流一侧拖船首和船尾，并带上船首的 3 根缆绳至相应位置，如位 4 所示。

④解去 A 拖船。在 B、C 两拖船顶拖之下使船身与船坞拎直，随着坞头绞车的绞入，船身缓缓入坞，视需要用拖船 C 控制入坞速度，最后解掉拖船 B、C 后，带上船尾两缆。

急流时进坞，也可先将本船停靠于坞门下游侧的码头旁，并使船首伸于坞门外，带好船首尾 3 根缆，边绞缆，边用就位的拖船 B、C 分别顶、拖船尾，拎直船身后进坞。

(2)涨末，流速 1 kn，拢风 4~5 级出坞，操作步骤如图 4-7-9 所示。

①船首留左、右缆，船尾留上流侧缆。令拖船 A、B 于坞口等待，拖船 C 将拖缆带妥后就位如图(a)所示。

②拖船 C 起拖后，解掉船尾上流侧系缆，船身缓缓退出，随时将船首左、右两缆换桩并调整船首使之居中。

③半个船身出坞后，本船后部受流的影响加强，拖船 C 应渐向上风拖带，同时令拖船 B 顶推船尾向下风舷。拖船 A 将拖缆带于本船船首，并在本船上流一侧就位，如位 2 所示。

④船首将退出，拖船 A 即应快车拖首，拖船 B 也移至船首下风舷准备顶首，如位 3 所示。

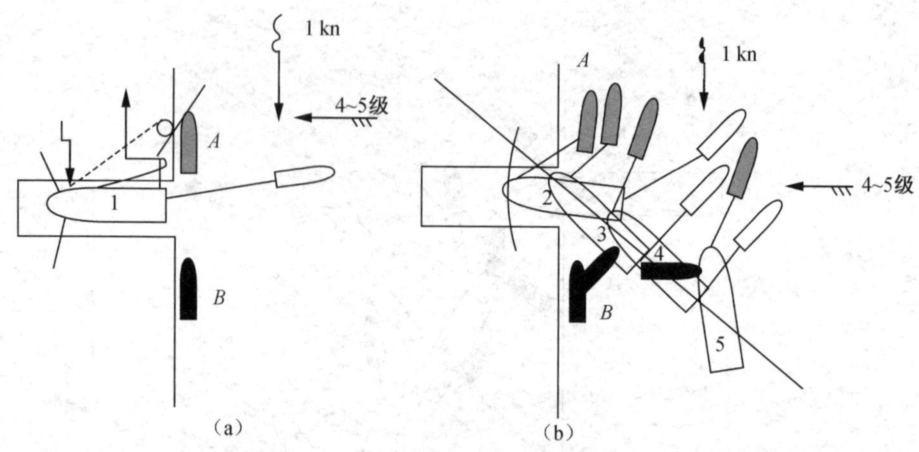

图 4-7-9　涨末、顶流、拢风出坞

伺船身全部出坞，即令拖船 B 快车顶首，拖船 C 尽量抢占上风位置，如位 5 所示。船身掉至迎流之后，解去拖船 C，本船在拖船 A、B 协助下移至预定泊区。

四、进出船闸

船闸的作用有多种，主要是保持水位、缓解落差和防止海水倒灌等。例如我国海河船闸，其允许过闸船舶的尺度随海河水位而异。世界上有名的巴拿马运河，其水位较大洋两侧海面最高水位差达到 26 m 之多，航经该运河的船舶需经三级船闸。

(一)进闸前的准备工作

(1)检查船舶或船队的尺度与船闸尺度是否相适应。

(2)收进舷外设备，关闭好舷窗，以免进闸充水时，水花溅入船舱。

(3)保证主机进、倒车能正常使用

(4)做好系缆准备。船首、尾处备缆，一般不少于 4 根。备好碰垫等护舷设备。

(5)备好双锚(但锚切勿松出)，以便进闸前应急之用。

(6)必须经常注意船闸信号台的信号，经常用甚高频电话与船闸指挥台联系。

(二)进船闸

(1)控制船速维持舵效，使船沿导标中线低速接近闸口，横风较强时 $B_a/(L_{pp} \cdot d)$ 较大的船舶应保持在导标线上风一侧行驶，至闸口前适当距离(例如 200~300 m)处，使用车、舵，拎直船身进闸。

(2)船首进入闸口，坞口两侧水被挤出。应适时进车，保持入闸趋势，并力求勿使船首偏向船闸的任何一侧。这可以通过船艏缆或及时使用车舵加以调整。

(3)船首带缆时，通常应先带左侧后带右侧缆，以抵御倒车时的不利偏转。横风较强时，半载或空载船舶可视需要用拖船在下风舷顶推，带艏缆时则应先带上风侧后带下风侧缆。

(4)船进闸后，船尾左、右舷再各带一缆，以保持船位。横风时，上风舷侧所带的艏、艉两缆应予绞紧。船停于闸内后，前后各缆尽可能受力均匀，以防调水时出现前冲后缩。

（三）出船闸

船尾先解下风舷缆并收进后，再解上风舷缆，快速收进后开慢车前进。船艏缆松弛后也解掉，由船闸工提着前行，待船首出闸时再收进。横风较强时，船尾上风舷缆解去后，由船闸工提着前行，待船舶起速后再停车收进，以免船尾推向下风。

第八节　超大型船舶操纵

一、超大型船舶的一般特点

载重量 4 万吨以上的船舶通称为超大型船舶（我国海事局有关文件中称船长大于 250 m 或 DWT8 万吨以上的船舶为超大型船舶）。本节主要针对超大型油船与散货船加以介绍。与普通万吨级船舶相比较，超大型油船与散货船特点有：

1. 船舶质量大

巨大的船舶排水量，决定了船舶的惯性大，使得该类船舶进行机动操纵时，其反应异常迟缓。因此，在控制航向时，要早用舵、早回舵而且要用较大的舵角；控制船速时，同样要及早备车控速。港内航行时，通常都用两艘及以上的拖船来协助改向和变速。

2. 长宽比小

从船舶尺度上看，大型船舶的一个重要倾向是增加钝度，即长宽比 L/B 减小，目前大型油船 $L/B=6.0\sim6.5$。L/B 的减小使船舶艏摇的阻尼减小，因此，此类船舶的旋回性能比 L/B 大的船舶要好些，但航向稳定性有所降低。

3. 方形系数大

此类船舶的方形系数 C_b 一般在 0.8 以上，船舶的旋回性要好些，航向稳定性差一些，浅水效应和岸壁效应均较明显。

4. 舵面积与船体水下侧面积比值小

大型船舶舵面积占船体水下侧面积的比值（A_R/Ld）小，大型油船的 A_R/Ld 一般在 1/60 以下。A_R/Ld 的减小，使得舵的转船力矩减小，因此此类船舶的舵效要差一些。

5. 马力/吨位值小

从船舶的主推进动力装置来看，与一般货船相比，此类船舶单位载重吨分配的主机马力 PS/DW 要小得多。一般大型船舶的 PS/DW 为 0.25 以下，这就导致了大型船舶的紧急停船距离较一般货船要大，启动距离也大，变速性能较差。

6. 水线上、下面积大

由于水线上、下面积较大，船舶受风、流作用力大，在风、流影响上更应做到准确估算，并留有充分余量。

二、锚泊操纵的特点

1. 向锚地接近

应以本船的减速性能为基础，借助经验，结合泊位的具体条件，诸如水道长度、形状、宽度、船舶通航密度以及海况、气象等条件进行减速操作。超大型船，因为质量太大，所以在相当远的距离处就应控制向锚地的接近速度。其减速的情况大约为：

(1)泊位前约 2 n mile 处，余速控为 4 kn；

(2)泊位前约 1 n mile 处，余速控为 2 kn；

(3)泊位前约 1 个船长处，余速应控于 1 kn 以下。

为便于参考，图 4-8-1 根据船舶大小给出了速度递减的时机，最终余速一律定为 2 kn。该图中距离零处，系指距泊位前 1 n mile 处的某预定点。图中数据是根据船舶减速性能进行验算的结果。

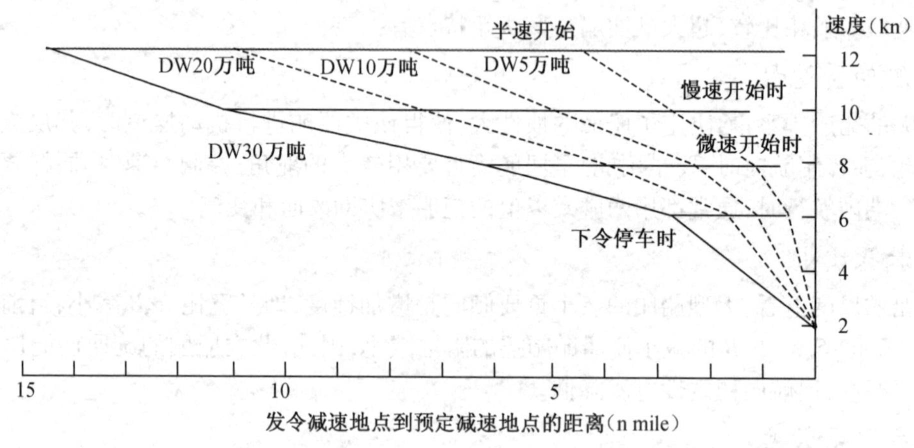

图 4-8-1　超大型船向锚地接近时船速的控制

2. 锚泊的准备工作及抛锚操作

超大型船舶的锚地一般水深较大，而锚和每米锚链的重量又较一般船为大，不允许如同一般船一样，将锚从锚孔直接抛出，否则易引起锚机刹车失灵、烧损等不良后果，应按深水抛锚法进行准备和操作。

当水深不足 1 节锚链时，利用锚机将锚链送出至水面下接近海底，然后再利用刹车在船的极低余速下抛锚。

当水深超过 1 节链长时，也采用锚机送链法将锚送至海底，以极小余速抛锚，或者索性将预定锚链全部用锚机送出，并配合船舶后退，使锚链横卧海底。

3. 抛锚时的余速

超大型船舶抛锚多采用后退抛锚的单锚泊方法，以便于控制余速及出链速度，避免使锚链承受过大应力。

为使锚很好抓入海底，必须具备适当的后退速度，但若该速度稍过，则又要考虑锚机、锚链等条件的制约，通常应低于 0. 5 kn。一般说来，锚机刹车最大负荷取值为锚链破断强度的

0.14 倍,所以当锚设备状态不太好时,对抛锚时船的退速选定必须更加慎重。

三、港内掉头操纵的特点

超大型船在港内操纵时,最重要的是控制本船船速和使用拖船两个问题,在港内进行掉头操纵时也不例外。目前,在协助超大型船进行港内操纵时,大多使用主机功率较大、操纵灵便的平旋推进器(VSP)或 Z 形(ZP)传动推进器的拖船。

当使用两艘拖船时,较常用的方式如图 4-8-2 所示。

大船首左、右舷各拖 1 艘拖船,并带 1 根拖缆,大船的前进动力由大船主机提供。两舷拖船用来制止大船的余速时,可同时采取倒车措施;用来协助大船转向时,转向一舷拖船可全速倒车,而另舷的拖船则取横向顶推位置,助船转头。即使在有流的地区转向或掉头,甚至大船进速略大时,也不致给操纵带来意外困难。

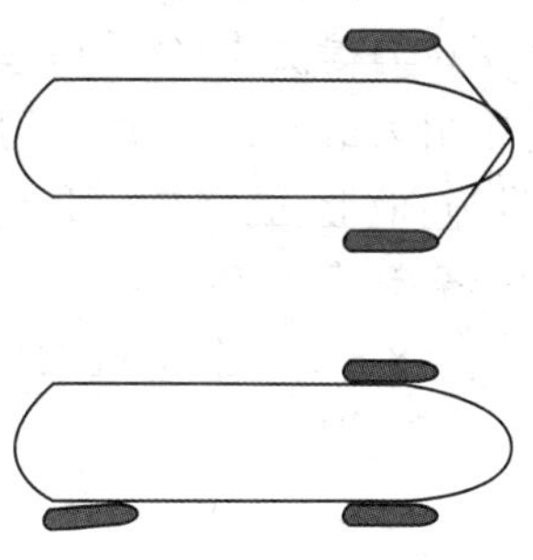

图 4-8-2　港内掉头拖船配置

当大船不使用本身动力时,不论船有多大,只要转向侧拖船横向全速倒拖,另舷拖船横向全速顶推,都能达到顺利转船的目的。水域足够时,也可用较长拖缆系于拖船的拖钩上,这样则可发挥更大拖力,取得更好效果。

由于拖船功率所受限制,也由于在操纵中要克服风、流、浅水等外界条件的不利影响,往往在掉头操纵中需同时使用两艘以上的拖船。出于操纵方便、稳妥需要,分别将较大功率的两艘拖船以吊拖形式配置于大船首、尾,其余则分别配置于大船两舷,如图 4-8-3、图 4-8-4 所示。

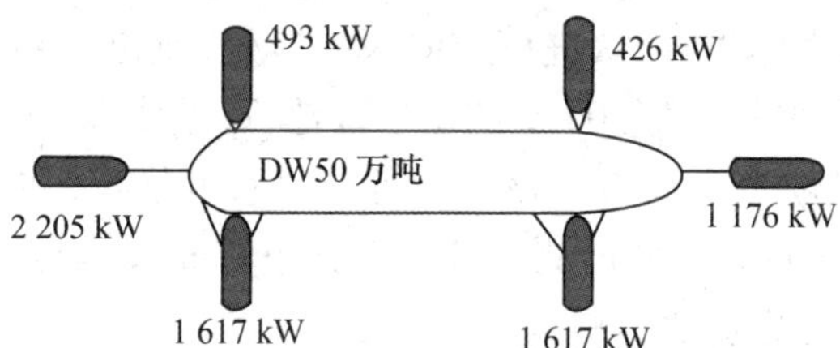

图 4-8-3　三艘以上拖船配置(主机并用)

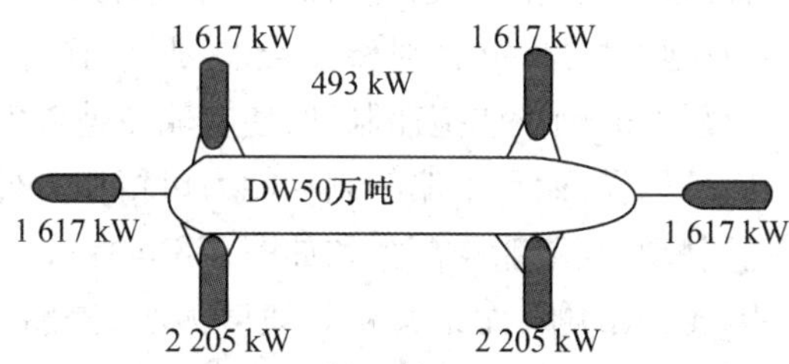

图 4-8-4　三艘以上拖船配置(主机停用)

当大船主机停用时,配置于船首的吊拖拖船提供动力,而配置于船尾的吊拖拖船则在两舷拖船协助下起制动作用。另外,当要掉头时,则可凭船首、尾吊拖的拖船以及配置于大船首尾两舷拖船,使船完成转向或掉头操纵。当然,本船两舷所配拖船功率之总和,应视本船当时所受外界条件影响确定。

四、接近码头的制动与保向

港内操纵超大型船,所用拖船已不仅仅是本船推进器舵的辅助工具,在接近码头,尤其在横向靠码头的操纵中,本船推进器很少使用,甚至完全不起作用,此时拖船将上升为主要的操纵手段,提供主要的动力。对本船操舵起辅助作用的拖船,一般配置在船首或船尾,或在船首、尾各配备 1 艘;作为本船推进器辅助手段的拖船,主要用于对本船进行制动。一般根据本船操纵计划的需要确定所需拖船的合计功率,从而确定拖船数及配备位置。因为制动力是靠拖船的倒车拉力提供的,合计功率变大,用来推本船横向靠岸,考虑到横移阻力应为本船各种运动状态中阻力最大者,所以一般宜将该类作业所需拖船功率作为最大的合计数。由于各港风、流、设施、地形、航道甚至引航员经验等差别较大,即使同一条船在同样情况下,所需拖船功率总数也会有不小的差异。

图 4-8-5 为一载重量 150 000 t 的专用船在满载状态下进港要领示意图。

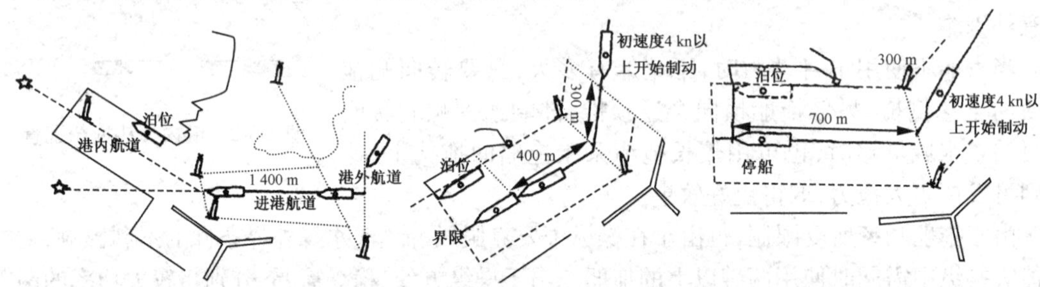

图 4-8-5　超大型船在拖船制动下进港

港外航道与进港航道大体垂直,从进口至港区入口处,航道长约 1 400 m,水深 17 m,宽 400~500 m;港区为长约 1 400 m、宽 400 m 的矩形港池,可航水深 17 m 的范围从港区入口起仅长 750 m。此外,在进港航道上尚有与该航道近于垂直的横流,在航道入口处大潮时可达 2 kn,为缓解潮流的影响,港区入口的南侧向外筑有长 300 m 大体与航道平行的防波堤,但操纵超大型船进港仍需充分考虑流的影响。

对于这种较为典型的靠泊条件,超大型船早在进入港外航道后,即应降为半速航行,并于两舷带上拖船(通常在检疫锚地前后),然后在进港航道灯浮前做近于 90°的大角度转向,且进一步降速。借助本船的舵以及拖船协助,并针对横流影响,调整航向,驶于进港航道中央。在入口附近(船速 4 kn 左右)应靠本船倒车或拖船制动,使本船急速停船。若全部靠拖船制动则无本船倒车转头之虑,操纵比较稳妥,而且本船的制动能力可留作意外备用更为安全。

本船主机停车,只靠拖船制动,其停船距离大致如图 4-8-6 所示。

根据计算,载重 100 000 t 以上的船,无论其初始速度大小,停船距离均与载重量成正比。初速增大时,停船距离也将增大,可大致视为线性关系。

满载、深吃水的超大型船接近泊位时,既需尽可能保持在所定方向上,又要按计划调节船的余速。若使用本船倒车,辅之以船首拖船协助来制止船首摆头,虽有一定效果,但由于船首不一定总向一个方向偏转,且当本船有一定余速时拖船横推或横拖力无条件充分发挥,常会带来不便,甚至出现意外。随着拖船主机功率加大,拖船的推进方式也做了相应的改进,使倒车时仍有较大的推力。因此,大船不再使用倒车,而依靠拖船制动。至于本船舵力不足,则可使

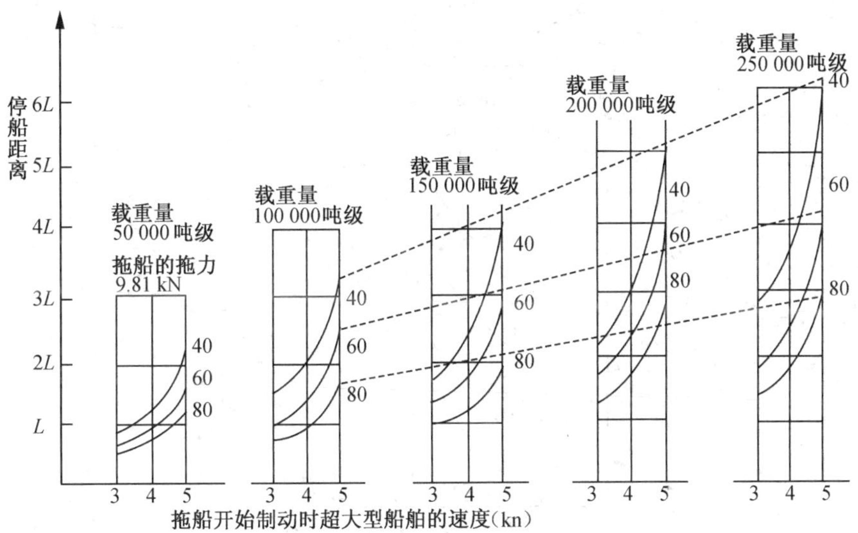

图 4-8-6　超大型船拖船制动下的停船距离

主机保持极慢的进车以保持舵效,这样做只不过略略增加了拖船制动的负担而已。这时,本船推进器推力因船速减低而增大,而从拖船所得有效制动力却变小,因而停船距离较图 4-8-6 中的数据略长。作为实用要求的标准,可认为停船距离增加了 10%左右。

五、系浮筒

海上多点系泊与单点系泊总称为超大型船系浮筒。

1. 多点系泊

多点系泊,虽无偏荡等不利因素,但当受到横向外力时,系缆和锚链将受到很大张力。因此,海上泊位在船舶首尾向上应尽量与潮流平行,在潮流小的水域则朝向最有利的风向。

以 35 000 t 油船为例,在吃水 7 m、水深吃水比 1.5、系缆方向船首及船尾左右各舷 45°、受到 10~20 m/s 正横风以及在首向 0°~15°范围受 3 kn 流的情况下,其受力最大的系缆上的张力概算值如图 4-8-7 所示。从该图中可以清楚地看出,只要流向角略有变动而偏离预定系泊方向的话,张力就会急剧地增大起来。

图 4-8-8 所示是在波浪影响下,各种不同系泊方法的系缆所受张力的比较。对于载重量为 32 000 t 的油船,风速为 20 m/s、顶头浪高 3 m 时,多点系泊系缆张力达 1 960 kN 以上,因此波浪中的多点系泊法不是一种好的系泊方法。

2. 单点系泊

随着船舶向超大型化的发展,越来越难选择出遮蔽条件良好的锚地,从而不得不转向研究在风浪影响较大的开敞海面上,使用既可使船保持顶风浪状态(减少外力影响),又能兼用于超大型油船系泊与装卸的设施,即单点系泊设施,如图 4-8-9 所示。

超大型船单点系泊(single point mooring,SPM),如同单锚泊一样,在风强流急时将会发生偏荡。但因为超大型船所用单点系泊设施,比传统的单浮筒对船的约束力更大,所以只要选择适当长度的系缆,就可使偏荡减弱,进而使系缆张力减至极小程度。根据风洞水池试验结果,

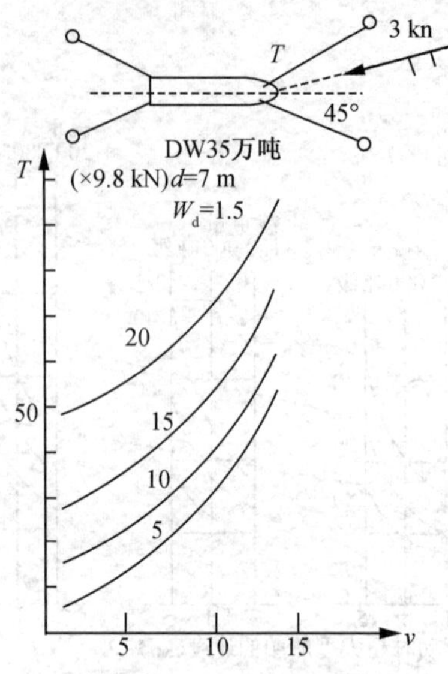

图 4-8-7　流影响下的系缆张力

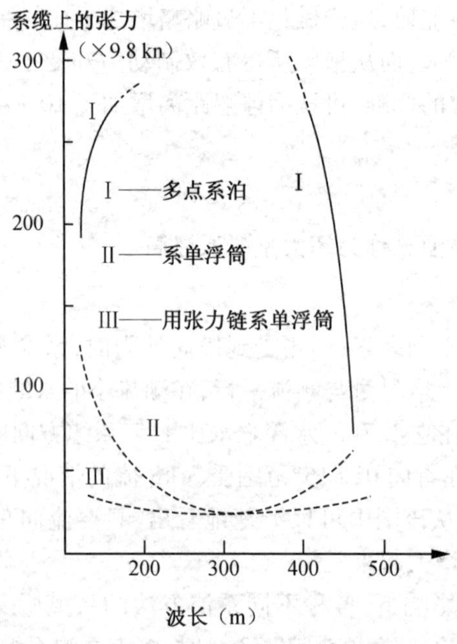

图 4-8-8　波浪影响下的系缆张力

单纯从系缆角度来看,波浪很小时最适合的长度是水面至导缆孔高度的 1.5 倍左右。当波浪较明显时,则以松得稍长些为好。如系缆是伸长率较大的缆绳(通常由港方准备),则可较大地缓冲波浪的影响。根据荷兰波浪水池试验报告,张力最小系缆长度为 27 m,而且在规则波中所受张力较不规则波中为大。

海上单点系泊时的操纵要领如下:

(1)按船舶减速要领,在调整速度的同时向泊位接近,当抵浮前 0.5 n mile 时,应将船速降至 1 kn 左右。

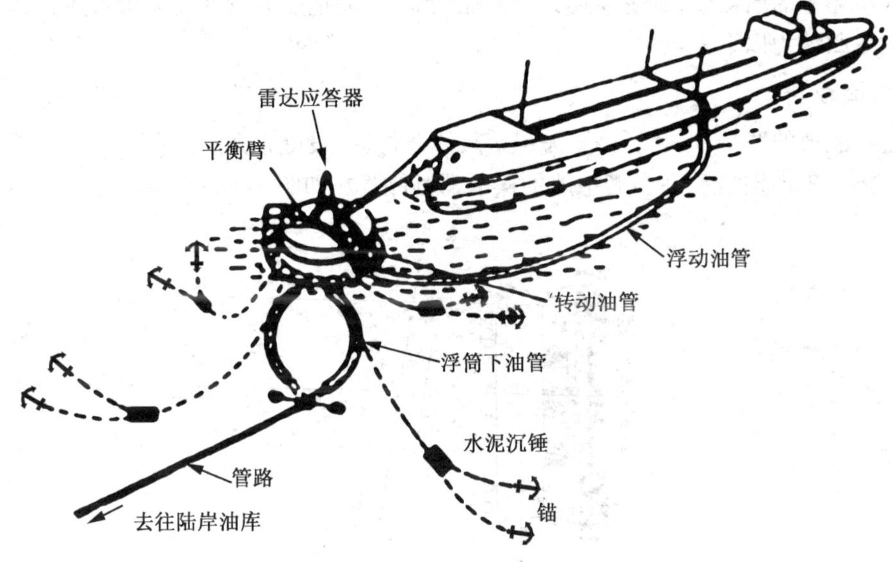

图 4-8-9　单点系泊设施

(2)使船以顶风姿态靠拢浮筒。

(3)由带缆艇将装于浮筒上的输油软管拉开,以便使船清爽地接近浮筒。

(4)用 2 艘拖船协助,使船以较小的余速接近浮筒。2 艘拖船,1 艘配置于船首,另 1 艘配置于船尾,分别起控速、保向作用。

(5)抵浮筒前 200~300 m 时,将余速刹停,由带缆艇将浮缆引缆送至船侧。

(6)大船一边绞进引缆,一边在拖船协助下接近浮筒,在距浮筒约 40 m 左右处将船完全刹停,并系上浮筒。

六、海上系船墩

超大型船海上系船墩(dolphin)是固定式海上泊位,如图 4-8-10 所示。

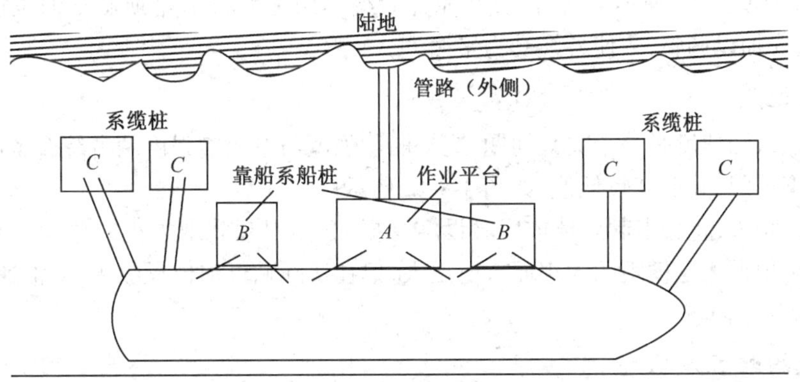

图 4-8-10　超大型船海上系船墩

它由系船墩 B、系缆桩 C 以及作业平台 A 组成。作业平台上设有装卸设备和安全设备以及管路;系船墩的设置应使船的平直舷侧部位能够靠上,墩的间隔应在 1/3 船长以上;系缆桩与作业平台一样是供船系缆用的,承受系泊船的负荷,以固定住船舶。

超大型船系船墩操纵,其主要形式是拖船助靠,所需拖船数量在此无须赘述。其系泊中的问题可大致归纳为以下三点:

1. 系泊步骤

按进口航道的宽窄、形状、气象、海况等具体条件,一般可分为两步:

(1)按船舶减速性能,在多艘拖船助操下,驶近泊位,如图 4-8-11 所示。

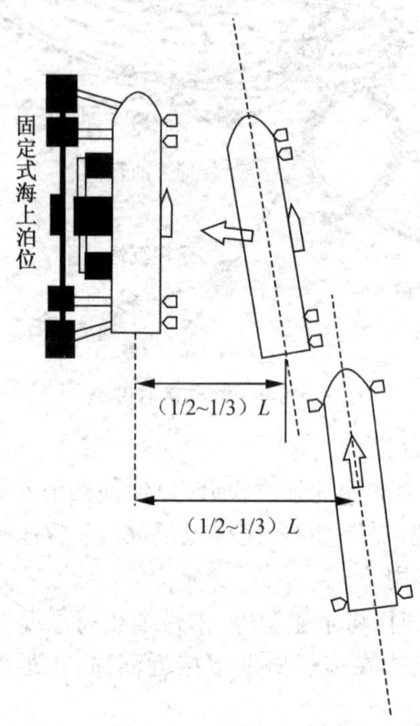

图 4-8-11　超大型船舶海上系船墩操纵

将拖船根据需要配置成靠泊体系,在抵泊前一个船长左右处,应大致保持图中所示的态势以及与泊位的间隔,并停于泊位前面。

(2)在拖船助操下,使本船平行入泊,靠拢后继续用拖船将本船顶贴于泊位边,送出并带妥各系缆后,应加以调整,务使各缆受力平衡。

2. 入泊速度

超大型船入泊速度是一个关键问题,应从船体强度与系船墩强度两者综合考虑,来确定安全入泊的速度界限,并取其较低值,如图 4-8-12 所示。

入泊速度稍大,将会引起船体或船墩设施受损,必须引起高度重视。总的说来,入泊前的接近速度虽可根据离墩横距的大小而有所出入,但在实际贴近泊位操纵中,入泊速度一般均控制在 3~5 cm/s 之内。

3. 系缆的配置及数量

海上固定泊位处,因为风浪影响较大,在该处所停泊的超大型船往往产生明显的纵荡、横荡、艏摇、横摇、纵摇甚至垂荡等运动,加上船舶本身排水量又大,所以系缆上将会出现极大的负荷。这就要求在抗御外力作用时,位置不相同,甚至材质也不相同的各条缆绳,必须尽可能自始至终地均匀受力。

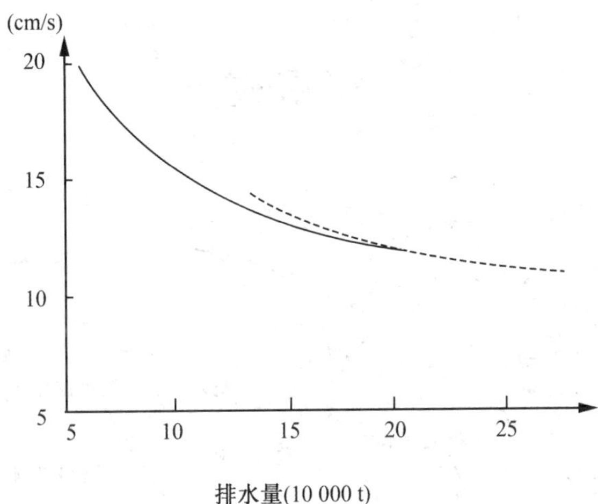

图 4-8-12　超大型船的入泊速度

超大型船靠泊海上系船墩，通常用头缆、艉缆、前后倒缆以及前后横缆各 4～8 根组合起来，全部能用到 20 根以上。

根据计算，对于风、流影响来说，存在着比习惯的系缆配置方式更为有利的配置方式。当风与流影响大而波浪影响小时，船的移动量较小，则使用足够强度的钢缆将船充分系牢为妥。但当波浪影响明显时，充分系牢反而不好，此时系缆选用伸长率较大的纤维绳为好。

思考与练习

1. 试述接送引航员登离船的船舶操纵注意事项。
2. 试述选择锚地的一般要求。
3. 试述浅水单锚泊后退抛锚的操纵过程及注意事项。
4. 试述单锚泊船的偏荡现象及其缓解偏荡的措施。
5. 如何及早发现走锚？发现走锚后应该采取哪些措施？
6. 试述顺流进港拖锚掉头的操纵要领及注意事项。
7. 试述靠码头的操纵要点和注意事项。
8. 试述离码头的操纵要点和注意事项。
9. 试述系离浮筒的操船要点和注意事项。
10. 试述靠系泊船和锚泊船的操船要点和注意事项。
11. 试述船尾系泊的操纵要点和注意事项。
12. 试述船舶进出船坞的操纵要点和注意事项。
13. 试述船舶进出船闸的操纵要点和注意事项。
14. 试述超大型船舶的船舶操纵特性。
15. 试述超大型船舶单点系泊的操纵要领。

知识树

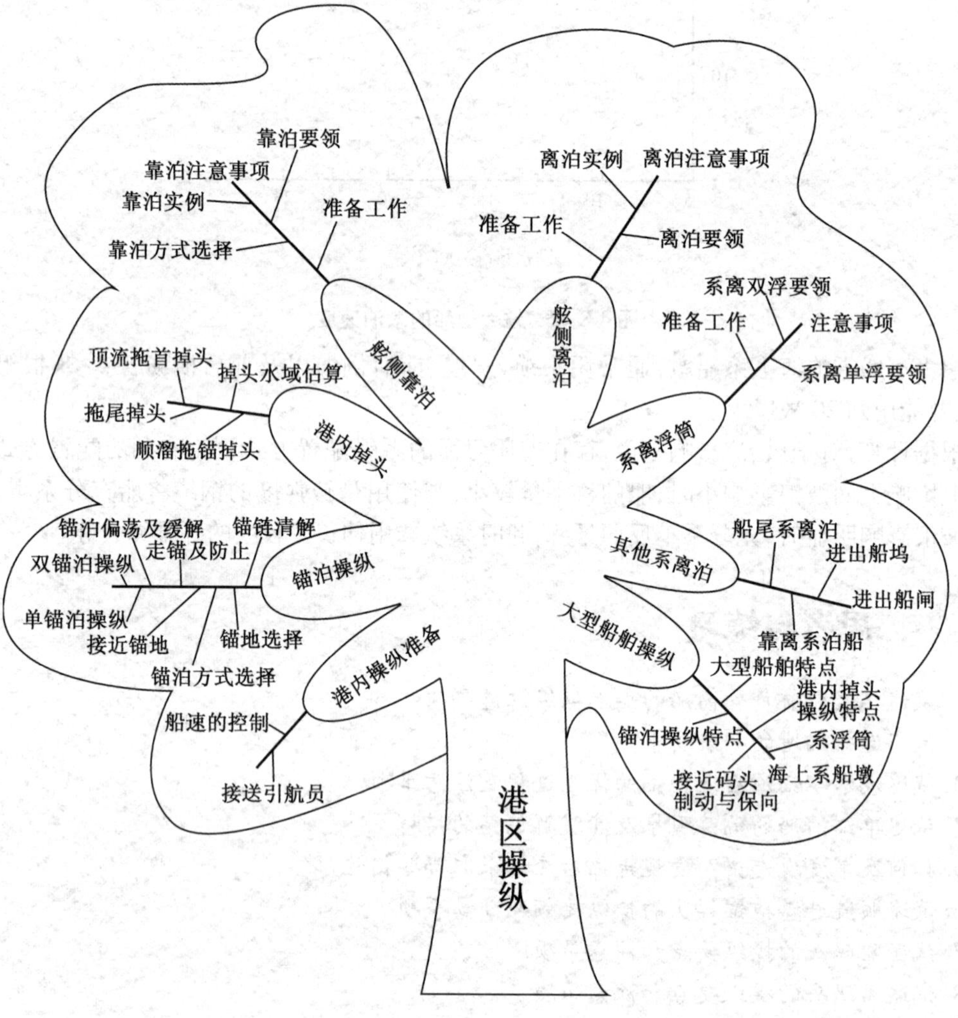

港区操纵

- 舷侧靠泊
  - 靠泊要领
  - 靠泊注意事项
  - 靠泊实例
  - 准备工作
  - 靠泊方式选择
- 舷侧离泊
  - 离泊实例
  - 离泊注意事项
  - 准备工作
  - 离泊要领
- 系离浮筒
  - 系离双浮要领
  - 准备工作
  - 注意事项
  - 系离单浮要领
- 港内掉头
  - 顶流拖首掉头
  - 掉头水域估算
  - 拖尾掉头
  - 顺溜拖锚掉头
- 锚泊操纵
  - 锚泊偏荡及缓解
  - 锚链清解
  - 走锚及防止
  - 双锚泊操纵
  - 单锚泊操纵
  - 接近锚地
  - 锚地选择
  - 锚泊方式选择
- 其他系离泊
  - 船尾系离泊
  - 进出船坞
  - 进出船闸
  - 靠离系泊船
- 港内操纵准备
  - 船速的控制
  - 接送引航员
- 大型船舶操纵
  - 大型船舶特点
  - 港内掉头操纵特点
  - 锚泊操纵特点
  - 系浮筒
  - 接近码头制动与保向
  - 海上系船墩

第五章　特殊水域中的船舶操纵

本章学习目标：

1. 掌握狭水道中的船舶操纵；
2. 掌握冰区水域的船舶操纵；
3. 掌握岛礁水域的船舶操纵；
4. 掌握使用分道通航制和船舶交通管理区域的船舶操纵；
5. 掌握桥区水域的船舶操纵。

第一节　狭水道中的船舶操纵

一、狭水道中的船舶操纵特点

狭水道是指相对水深或水道相对宽度较小因而给通过该水域的船舶进行操纵带来各种影响的水域。例如，港区、江河、运河、锚地、岛礁区、雷区及狭窄海峡等。

在狭水道内，航道狭窄弯曲，水浅滩多甚至还有暗礁、沉船或渔栅等障碍物，另外狭水道航道具有弯曲灯浮较多、潮流湍急流向多变、航区复杂碍航物多、水文气象条件多变，船舶交通密集往来频繁等特点，给安全航行带来了困难。

为确保狭水道内航行安全，必须经常研究和掌握该水道的地理特点及水文气象条件，加强瞭望并谨慎驾驶，避免发生碰撞和触浅等事故。

二、狭水道中的操船要点及其注意事项

（一）狭水道中操船要点

1. 狭水道的全面调查

全面的水道调查应从大比例尺海图、航路指南出发，结合潮汐表、气象资料以及船员实际操纵经验进行，一般应在过狭水道之前予以完成。其要求是：

（1）掌握狭水道水域附近的地形地貌，其中包括两岸山形、岛崎、岬角、岸滩、弯头角度、居间障碍以及航行障碍物等。

（2）掌握狭水道内可航水域的水文情况，其中包括流速、流向、水深、可航宽度、最大可偏

航距离以及潮汐、潮流甚至洪峰等。

(3)掌握狭水道助航标志系统，不但应准确识别并判明其意义，而且应熟记其号码和配布，包括其间的距离和驶至各航标的大致时间等；不仅要掌握航标系统，而且对必记的岸形也应予以熟记。

(4)掌握狭水道附近的风浪等自然情况，并配以适当风压差。

(5)掌握狭水道内的船舶交通状况，其中包括狭水道内航行船舶和锚地船舶的动态等。必须牢记海上交通安全法，以及分道通航制的适用水域及有关航道、航速等方面的特殊规定，并能正确解释和运用。

2. 保证船舶行驶在计划航线上

实现这一点需要随时掌握船位，并采用正确的避险方法和导航方法。

(1)为了随时查验本船是否驶在计划航线上，可采用的导航方法有浮标导航、岸标导航(如人工叠标、自然叠标等)、单标方位导航等。

(2)为防止船舶相对于计划航线偏离过远而发生危险的避险法包括物标方位线避险法、距离圈避险法等。

3. 准确掌握转向点

准确地转上新航向需要根据船舶的航速 v_s、追随性指数 T、操舵时间 t、旋回性指数 K、舵角 δ 及转向角度 φ 求出新航向距离后，按提前施舵点进行转向。

实践中，应根据船舶所受风、流情况，正确选择转向依据和转向时的船位，按所处的地理环境和弯势等适当用车用舵，使船驶于新的航线上，要根据实际情况正确掌握转向时机。比如顺流转向宜早、顶流转向宜迟；船位偏外转向宜早、船位偏内转向宜迟等。

(二)狭水道中操船时的注意事项

(1)随时确认船位，注意是否偏离航线。大风浪、急流中的航道浮标有移位的可能，用来导航时应多方参照而不可盲目相信不确切的资料。

(2)根据情况需要适时备车、备锚，必要时需不间断测深。

(3)浅水域航行时估计船舶富余水深不足时，最好应选高潮时通过，必要时应降速航行以减少下沉和艏倾。应尽量避免在该类水域追越他船，以免因海底不平或倾斜产生较大偏航，操舵时应尽量做到有预在先、充分预防。

(4)通过潮流比较强的水道时，应选于视界良好、交通量较少的平流时进行，以免陷入被动局面。

(5)距岸较近高速行驶，船行波将引发沿岸系泊船的激烈摇摆运动，有时导致系泊船船体受损或缆绳绷断。因此，在有此类状况的狭水道中必须减速通过。

(6)夜间或雾中驶于狭水道时，因视界较差往往兼用雷达进行瞭望。狭水道内用 ARPA 协助瞭望尽管可给出有关碰撞危险的信息并将其显示出来，但仍应在确认附近实际情况之后才可进行避让操纵。

(7)在狭水道中避让时，一般应按照车、舵、锚的设备使用顺序进行。但在操纵困难和紧急避让时，应毫不犹豫地抛单锚或双锚配合车舵助操。

(8)航行于船舶交通管理区域，应服从有关当局水上交管中心的指挥，根据要求实时报告

船舶动态及有关情况。

三、在有流弯曲航道中的船舶操纵

弯曲水道中的水流向凹岸一边冲压，近凹岸边流速大，水也相对较深。凸岸边流速小，水深较浅，加上岸壁效应，使操纵变得困难。

1. 顶流过弯

使船保持在水道中央略偏凹岸一边，把船首对着流，用慢速顺着凹岸的弯势一点一点地内转，即随时要保持船身与岸线平行，尽量使船沿着水流流线航进，如图 5-1-1 所示。

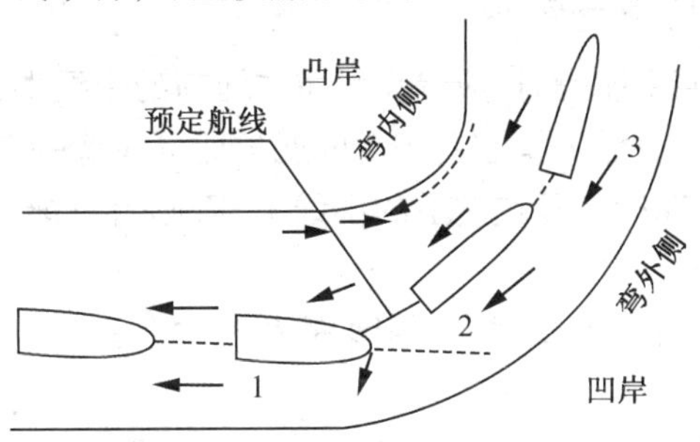

图 5-1-1　顶流过弯

一旦用舵太迟或过早把定，就会使船首内侧受不同强弱的流的影响而外偏。此时，应迅速加车用舵纠正之。当措施无效时，应果断抛双锚，快倒车，以防发生事故。

2. 顺流过弯

过于靠近凹岸航行时，船首将被排开，船尾被吸拢，使船产生转头而横越水道；反之，过于靠近凸岸，船首会受到弯嘴回流的作用而偏转，同时船尾也受到流压，使船冲向凸岸，如图 5-1-2 所示。

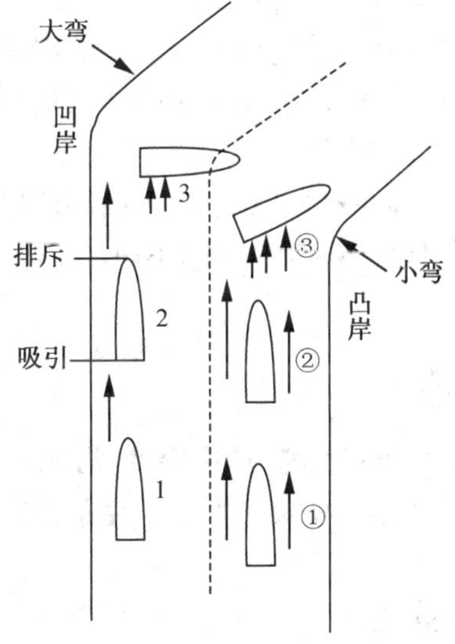

图 5-1-2　顺流过弯

在顺流中过弯，应保持在水道的中央，使船尾坐着流，沿着弯势依次操舵转过。顺流中速度不易控制，舵效比较迟钝，为保证顺利过弯，可以提前停车淌航，在到达弯段前突然加车，以提高舵效。

四、运河中的船舶操纵

有些运河其航道非常狭窄，船舶只能单程航行，水深也不大，给船舶航行带来一定的困难，因此，应备车、备锚，挑选操舵技术好的舵工操舵，并准备一艘艇，以便必要时放艇系缆；夜间可用探照灯照亮航道和两岸。运河中操船应特别注意岸壁效应的影响。

（一）保持在航道中线上航行

在河床基本对称的运河中航行时，应保持船位在河面的中线上，则两岸对船的推力与吸力趋于平衡，操纵将比较容易，只需少量左右相等的舵角即可保持所需航向。

在河床不对称的河段，船舶应驶在航道的中线上，否则就可能由于岸推、岸吸而产生船首的偏转。

当有风影响时，应稍偏向上风一边。当用小舵角或左右相等的舵角即能稳定航向时，则说明船舶正好在航线上。

过弯道时，应适当靠近弯道凹岸的一边行驶，如航线掌握得当，可以不必用舵，船沿弯道自然转过。船舶如沿航道中线过弯，要用舵转过；如靠近凸岸一边过弯，则往往出现船首冲向凹岸一边的危险现象。

船在运河中航行，受浅水和水域宽度的影响，又加上航速限制，舵效比海上差得多，操舵时必须思想集中，用舵要及时、准确。

（二）选定航速

运河航行中如速度太大，船岸间的流体动力作用增强，情况严重时甚至导致搁浅或触碰的危险；速度过小，则保向及旋回性下降，在有流的水域操纵时，更易陷入困境。

各运河都有航速限制。船舶的实际航速应根据船舶的载况、风流影响等在限制航速范围内适当调整，以确保航行安全。但必须注意，用主机转速来推算航速时，同样的转速下在浅水中的船速要比在深水中的小。

如果发现船速太快需减速时，应逐渐地减下来，否则突然停车或大幅度减速，舵速急剧下降，舵效大受影响，船可能发生偏转。减速如需采用倒车，应先驶到中线上，即使出现偏转也尚有纠正的余地。

（三）偏转的产生与克服

在受限水域中航行，往往由于操舵不稳、速度突变、海底不平、水深变浅或偏离航道中线等，船会突然偏转，这种现象在人工运河中更易发生。克服偏转的措施必须十分迅速和果断，否则会酿成事故。

1. 单推进器船克服偏转的措施

一般偏转时可用满舵纠正。根据需要可瞬时地加车以助舵效，待船摆正后立即减速。偏转迅速时可用倒车，但应选择恰当的时机。例如，大角度向左偏转，用右满舵不能克服，则船首

冲向左岸,船首受左岸影响,又被推向右,而船尾被吸向左岸,结果使船向右岸冲去。此时,应全速突进、左满舵,当船首停止或即将停止右偏时,全速倒车,继续左满舵,而推进器倒车横向力可防止船尾甩向右岸,此后再开进车将船驶到航线上。

假如开始时船首向右偏转,则倒车横向力将增加船尾甩向左岸的力量,因此,先用左满舵,当船首停止或即将停止右偏时,全速倒车。这时,倒车的横向力可防止船尾被吸向右岸,并减弱船首向左偏的力量。

另一种克服严重偏转的有效方法是在减速的同时抛下偏转相反一舷的锚,利用短链拖锚,可防止冲向对岸。

2. 双推进器船克服偏转的措施

一般的偏转可将偏转相反一舷的车停住,向偏转相反一舷操舵,当船首停止偏转并开始向相反一舷转动时,再将停止的车开进车,用舵驶入中线。如果在克服最初的偏转后,船首向另一舷偏转很快,此时可将偏转相反一舷的车倒转。

低速时发生偏转,可将偏转一舷的车加速,另一车减速或停车,并用满舵配合。

高速时发生偏转,应将偏转相反一舷的车全速倒车,另一车减速或停车,同时用满舵配合。这种方法可以减少冲力,改善操纵条件。

(四)运河中会船

有的运河,如基尔运河、巴拿马运河的某些航段,航道宽度和深度比较大,两船对驶而过,只要双方配合得当,影响并不明显。而在苏伊士运河中,则影响较大,因此只能在规定的湖泊中会船。如果特殊情况下会船,一般都是一船系缆,让另一船驶过。

(1)系缆:系缆靠岸时,应尽量不用倒车,一般约在 1 n mile 前就需减速。有风时,若条件许可应靠下风一边。操纵性能差些的船靠岸时,可将船停在中间,用艇带好缆后再绞拢。双车船应注意螺旋桨不要碰及岸壁。除有流及强顶风外,一般只需带 2 根横缆即可。

(2)驶过船必须以慢速保持在航道的中线上航行。这样,虽与系泊船距离较近,但可避免船舶过分靠近另一岸而出现岸壁效应。

(五)狭窄入口处的操纵

港口防波堤、船闸或运河入口的口门往往很窄,且常受到横风、流的影响,给操纵带来困难。进口操纵时,一般应按下述方法操纵:

(1)将船的航线选在与口门连线中心成直角的方向上,如图 5-1-3 所示。

(2)在较远的距离即应走上预定的航线,并保持一定的风、流压差角。

(3)当船首接近口门时,将船首拎直,使船首尽可能靠拢上风一侧进入口门。

(4)当船首通过口门后,为防止船尾压向下风侧,应立即加车用舵将船尾甩向上风,顺利通过口门。

横风、流通过口门时,船速不能太小,否则风流压差角过大会给进口操纵造成更大困难。

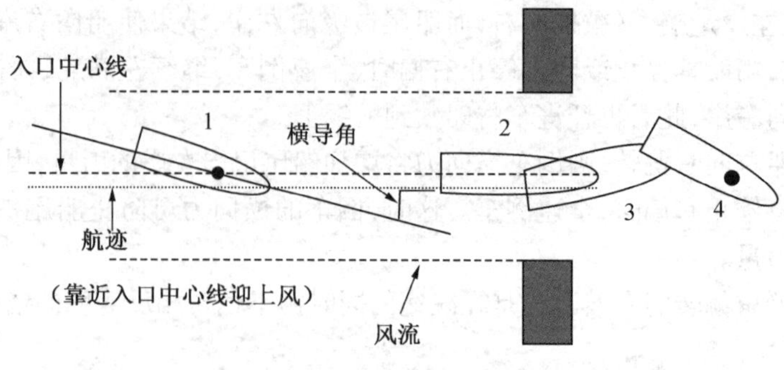

图 5-1-3　狭窄入口处的操纵

第二节　岛礁水域的船舶操纵

船舶在岛礁区航行中，在操纵方面有区别于一般水域航行时的特点。

一、岛礁水域概况

珊瑚礁多见于平均水温为 25～35 ℃、海流相对较强的热带水域，并易于在阳光可射入的较浅水域内发展起来，比如南太平样各岛和澳大利亚东北海岸附近的珊瑚礁；另外岛礁区在我国南方诸群岛也很常见。绝大部分珊瑚礁均是由珊瑚虫所分泌的碳酸钙结成的群状和环状等不同形状的碳酸岩以火山岛为基础发育而成，一般岸线向海的深度变化较为剧烈，因而可以接近航行；但因岸形、浅滩位置和水深等常与海图和航路指南等航海资料有不同之处，故船舶在多礁水域航行和操纵要引起特别重视。

二、岛礁水域的航行局限性

（1）岛礁水域航行资料较少，海图精度差。岛礁水域由于通航船舶较少，故测量较少及未测量部分多有存在；有些测点即使标有水深，其精度肯定也不够高。

（2）岛礁水域航路标志稀少，航标系统极不完备，没有显著物标可供测定船位。有些岛礁虽然成陆，但海拔较低，遇恶劣天气，雷达图像有时也难以辨认。根据实际经验，在视线良好时，往往目视比雷达看得更远，辨认得更确切。

（3）岛礁水域水深变化很大，海流潮流复杂。比如海流湍急，变化无常，往往在礁滩的下侧出现涡流与回流等。进出水道退潮时流速很大，而当外海有长浪袭来时，则波涛汹涌。可是一旦进入岛礁环湖之内，则水面变得平静，而且潮流也小了很多。

（4）岛礁水域往往是热带低压发源地。

这些都会对船舶安全操纵与航行造成较大影响。

三、岛礁水域航行注意事项及操纵要点

1. 进入礁区水域前的准备

（1）正确选择航线：使用最新的大比例尺海图；测深少的海域尽量把航线选在水深点相对

密的地方；还要根据海域海流、潮流、风向、风力和天气等条件拟订航线。一般设计航线至少要离礁 6 n mile 以外；画好物标正横线，并推算出物标正横的时刻以便校对船位的安全性。

（2）正确选择出航时间；如无特殊情况应在白天接近礁盘。如能白天低潮时接近更佳，并应考虑太阳的高度和方向便于准确辨识。如迫不得已需要夜间通过，则必须保持与礁盘足够的距离，距离必须大于船位的推算误差。

（3）航前必须检测各种航行及导航设备、仪器的状态，并及时测量和校正其误差。

2. 进入礁区水域

（1）确保航行于计划航线上，要利用一切定位手段进行定位，并相互比对，运用已有的航路资料，对照陆岸形状，确保定位的准确性。

（2）连续测深

岛礁水域中视野变窄，视程变差，一般情况下利用连续测深进行航速推算较为困难。如果测深记录中有海底深浅变化较大的记载，则必须注意该处附近必有礁脉在逼近，夜航于无航标的多礁海面更应高度警惕，加强测深程度。

（3）需要保持严密的瞭望

为及时发现礁石，严密的瞭望应按下述要求进行：

①应在高处进行瞭望；

②应保持连续测深以便及时发现浅礁所在；

③应委派具有珊瑚礁知识的人员去担任瞭望工作；

④应根据海水颜色判断附近的水深。

（4）岛礁水域的瞭望技巧

珊瑚礁常出现于阳光可以照射到的浅海区，故从高处望去可经由水色的变化以发现浅礁和判断水深。但是，因为海底底质对通过光线的反射情况并不相同，尤其当云映照于海面时或海面有微波时更是如此，所以单靠海水颜色来识别海水的深度存在较大误差。

①利用海水颜色判断水深

根据经验，用海水颜色判断水深大体上可循下述标准进行：岛礁水域呈现黄绿色水深约为 2~5 m，呈现带白的蓝色水深约为 15 m，呈现带紫的蓝色水深约为 30 m，呈现深紫的蓝色水深约为 70 m。

②前进中的船舶在其前方有低高度的太阳存在时，要想在前方发现珊瑚礁是很困难的。然而，背着太阳从高处观察海水颜色时，较深水域呈现紫蓝色，次深水域为蓝绿色，随着水深变浅将为淡黄褐色。

③当太阳高度较高且为晴空时，若背向太阳可用望远镜识别左右各 120°视野内水色的变化，最好的条件是左右各 60°的视野，并随太阳高度的降低而减小。

④当船首前方的上空为晴空而本船为云影覆盖时最易识别。但薄云天或太阳相反方向上有乱云、太阳光线被水面反射时，识别将很困难。当云的移动较慢时，易将前方的云影误认为是浅礁，则从易于发现浅礁来看，以浅褐色镜片效果为好。

⑤海面有微波时，被淹没的礁滩会出现和周围不同的特殊波纹。稍有风浪，礁盘上或沙洲边缘即起白浪；与大海波涛不同的是，前者为碎浪，而后者多为长浪。

⑥礁盘所在地的水天线附近上空常有反光，在晴天比别处亮。

⑦早晨和傍晚时分，可根据海鸟成群结队的飞行方向判断礁盘的位置，也可寻觅一些礁盘

上的特有标志。

(5)尽可能在保向前提下减速航行,还应注意不致因流致漂移而造成触礁或搁浅。

3. 礁区水域通行及安全操纵

(1)确保船位

在岛礁水域中航行,缺乏显著物标或航标,这给船舶定位带来极大困难。因此,船舶可利用 GPS 接收机等各种手段获取船位,努力使船舶保持在计划航线上。

(2)利用各种导航和避险方法以期安全

常见的导航法有浮标导航、人工叠标导航、自然叠标导航、“开视”与“闭视”导航、单方位线导航等;避险法有方位线避险法、距离圈避险法等。

(3)合理控制船速

在岛礁区水域航行,应当备车备锚。尽可能在保向前提下减速航行,还应注意不致因漂流而造成搁浅。

(4)做好应急准备,正确实施抛锚

首先使船舶顶风慢进,边测深边通过礁区;然后将链用锚机送至锚泊所需水深的长度,操纵船舶使船舶后退;待锚抓住珊瑚礁后再慢慢松出锚链,并在越过礁面的较深水域处锚泊。须注意,倒车不可太猛,以防止拉断锚链或使锚卡住。

在珊瑚礁区一般不宜采用普通抛锚法,一是锚可能由于与珊瑚底撞击而受损;二是锚可能抓住珊瑚较深而难于起锚;三是若锚抛在能滑落的斜面上,有可能得不到应有的抓力,甚至向深水滑落而难以起锚。所以在岛礁水域锚泊时,为了正确地选择锚地及抛锚方式,要对上述问题予以高度的重视。

第三节　冰区水域的船舶操纵

一、冰区航行的准备工作

(1)参阅航路指南、冰情报告及其他资料,摸清冰区的规律及其特性。

(2)检查船体结构,特别是船首部分,必要时在艏尖舱内加撑纵向和横向的冰梁,以增加船首部强度。

(3)做好防冻工作:

①航行灯:航行中不论昼夜应保持常亮,不仅能在严寒中保持灯内干燥,驱除水汽,还可防止灯丝骤冷骤热,以延长使用寿命。

②标准磁罗经、船尾露天应急舵磁罗经:罗经柜内照明灯泡应常开,柜外帆布套应扎紧。

③室外陀螺罗经复示器、转速表复示器和舵角指示器:其内的照明灯泡不论昼夜,应保持常开。

④救生艇淡水箱等存放淡水容器:存放的淡水只能装至其容器容量的 3/4,并用帆布包妥,或暂时移至室内。

⑤甲板集装箱的系固设备:箱底脚的紧锁器在航行中如果受海浪冲击或被海水打湿,会被

冻住并陷于冰中，到港后此冰块仍会坚固不化。建议用草包裹住箱子的底脚，虽然仍会结冰，但较容易清理。另外建议在未进入寒冷区域前将法兰螺丝内的残水倒尽，并防止雨水和海浪再度进入而造成结冰。

⑥上部边水舱，艏、艉尖舱，双层底水舱：因在严寒中舱内存水结冰会导致其膨胀变形或崩裂，故要求上部边水舱和艏艉尖舱的存水不要太满，其实际存水量不应超过满舱的 85%；而双层底水舱一般在低温下不易结冰，除非船体已搁浅在冰中或冰面上，故建议严寒时其存水量至多为其容量的 90%。

⑦消防水管、室内外淡水管和冲洗管：上述水管在使用后均应将管内的残水放尽，室内的可用稻草包扎，防止冻裂。另外若在短时间内停用消防水，必须保持消防泵与冲锚链水出口阀常开，以保持管系内海水不断流动。

⑧机电设备和应急消防泵：大型船舶机舱内的设备所占空间比例比小船要小得多，在寒冷地区停泊时，机舱内的温度很低，对主机、电器、燃油与其他设备都很不利，可使用电热等设备以及减少通风量，以调节机舱与舵机间的温度与湿度；在严寒时关键的机电设备可根据情况保持常开；甲板机械和电机中有加温防潮的设备者也应开启；应急消防泵常设于船首或船尾近船底处，应放尽其残水，防止进水管和泵壳被冻裂。

此外在空舱或无货物时舱内无须通风，应及时关闭通风筒，以防冷空气入内，使舱内或相隔的舱内存水结冰；还应采取其他防冻措施，如甲板通道和甲板上结冰，可撒少量黄沙；若甲板上有积雪，应在甲板下风侧扫出一条通道，并安置扶手绳；若船上有游泳池，其池水阀在冬季应常开，以防水管因雨水流入而被冻裂。

（4）载货时，应把不怕湿或不贵重的货物配在船首舱和各底层舱。货舱内两边最好留有通道，并保证污水易于流入污水沟（井）。

（5）船舶必须保持一定的吃水，以使螺旋桨和舵没入水中一定深度，并保持 1~1.5 m 的艉倾。这样能使船舶具有良好的操纵性能和破冰能力，同时又能保护车叶和舵以及增加船舶稳性，也可避免船底海水阀门被碎冰堵塞。

（6）检查排水设备及救生设备，使之处于良好工作状态；增添防水堵漏设备以备应急。

（7）一般不应配置甲板货，如实在需要，则必须考虑到上甲板及其设备与货物可能会结冰，从而造成船舶中心提高，稳性降低。另外还应保证甲板排水畅通。

（8）桅顶应加设瞭望台，并和驾驶台之间建立有效的通讯联络手段。

（9）还要配备下列专用物品：保温衣及靴、护目镜、防冻润滑油、御寒食物、冰锚用具以及除冰排冰物料或材料等。

（10）使主机冷却器中输出的热水可在进水阀处循环，以免进水阀被冰阻塞时导致主机停转。

（11）船首准备好拖缆一根，船尾做好拖带他船的准备。

（12）冰区航行比正常航行需准备更多燃料、淡水和食物（图 5-3-1）。

图 5-3-1　冰区航行船舶

二、冰情探测

(一)海冰及其分类

1. 冰山

冰山(iceberg)与海水冻结而成的海冰不同,它是南北两极周围山麓的冰河和冰棚崩塌滑落而浮于海洋的巨大冰块,多为淡水冰。沿阿拉斯加湾的冰河的小冰山,南界的平均位置在58°N,个别的南下可达40°N。临近北大西洋航线的冰山多为格陵兰及其周围岛屿冰河流出的冰山,沿拉布拉多寒流南下,然后进入暖流,漂流到6月末。南极的冰山有时也进入太平洋、印度洋航线,威胁船舶安全。

冰山浮于海面以上的部分只不过是其整体的1/8~1/7。因此,船舶在其附近航行万不可认为是外形很小的冰山,应对其整体有充分的估计和戒备,尽量远离之。

冰山按其大小可分为:

冰山(berg):直径超过30 m。

小冰山(berg bit):直径处于6~30 m。

冰岩(growler):直径处于2~6 m。

2. 海冰(sea ice)

海冰为海水冻结(低于-1.9 ℃)的生成物,系海水冰。

(1)海冰的名称

从其生成过程看有如下名称:

①冰晶(ice crystal):薄片状的结晶。

②冰泥(ice slush):浮于海面的初期极薄冰层。

③软冰(sludge ice):由冰泥固结的软冰层,直径约3~30 m,成圆盘状,对低速航行船舶无碍。

④荷叶冰(pancake ice):较软冰略大,结冰气温下2~3日可达30 cm左右厚度,直径约为1.8 m以下者;因其相互接缘,故船舶以常速航行将损伤外板或推进器。

在风浪和潮流的影响下,海岸或冰原破碎而成为冰块者称为冰群(pack ice)。有的冰群

较平,但与冰相互挤压重叠冻结为冰丘(ice ridge)。因此,冰群又是浮冰(float ice)聚集,具有各种形式海冰的水域的总称。

冰群按其大小可分为:

⑤碎冰(brush):直径 $D<2$ m。

⑥块冰(block):2 m$<D<$10 m。

⑦小型浮冰(small floe):10 m$<D<$200 m。

⑧中型浮冰(medium floe):200 m$<D<$1 000 m。

⑨大型浮冰(giant floe):1 000 m$<D<$9 620 m(3 n mile)。

⑩冰原(ice field):$D>$5 n mile。

(2)冰量

冰量指的是冰群在海面上的覆盖量。通常采用十分法度量出视界范围内海上浮冰覆盖的比例数,冰量占十分之几的即称为几度冰量(又称十分八度法)。从船舶在冰区中航行的困难程度看冰量有以下名称:

①无屏蔽水域(open water):冰群覆盖面积为 1/10 以下,船舶可自由航行。

②稀疏冰(scattered ice):冰量 1~5 度(1/10~5/10),船舶不能按预定航向航行。

③疏散冰(broken ice):冰量 5~8 度(5/10~8/10),船舶航行有障碍。

④密集冰(close ice,close pack;packed ice):冰量 8 度(8/10)以上,无破冰船(ice breaker)支援难以单独航行。

⑤固结冰(consolated ice):冰量 10 度,冰布满视界并形成冰原。

(3)冰的色调与硬度

生存期较长的冰比初生冰硬度大,淡水冰比海水冰硬,冰的硬度可通过冰的色调来识别。

灰色或铅灰色调(多为冰泥)——软;

纯白色调(多为荷叶冰)——稍硬;

白色带青色调——硬;

铁青色、晕色或灰绿色——最硬。

3. 冰山与海冰的探测

(1)冰山的探测

①使用雷达能否发现冰山决定于回波的强度,这与冰山的大小和反射面的角度有关。露出水面 3 m 以上的冰山,可探知距离往往只有 2 n mile 左右;而水面上高度不足 0.3 m 者则难于观察到;而高大的冰山则可在 10 n mile 以外观测到。

②在晴朗的白天,大冰山的视距可达 10 n mile 以上。夜间,如月亮与冰山都位于船舶前方,有冰山也难于发现,如月亮处于和冰山相反方位上,则冰山视距几乎与白天相同。也可凭借其上空呈黄白色的冰光来做出判断。

③驶入风力急剧减缓、浪涌也突然减低(波高 2~3 m 的波浪也将在接近冰原 1 km 以内安静下来)的水域,或驶入海水温度急剧下降(例如,由 15~20 ℃急降至 0~2 ℃)的水域,则说明在 2 n mile 左右有冰山并已相当逼近。

④发现本船发出的汽笛声有回声,或大浪击壁发出的声响,则说明可能有大冰山。

冰山对船舶航行威胁极大,必须引起操船者的高度警觉。

(2)海冰的探测

冬季在高纬度水域(北半球10月—翌年3月份,40°N以北;南半球4月—9月份,50°S以南)应按时收看冰情传真图和收听冰情预报。此外,还应加强瞭望,谨慎驾驶,并根据下列信息判断是否已驶近冰区。

①冰光(ice blink)是被雪和冰覆盖的表面所反射的太阳光线在其上空云底空间所形成的现象。雪的反射光白而明亮,冰的反射光则为黄白色,下部明亮而上部暗淡,其高度因冰的远近而异。白天当天空有云时云底部呈白色,无冰水域或陆地上空则呈灰色。

②冰区边缘往往出现浓雾,并有少量冰块漂流。

③风浪突然减弱或浪涌突然减弱而风力无减,如上风方向无陆地则表明可能有冰区。

④水温降低预示可能正在接近冰区。处于非寒流中的船舶如发现水温为1.1 ℃左右,则距冰区约在100~150 n mile之内;水温若在0.5 ℃则距冰区已不足50 n mile。

⑤虽远离陆地却发现海豹、海狮或海鸟等,则预示附近有冰区存在。

⑥听到冰的撞击或挤压声,说明冰区已经临近。

三、冰区的船舶操纵

1. 迂回航线的选择

在航线上有冰山、冰群时,只要情况许可,最好采取迂回航线,以免遇到障碍和困难。

即使有冰的水域很广,迂回航线在航行时间和燃料消耗上还是比穿过冰区要少得多,当然也更加安全。

根据冰情预报,通过本船的瞭望,尽早探清楚冰区的范围及可航的水域;如能看到冰区的边缘,可沿其上风侧的边界航行。

2. 进入冰区

冰量在5/10或6/10时,在冰块之间常可找到通航水道,只要冰厚不超过30 cm,就可以通航。冰量在6/10以上时,船舶行动比较困难,应争取破冰船引航。船舶驶进冰区时,要通过仔细瞭望,选择适当的地点、时机和方法:

(1)从冰区的下风侧进入比上风侧安全。上风边缘冰块密集,在有涌浪时碎冰骚动,容易损坏船体。

(2)涨潮冰易结聚,退潮时碎裂。当厚冰随流快速漂移时,应等待缓流或无流时进入。

(3)当海面涌浪较大或有5级以上横风时,不宜进入。

(4)冰区的边缘是不规则的,应选择有舌状突出之间较平坦处进入,这里受浪的影响也较小。

(5)进入冰区时应保持船首与冰缘垂直,并将冲力降到最小。当船首顶住冰块时,再逐渐增加车速,推开冰块,驶向冰块松散的方向。

3. 通过冰区

进入冰区后,在冰中航行时,应注意下列各点:

(1)根据冰量正确选择航速:

冰量4/10~5/10,可常速航行;

冰量6/10~7/10,应慢速航行;

冰区夜航,应较白天为低;

能见度不良，应大量降速（至可保持舵效为止）。

（2）有离岸风时，近岸边常有可航水道；有向岸风时，不能从冰的靠岸一边通过。

（3）通过冰区时最好少改变航向。如被大冰块挡住去路而用船首冲击未能使冰破碎，应立即退出。倒车前，正舵，先用短暂的进车，将船尾部的碎冰排开，再开倒车后退。待船后退接近碎冰时停车，让惯性把船带进碎冰，然后再进车，利用冲势在冰中撞出一条通路，一次不行，可反复几次。冲撞时，要严格掌握冲势，及时停车，并保持船首与冰块正面相撞。与雪混合的软而厚的冰，不易撞碎，要避免被冰困住。

（4）冰区航行，要增加艏尖舱及污水沟的测量次数，并注意海底阀可能被冰堵塞。

（5）冰中转向，切不可一次用 30°舵角，要用小舵角慢慢转过，每次改向 5°～10°以防舵及螺旋桨损坏。在冰中无法前进而需脱离时，从原路驶出较为便利。

4. 冰困后的措施

破冰前进中，若船的前部被冰夹住而不能进退，应立即按下列方法使船脱出，否则船将随冰漂流，可能漂到危险水域，或船体被冰毁坏。

（1）全速前进，左右满舵，以使船首有所松动，然后再用快倒车正舵退出。

（2）交互排灌各压载水舱的水，使船身左右或前后倾侧，以松动船身。

（3）用铁橇将压在船首下边的冰块敲碎，再用竹篙把船旁的冰块推向后方。

（4）在船尾抛下冰锚（冰锚抛法见后），带缆绞船，并配合倒车。

（5）上述方法均失败后，可试用炸药爆炸使船首起浮。船首被冰困住，可在船首前方或船首左右用炸药爆破冰块。

冰困中，不论是在采取脱险措施还是在等待破冰船或气候变好，都应保持螺旋桨和舵的转动，以免船尾后的水道被冰封住。

5. 破冰船护航

一般非冰区航行专用船舶，在冰量超过 6/10 时，最好使用破冰船导航。编队时把船壳较弱、功率较小的船放在船队的中部，一般编队第一条船与破冰船的间距保持 2～3 倍的破冰船船长，后面的船间距要保持 2～3 倍的本船船长。后船要密切注视前船的信号，调整两船的间距，当前船减速而后船来不及停住惯性冲力时，可转离前船的航迹来避免碰撞。

护航中的航速，当冰量小于 4/10 时，可维持 8 kn 速度，冰量每增加 1/10 就减速 1 kn。

护航发生困难时，可以由破冰船拖航，拖带中，一般用 20～40 m 长龙须缆，必要时，仅 10～20 m 即可。拖缆最好从锚链孔中穿进，再用木棒穿过拖缆的琵琶头，卡在锚链筒的口子上。

在坚冰中拖航时，压力很大，当破冰船航过后，水道会立即封闭，要使被拖船的船首与破冰船的船尾紧挨在一起，两者形成一体，此时破冰船的操纵较为困难。

6. 冰中锚泊

冰中下锚应选择薄冰或碎冰的浅水区（冰厚不超 10 cm，水深不超过 1 节链长），锚链长度不超过 2 倍水深，否则将会发生被冰困住或断链等事故。锚泊中，锚机和主机应随时处于准备状态，必要时可起锚驶离。

7. 冰中停泊

在岸边的冰上或海中冰群的边缘可以抛冰锚带缆停靠，先在冰上挖好槽，将长为 0.07 m、宽为 0.25 m、高为 2 m 的硬木块冰锚放入槽中，套上缆绳，再浇上水，使冰锚与水冻结在一起。这种操作又叫“抛冰锚”。

8. 冰中靠泊

港内结冰时，常因船身与码头间冰块堆积而不能靠拢，此时，应令拖船在泊位边来回破冰，然后驶靠。

(1) 如泊位下端有余地，可对准泊位后端，向码头靠泊，带头缆至泊位前端较远的桩上，绞头缆，进车，外舷舵，使船首紧贴码头扫过，将碎冰排挤出去。当船首到达前端位置时，如里档尚有少量浮冰，则可带上前倒缆及艉缆，开进车，利用排出流将碎冰排出，再逐步靠上船尾。

(2) 如泊位后端无余地应将船首先对准泊位前端插入。带好头缆、倒缆及艉缆，用进车外舷舵，并在拖船顶推协助下，挤压里舷的积冰，然后再用排出流将碎冰排出。按上述方法反复进行多次，可逐渐将冰挤碎排出，使船尾靠拢。

第四节 分道通航制和船舶交通管制区域的船舶操纵

分道通航制是指用分隔线、分隔带等方法把依相反或接近相反方向行驶的航行船舶分隔开的一种制度。分道通航制的实施，对改善水上交通秩序、避免碰撞事故的发生已起到了显著的效果。分道通航制尤其多运用于狭水道、沿岸海域、江河、港口附近等通航密度较大的海区。世界上许多通航稠密的海区都建立分道通航制区域，部分已被 IMO 所采纳。

在被 IMO 所采纳的分道通航制区域内航行，必须遵守《国际海上避碰规则》第十条和有关的地方规则；在尚未被 IMO 所采纳的分道通航制区域内，也应遵守其主管机关对分道通航制区域所做的具体规定。

一、分道通航制和船舶交通管制区域船舶操纵的注意事项

(1) 及时收听和改正航海通告，研究、查核最新海图，特别注意水深、浮标的变动情况，熟悉分道通航制和交通管制及其附近水域的各种情况。

(2) 备车航行，以便随时控制航速，根据情况加派瞭头。

(3) 检查船舶操舵系统、声光信号设备、助航仪器是否正常，以确保安全。

(4) 严格遵守分道通航制和交通管制等各种航行规定。

(5) 近岸航行应减速，防止浪损。

(6) 确认船位，走规定的通航分道，尤其在横流地段，更应经常观察前后方物标，及早发觉偏航并纠正。

(7) 大风浪常造成浮标移位、漂失或灯光失常、熄灭，故航行中对浮标不应盲目信赖，可利用前后浮标之间的方位及本船的航向或其他浮标、陆标进行定位核对。

(8) 通过每一浮标时均要进行核对、记下其名称与正横时刻，以防错认或遗漏。根据前一浮标距离和航速推算到达下一个浮标所需的航行时间。同时根据船与浮标之间的横距，来确定下一个航向，或者采用推迟或提早转向的办法，使船舶驶在预定航线上。转向后还必须核对

下一个浮标的相对方位或舷角，以防认错。

(9)应选视线良好、平流、交通较疏时刻通过涨落流较强的区域，航行中应掌握流向、流速及其变化，正确配以流压差。

(10)夜航或能见度不良时应加强瞭望并开启雷达或ARPA，避让时仍需再次确认水面环境和情况。

(11)驶于浅水区域应连续测深，保证足够富余水深并选高潮通过，应减速航行，向浅水侧施舵，制止船首向深水侧偏转。

(12)航行中转向或变速后应核对舵角指示器、车钟、转速表，防止船的动态与发令效果不符。

二、分道通航制和船舶交通管制区域船舶操纵要点

1. 航线标绘要顺着海船的总流向，并取分道的中线为宜

众所周知，通航分道往往比较狭窄，加之船多拥挤，受风浪影响和避让他船等原因，不能使船舶始终走在预定的计划航线上，故需要经常地定位和修正偏差，而航线标绘宜取通航分道中线为宜。切忌为图省事和方便，在分道内有几个航向变动的情况下，往往以一直向线代之；或在分道内确定转向点和端外区域驶进和驶出时，不去考虑和船舶总流向的角度问题。在遇有追越他船、避让、转向等情况时，尤其在狭窄和浅点多的区域（如马六甲海峡的一拓浅滩）就难有足够的回旋余地。

2. 认真瞭望观测，注意连续定位

分道通航区内船多拥挤，船速快慢不一，受风流影响明显，这就需要值班驾驶员做到认真瞭望和观测，连续定位，随时掌握自己的准确船位和他船动态，熟悉和了解分道区域内明显的、重要的定位航标，正确处理好避让和定位的关系，切忌偏重定位而疏忽避让。在夜间，由于在灯光的反向散射和岸边背景亮光的影响和能见度较差的情况下，视力对船舶的动态的判定和距离的估计都可能有误差，故更需要我们保持正规的瞭望和观测，以便及早采取对策，避免险情出现。

3. 在转向、交叉警戒区内要小心谨慎，并采用安全航速

分道通航制区域内根据需要还设立有交叉警戒区，当接近到转向点和航经这些区域时，应特别谨慎和小心，除应弄清他船的动态和意图外，还应采用安全航速行驶，尤其当本船处于追越他船状态时更要注意。切不可自以为船速快，就盲目穿越两船中间，要充分考虑到可能出现的意外情况，视需要和实际可能采用灵活措施，如提前和推迟转向时间等，以达到不使本船和他船构成紧迫局面。切忌机械地按海图标示点转向，或在刚追越过他船船头后即改向，应按避碰规则的要求做到驶过、让清，并考虑他船在航行操作上的困难。

4. 及时用VHF沟通联系、协同避让

在分道通航区内航行，常因船多密集和可航水域的限制，形成你追我赶、各不相让的局面，尤其在转向点附近、狭窄地段和分道交叉区域，有时会出现几艘船齐头并进的情况，由于相互间距离太近、相对位置变化和操舵不稳等，极易形成紧张和危险的局面。及时运用标准航海用语和他船沟通联系，做到互相配合、协同避让，就显得相当重要。

第五节　桥区水域的船舶操纵

一、桥区水域的特点

船舶桥区通航具有自然环境特殊、通航水域受限、风险性大、交通流密集等特点。桥区水域的水深状况、深水航道、水流方向、岸标异常复杂，且随着水下地势的变化而渐渐发生改变。桥梁的修建很大程度改变了水域原有通航环境并对船舶航行安全带来很大程度的不利影响。桥梁修建前后，桥区水域通航环境的改变体现在航道宽度缩减、通航高度受限、流场特性发生改变（出现壅水）、交通流密集度增加等。

桥梁选址通常为航道曲率半径较大的平直航道水域，一般情况下的桥梁选址应满足《内河通航标准》《通航海轮桥梁通航标准》《海港总平面设计规范》及有关桥梁建设规范的相关要求，桥梁轴线法线方向与主航道方向夹角小于5°；但大桥在实际设计、建设过程中，往往只考虑到便于桥梁及其接线与道路路网相衔接，或只考虑降低桥梁建造成本等因素，而忽略通航要求，使得船舶通航条件极度恶化。

除了单孔单跨桥梁对航道可航水域的影响较小外，其他设计工艺的跨海、跨江桥梁都会因为在航道中设置桥墩而缩减船舶原有通航水域宽度。另外，桥墩的修建将明显改变该水域原有流态，桥墩的修建使原有水流受阻而产生的水位升高引起壅水现象，容易导致船舶失控而发生碰撞桥墩事故；并且桥墩的修建使桥区水域局部交通流密集度增大，易导致船桥及船舶碰撞事故的发生。

桥区通航风险主要分为两个方面，一是外界条件导致的通航风险，如强风、强流等自然环境导致的通航风险；另一个是船舶自身因素导致的通航风险，如船舶失控、操纵失误等造成的安全事故风险。

二、桥区水域的操纵要领

（一）桥区水域的操纵要领

通过桥区水域时的操纵难度较大，因而操船时应集中精力，谨慎驾驶。操纵船舶使船舶航迹带所占宽度尽可能小，并维持船位在航道中心线附近是桥区船舶操纵的关键所在。特别是在横风流较强的桥区水域，更应做到船舶、人员、设备都处于最佳状态，以确保船舶顺利通过桥梁通航孔水域。

图5-5-1所示是船舶在桥区水域在横向风流作用下单向通航的航行示意图。

船舶通过桥区水域时，船长或驾驶人员应调用全船一切可用资源确保船舶桥区水域的航行安全。轮机部应核实主机、舵机工作状况良好，备车航行；甲板部大副应亲自或指派人员到船首备锚瞭头；驾驶台当值人员应紧密配合船长或引航员监控驾驶台仪器资源；船舶应接受主管机关的统一指挥，主动联系附近船舶进行协调避让。

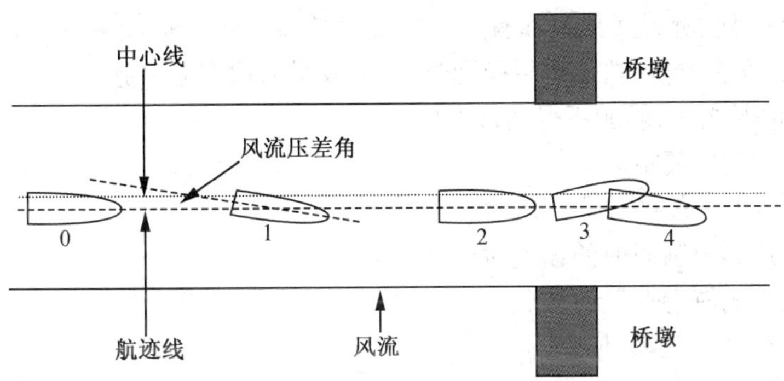

图 5-5-1　横风流作用下单向通过桥区水域航行示意图

1. 调整航向、确认船速船位(位置 0、位置 1)

位置 0 为初始船位,船舶进行过桥前的准备工作,驾驶人员在船舶过桥前进行初始船位调整;位置 1 为船舶根据自然条件预设风流压差角,使船舶计划航线与桥梁通航孔轴线方向呈直角,并保持船首向稍微靠近中心线的上风舷一侧。

2. 桥墩入口处操纵(位置 2、位置 3)

船舶首部进入桥墩连线水域之前,驾驶人员调整船舶风流压差角,使船体保持平直通过桥墩连线水域,并尽可能保持在航道中心线上(位置 2)。当船舶尾部驶出桥墩连线水域时,船身状态如位置 3 所示,船首向由于横向风流的作用,向下风舷产生一定的偏转,偏转程度越大,船舶碰撞桥墩的风险越大。

3. 船舶整体通过桥墩水域后的操纵(位置 4)

船舶整体通过桥墩连线水域后,桥区水域的船舶操纵仍然没有结束,桥墩水域横向风流等自然条件对船舶的影响仍然存在,如位置 3 所示,如驾驶人员不采取适当的操作,重新预设风流压差角,船舶仍然会因为过大的风流压差而漂移撞击桥墩。因此,有必要重新预设风流压差角。

(二)桥区水域船舶通航注意事项

(1)根据自身情况选择合适的通航桥孔通过,保留足够的富余高度、富余水深,并与桥墩边缘保持足够的安全间距;禁止船舶从有禁航标志的桥孔通过。

(2)船舶进入桥区水域前,应当备车,并对船舶主要航行设备、号灯等进行检查,确保处于良好状态。

(3)加强瞭望,谨慎驾驶,使用安全航速。

(4)发现桥区水域助航标志等有异常情况,不能确保安全过桥时,即采取安全措施,同时向当地海事管理机构报告。

(5)禁止在桥区水域内追越、掉头、试航或并排航行。

(6)配备有效的航海图书资料(包括航行通告),并按规定进行更新。

(7)除非紧急情况,船舶不得在桥区水域内停泊或锚泊。船舶因紧急情况在桥区水域锚泊或停泊时,应立即向当地海事管理部门报告,并按规定显示信号、用甚高频等发布船舶动态,采取有效措施尽快驶离桥区水域。

(8)船舶应注意收听天气预报和有关航行安全信息,遇大风、能见度不良、汛期急流等异常情况,不能确保安全过桥时,不得冒险通过,并应及早采取安全措施。

(9)有下列情况之一,船舶不得通过大桥:

①能见度低于规定要求时;

②风力达到限制通航的风力等级时;

③汛期流速达到限制通航的速度时;

④其他严重影响航行安全的情况。

(10)遵守主管机关的其他规定。

思考与练习

1. 简述狭水道中操船要领及其注意事项。
2. 简述弯曲水道中的船舶操纵要领及其注意事项。
3. 简述运河中的船舶操纵要领及其注意事项。
4. 简述岛礁水域中的船舶操纵要领及其注意事项。
5. 简述冰区船舶的操纵要点(进入冰区、冰区航行、冰困后的措施)。
6. 简述冰中锚泊、停泊、靠泊的操纵注意事项。
7. 简述使用分道通航制船舶的操纵要点。
8. 简述船舶在交通管理区域操纵时的注意事项。
9. 简述桥区水域的船舶操纵要领及其注意事项。

知识树

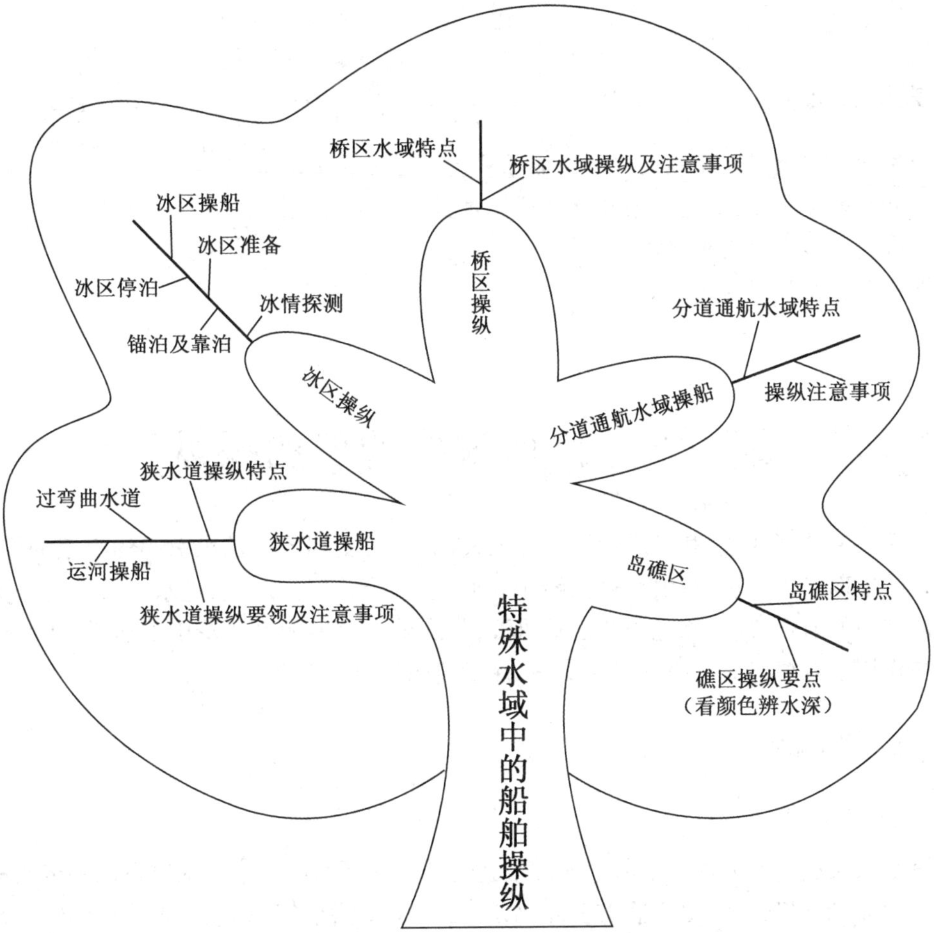

特殊水域中的船舶操纵

- 桥区操纵
  - 桥区水域特点
  - 桥区水域操纵及注意事项
- 冰区操纵
  - 冰区操船
  - 冰区准备
  - 冰区停泊
  - 冰情探测
  - 锚泊及靠泊
- 分道通航水域操船
  - 分道通航水域特点
  - 操纵注意事项
- 狭水道操船
  - 狭水道操纵特点
  - 过弯曲水道
  - 运河操船
  - 狭水道操纵要领及注意事项
- 岛礁区
  - 岛礁区特点
  - 礁区操纵要点（看颜色辨水深）

第六章　恶劣天气下的操船

本章学习目标：

1. 理解船舶在大风浪中横摇、纵摇、垂荡的形成原因及防止措施；
2. 熟知船舶纵向、横向受浪的危害及防止措施；
3. 掌握大风浪中的船舶操纵方法；
4. 掌握避离台风操纵方法。

第一节　大风浪中的船舶操纵

海上天气复杂多变，尤其是船舶遇到大风天气，同时受到风以及风引起的海浪的作用，会产生明显的摇荡、失速，造成货物移位、船体变形，甚至导致船体断裂、进水倾覆。为了保证船舶在大风浪中的航行安全，首先必须了解风浪，其次要了解船舶在风浪中的运动，然后针对风浪对船舶作用的规律采取正确的操船措施，保障船舶的航行安全。

一、波浪概述

1. 波浪的要素

波浪是水质点在外力作用下所形成的波动运动。在深水中波浪的水质点以一定的速度做轨圆运动，其波形以某一速度传播出去，而水质点本身并不随波形移动。水质点的轨圆运动方向，当处于波峰时与波的传播方向相同，处于波谷时则与波的传播方向相反。这种波的波峰比较陡峭，波谷比较平坦，因此称为坦谷波。表征波浪特征的几何要素见图 6-1-1。

波高 H——波形最高点与波形最低点之间的垂直距离(m)；

波长 λ ——两个相邻波峰或波谷间的水平距离(m)；

波速 C——波形向前移动的速度(m/s)；

波浪周期 τ ——水质点每回转一次所需时间(s)，即波形向前传播一个波长所需的时间；

波面角 α ——波形的切线与水平线间的夹角；

陡度 δ——波的陡峭程度($\delta=H/\lambda$)。

根据摆线理论，可以得到：

$$2\pi C = g\tau;\ \lambda = C\tau \tag{6-1-1}$$

由上述公式，得到坦谷波的波速和波浪周期与波长间的如下关系：

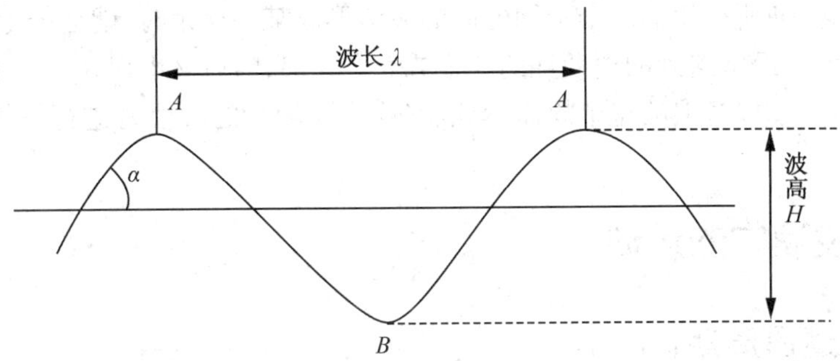

图 6-1-1　波浪的几何要素

$$C=\sqrt{\frac{g\lambda}{2\pi}}\approx 1.25\sqrt{\lambda} \tag{6-1-2}$$

$$\tau=\sqrt{\frac{2\pi\lambda}{g}}\approx 0.8\sqrt{\lambda} \tag{6-1-3}$$

2. 海上波浪

波浪是发生在海洋中的一种波动,是海水运动的主要形式之一。海里的波浪按其形成的原因可分成风浪、涌浪、潮汐浪、气压浪、地震浪(海啸)及船舶兴波等很多种类。船舶航行经常遭遇到的是风浪和涌浪。

波浪的大小和风力、风时以及海区的广度、深度有关,风力大、风时长、海区广又深,则波浪就大。大洋中最容易产生的波浪的波长是 80~140 m,周期为 7~10 s。最陡的波的倾斜度为 1/10,一般为 1/30~1/40。海上波浪实际上是不规则的,它们是由各种不同波长、波高和陡度的波组成的。经观测统计表明,其中有 1/10 波的波高是平均波高的 2 倍,称为最大波高($h_{w/10}$);有 1/3 波的波高是平均波高的 1.6 倍,称为三一平均波高或有效波高($h_{w/3}$)。人们在海上目测的波高很接近有效波高。

有效波高($h_{w/3}$)可以用来确定最大有效波的波长和最大能量波的波长:

$$\lambda_{最大有效}=60h_{w/3} \tag{6-1-4}$$

$$\lambda_{最大能量}=40h_{w/3} \tag{6-1-5}$$

根据这两个波长可以估计出某船在该不规则波中航行时的摇荡情况。

3. 海上波形的变化

(1)浅水区的波形变化

波浪从深海向浅海接近时,由于水质点的垂直移动受阻,水质点的运动轨迹将由圆形变为椭圆,同时,回转运动与海底之间的摩擦阻力使波速降低。在浅水域中波速只随水深变化,但波浪的周期不变,因此,当波速减小时,波长变短,波高增大,而且海岸的倾斜越急,这种变化越剧烈。此外,由于波谷与海底的摩擦部分的行进速度变缓,而波峰的行进较快,波峰向前卷起,同时在行进中破碎,这种波浪俗称为开花浪,对船舶的冲击力较大。

(2)干扰引起的波形变化

当从大海上远处袭来的大浪与本海区相反方向的波浪相遇或袭来的波与该处的反射波相互干扰时,形成合成波,它的波速变得很小,而波高可能增加一倍,这种波浪俗称为三角浪,对小型船舶危害较大。

当风向的变化,使所产生的两个不同方向的波浪形成某一交角时,就会产生波高做周期性变化的群波。在海上经常遇到的周期性的3个或5个大浪,随后又出现几个小浪,就是这种群波。通过仔细观察,掌握海浪的这个规律,就能够选择在较小的波浪时进行操纵,对船舶安全航行较为有利。

二、船在波浪中的运动

(一)波浪遭遇周期(T_E)

波浪相对于航行中的船舶的周期即为波浪的遭遇周期(也称为波浪视周期)T_E。船舶在海上航行时,设其前进方向与波浪来向成一夹角,该夹角称为遭遇浪向角φ。顶浪时$\varphi=0°$;顺浪时$\varphi=180°$;横浪时$\varphi=90°$,如图6-1-2所示。

图6-1-2表示船在波浪中航行的一般状态。波速为C,船以速度v并与波浪传播方向成φ角航行。这时,波峰相对船的传播速度即波的表观传播速度(船上观察者所看到的波传播速度)v_E为:

$$v_E = C + v\cos\varphi \tag{6-1-6}$$

显然,波浪的遭遇周期T_E,为:

$$T_E = \frac{\lambda}{v_E} = \frac{\lambda}{C + v\cos\varphi} \tag{6-1-7}$$

式中:λ——波长(m);

C——波速(m/s)。

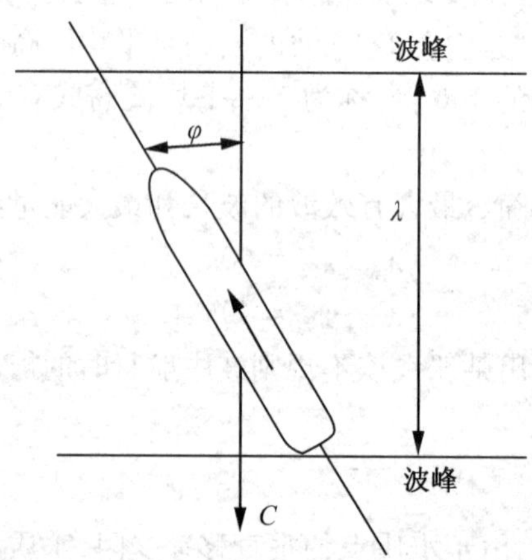

图6-1-2 船在波浪中航行

(二)船舶受浪的摇摆运动

船舶在波浪作用下,沿着和围绕着通过船重心的X、Y、Z轴做直线运动和回转运动。各摇荡运动的名称为:

X轴——纵荡(surging)和横摇(rolling);

Y轴——横荡(swaying)和纵摇(pitching);

Z轴——垂荡(heaving)和艏摇(yawing)。

船舶在波浪中的摇荡运动,是波浪的强迫摇荡和船舶本身固有的摇荡相结合的复合运动。这种摇荡运动由于受到水阻力的阻尼作用,因而是逐渐衰减的。摇荡的强度取决于波面角的陡度、波浪的周期、船舶本身的摇荡周期与船舶尺度和波长的比例关系。

对船舶安全有威胁的摇荡是横摇、纵摇和垂荡。

(三)横摇

1. 船舶固有的横摇周期

船舶在规则波中做小角度(小于 15°)无阻尼横摇时的周期称为船舶固有横摇周期(natural rolling period),可用下式求得:

$$T_R = C_R \cdot \frac{B}{\sqrt{GM}} \tag{6-1-8}$$

式中:T_R ——船舶固有横摇周期(s)。

B ——船宽(m)。

GM ——初稳性高度(m)。

C_R ——横摇周期系数,客船为 0.75~0.85;货船为 0.7~0.8;油船(重载)为 0.70~0.75;油船(空载)为 0.74~0.94;渔船为 0.76~0.88。

估算时可简单地把 C_R 定为 0.8。各类船舶的横摇周期如表 6-1-1 所示。

表 6-1-1　各类船舶的横摇周期

船舶种类	横摇周期 T_R(s)	船舶种类	横摇周期 T_R(s)
客船 500~1 000 t	6~9	客船 30 000~50 000 t	20~28
客船 1 000~5 000 t	9~13	货船(满载)	9~13
客船 5 000~10 000 t	13~15	货船(压载)	7~10
客船 10 000~30 000 t	16~20	拖船	6~8

超大型油船的横摇周期,空载时都在 6 s 以下,满载时在 14 s 以上。

2. 横摇摆幅

船舶在规则波中的强制横摇摆幅可以近似地用下式表示:

$$\theta = \frac{\alpha_0}{1 - \left(\frac{T_R}{T_E}\right)^2} \tag{6-1-9}$$

式中:α_0——最大波面角,$\alpha_0 = 180° \times \frac{H}{\lambda}$;

T_R ——船舶横摇周期(s);

T_E ——波浪遭遇周期(s)。

从上式可见,船在波浪中横摇的大小,除与最大波面角有关外,主要取决于船舶本身的固有横摇周期 T_R 与波浪周期 T_E 的比值。

当 $T_R / T_E < 1$ 时,即船舶的横摇周期比波浪周期小,则船舶横摇较快,甲板与波面经常保

持平行,很少上浪,但船体所受惯性力较大。

当 $T_R / T_E > 1$ 时,即船舶的横摇周期比波浪周期大,则横摇较慢,并且与波浪不协调,船舷易与波浪撞击,甲板上浪较多。

当 $T_R / T_E = 1$ 时,即两者的周期接近相等,船舶摇摆最剧烈,横摇角越摇越大,将会导致船舶倾覆,这种现象称为横谐摇。

谐摇时的横倾角可用下式估算:

$$\theta_s = 7.92\sqrt{\alpha_0} \tag{6-1-10}$$

式中:α_0——最大波面角。

3. 减轻横摇的措施

当船舶在波浪中发生横摇谐振运动时,摇摆加剧,如不采取减摇措施,将危及船舶的安全。减摇措施有:

(1)调整船舶的固有横摇周期

船舶确定航线后,可根据本航次中各海区季节可能经常遭遇的波浪周期,在配载时选择较为合适的船舶摇摆周期,避开谐振区:

$$T_R/T_E < 0.7 \text{ 或 } T_R/T_E > 1.3 \tag{6-1-11}$$

根据式(6-1-11)避开谐振的要求,当波长为 100~220 m,其相应的波浪周期约为 8~12 s 时,则船舶的周期调整到小于 6 s 或大于 14 s 就不会发生谐振了。

(2)改变航向和速度,调节波浪遭遇周期

由式(6-1-7)可见,改变船速 v 或遭遇浪向角 φ 或者同时改变船速与遭遇浪向角,就能改变波浪的遭遇周期,避免谐振运动。这种方法对于航行中的船舶是简便而有效的。

当 $\varphi = 90°$ 或 $270°$,即正横受浪时,此时改变船速对波浪遭遇周期无影响,只有改变航向才能取得减轻横摇的效果。

(四)纵摇

纵向受浪时,因为船舶的纵摇质量惯矩和水的阻尼力矩很大,同时纵向稳性也较大,所以在波浪的作用下产生的纵摇摆幅比横摇的小,纵倾角一般不超过最大波面角。

1. 纵摇周期

船舶的纵摇周期可用下列近似公式估算:

$$T_P = C_P\sqrt{L} \tag{6-1-12}$$

其中:T_P ——船舶纵摇周期(s);

L ——船长(m);

C_P ——纵摇周期系数,客船为 0.45~0.55,客货船为 0.54~0.64,货船为 0.54~0.72,油船(艉机)为 0.80~0.91。

2. 纵摇振幅

规则波中的相对纵摇振幅 ψ_m/α_m(纵摇振幅与最大波面角之比)与 T_P / T_E 、Fr、λ/L 三者的关系如下。

(1)船长与波长的关系对船舶相对纵摇振幅有决定性影响。当 $L>1.5\lambda$ 时,相对纵摇振幅

小于0.4,纵摇角较小,船长越大,越趋平稳。当 $L \leqslant \lambda$ 时,相对纵摇振幅急剧增大,正如小船遇长波,船舶纵摇很大,不论船速如何,都无法避免。

(2)船舶的纵摇周期与波浪的遭遇周期的关系对于船舶相对纵摇振幅的影响,事实上也在一定程度上反映了船长与波长之间关系的影响,而且,也反映出船速或弗劳德数的影响。当 $T_P / T_E = 1$ 时,相对纵摇振幅并不是各曲线的最大值,要想有较低的相对纵摇振幅,各曲线均要求有较高的 T_P / T_E 值。从本质上看,这也就要求具有船较长、波较短的条件。船舶顶浪航行,当船速一定时,总的趋势是相对纵摇摆振随 T_P / T_E 的增大而降低。

(3)船速对船舶相对纵摇振幅的影响。因为船速(用弗劳德数 Fr 表示)当中也包含船长因素在内,所以当船速相同时,较长的船具有较小的 Fr 和较高的 T_P / T_E,相对纵摇振幅也将相应地降低。

3. 减轻纵摇的措施

海上航行对操船者来说,船长和波浪均为客观给定的条件,可以调整的对象仅有船速和航向而已。激烈的纵摇容易产生拍底和甲板上浪现象,适当降低船速,可缓解上述不利因素的影响。

(五)垂荡

1. 垂荡周期

当波浪通过船体时,随着浮力的周期变化,使船体做上升和下降的垂荡运动,波高越大,垂荡越激烈。上下运动时水对运动的阻力很大,使垂荡运动很快衰减。

船舶的垂荡周期可用下列近似公式估算:

$$T_H = 2.4\sqrt{d} \tag{6-1-13}$$

式中:T_H ——船舶垂荡周期(s);

d ——船舶平均吃水(m)。

船舶的垂荡周期和纵摇周期很接近,后者稍大于前者。一般船舶均具有 $T_R > T_P > T_H$ 的关系,后两者约为前者的一半。

2. 垂荡振幅

垂荡运动的强迫位移为:

$$Z_p = \gamma_h \cdot h \cdot \mu_h \tag{6-1-14}$$

式中:γ_h ——有效波高系数,是由 λ/L 决定的,它和垂荡运动的强迫力系数相当;

h ——1/2 波高;

μ_h ——倍率系数,取决于垂荡频率与波长之比(ω/λ)。

如式(6-1-14)所示,垂荡运动是由波高 h 与 ω/λ(即 T_H/T_E)来决定的,波高越大,垂荡越激烈,其具体影响如下:

(1)垂荡运动振幅与波高成正比,波越高,垂荡振幅越大。

(2)垂荡运动振幅受有效波高系数 γ_h 影响极大。γ_h 值大体上与垂荡运动强迫力系数相当,当 $\lambda/L \leqslant 3/4$ 时,不论其余条件如何,甚至即使出现谐振,垂荡振幅仍然很小;当 $\lambda/L \geqslant 1$ 时,相对垂荡振幅将逐渐增大,也就是说,在波长船短的情况下不可避免地出现随波垂荡的情况。

(3)船舶垂荡相对振幅也受船速的影响。当 $\lambda/L \leqslant 3/4$ 时,船速的影响较小;当 $\lambda/L \geqslant 1$ 时,船速越高,垂荡越激烈。因此,当波长船短时适当降速将大大缓解船舶垂荡的激烈程度。

(4) T_H/T_E 对垂荡运动振幅也有影响。但由于垂荡运动与纵摇一样也具有高阻尼性,故 T_H/T_E 的影响是随阻尼大小而变化的,也随船速不同而不同。一般说来,在船长、波短、船速较高的条件下,T_H/T_E 处于 0.8 附近将出现较大的相对垂荡振幅。但是,由于垂荡运动是高阻尼的,即使出现垂荡谐振也不会有很高的相对垂荡振幅。

(六)船舶在不规则波中的摇荡情况

1. 临界状态概念

船舶在不规则波中顶浪前进,它相当于遭遇一系列波长变化的规则波的作用,这时不再适用谐摇的概念,而需用临界状态的概念来说明船舶的摇摆情况。

当船舶的纵摇周期 T_P 和波浪遭遇周期 T_E 相等时,将发生谐摇。如已知船舶的航行速度 v,则根据式(6-1-12)和(6-1-7)可推算出谐摇波长 λ_{syn}。

$$\lambda_{syn}=T_E(v+0.78)+\sqrt{[T_E(v+0.78)]^2-(vT_E)^2} \quad (6\text{-}1\text{-}15)$$

2. 临界状态的划分

根据谐摇波长和船长的关系,可以确定船舶所处的临界状态,从而判断船舶的摇荡情况。

(1)亚临界区域

船舶以某一速度航行,当谐摇波长 λ_{syn} 小于 3/4 船长时,该船处于亚临界区域,这一速度相当于低速。此时,纵摇和垂荡都比较缓和,甲板干燥,不产生碰击。

(2)超临界区域

当谐摇波长 λ_{syn} 大于 $\lambda_{最大有效}$ 时,该船处于超临界区域,船舶的纵摇和垂荡中等,这相当于中速货船在小波中航行或快艇顶着中等海浪航行的情况。但在大浪中一般商船难以达到这么高的速度。

(3)临界区域

当谐摇波长 λ_{syn} 介于船长和最大能量波长 $\lambda_{最大能量}$ 之间时,该船处于临界区域。此时,船舶的纵摇和垂荡都非常严重,可能出现强烈的拍底和上浪。所有船舶都有可能处于临界区域。

3. 减轻摇荡措施

根据以上临界状态的划分,我们可以根据遭遇的波浪要素来判断顶浪航行时船舶的摇荡情况。为了减轻摇荡,必须避开临界区域,其有效的方法是将船速降低到保持舵效的速度。

三、大风浪中航行时所遭受的危害

(一)横向受浪时所产生的危害

横向受浪航行中,船舶容易出现横谐摇的情况,由于船舶的剧烈的横摇,将产生下列危害:

(1)产生过大的横摇角;

(2)舷侧容易上浪;

(3)由于横摇加速度增大,容易引起货物移动和增加自由液面的冲击力;

(4)造成人员不适,船用仪器使用不便,船体结构容易受损,增大船舶倾覆的危险。

(二)顶浪或偏顶浪的危害

1. 拍底(slamming)

在激烈的纵摇和垂荡中,当船首升起后下落而与波的向上运动相撞击时产生的现象,称为拍底。它使船首底部,甚至在整个艏垂线后 1/4 船长区域和波浪表面发生冲击,产生很大的应力,将导致首部结构的损伤,拍底时船体发生剧烈的振动。

容易产生拍底的条件有:

(1) $\lambda/L \approx 1$。遇到与船长相当的波长时会产生剧烈的拍底。海上的波长在 80~140 m 之间,因此,如船长在这个范围内,则易发生拍底。

(2) $d/L < 5\%$ 。吃水与船长之比值小时易产生拍底。一般空船时拍底严重,2/3 满载以上则不易发生拍底,如图 6-1-3 所示。

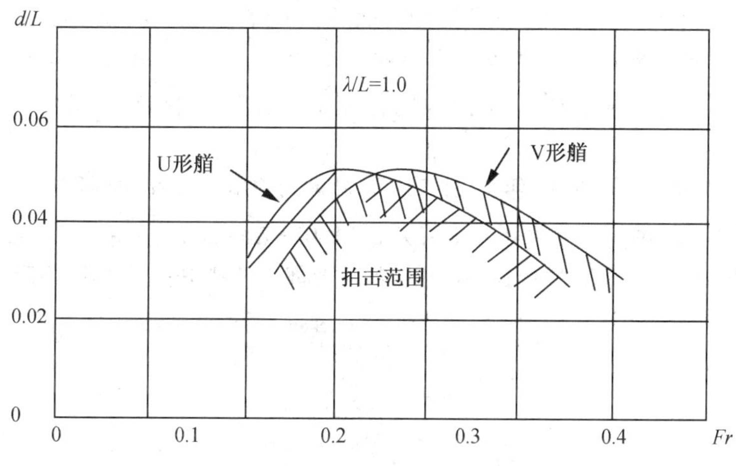

图 6-1-3　易发生拍底的区域

(3)船速是产生拍底的重要因素。根据 Lehman 的研究,当 Fr 处于 0. 14~0. 21 范围内时容易产生拍底。

(4)方形系数及棱形系数大的船,冲击力也大。U 形船首比 V 形船首遭受拍击的次数多,强度也大。

依上所述,为了减少拍底,应:

①保持艏吃水大于 1/2 满载吃水;

②避免纵摇和垂荡的谐振;

③减速,保持船速在 Fr =0. 1 左右。

2. 甲板上浪(ship water on deck)

打在甲板上的海水可看作自由液面对稳性的影响,严寒时还有结冰的危险,同时浪的作用还会使甲板设备、上层建筑直接遭受破坏,特别是装有甲板货时,易造成货物移动,危及船舶的安全。

甲板上浪与船首干舷高度、船速及相对波高($h_{w/3}$/L)有关。船首干舷越低、船速越大、波高越高,甲板上浪就越厉害。

为了减少甲板上浪,首先要降低船速,降速的幅度应根据本船吨位、装载状况、种类、海况及船舶的技术状况加以决定;其次是选择尽可能缓解摇摆的航向,调整船舶的迎浪状态。

3. 螺旋桨空转(racing)

剧烈的纵摇和垂荡会使螺旋桨的一部分或全部周期性地露出水面,发生螺旋桨空转现象,俗称打空车。空转时,螺旋桨效率显著下降,船速下降,螺旋桨、轴系和船体产生很大的震动,同时使它们受到很大的冲击应力,随时有可能受损。空船状态更容易产生空转现象。

为了减轻空转现象和防止桨叶等受损,应保持桨叶没入水中20%~30%轴的螺旋桨直径,压载船舶的吃水差以1.5~2.0 m为宜。当出现空转时,可及时调整航向和速度以减轻船舶摇荡。

(三)顺浪或偏顺浪的危害

1. 冲浪和打横

船舶位于波峰的前部时,可能被波浪加速而骑在波峰上,这种现象类似于冲浪运动员位于波峰之前的情况,故称为“冲浪”现象。当船舶发生冲浪时,波浪冲击可能使船舶发生航向突变,即发生“打横”现象,使船舶遭受横浪的作用而发生突变性横倾,严重时有船舶倾覆的危险。

IMO海上安全委员会2007年1月11日MSC. 1/Circ. 1228通函指出,当遭遇角度在$135° < \alpha < 225°$范围内,并且船速高于$1.8\sqrt{L}/\cos(180-\alpha)$ kn时,可能会发生冲浪和打横。为避免冲浪和打横,船舶所采取的船速、航向或者两者都应该避开图6-1-4中所示区域。

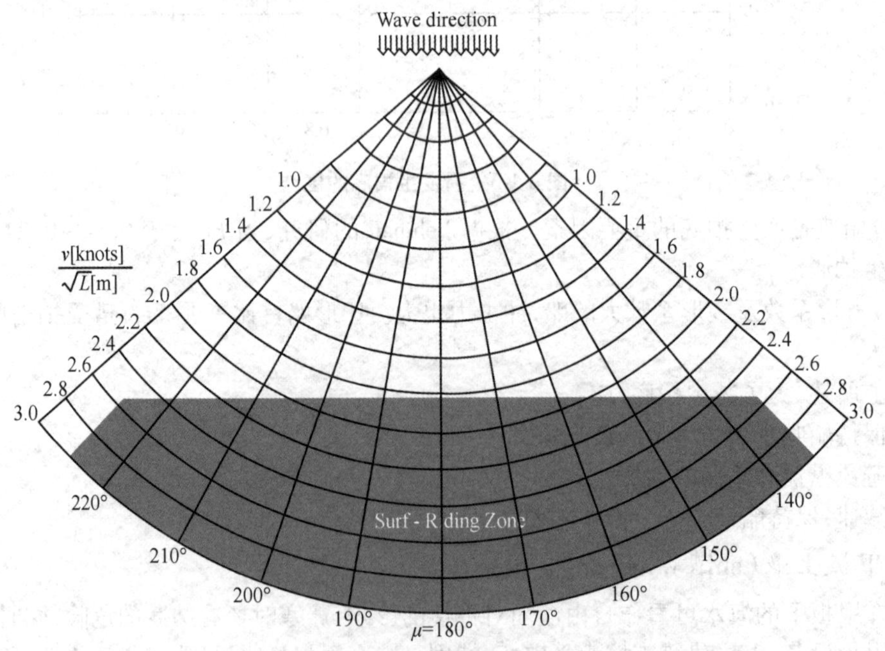

图6-1-4 易发生冲浪区域

2. 横稳性降低

当船舶位于波峰时,排水体积的减小,将使横稳性降低。其降低程度与船型有关。稳性的降低量基本上与有效波高成正比。当 $\lambda/L=(1\sim2)$ 且波高很大时,船舶可能完全丧失横稳性。这种情况下,顺浪和偏顺浪时尤其危险,这是因为遭遇周期较长,即船舶在波峰处的时间较长,也就是说稳性降低的时间较长。

3. 谐摇运动

当船舶的自由横摇周期与波浪的遭遇周期一致时,将加大横摇摆幅。顺浪和偏顺浪航行时,横稳性处于临界状态,故横摇周期变长,可能发生这种横向谐摇运动。

四、大风浪航行的准备工作

航行中的船舶,当预测到将有大风浪来临时,必须采取相应措施,检查并保证做好下列工作:

1. 保证水密

(1)检查甲板开口封闭的水密性,必要时进行加固;

(2)检查各水密门是否良好,确保其水密,防止进水;

(3)将通风口关闭,并加盖防水布;

(4)天窗和舷窗都要盖好,并旋紧保险盖;

(5)锚链管盖好,防止海水灌进锚链舱。

2. 排水畅通

(1)检查排水管系、抽水泵、分路阀等,保证它们处于良好工作状态;

(2)清洁污水沟(井),保证黄蜂巢畅通;

(3)甲板上的排水孔应保持畅通。

3. 加固绑扎

(1)吊货设备、主锚、备锚、舷梯、救生艇筏以及一切甲板物件都要检查绑牢;

(2)散装货平舱;

(3)各水舱、油舱应尽可能注满或抽空,以减少自由液面;

(4)舱内或甲板装有重件货物时,应仔细检查,必要时加固绑扎。

4. 做好应急准备

(1)保证驾驶台和机舱、船首、舵机室在紧急情况下通信联络畅通;

(2)检查主机、舵机、应急电机、天线等处于良好状态;

(3)保证消防和堵漏设备随时可用;

(4)保证人身安全,如拉扶手绳、甲板防滑跌等;

(5)加强全船巡视检查,勤测各液体舱及污水沟等。

5. 空船压载

空船在大风浪中有很多不利之处,例如:风压倾侧力矩增大横倾,保向性下降,拍底增大,空转加剧,失速严重,易发生横摇谐振等。为确保航行安全,应进行适当的压载,以提高船舶抗风浪的能力和改善船舶的航行性能。

空船压载量可参考下列数字:

夏季:为夏季满载排水量的50%。

冬季:为夏季满载排水量的53%。

在吃水差方面,既要防止空转,又要减轻拍底,一般以艉倾吃水差1.5~2.0 m较为理想。

货船上压载,可以选择横向宽度较窄的舱,如有轴隧的艉尖舱。压载时,要注意减小自由液面的影响,还要保证排灌畅通。

五、大风浪中的操船

大风浪航行中,船舶可以根据本船的船型、稳性、吃水、货载和海域等条件,选用下列方法。

1. 降速航行

船舶在大风浪中航行时,由于受风和波浪的影响,航行速度较静水条件下减小,这种船速的下降现象称为自然失速。除了自然失速外,船舶由于受到波浪的冲击和剧烈的纵摇垂荡而引起严重拍底、甲板上浪、螺旋桨空转、主机负荷增大。为减轻这些危害,应进行人为的降低船速,称为有意减速。

自然失速的原因有:大风引起的阻力的增加;波浪引起的阻力增加;风浪表面流引起的阻力增加;船体摇荡导致的阻力增加;保向操舵引起的阻力增加;推进器效率降低。

在自然失速的基础上,为了航行安全,船舶采取有意减速。学者Lewies对各种船型实船试验的结果提出了有意减速的标准:油船、货船、散装船,每100次纵摇中拍底次数应低于3~4次,甲板上浪次数应低于5次;滚装船,每100次纵摇中,拍底次数应低于4~5次。

2. 偏顶浪航行与Z形航法

大风浪中航行时,为了避免船首受顶浪航行时的过大冲击和减轻横摇、纵摇以及减缓打空车的剧烈程度,而且又不致使船舶偏离航线过多,可采取偏顶浪Z形航法,但应注意保持舵效,以免形成横浪。通常以2~3个罗经点斜向迎浪,并以在界限速度以下的航速,向左(或右)侧航行一段时间后,再向另一侧航行,如此反复进行。这种方法可有效地抑制横摇和纵摇,而船舶仍能保持一定速度前进,同时可以避免过多的偏航。当风浪较大,摇荡加剧时,应主动降速,以避免船体承受过大的应力。

3. 滞航(heave to)

以能保持舵效的最小速度将风浪放在船首2~3罗经点的方位上迎浪前进的方法,称为滞航。这时的船舶实际上处于缓进或不进,甚至微退的状态,而航向将随着风向的改变需不断地调整。

这种方法可以减轻波浪对船首的冲击和甲板上浪,使船滞留在原地附近,以等待海况的好转。对于下风侧海域不大充裕、船长较长、船首干舷较高的船采用此法较为有利。滞航中要根据风浪的情况选择最佳的风浪舷角,以减轻船舶的摇摆,并根据风浪的变化及时调整航速,保证有足够的舵效,以免被打成横浪。

4. 顺浪(scudding)

顺浪航行时,波浪与船的相对速度较小,可以大大减弱波浪对船体的冲击。滞航中经不起

波浪袭击的船舶，宜改用顺航。顺浪航行的船舶由于纵荡而可以保持相当的速度，有利于摆脱大风浪海域或台风中心。

要注意，船长与波长相近、船速又与波速接近时，则极易发生艉淹及打横等非常危险的现象；而波长大大超过船长或小于船长时，船舶都能平稳地航行。因此，当遇到不利情况时，应果断地改变船速，使两者的速度产生差异，并选择 1~2 罗经点的受浪角，以减轻尾淹和打横的现象。

船尾突出、舵面积较小的船，在顺浪中不易保持航向，可采用在船尾曳其他物件（如大缆等）来提高保向性。

5. 漂滞（lie to）

船舶停止主机随风浪漂流，称为漂滞。主机或舵损坏将被迫漂滞，滞航中不能顶浪或顺航中保向性差或船体衰老的船，可以主动采用漂滞的方法。

漂滞中，波浪对船体的冲击力大为减小，甲板上浪不多，只要船舶保持水密，有足够的稳性，就可以渡过大风浪。

六、大风浪中掉头

大风浪中掉头，当船身转至横浪时，若回转引起的横倾角与波浪的横倾角相位一致，则过大的横倾将危及船舶的安全，并且横向受浪时，容易出现横摇谐振，就愈加危险，因此必须谨慎操纵。掉头时应注意以下几点：

（1）等待较平静的海面来到。海浪大小的变化是有规律的，一般情况下，连着三四个大浪之后，必接七八个小浪，俗称三大八小。要利用这个规律，使船舶在海面较平静时掉头。

（2）开始时慢速中舵（15°左右），掉头过程中适时使用快车满舵，这样可以使前冲惯性小，减小船舶转向中的横倾角，同时保证舵效，缩短掉头时间。

（3）从顶浪转向顺浪时，转向应在较平静海面到来之前开始，以求较平静海面来临时正好转到横浪。此后可配合主机突进，用满舵，加速完成后半圈掉转。

（4）从顺浪转向顶浪比较危险，必先降速减低惯性冲力，等待时机，以求后半段掉转在较平静的海面进行。后半段掉转应尽可能迅速，否则大浪来到便难以转向顶浪，为此，可根据情况采用主机突进的措施，以增加舵效，加速掉转。

由于判断错误在掉转中遇到大浪来临而处于困难境地时，切勿强行掉转，可选择与波浪适当的相位，等待时机，再次掉头。此时，切忌急速回舵，防止倾覆。

第二节　避离热带气旋的船舶操纵

热带气旋产生于热带洋面，发展迅速，强度大，对航海安全具有严重威胁。近中心最大风力 12 级以上的热带气旋，在西北太平洋地区称为台风（本节中关于热带气旋按习惯称台风）。船舶必须及时掌握台风信息，综合分析和判断台风动态；根据船舶的操纵性能和抗风性能，决定是按照原计划航行，还是迂回避台，或者驶向附近的港口锚地避台。

一、制订防台计划

船舶收到有关台风的预报时，做出决策时应考虑以下各点：

(1)及时接收台风信息，估计风浪发展的状况，尤其重要的是台风生成后的台风中心、移动路径、移动速度、风力强度等情况；

(2)台风中心与本船之间的距离，台风进路与本船航线是否交叉，距台风中心最近会遇距离如何，本船将处于其危险半圆还是可航半圆；

(3)船舶、设备、货物、人员对风浪的耐受性；

(4)附近有无避风港口、锚地；若有，本船与该港或锚地间的距离。

二、航行中台风的避离

(一)海上防台应注意有以下危险

(1)判断、预报失误，船舶误入台风中心；

(2)船舶横摇剧烈，有倾覆的危险；

(3)主机、舵机故障，船舶失控；

(4)避台海域不够宽敞，航海障碍物多，水深较浅，船舶有搁浅、触礁的可能；

(5)大风浪中船舶操纵、调头困难。

(二)海上防台的应对措施

(1)台风中心接近，风力增加到 8 级以上的时候，应被认为“在台风袭击中”。这时，值班人员应坚守岗位，空班船员编成抢险救护小组轮流值班待命。

(2)每小时记录气象要素一次，并认真分析从传真天气图和航行警告电传得到的信息，标绘于航行总图上，与现场气象观察结果比较。

(3)船舶应有足够的稳性，调整压载水，增加吃水，减少船舶的受风面积，及时监控全船各舱及其舱底水。

(4)仔细研究航行海域的情况，选择水深足够、航海障碍物较少、定位物标好的开阔海域。

(5)保证船舶动力装置、电台以及电航仪器处于正常工作状态。

(6)注意大风浪中的船舶操纵要点，注意用车、用舵对船舶航向、航速的控制，选择适当的操纵方法。

(7)台风过境后，仍应注意涌浪对船舶的影响，此时更应该谨慎操船，防止横摇，控制好船位，防止船舶被涌浪推进危险海域。

(三)船舶在热带气旋中相对位置的判断

在地球的北半球水域内，朝台风前进方向看去，操船者常称台风的右半圆为危险半圆(dangerous semicircle)，左半圆为可航半圆(navigable semicircle)。台风圈的右半圆中风、雨、波浪较左半圆中更为激烈，这是由于低气压气旋逆时针旋转与其本身的前进运动相叠加而造成的。在南半球水域内，低气压气旋为顺时针旋转，与北半球相反，称右半圆为可航半圆，左半

圆为危险半圆。

航行在台风区的船舶，只有在确实掌握台风的动态和本船所处台风的部位之后，才能据以采取有效措施避开台风中心。从气象变化来看，在北半球操船者应该明确的是，风向右转时本船处于右半圆，风向左转时本船处于左半圆，风向无明显变化时本船则处于台风进路附近；气压降低时本船处于台风的前面，而大气压升高时本船则处于台风的后面；无风而大气压显示最低值，甚至可见晴天，但海面出现相当高的三角浪，则说明本船已处于台风眼内。

（四）避离台风的操纵

航行在台风区的船舶，只有确知台风的动态和本船在台风中的部位后，才能根据情况，采取有效措施避离台风，否则盲目行动必将陷入被动局面，造成更大困难。

避台的核心问题是尽可能远离台风中心，一般应保持距离 300 n mile 以上，风力在不超过 7 级，气压不低于 10^5 Pa，迫不得已时，至少要保持 100 n mile 以外，风力不超过 8 级。

根据航行经验，由于低气压的接近，当气压下降每小时超过 1 hPa 时，即应引起高度重视；气压下降量每小时超过 2 hPa 以上时，即应根据情况改向避开，改向应与台风所在一侧反向，最好是垂直于台风的进路。

以北半球为例，驶离台风中心的操纵方法如下：

1. 危险半圆内避台操纵法

在北半球，台风路径的右半圆，风向逐渐向右转变（顺时针方向），船处于危险半圆时，应采取与台风路径垂直的方向全速驶离，即以船首右舷约 15°～20°顶风全速避离。其相对航迹如图 6-2-1 中 A 船的虚线所示。

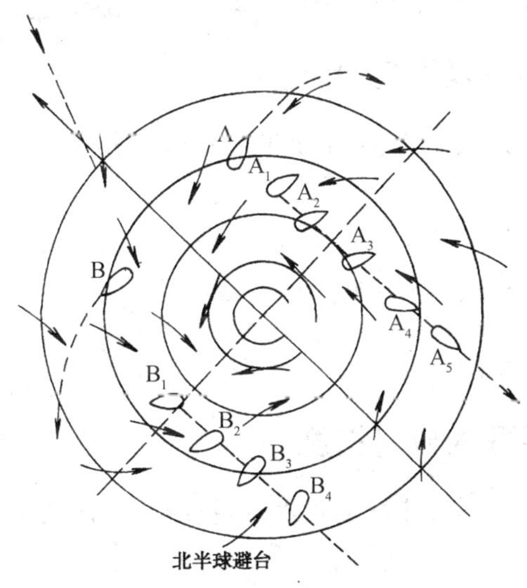

图 6-2-1　避离台风的操纵方法

如果风浪已十分猛烈或者由于前方有陆地等的阻碍，不能全速驶离时，可以采取船首右舷顶风滞航使船处于几乎不进不退的状态。它的相对航迹如图 6-2-1 中的 A_1、A_2、A_3……的虚线所示，随着台风中心的前移而避离台风区。

综上所述，在北半球危险半圆的避航法，可概括为“四右”，即右半圆，风向右转，船首右舷受风驶离，不能驶离时船首右舷顶风滞航。

2. 可航半圆内避台操纵法

在北半球的左半圆内，风向与台风移动路径相反，风向逐渐左转（逆时针方向），应使右船尾受风驶离台风中心。其相对航迹如图 6-2-1 中 B 船的虚线所示。直到风力由大变小，气压由低变高，则说明台风中心已过。

如前方没有充分的避离余地，则可改使船首右舷受风，顶风滞航。其航迹如图 6-2-1 中 B_1、B_2、B_3……的虚线所示。

综上所述，在北半球可航半圆的避航法，可概括为"左左右右"，即左半圆，风向左转，右尾受风驶离，不能驶离时船首右舷顶风滞航。

3. 在台风进路上的操纵方法

船舶在台风进路上时，风向不变，气压下降，台风中心即将来临，此时在北半球应使船尾右舷受风顺航，迅速驶进左半圆，直至气压回升，风力变小，离开险区。

为便于记忆，可将避台操纵方法总结成如下口诀："风向左转，船在左半圆，风向右转，船在右半圆；船在北半球右首（尾）迎风，船在南半球左首（尾）迎风；不能驶离时，船在北半球右首顶风滞航，船在南半球左首顶风滞航。"

三、系泊抗台注意事项

船舶在码头上遇台风来临，要对自己的处境进行分析。如港内防风浪条件良好，涌浪不会太大，台风引起的水位上涨不至于使船发生危险，本船的受风性能也较好，则可以留在泊位上抗台；反之，应离泊出港抗台。在决定留或离的问题上，应当听取港口当局的意见。

（一）系泊抗台主要有以下危险

（1）触碰码头或其他船，造成船体、桨叶、舵叶及码头的损坏；

（2）断缆，码头缆桩断裂；

（3）搁浅；

（4）港口设备（吊机）倾倒而伤及船舶；

（5）风暴潮的影响；

（6）断缆等原因可能伤及船员。

（二）系泊抗台应采取的应对措施

（1）充分地利用码头水深，尽可能增加吃水，尽量减小船体的受风面积，增加船体运动的水阻力，保证适当的稳性。

（2）尽量保证船与船之间的安全距离；远离码头的吊车等设备，尽可能移离停靠的船舶；码头与船体之间增设碰垫。

（3）分析泊位走向及可能的受风方向和风力，是否会受风暴潮的影响等。

（4）调整系缆，各缆应受力均匀，带缆点尽量分散，合理使用缆桩，出缆角度要保持水平分力大，各系缆与船体的摩擦部分要包扎以防磨断。

（5）如果条件许可，在主要受力的缆绳上挂以重物，利于缆绳的缓冲。适当增加带缆，特

别强风向。

(6)条件允许的船舶,可适当用车、舵来调整船首、尾与码头的横距及船首、尾系缆的受力,控制船位,防止断缆。

(7)加强员工的防抗台意识及劳动安全教育,谨防工伤。

(8)测定码头泊位的水深,计算潮时、潮高、潮流,适当地调整压载防止墩底。

(9)如果强风向来自外舷,则可在船首、尾外侧抛锚以缓和风浪的作用。

(10)将船首系靠在出港的方向,并做好必要时能离开码头的准备。

四、锚泊抗台及注意事项

(一)锚泊抗台应考虑以下危险

(1)走锚、断链及锚链绞缠;

(2)走锚、断链时,有搁浅、碰撞他船的危险;

(3)他船走锚危及本船;

(4)船舶横摇、纵摇难以控制;

(5)台风过境,船头值班环境恶劣,工人工作强度大。

(二)锚泊抗台的应对措施

(1)合理选择锚位。根据港口锚地的地理环境选择合适的锚位,要注意以下几个方面:锚位要能遮蔽台风的强风,锚地底质的情况,水深的情况,锚地是否宽敞,水流情况,周围锚泊船的情况,是否有显著物标定位。

(2)正确选择锚泊方式。当船舶已受台风风系影响,风力达 6~7 级时方可抛"一点锚"。抛锚时双锚尽可能同时抛下,松链时应尽量同步,以避免锚链绞缠。"一点锚"的偏荡较大,应注意与其他锚泊船的距离。

(3)保证适度的稳性,适当打入压载水,船上的可移动物品要注意固定。

(4)如发生明显的偏荡,可用车、舵、侧推器配合抑制。

(5)如果发现走锚、断链,应立即果断起锚或弃锚出海抗台。防止触碰他船或搁浅。

(6)要确保主机、副机、锚机、舵机、锅炉处于正常工作状态。

(7)船头值班人员要系好安全绳,与驾驶台保持联系,注意保护人员的安全。

(8)系浮避台时,系单浮筒比较有利,它能随时保持船首迎风。锚链系浮,适当加长锚链,必要时可抛另一锚防止偏荡。系双浮筒时,除非浮筒方向与最大风力的方向基本一致,最好改为系单浮筒,不可能时,应驶离泊位,去锚地或港外抗台。

思考与练习

1. 试述波浪中船舶横摇、纵摇 、垂荡的影响因素及其防止方法。

2. 试述船舶横向受浪的危害。

3. 试分别叙述船舶顶浪的危害及其防止方法。

4. 试述船舶顺浪的危害。

5. 试述大风浪中的操船措施。
6. 试述大风浪中应如何操船掉头及其注意的问题。
7. 试分别叙述在南北半球台风不同区域,避离台风方法和操船措施。

知识树

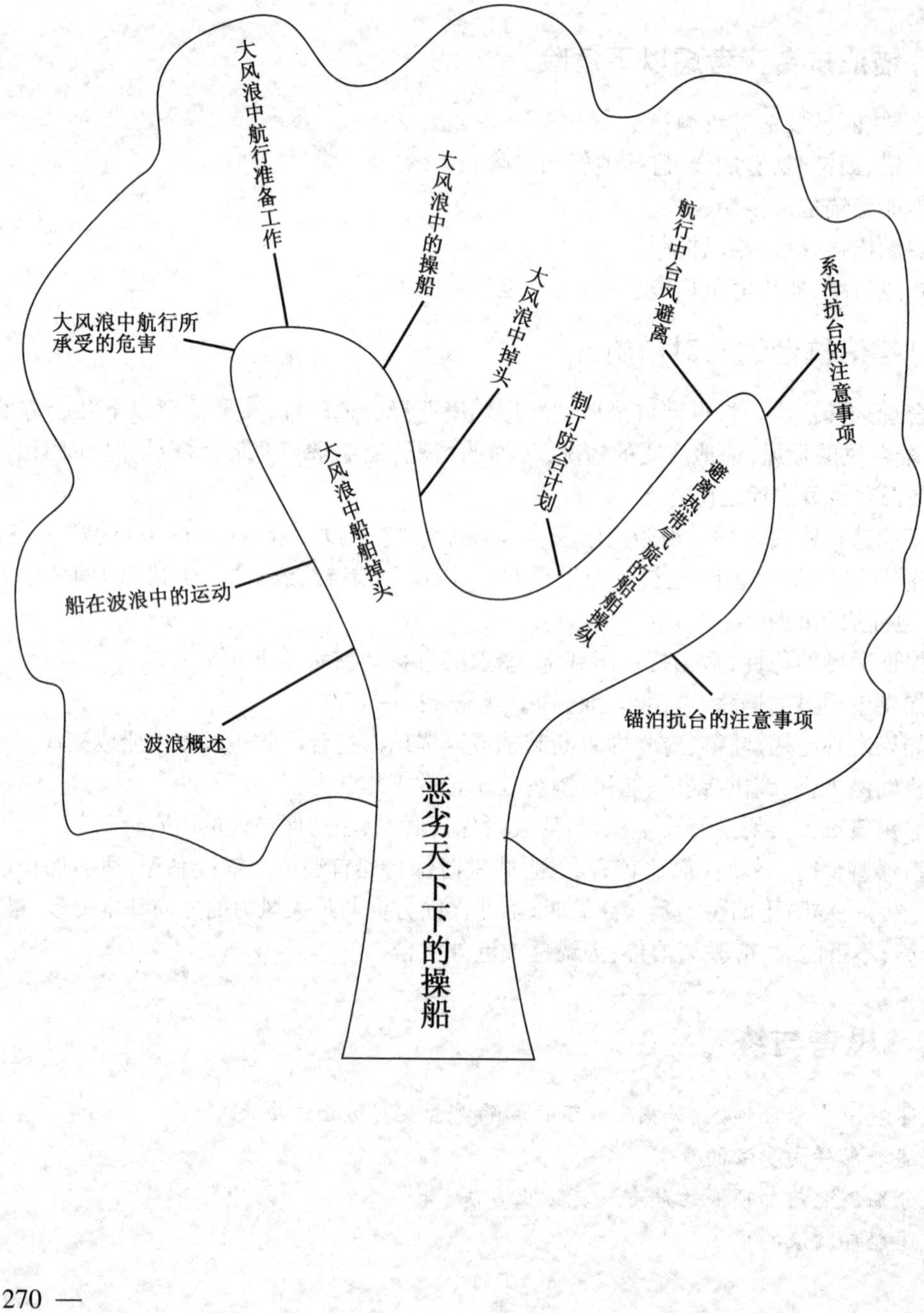

第七章　应急操船

本章学习目标：

1. 掌握在紧急情况下的旅客保护和安全措施；

2. 掌握船舶搁浅前后应采取的应急操船措施、搁浅的危害及损害的评估和控制、搁浅后应采取的措施以及脱浅方法及脱浅拉力的估算；

3. 掌握船舶碰撞前、后应采取的应急操船措施，碰撞后损害的评估和应变部署，以及船舶碰撞后续航、抢滩或弃船时的注意事项；

4. 掌握船舶火灾时的应急操船方法。

船舶所处的环境复杂多变，在航行、停泊和作业过程中，由于各种主客观因素，有时会遭受到意外的灾难，比如碰撞、搁浅、机损、火灾等海难事故，致使船舶、货物和人员处于危险的境地。为避免或最大限度地减小受损程度，船长、驾驶人员及有关人员应充分了解并掌握船舶在发生海难时的操纵特点和处置方法，以便能采取应急的操船措施并及时组织船员进行抢救或请求救援。

第一节　船舶碰撞后的处置

由于能见度不良、通航密度太大、船舶失控、人为操纵失误以及其他诸多环境等因素的影响，船舶碰撞事故时有发生，再加上船舶大型化和高速化，若在航行中两船发生碰撞，其后果都是灾难性的。而发生碰撞时，船长、驾驶员的适当紧急应对方法和良好的应急操纵措施是降低损失的根本。

一、碰撞前的应急操船

碰撞发生前如操船措施得当，就会有效地减低受损程度，甚至避免受损。因此，船舶在海上航行，在任何时候均应使用视觉、听觉以及适合当时环境和情况的一切有效手段保持正规的瞭望，以便对局面和碰撞危险做出充分的估计，并及时采取大幅度的避让行动，避免紧迫局面的形成。但当不论何种原因两船构成紧迫危险时，每一船舶均应采取最有助于避免碰撞的行动，以避免碰撞的发生。当碰撞不可避免时，每一船舶也应运用良好的船艺，采取最有效的行动减小碰撞的损失。诸如采取紧急倒车、可行时抛双锚，以刹减船速减小碰撞的动能；应用车、舵尽量转动船身，避开船体要害部位，避免船中或机舱附近被他船船首撞入（最好两船平行擦碰，如不能最好尽量使船首碰撞）；如可行，采取大角度紧急转向措施，减小碰撞角度，避免“T”

字碰撞等。

二、碰撞后的应急操船

碰撞发生以后，为了减小碰撞的损失，应根据两船大小、干舷高度的差异等具体情况采取如下的应急操船措施。

1. 当我船船首撞入他船船体时

当我船船首撞入他船船体后，不论当时是进车还是倒车，都应尽力操纵船舶，开微速顶住他船破洞，以减少被撞船(collided vessel)的进水量，让被撞船留有相对多的时间来判明情况，采取应急措施。盲目倒车脱出，会加快被撞船进水，有沉没危险时可能会压住本船船头而祸及本船。在风浪较小且无沉没危险时，还可用缆相互系住，以防船首脱出破洞，起"堵漏"作用。如被撞船有沉没危险，则在不严重危及自身安全的情况下，应尽力施救该船乘员和贵重物品。碰撞发生海区附近有浅滩而被撞船有沉没危险时，在不严重危及自身安全的情况下，应操纵本船顶其抢滩或顶到浅滩附近由被撞船自力抢滩。等被撞船舶采取堵漏应急措施后，征得同意方可倒车脱出。脱出后，应滞留附近，准备实施救助。当确信双方均可安全续航，而且按有关规定的相关碰撞事实确认手续办理完毕后，方可离去。

2. 我船船体被他船撞入时

我船船体被他船撞入时，作为被撞船则应尽量把船停住(消除对水速度)，以利两船保持撞击咬合状态，减少进水，并迅速关闭破损部位前后的水密装置，立即进入堵漏应变部署。若无法保持咬合状态，则应操纵船舶使破损处处于下风侧，以减轻波浪的冲击和进水量并有利于实施堵漏作业。当确认船舶没有沉没危险，且经过堵漏，进水已经得到控制后，方可同意对方倒车脱出。

船舶碰撞的姿态很多，情况也千变万化，因此很多情况下上述操船措施不能一概而论。

三、碰撞后的应变部署

船舶发生碰撞造成船体破损后，应立即发出堵漏警报信号，全体船员应立即按应变部署进行排水堵漏等抢救工作，并根据所判定的情况决定下一步的具体措施。

1. 判明碰撞损失

船舶发生碰撞后，根据当时当地的情况对碰撞损失做出正确的判断，从而采取相应的措施对于挽救船舶和保障人命安全均具有决定性的意义。

查明船体进水情况要进行现场检查，大副和水手长检查全船，派木匠测量各货舱的污水沟(井)和水舱的水位，通知机舱测量各油舱的油位，并将测量结果与碰撞前的记录进行比对，以迅速测定破洞的位置、大小及进水量等情况，并及时向船长报告。船上的其他人员也应按照应变部署奔赴指定岗位、执行指定任务。

一般情况下，判明碰撞的损坏程度应考虑下列因素：

(1)碰撞两船的大小；

(2)碰撞前的相对速度；

(3)碰撞角度的大小；

(4)碰撞的部位等。

2. 保证水密和排水

当破损部位确定后,应立即关闭破损部位附近的水密门窗和其他水密装置,并通知机舱全力排水,同时要随时记录各相关舱室水位,掌握排水效果。

3. 堵漏

船长根据船体破损部位、大小和进水量组织研究堵漏措施。碰撞引起的破损多位于舷侧水线附近。破洞较大时需用堵漏毯紧贴洞口以限制其进水。挂上堵漏毯后,再根据破洞的大小,采用堵漏板或制作水泥箱,灌注水泥堵住漏洞,然后排除舱内积水。当破损舱室进水量较大时,必须对进水舱的舱壁进行加固和支撑,防止水压过大导致舱壁受损而波及邻舱。

选用堵漏器材时应考虑:破损位置或部位、破洞大小、破洞形状和航行水域。

4. 调整纵横倾

船体破损进水后,必然导致其发生纵倾和横倾的变化,从而影响船舶的稳性、浮态等,甚至导致倾覆。所以,碰撞发生后,应详细测量各油、水舱的液位变化情况,利用排出、注入(对称灌入)、移载荷转驳等方法保持船舶的平衡和稳定。值得注意的是,在采取注入法调整船舶浮态时会减小储备浮力和稳性,使用该法需特别谨慎。

5. 抛弃货物

在下列情况下应采取抛弃货物的措施:

(1)进水可能引起货物着火或爆炸等危险;

(2)进水可能引起货物急剧膨胀;

(3)为保持船舶稳性;

(4)为保留船舶储备浮力或减少进水量。

四、碰撞后的抢滩

抢滩(beaching)是指船舶面临沉没危险时,利用附近浅滩主动搁浅,以争取时间实施自救或等待救援而避免沉没的自救性措施。

如果船舶碰撞后大量进水,排水的速度跟不上进水的速度,而又无法进行堵漏,估计有沉没危险,而附近又有浅滩时,则可考虑采取抢滩措施,以保存船舶及货物,减少损失。

1. 抢滩前的准备工作

(1)选择适宜的抢滩地点;

(2)适当调整船舶吃水差;

(3)备妥双锚;

(4)报告有关当局。

2. 选择抢滩地点时应考虑的因素

(1)抢滩处底质:泥、砂、砂砾底均可,但软泥底能导致船体下陷而难以脱浅;活砂底则不易固定船体;礁石区不可抢滩。

(2)风和流:条件许可时,应选流较缓、风较小的地点。尽可能选择港湾内遮蔽条件良好或盛行风的下风侧的处所。

(3)水深:抢滩后,船舶主甲板在高潮时应露出水面,因此要求浅滩水深(含潮高)应不大于船舶的轻载吃水且小于型深。

(4)抢滩处坡度:条件许可时应尽量选择适合于该船的坡度。一般小型船选 1∶15、中型船选 1∶17、大型船选 1∶19~1∶24 的坡度。

(5)周围环境:应有利于固定船舶,且尽可能远离航道,便于出滩和救助作业。

3. 抢滩和出滩操作

(1)抢滩前应尽量利用压舱水来调整船舶吃水差,以与抢滩处坡度相适应。

(2)条件许可时,应尽可能选择高潮后的落潮适当时间进行抢滩作业(应视所需留滩时间确定)。

(3)一般都取船首上滩方式。抢滩时应尽量保持船身与等深线垂直,适时停车,慢速接近,让船体和缓地擦滩而上。

(4)随着船首上滩,可抛双锚,起稳定船身和协助出滩的作用。在必要时,可在抢滩后再利用拖船、救生艇或起重机等将锚向后抛出,可避免因拖锚抢滩而影响抢滩效果。

(5)抢滩后应尽快堵好漏洞或初步修复,排尽积水,做好出滩准备工作。如不能在短时间内出滩,则应对船身加以固定。

(6)出滩时,打出压载水,待高潮到来时,绞收双锚,配合倒车出滩。如经计算仅凭双锚拉力和倒车拉力不能出滩,应请足够功率的拖船协助出滩。

五、碰撞后的续航

1. 自力续航

碰撞后的船舶经全面检查,在主辅机状况良好无损、船体破损部位经过堵漏和加强后进水得以有效控制、排水畅通、仍保留足够的储备浮力、浮性符合航行要求、救生设备完整无损,且确认续航中不会出现危及船舶安全的情况时,才可自力续航到最近的港口进行检修。

自力续航操纵应十分谨慎,并应注意以下几个方面:

(1)减速航行,密切注意排进水情况变化并详细记录。如情况恶化,应立即查明原因,并重新堵漏或修复排水设备,清理排水吸入口等。

(2)尽量近岸航行,勤测船位。操纵船舶尽量使破损处处于下风侧,并根据风浪情况及时调整航向、航速,以减轻船舶的摇摆。

(3)密切注意气象、海况变化,随时准备择地避风或采取其他应急操船措施。

(4)与附近岸台、公司或船舶所有人保持密切联系,及时报告航行情况和船位,根据指示结合实际情况,采取相应的有效措施。

2. 拖航

对于不能自力续航的船舶,则必须请救助船或其他船舶拖航至附近港口检修。

第二节 搁浅与触礁前后的操船与处置

航行中的船舶,由于吃水超过可航水深而搁置在浅滩上的现象,称为搁浅(stranding)。船

舶搁置或触碰礁石而受损，称为触礁（strike on a rock）。船舶搁浅或触礁是最常见的航行事故之一，这种情况一般发生在沿海或港口附近，其危险性虽然没有碰撞那么严重，但仍能造成船体损坏、阻塞航道妨碍通航，甚至产生溢油造成环境污染等后果。因此及早使船舶脱离危险水域，进而减小船体损坏和环境污染，是船舶搁浅或触礁后的紧迫任务。

一、搁浅与触礁前的紧急操船

1. 当发现船舶搁浅已难以避免时的紧急操船

（1）如不明搁浅水域的地形和地貌，应立即停车，可行时立即抛双锚。

（2）如明了搁浅水域情况，本船航向垂直于浅滩，船尾方向水域开阔、水深富裕，则应立即停车和快倒车，可行时并抛双锚，以阻滞船前进，减缓搁浅程度，保证船尾处于深水区，也有利于以后绞锚脱浅。

（3）如明了浅滩仅仅是航道中新生成的小沙滩，一般可以保向快速冲过，或左右交替满舵，使船蛇航挤过浅滩。

2. 当发现船舶触礁已不可避免时的紧急操船

（1）若船首前方是一长排礁石，船与礁石距离已小于本船旋回进距，应立即停车、倒车并抛双锚，保持航向，以避免船身全部上礁，并保护车舵。

（2）若船首前方是孤立小礁石且四周水很深，则当船在未接近前，就应尽早让清；如已无法避让，则应立即停车、倒车，减缓船体前冲，减小触礁程度与损失。

二、搁浅与触礁后的处置

船舶搁浅或触礁后，船舶驾驶人员应立即按照下列步骤采取行动，以便达到控制局面和减少损失的目的。

（一）立即行动

（1）搁浅情况未判明之前不应盲目动车脱浅。如盲目动车，可能导致船体、车叶、舵叶遭受更大损失。

（2）运用一切可能的手段保证船舶整体水密性。

（3）按规则显示船舶搁浅信号。

（4）紧急报告，立即将有关情况告知附近港口主管机关及船东、代理。有必要的话，请求有关援救机构，协助脱浅，从而不耽误施救工作。

（二）搁浅船舶的态势评估

当紧急危险过后，船长或驾驶员应对搁浅船舶的态势进行初步评估，包括但不限于下列各项：

（1）船上人员的安全状况；

（2）天气和海况，包括预报情况；

（3）潮流和潮汐情况；

（4）船舶周围水域的海底底质、海岸线和水深情况；

(5)船舶损坏情况,以及发生的污染和潜在污染的危险性;

(6)进一步损失的危险性;

(7)保持通信畅通;

(8)船底与海底之间的作用力;

(9)脱浅后船舶的吃水和纵倾情况。

(三)固定搁浅船舶、保护船体

船舶搁浅后应避免情况继续恶化,即防止船体在风、浪和潮流的作用下继续运动,确保船体的安全。

1. 搁浅后可能出现的危险情况

(1)墩底。搁浅船舶在浪涌起伏作用下,船底与海底碰击产生墩底,将损坏船壳甚至使船体断裂。

(2)向岸漂移。搁浅船舶在风、流、浪和潮水升降的作用下,船体易出现摆动及移位而向岸漂移,加重搁浅。

(3)打横。船首、船尾某一端搁浅时,在风、流、浪的作用下,船体以搁浅处为支点发生转动,导致船体打横。

(4)船体倾斜。船舶搁浅处如坡度较大,且潮差也大时,落潮后船体会发生倾斜,或是迎流舷海底泥沙被水流淘挖成槽,致使船体倾斜,严重时可使船舶倾覆。

(5)船体承受过大应力。在墩底及船中部搁浅或触礁时,船体局部将受到很大的应力,易造成船体变形甚至折断。

2. 固定搁浅船舶

固定搁浅船体的方法主要有锚缆固定法和灌水坐浅法两种。

(1)用锚缆固定法

条件允许的话,立即用缆绳或锚链把搁浅船舶固定在礁石、珊瑚礁或其他固定物上,以防止船舶偏转和向岸边漂移。

(2)灌水坐浅法

为了防止船舶受波浪纵摇和垂荡的作用产生墩底而造成船底破漏,除了用上述方法固定船体外,还可以将各压载舱注满水,使船能够牢固地坐于海底。如还不够,可在部分货舱内注水,以达上述目的。当然,注水邻舱舱壁应相应加强,并根据船体纵横倾及受力情况择要注水的货舱。

(四)测量船舶吃水和检查搁浅部位

要想对船舶态势做出准确的评估,必须尽可能收集相关信息。特别注意检查搁浅部位舱室的损坏情况。当货舱有货物而无法进行检查时,在打开测深管、天窗、舱口和其他链接通道时应特别小心,以防加剧进水。应注意船体列板的变形、扭曲和其他船体损坏的征兆。

频繁测量各压载舱、燃油舱等水线以下各舱室的液位深度,并将所测值与搁浅前的数值进行比对,以发现船体破损情况。

对搁浅船体周围进行测深,以确定搁浅程度。若海面浪涌过大而无法准确测量,可用铅锤

测量主甲板至海底之间的距离来间接获得水深。所测得的水深资料应在大比例尺海图或草图上的船体周围进行标注,以表明船舶搁浅程度。测量舷边水深的方法是可自船首向船舶两舷每隔 10 m 测一个点,如图 7-2-1 所示,测量船体周围的水深应从船边开始以辐射方向进行。在测深同时,还应采样海底底质,因为底质不仅影响摩擦力,而且底质及海底坡度还影响锚的抓力。

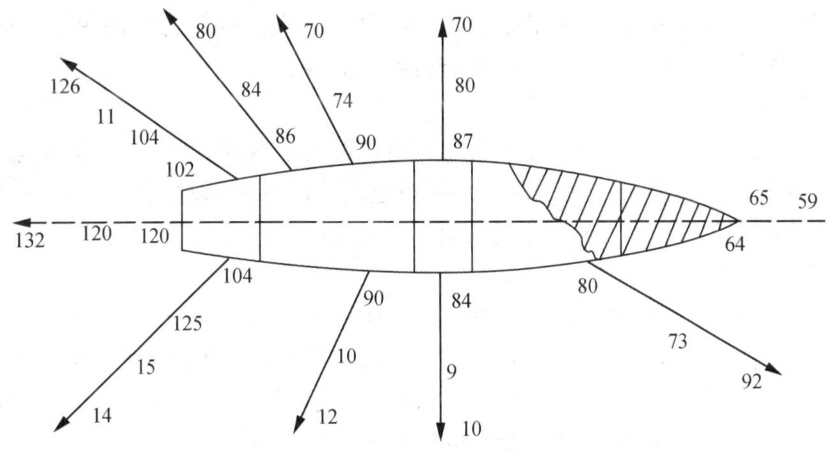

图 7-2-1 舷边水深的测量方法

测量船舶吃水数据时,应记录当时的时间、潮高以及海况等情况,并应将吃水修正到潮高基准面。通常,潮高基准面与当地的海图基准面相同。

当船舶搁浅时,一般都是部分船体搁住,那么,准确判断船体搁浅部位尤为重要。具体方法是:

(1)船体某部位在船舶搁浅后的吃水大于搁浅前的吃水,说明此部位未搁浅。

(2)船体某部位在船舶搁浅后的吃水小于搁浅前的吃水,说明此部位搁浅了,则再拿此部位搁浅后吃水与舷边水深进行比较:

①若此部位搁浅后吃水小于舷边水深,说明此部位搁浅在海底突起物上;

②若此部位搁浅后吃水大于舷边水深,说明此部位陷入海底。

搁浅船舶的吃水是计算船舶浮力损失和脱浅力的基础和依据。船舶能否顺利脱浅,与搁浅船的吃水勘测是否准确密切相关,因此,采用各种技巧获得准确的搁浅船的吃水值是至关重要的。

三、脱浅方法和脱浅力的计算

(一)脱浅方法

脱浅方法可分为自力脱浅和外援脱浅两大类。自力脱浅是指利用船舶自身的设备(车、舵、锚、缆)使船舶脱离浅滩的方法。外援脱浅是指借助外力(救援)使船舶脱离浅滩的方法。

1. 自力脱浅

(1)候潮脱浅

如船舶不在高潮时搁浅,船体只有轻微的损坏,船尾部又有足够的水深,则可等待下一个高潮来临时争取起浮脱浅。必要时利用车、舵、锚配合协助脱浅。一般做法是在高潮前 1 h 动车,用本船主机倒车脱浅,当快倒车无效时,可改用半进车配合左右满舵来扭动船体,然后再快倒车脱浅,在需要时,在运用倒车的同时配合绞锚,利用强大的锚抓力协助脱浅。如底质是泥沙,倒车时应注意泥沙可能在船体周围堆积妨碍船舶脱浅。

(2)移载脱浅

如船舶一端或一舷搁浅,而另一端或另一舷有足够的水深,则可移动压载水、燃油、淡水或部分货物调整船体浮态进行脱浅。脱浅前必须经过严格的计算,以免脱浅后船体产生过度的纵倾或横倾,使船舶发生危险。在一舷搁浅而海底又较为陡峭时,不宜使用此法。

(3)卸载脱浅

如果上述几种办法仍不能使船舶成功脱浅,则可以采用卸载进行脱浅。卸载应遵循迅速、方便和损失最小的原则。首先应考虑打出压载水,卸掉多余的淡水,其次考虑卸掉能漂浮于海面而又不易受损的货物。卸载的数量应是主机拉力、拖船拖力、绞锚拉力和移载等不足的数量。卸载前应进行严格的浮力、稳性、纵倾和横倾的计算。

2. 外援脱浅

船舶搁浅后,如果车叶、主机损坏或船体损坏严重已经失去漂浮能力或经过计算所需的脱浅拉力太大无法实现自力脱浅,应毫不犹豫地请求外援,以求尽快脱浅。申请外援时应预先计算脱浅所需的拖力、拖船的数量和功率。

救助船可协助固定船体、堵漏排水、移载、过驳、用大型打捞浮筒增加搁浅船的浮力、冲挖船底成渠,并可提供强大的拖力以协助脱浅等。

在救助船到来后,搁浅船应向救助船提供下列的资料和情况:

(1)船舶资料,如主要尺度、总布置图、原来的载重吨数、静水力曲线图等;

(2)货物的性质、重量及其分布情况,各油水舱的分布及数量;

(3)搁浅前后的吃水,以及搁浅后的吃水是否曾经有过变化等;

(4)搁浅前的航向、航速及搁浅的时间、现在的船首向等;

(5)主机、辅机、甲板机械的功率及情况;

(6)搁浅后曾采取的措施和收到的效果以及对救助工作的建议;

(7)船位、船边的水深、当地的潮汐情况等。

(二)脱浅拉力的计算

当船舶搁浅后判断是否能够脱浅、采取何种方法脱浅时,应对脱浅所需的拉力以及可供脱浅的拉力进行计算。

1. 脱浅时所需的拉力

脱浅时所需的拉力,可按下式估算:

$$F = f \cdot \Delta D \tag{7-2-1}$$

式中:F——脱浅所需的拉力(t);

ΔD——因搁浅而损失的排水量(t)；

f——船底与海底的摩擦系数，底质为软沙时可取0.30，底质为坚硬的砂砾时取0.50，底质为岩石时取0.80~2.00。

损失的排水量ΔD为：

$$\Delta D = 100 \cdot TPC \cdot (d - d_1) \tag{7-2-2}$$

式中：TPC——每厘米吃水吨数(t/cm)；

d——搁浅前的六面平均吃水(m)，要根据离港前的平均吃水减去途中燃料、淡水和物料的消耗量产生的吃水变化，如海水密度发生变化则应进行相应的修正；

d_1——准备脱浅时的六面平均吃水(m)，应根据搁浅后观测的六面平均吃水，加上至准备脱浅前的潮差变化；如果搁浅后造成某些舱室破损进水，而又未能排出，则应求出各舱进水量的总和，一并加入损失的排水量之内，即得：

$$\Delta D = 100 \cdot TPC \cdot (d - d_1) + \sum P \tag{7-2-3}$$

式中：$\sum P$——各舱进水量的总和(t)。

2. 可供脱浅的拉力

(1)主机的推力或拉力

$$F_P = 0.01N \tag{7-2-4}$$

式中：F_P——主机的推力或拉力(t)；

N——主机的功率，倒车时的拉力内燃机按60%计算。

(2)拖船的拖力

根据拖船的种类计算其拖力，按拖船的使用特性求取。

(3)绞锚的拉力

$$F_a = (3 \sim 5)W_a \tag{7-2-5}$$

式中：F_a——绞锚的拉力(t)；

W_a——锚重(t)。

第三节　船舶发生火灾时的应急处置

一、船舶火灾的特点

(1)由于船舶结构复杂，一旦发生火灾，发现往往较晚，而且灭火作业较为特殊和困难。

(2)载货舱室内发生火灾、爆炸时，尤其是满载时，几乎不可能将燃烧物移出，小型灭火器材也起不了什么作用，且火势蔓延较快，很难控制。

(3)机舱是最易发生火灾的场所之一，除各种油和沾油棉纱等可燃物外，还有锅炉、发动机和排气管等热源，一旦操作不慎，或违章明火作业，就可能发生火灾，甚至爆炸。

(4)起居场所所用材料大多具有可燃性，易蔓延，而且随着船龄的增大，电器老化导致火灾发生的概率也会增加。

(5)采用封闭窒息法灭火后，不要急于开舱或通风，因其有死灰复燃的可能。

（6）采用灌水灭火时，应注意船舶稳性的变化，以防不利而倾斜，甚至发生倾覆、沉没。

（7）船员灭火作业熟练程度较低，易错失初起之火的最好扑灭时机。

（8）海上航行中发生火灾，短时间内很难得到外援；系泊中发生火灾或爆炸，由于岸上消防人员对船舶的特点、舱室、管道等缺乏了解，也会给灭火工作带来种种困难，有时还会危及港口的安全。

二、船舶发生火灾的处置

（1）立即发出消防警报，通报全船，全体船员听到警报信号后，按应变部署迅速到达指定地点集合待命，并按具体分工投入灭火工作。

（2）查明火源地点、火灾性质、燃烧范围及火势，确定灭火方案。

（3）根据火源地点，按风的相对方向操纵船舶，使火源处于下风侧，即火在船尾，迎风行驶；火在船首，顺风行驶（且船速要略低于风速）；火在船中附近，旁风行驶。如有可能，尽量降低船速，但应注意避免急剧转向，以避免加剧火势。

（4）危险物有可能失火时，应不失时机地采取灌水或抛入海中等措施。

（5）采取下列灭火措施：

①切断通往火场的电路和油路；

②确定火区内无人后，关闭火灾舱室的所有门窗、通风设备，以隔绝空气流通；

③根据火灾性质选择合适的灭火器具进行灭火；

④迅速将火场附近的易燃物品隔离，并应对隔舱壁喷水降温。

（6）在自力灭火无效或察觉无法有效控制火势时，应请求外援。若无外援，应决策抢滩或弃船。

（7）迅速将事故报告附近的港口主管机关和船舶所有人。

（8）在系泊中发生火灾或爆炸，并涉及港口安全时，应尽快离开泊位，确保港口安全（特别是油船）。

思考与练习

1. 当船舶碰撞不可避免时，碰撞前、后应采取哪些正确的应急措施？
2. 简述船舶抢滩的准备工作以及抢滩和出滩的作业要求。
3. 简述船舶碰撞后续航的条件和安全注意事项。
4. 船舶搁浅后为最大限度地降低损失应采取哪些正确的应急措施？
5. 简述船舶搁浅后正确断定搁浅部位及其性质的方法。
6. 船舶发生火灾时，应如何应急操船，并应注意哪些事项？

知识树

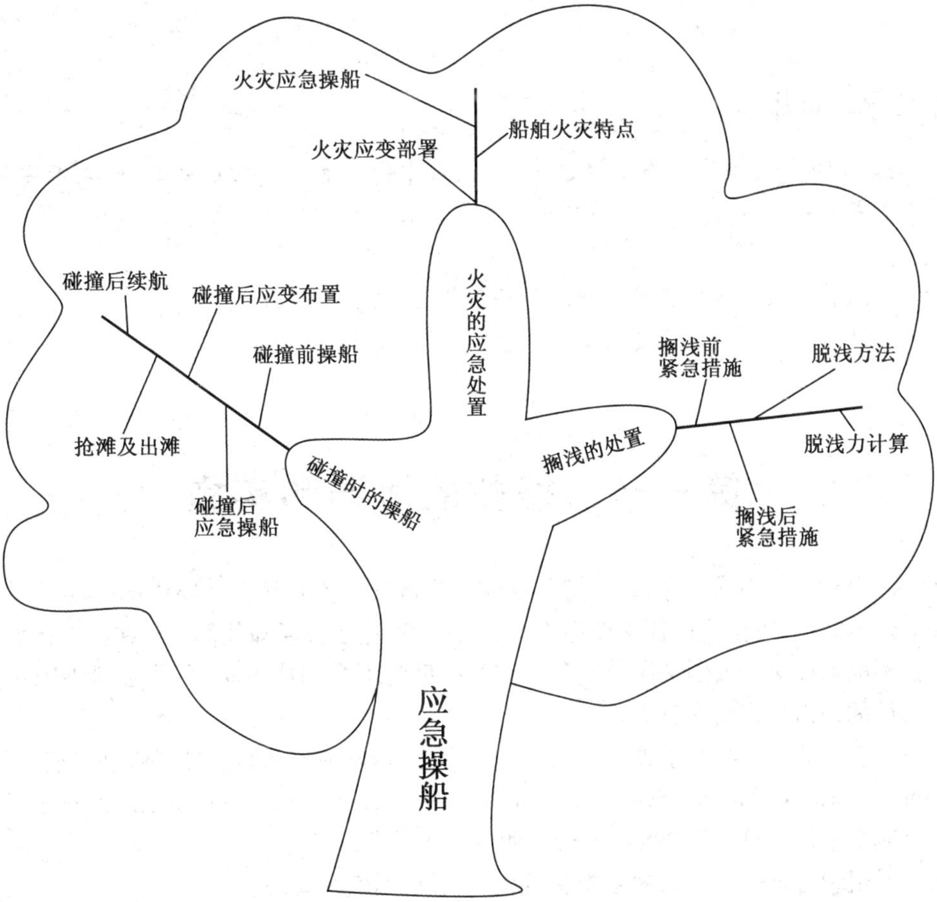

应急操船

火灾的应急处置
- 火灾应急操船
- 船舶火灾特点
- 火灾应变部署

碰撞时的操船
- 碰撞后续航
- 碰撞后应变布置
- 碰撞前操船
- 抢滩及出滩
- 碰撞后应急操船

搁浅的处置
- 搁浅前紧急措施
- 脱浅方法
- 脱浅力计算
- 搁浅后紧急措施

第八章　搜寻和救助

本章学习目标：

1. 掌握IMO《国际航空和海上搜寻救助手册》中的全面知识和应用能力，包括搜救组织、搜寻基点和最可能区域的确定、搜寻方式、救助落水人员的程序以及救助落水人员的应急操作；

2. 掌握从救助艇或救生艇筏上救助幸存人员时的操船方法；

3. 掌握弃船准备和弃船应急措施。

第一节　搜救的协调和实施

SOLAS公约第五章第十条规定：船长在海上当以任何方式接到遇险中的船舶或飞机或救生艇筏的信号时，应以全速前往援助遇险人员，如有可能还应通知他们其正在前往援助中。如果该船长不能前往援助或因情况特殊认为前往援助为不合理或不必要，他必须将未能前往援助遇险人员的理由载入航海日志。

现行的有关船舶参与海上搜寻与救助的指南为《国际航空和海上搜寻救助手册》(International Aeronautical & Maritime Search And Rescue Manual, IAMSAR)。它是国际海事组织(IMO)与国际民航组织(ICAO)于1998年联合出版的。本手册共三册：

第一册组织管理——有关搜救概念、组织、训练、通信与管理。

第二册任务协调——有关搜救系统、通信、得知遇难和初始行动阶段、搜寻计划与技巧、拯救计划、其他紧急救助等。

第三册移动设施(即船舶和飞机)——有关提供救助、现场协调和船舶/飞机上的紧急事故处理。

第一册和第二册供岸上搜救中心使用；而第三册则需被携带在船上和飞机上，因为船舶或飞机是海上搜救资源。《国际航空和海上搜寻救助手册》代替了以前出版的《商船搜救手册》(MERSAR Manual)和《IMO搜救手册》(IMO SAR Manual)。

这套搜救指南里详细说明了有关搜救事项，包括每个阶段、遇难求救频率与程序、海空通信频率、现场救助通信频率(包括GMDSS船舶)、搜寻计划的计算与技巧等。本节介绍有关海上搜救的主要内容。

一、搜救组织和救助程序概述

（一）搜寻的组织

国际海事组织海上安全委员会的全球搜救计划，将世界海域划分为13个海上搜救责任区（Search and Rescue Region，SRR），并要求一个沿岸国政府负责搜集海上紧急信息，建立通信联络，提供搜救服务，并协调同一海区内各政府间和相邻海区之间的搜救服务。每个搜救责任区指定一个沿海国政府为救助协调中心（Rescue Co-ordination Center，RCC），西北太平洋海区由日本负责。海区内的各沿岸国家设立自己的搜救协调中心（Rescue Coordinate Centre，RCC）（我国为全国海上安全指挥部），并在本国沿海各分管海域设立救助分中心（Rescue Sub-Centre，RSC）。

搜救协调中心收到遇险信号后应立即派出搜救力量（专业搜救船舶或飞机），或召集事发现场附近的船舶参与搜救行动。当两个或多股搜救设施共同参与救助时，由指定的现场协调人（On-Scene Commander，OSC）来协调搜救行动，其他参与搜救的设施则按现场协调人的指示参与搜救行动。现场协调人是参与救助的一个救助单位、船舶或航空器的负责人，或第一艘到达现场的设施负责人。

海面搜寻协调船（Coordinator Surface Search，CSS）最好由专业的救助船或飞机承担，如果当时没有专业救助船或专业救助船不能赶往现场，也可以从现场附近的其他船舶中产生一艘作为海面搜寻协调船承担协调任务。一般情况下，第一艘到达现场的船舶最适合担任该项工作，但要求得通信设备比较全。

海面搜寻协调船的识别信号是：白天悬挂国际信号旗“FR”，夜间则定常显示预定的识别标志。

OSC和CSS的职责是：

（1）履行RCC和RSC下达的搜寻计划；

（2）根据现场情况调整计划并通知RCC和RSC；

（3）定期向RCC和RSC报告搜救的进展，报告的内容不限于天气海况和采取的措施，还应包括未来的计划和建议；

（4）做好详细的搜寻记录；

（5）向RCC和RSC建议搜救的终止；

（6）向RCC和RSC报告获救人数、姓名等以及需要的进一步救助及救助类型等。

（二）救助船应采取的措施

救助船收到来自遇险船或RCC或RSC或CSS或其他船舶转发的遇险信号后，应采取下列行动：

1. 应立即采取的行动

（1）回答遇险信号，并转发遇险信号；

（2）用无线电测向仪测定遇险船的方位，并继续保持收听；

（3）将本船的船名、船位、航速、预计到达时间、本船与遇险船的方位通报遇险船；

(4)继续在 500 kHz、2 182 kHz、VHF 16 频道等遇险通信频率保持不间断守听；

(5)用视觉、听觉以及其他一切有效手段保持正规瞭望。

2. 做好接受遇难人员的准备

(1)船舷两侧自船首到船尾各系好一条缆绳，以供艇筏来靠；

(2)最低开敞甲板的两舷各准备好撇缆、绳梯、爬网，还应指定有关船员准备下水救助遇险人员；

(3)两舷各准备起货设备，吊货索端连接好一个吊货盘或网兜，以便从水中救起遇难人员；

(4)准备一只救生筏，放在水中作登船站用；

(5)准备好担架和医药物品设施；

(6)使用本船救生艇时，做好放艇准备，预先定好与本船联系的信号；

(7)抛绳设备和必要的系艇索应预先备妥，以便与难船或艇筏建立联系。

3. 接近现场时的行动

(1)充分利用无线电测向仪把握遇险船筏的方向；

(2)开启雷达进行有效的瞭望，搜寻遇险船筏；

(3)夜间使用探照灯或其他照明，以便遇险船筏发现本船；

(4)发现任何情况时，立即向 CSS 报告，或直接向 RCC、RSC 报告。

二、搜救的实施

(一)搜寻计划

为了使船舶和航空器能进行有效的搜寻，需事先计划好搜寻模式和程序，以使船舶和航空器最大限度地减小风险和延误，提高搜寻效率。

1. 搜寻基点

“搜寻基点”是指进行搜寻活动的地理参考点，如不能从岸上机关得到搜寻的基点，则海面搜寻协调船 CSS 应通过计算遇险者的漂流值，确定搜寻目标存在概率最高的位置为搜寻基点和大致搜寻区域，并向参加救助的船舶和 RSC 或 RCC 以及海岸电台进行通报。确定搜寻基点时应考虑的因素如下：

(1)通报遇险的时间和船位；

(2)各救助船到达遇险船船位的时间；

(3)救助船到达之前的时间内，遇险船及其艇筏的漂移量；

(4)救助船抵达现场前，已经飞抵现场的搜寻和救助飞机所做的情况估计；

(5)参照无线电测向仪和其他方法获得的资料。

2. 初始搜寻阶段的最可能存在的区域

在初始搜寻阶段，遇险船最可能存在的区域，是以搜寻基点为中心、10 n mile 为半径所画圆的外切正方形区域，如图 8-1-1 所示。

3. 海面搜寻协调船规定

海面搜寻协调船应根据具体任务、海区和船舶的具体情况，对搜索的具体要求做出如下

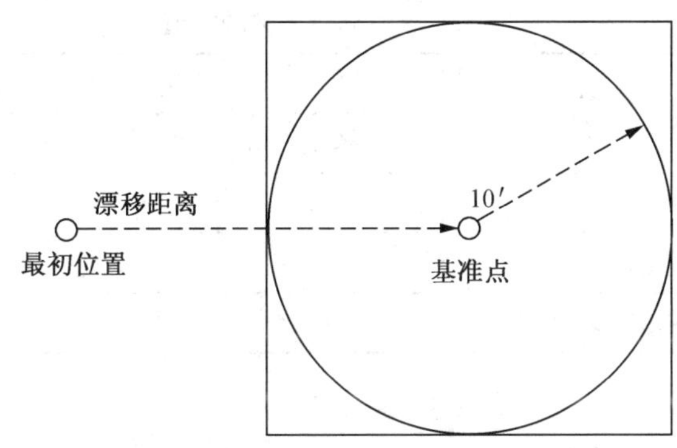

图 8-1-1　初始搜寻阶段的最可能存在的区域

规定：

(1)对于雷达搜寻的模式虽没有特殊规定，但海面搜寻协调船可按维持 1.5 倍雷达观测距离的船间距要求各船成一列横队进行搜寻（平行搜寻）。

(2)平行搜寻时，各船最初的航向通常应与遇险船舶的漂移方向一致。

(3)为实施平行搜寻，搜寻速度通常应取最慢船舶能开出的最高船速，以便让所有的船舶都能参加平行搜寻。

(4)目视搜寻时应按适合于救助船艘数的搜寻模式实施，平行搜寻模式的船间距可按本手册确定。当搜寻目标为小型艇筏、运动艇、落水人员等较小目标时，该间隔应适当减小。

(5)能见度不良时，应减速并缩小搜寻间隔。无雷达或雷达有欠缺的船舶应配置在其他船舶后面进行搜寻。

4. 搜寻线间距

除了扇形搜寻模式以外，其他搜寻模式都需要规定一个搜寻线间距，用 S 表示。搜寻线间距可由下式计算：

$$S = S_u f_w \tag{8-1-1}$$

式中：S——搜寻线间距(n mile)；

S_u——未经修正的搜寻线间距(n mile)；

f_w——天气修正系数。

表 8-1-1 给出了未经修正的搜寻线间距的数值。可见它的大小取决于能见度情况和搜寻目标的具体情况。表 8-1-2 给出了天气修正系数的数值。

表 8-1-1　未经修正的搜寻线间距的数值

搜寻目标	能见距离(n mile)				
	3	5	10	15	20
落水人员	0.4	0.5	0.6	0.7	0.7
4 人救生筏	2.3	3.2	4.2	4.9	5.5
6 人救生筏	2.5	3.6	5.0	6.2	6.9
15 人救生筏	2.6	4.0	5.1	6.4	7.3
25 人救生筏	2.7	4.2	5.2	6.5	7.5
L<5 m 的船舶	1.1	1.4	1.9	2.1	2.3
L<7 m 的船舶	2.0	2.9	4.3	5.2	5.8
L=12 m 的船舶	2.8	4.5	7.6	9.4	11.6
L=24 m 的船舶	3.2	5.6	10.7	14.7	18.1

表 8-1-2　天气修正系数的数值

天气	能见距离(n mile)	
	落水人员	救生筏
无风	1.0	1.0
风速>28 km/h 或浪高>1.0 m	0.5	0.9
风速>46 km/h 或浪高>1.5 m	0.25	0.6

(二)搜寻模式及其实施

可供使用的搜寻模式有:

1. 扩展正方形搜寻(expanding square search)

如图 8-1-2 所示,这是用于单船搜寻的一种模式。从基点开始,逐步扩展正方形的边长进行搜寻。如有可能,最好在基点处投下一艘救生筏或其他漂浮标志以观测漂移速度。此后,它可用作整个搜寻过程的基点标志。

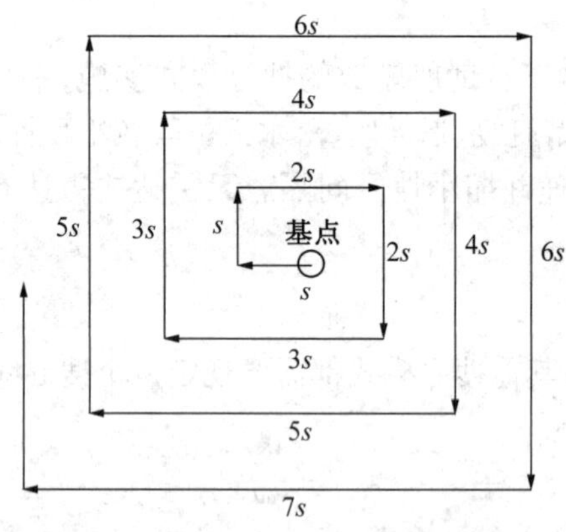

图 8-1-2　扩展正方形搜寻模式

2. 扇形搜寻(sector search)

如图 8-1-3 所示,这也是用于单船搜寻的一种模式。当搜寻目标的可能存在区域较小时,如有人落水或曾看到过搜寻目标但随后不久却又丢失等情况,就是宜于实施扇形搜寻的情况,而且发现目标的可能性也比较大。

该搜寻模式的半径通常在 2~5 n mile,搜寻中船舶的改向角均为 120°,分两段进行。前一段搜寻结束时(图中实线航迹),应马上右转 30°,进入后一阶段搜寻(图中虚线航迹)。

3. 平行搜寻(parallel search)

如图 8-1-4 所示,有两艘或两艘以上的船舶参与搜寻时,可采用平行搜寻模式。

4. 海空协同搜寻(ship/aircraft coordinated search)

如图 8-1-5 所示,这是一种由飞机协同船舶共同搜寻的模式。实施海空协同搜寻时应注意:

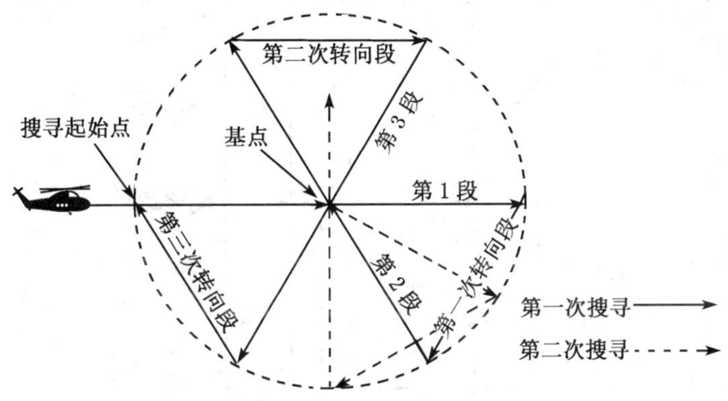

图 8-1-3　扇形搜寻模式

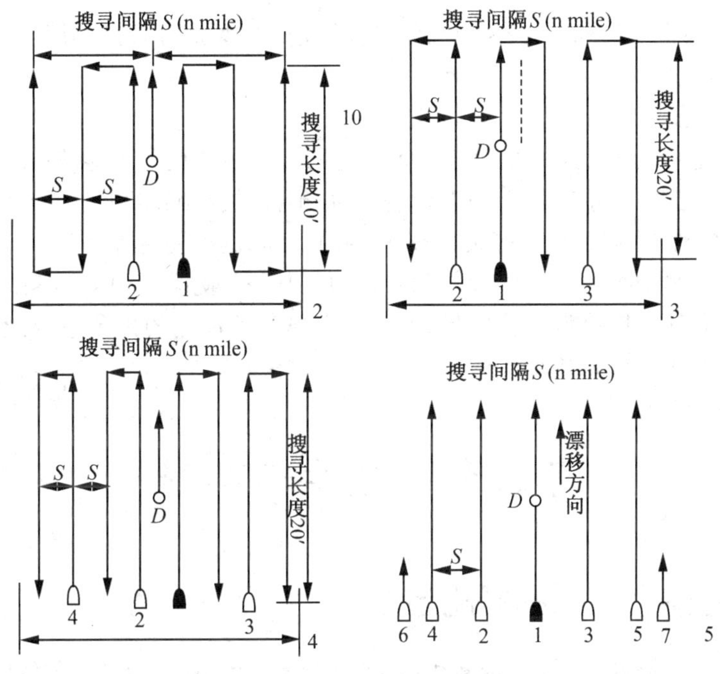

图 8-1-4　平行搜寻模式

(1)开始搜寻时,早到达的船舶应首先开始扩展正方形搜寻。实施中如飞机赶到,则船舶仍继续搜寻,飞机也应单独进入搜寻。

(2)第一次搜寻告一段落后,海面搜寻协调船(CSS)或现场指挥(OSC)应根据船舶到达的数量,确定可有效发挥船舶和飞机搜寻作用的方法,实施第二段搜寻。

(3)海面搜寻协调船(CSS)有关操船的指令,应使用本手册的标准信文,或国际信号规则,或标准航海英语。

(4)在实施搜寻的过程中仍应全面遵守《1972 年国际海上避碰规则》。

三、搜寻的终止

(1)当搜寻成功救助活动全部完成时,CSS 在向全部船舶通报搜寻终止的同时,应向 CRS

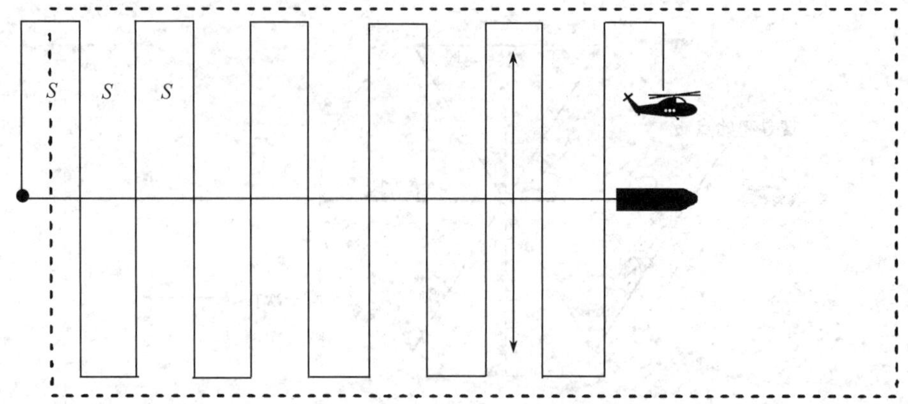

图 8-1-5　海空协同搜寻

或 RCC 报告搜寻终止以及有关收容生存者的情况、是否需要医疗援助等情况。

(2)搜寻不成功时

当搜寻未取得预计结果时：

①决定中止搜寻时应认真考虑：生存者存在于搜寻区域之内的可能性；在已搜寻的区域之内，搜寻目标万一还存在，可以发现该搜寻物标的可能性；搜寻船舶和飞机在现场滞留的时间；生存者在当时的气温、水温、风、浪等实际条件下得以生存的可能性等。

②CSS 应与其他救助船、岸上的搜寻和救助机构协商，最后由 RCC 宣布终止搜寻。海面搜救协调船 CSS 向其他救助船通报停止搜寻并请其恢复原航向的指令，并发电文要求在搜寻区域内的所有船舶继续保持瞭望。

第二节　救生与弃船

一、从遇难船上救人的操船方法

船舶在救助遇难船舶上的人员或救生艇、救助艇上的人员时，应考虑本船以及被救船或艇的漂移速度，然后根据不同的情况进行救助。

(1)如遇难船可放出救生艇或救生筏，本船应驶往遇难船的下风侧停留，并等待对方救生艇驶来；也可驶往遇难船的船首或船尾的近距离处，使本船位于遇难船的上风侧，更便于遇难船放下救生艇来靠本船的下风舷，然后利用起重设备将艇筏一起吊上船，以节约遇难者的体力并使之及早得到护理，如艇太重或救生艇无吊放装置，可将遇难者转移到救助船的救生艇或救助艇中后再吊起。

(2)需要本船放艇时，本船应驶抵遇难船的上风一侧，自本船的下风侧放下救生艇；在收艇时，本船应绕航至遇难船的下风侧，等待救生艇驶靠本船下风舷后，再行收起。

(3)对于漂浮在海面上的遇难人员，一定要注意他们的体力业已耗尽，很可能已经没有力气做任何的攀登动作了。尽管如此，仍应在舷边张挂救生网，供遇难人员攀附，并在网的两个下角各连接一根吊索，将其通过吊柱及滑车引向起货机，缓慢将遇难人员吊起。

对于在舷边救助遇难人员，应选择在船舶的中部，远离推进器、干舷低、有吊杆起重设备的地方。有条件时，应尽可能多放一些救生索、单人座板、救生裤、绳索、吊货网络等物，以吊起遇难人员。

对于远离舷边的待救者，可用抛绳枪把带浮体的救生索抛给他们攀附，再将他们拉到舷边吊上船。如有大批遇难人员漂在水中，救助船可拖曳带有救生圈或救生衣等浮力较大的缆绳在漂浮者上风处低速围绕其回转，让人员攀附其上再设法吊起。当然，如有可能由救助船放下救生艇将漂浮在水中的遇难人员逐个救助上艇再吊上大船，是最好的办法。

(4)因风浪大或其他因素，人员无法离开遇难船时，可以用抛绳枪或其他方法在两船间带好缆绳，用救生裤使人员骑在上面转移到救助船上。救生裤用滑车挂在两船间的大缆上，拉动另一条系在滑车上的回收索，就能往返渡送遇难者离船。当风浪大在两船间绷紧大缆有困难时，可直接在水面上用救生裤渡送。

二、救助落水人员的操船方法

船舶航行中落水的船员或旅客，其体力消耗很快，在低温水域更是如此。因此，必须在尽量短的时间内将落水者救起。表 8-2-1 为不穿着保护服的落水者在不同水温中的可生存时间。

表 8-2-1　不穿着保护服的落水者在不同水温中的可生存时间

海水温度	可生存时间(h)
低于 2 ℃	3/4 h 以下
2～4 ℃	1.5 h 以下
4～10 ℃	3 h 以下
10～15 ℃	6 h 以下
15～20 ℃	12 h 以下
大于 20 ℃	视疲劳程度

(一)人员刚落水时的紧急处置

(1)发现者应投下就近的救生圈、自发烟雾信号；夜间应抛下自亮灯浮救生圈，救生圈要抛至落水者上风近处。

(2)停车并向落水者一舷操满舵，摆开船尾，以免船尾和螺旋桨打到落水者。

(3)发出人员落水警报，启动人员落水应急预案，进入人员落水应急部署。

(4)派专人携带望远镜登高瞭望，不断报告落水者的方位和大概距离。

(5)向船长报告的同时，通知机舱备车，运用适合当时情况的操纵方法操纵船舶驶近落水者，并准备放艇救助。

(6)放艇救助。如海面平静，应尽早放下救生艇，不要等待船完全停住。按照有关的规定，国际航行的船舶的救生艇降落装置应能在船舶有 5 kn 余速时将救生艇降落至水面。海面有风浪时，应将船舶驶至落水者的上风侧，从下风舷放下救生艇，救生艇下水后，尽快从落水者的下风侧靠拢落水者。

(二)驶近落水者的行动及操船方法

人员落水后,应根据当时的情况操纵船舶驶近落水者,以便放艇救助。IMO A. 601 决议要求船舶进行人员落水的操纵试验,并将试验结果列入"操纵性手册"中,以便使用。

(1)人员落水后的船舶操纵行动分三种情况,即立即行动、延迟行动和人员失踪(搜寻失踪人员)。

①立即行动:操船者发现落水人员后立即采取操船行动,并使船舶在最短的时间内返回落水者位置进行救助。

②延迟行动:操船者接到目击者人员落水报告后采取操船行动,并使船舶较准确地返回落水者位置进行救助。

③人员失踪:操船者发现落水者已晚,或接到人员失踪报告后采取操船行动,并使船舶返回原航迹线上进行搜寻和救助。

(2)驶近落水者的操船方法有:

①单旋回(single turn),如图 8-2-1 所示。

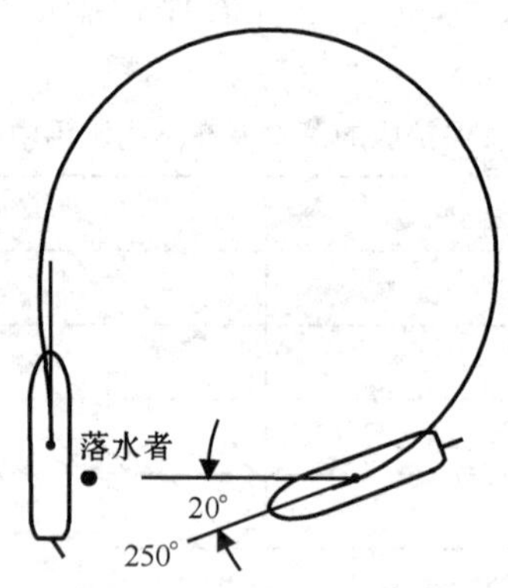

图 8-2-1　单旋回操纵法

i. 向落水者一舷操满舵;

ii. 距落水者方位尚剩 20°舷角时操正舵并紧急停船;

iii. 如落水者难于视认,则应在改向 250°时回正舵,一边停船一边努力寻找落水者。

本法是救助刚刚落水者而紧急操船的最有效方法,驶近落水者的距离最短,救出人员的速度最快,救人的成功率也最高。它适用于上述的"立即行动",但不适用于"延迟行动"和"人员失踪"。

②双半旋回(double turn),如图 8-2-2 所示。

i. 向落水者一舷操满舵,旋回 180°并保持该航向航行;

ii. 当落水者方位达正横 30°处再一次操满舵旋回 180°;

iii. 向落水者的上风处定向驶近,适时降速,接近落水者。

本法也适用于上述的"立即行动",但不适用于"延迟行动"和"人员失踪",其操作比较复杂。

③威廉逊旋回(Williamson turn),如图 8-2-3 所示。

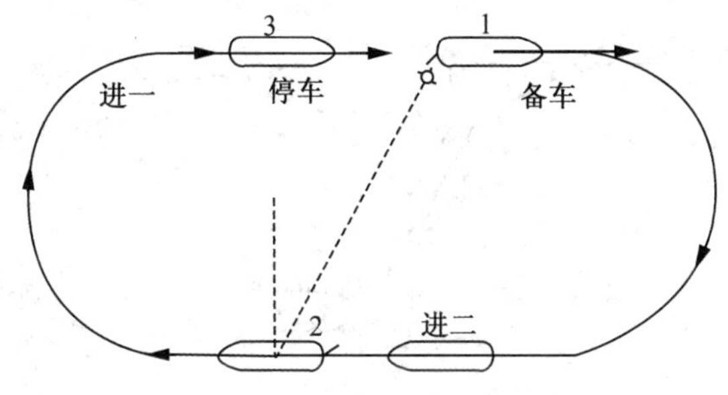

图 8-2-2 双半旋回操纵法

i. 向落水者一舷操满舵;

ii. 当转向角达到 60°时操相反一舷满舵;

iii. 船首距原初始航向的相反航向差 20°时回舵;

iv. 把定在初始航向的相反航向上向前搜索,发现落水者适时进行停船操纵以接近落水者。

该法能够准确地把船舶带到落水者的位置,在夜间或能见度不良时是有效的接近落水者的操船方法,但该法所需的时间较长。它最适用于上述的“延迟行动”。

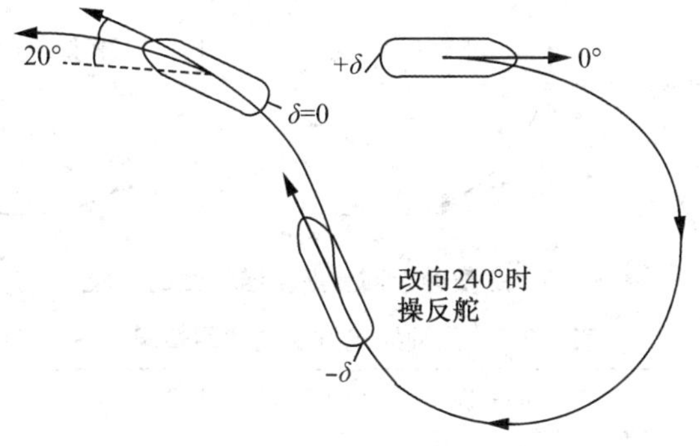

图 8-2-3 威廉逊旋回法

④斯恰诺旋回(Scharnow turn),如图 8-2-4 所示。

i. 向任一舷操满舵;

ii. 当船舶改向达 240°时操另一舷满舵;

iii. 船首距原初始航向的相反航向差 20°时回舵;

iv. 把定在初始航向的相反航向上向前搜索,发现落水者适时进行停船操纵以接近落水者。

该法返回原航向不够准确,不适合于人员落水后立即行动的场合。但该法在人员失踪时采用,其旋回距离短,可节约时间。与威廉逊旋回相比,斯恰诺旋回可以节省 1~2 n mile 的航程,如图 8-2-5 所示。

在不同的情况下应选择前述最适用的接近落水者的操船方法。发现落水者较早并可视认时,可采用单旋回或双半旋回;发现落水者尚及时但采取行动较晚、落水者难于视认时,应采取威廉逊旋回;而斯恰诺旋回则适用于人员失踪。表 8-2-2 列出了上述四种操船方法的适用情况。

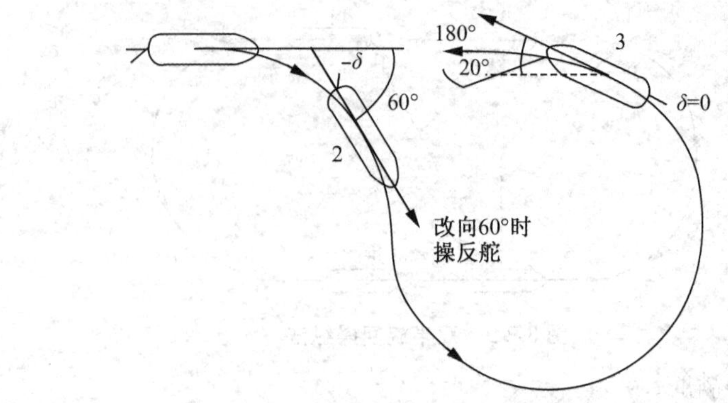

图 8-2-4　斯恰诺旋回法

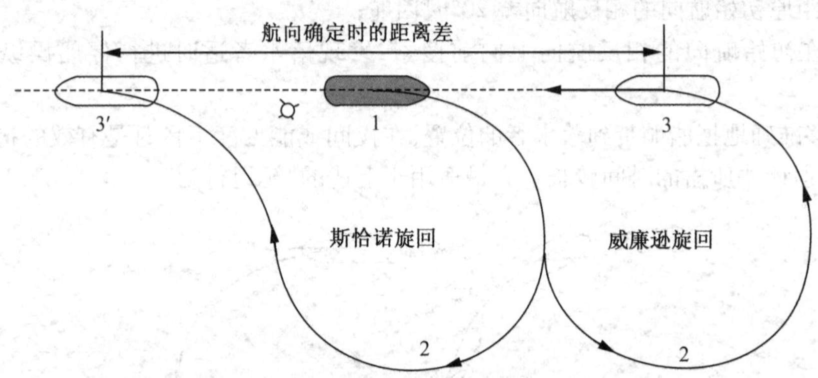

图 8-2-5　威廉逊旋回和斯恰诺旋回的比较

表 8-2-2　四种操船方法的适用情况

操船方法	立即行动	延迟行动	人员失踪
单旋回	适用	不适用	不适用
双半旋回	适用	较适用	不适用
威廉逊旋回	适用(但耗时过长)	最适用	适用(但耗时过长)
斯恰诺旋回	不适用	不适用	适用

三、在恶劣天气下释放救助艇或救生艇筏的操船注意事项

航行中释放救生艇或救助艇是救助落水人员的常用方法之一,但应按照有关规定和要求释放,以确保艇上救助人员的安全。

可以按下列要求释放救生艇。

(1)如海面较为平静,应尽早放下救生艇,以免延误时机。

(2)释放救生艇时,船舶纵倾应低于10°,横倾应低于20°,船速不应高于5 kn。恶劣天气情况下,船舶可采取滞航操船法释放救生艇。为减少和避免大风浪中救生艇的摇摆及与大船的碰撞,可用止荡索、碰垫和艇篙。

(3)救生艇落至水面时,最好为对水静止状态。在脱钩之前应将系船索系妥,前后应同时

脱钩。若不能同时脱钩,应先脱后吊钩,后脱前吊钩。

(4)如海面有风浪,应将船舶驶至落水者的上风侧,释放下风舷救生艇。

(5)救生艇接近落水者的方向取决于相对漂移速度、风况及事故种类等情况:

①一般情况最好从下风接近落水人员。

②如果遇难船发生火灾,可能需要从上风接近。

(6)抛绳枪和必要的系艇索应预先准备好,以便和遇险船、艇筏之间系缆使用。

(7)对在舷边的遇险人员应选择在船中部位进行救助。

(8)大风浪中收艇时,应前后同时挂钩,若不能同时挂钩,应先挂前钩,后挂后钩。船舶横摇中挂钩应在大船由一舷横摇至中间位置的进行。

四、弃船准备和弃船应急措施

当船舶发生碰撞、触礁等事故,经积极抢救无效,事态恶化,确已无法保全船舶,并将危及船上人员的生命安全时,船长经周密和最终的考虑后,可以决定弃船并发出弃船警报信号和遇险求救信号。但是,除紧急情况外,弃船应报经船舶所有人同意。

当听到弃船警报信号后,除途中固定值班人员外,全体人员应立即穿着救生衣,按应变部署规定的职责到艇甲板做好准备工作,待命放艇。在弃船前应着重做好以下几个方面的准备工作:

(1)电台负责人应在发出弃船警报信号后,仍在电台值守,发出遇险求救信号,同时做好弃船的准备工作,直到船长通知后再撤离。

(2)机舱固定值班人员在听到弃船警报信号后仍应坚守岗位按令操作,在得到完车的通知后,在轮机长的领导下,抓紧做好锅炉熄火放气、关停发动机和机舱内正在运转中的其他一切设备、关闭海底阀和各个应急遥控油阀等弃船安全防护工作,再携带规定物品撤离机舱登艇。

(3)按应急部署表的规定,由专人做好下列工作:

①降下国旗并携带登艇;

②销毁秘密以上等级的文件;

③由专人分别携带航海日志、轮机日志、电台日志和电台执照、车钟记录簿、出事地点及附近的有关海图、船舶证书、船员名册和旅客名册、救生艇电台、雷达应答器、望远镜、救生圈、手持式无线电对讲机、现金和账册、货运单证等物品登艇。

④封闭油舱在甲板上的呼吸口,以免船舶沉没后燃油溢出污染海洋环境。

(4)放艇前,艇长将检查工作完成后向船长汇报:

①艇底塞是否塞牢。

②淡水、食品是否充足。

③机动艇燃油柜是否装满燃油,发动机试车是否正常。

④各种属具是否齐全。

⑤各种吊艇装置的技术状态是否良好。

⑥是否准备好艇首尾系缆。

⑦船边有无影响艇筏降落的障碍物。

(5)放艇前,船长应向艇长布置下列事项:

①本船遇难地点。

②发出的遇险求救信号是否有回答。

③可能遇救的时间、地点。

④驶往最近陆地或交通线的航向、距离及其他有关指示。

(6)做好放艇准备后,由船长下令放艇。放下救生艇或救生筏后,首先组织旅客安全离船登艇,然后安排船员有秩序地登艇,船长应在确信全船无任何人员后方可登艇离船。人员登艇后,应迅速在难船 200 m 以外集合。

离船后,船长对全体船员和旅客仍保持有完全的责权。

思考与练习

1. 海上搜救的依据是什么?其主要内容有哪些?
2. 简述海上搜救的组织和程序。
3. 在海上搜救中,搜寻基点确定的因素有哪些?最初搜寻区域如何确定?
4. 简述并图示扇形搜寻法。
5. 简述并图示扩展正方形搜寻法。
6. 简述航行中人员落水的应急处置步骤。
7. 简述救助落水人员的四种操船方法和适用场合。
8. 简述并图示单旋回操船法。
9. 简述并图示 Williamson 旋回操船法。
10. 简述并图示 Scharnow 旋回操船法。
11. 简述弃船准备和弃船措施。

知识树

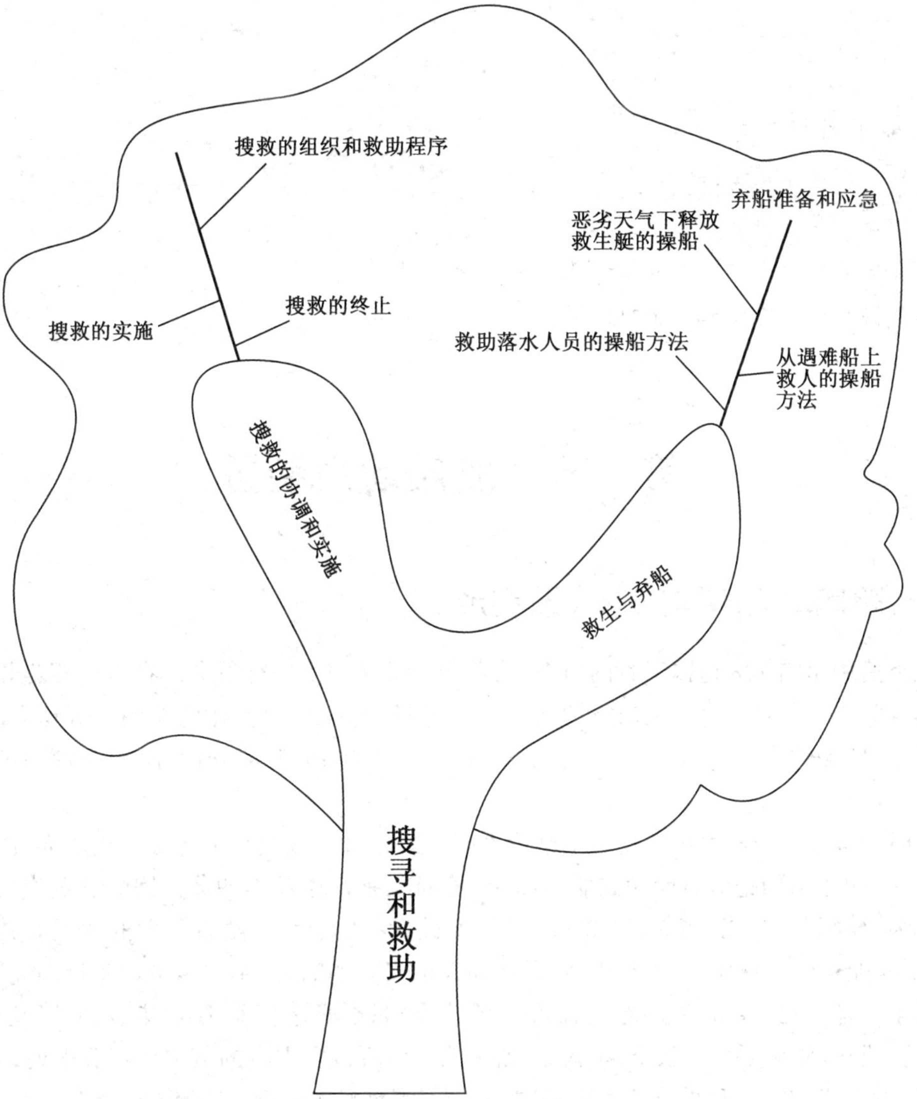

搜救的组织和救助程序
搜救的实施
搜救的终止
搜救的协调和实施
弃船准备和应急
恶劣天气下释放救生艇的操船
救助落水人员的操船方法
从遇难船上救人的操船方法
救生与弃船
搜寻和救助

第九章　轮机概论

本章学习目标：

1. 掌握常用轮机术语；
2. 掌握船舶辅机常识；
3. 掌握船舶动力装置的基本操作原则；
4. 掌握小船动力装置和辅机的操作。

第一节　船舶动力装置

一、船舶动力装置的含义及组成

人类使用船舶作为运输工具的历史，几乎和人类文明史一样悠久。在以前相当长的岁月里，船舶都是以人力、风力作为航行的动力。直到 1807 年，以蒸汽作为船舶推进动力源的“克莱蒙脱号”船舶的建成，才标志着船舶以机械作为推进动力源的开始，船舶的发展进入新的阶段。

当时的推进器由蒸汽机带动一个桨轮构成。桨轮直径较大且大部分露出水面，因而人们又称其为“明轮”；而把装有明轮的船舶称为“轮船”，把产生动力的蒸汽锅炉和蒸汽机等成套设备称为“轮机”。所以，当时的“轮机”仅是推进设备的总称。随着科学的发展和技术的进步，为适应船舶的各种作业、人员生活、财产和人员安全的需要，不仅推进设备逐渐完善，而且还增设了船舶电站、装卸货机械、冷藏和空调装置、海水淡化装置、防污染设备，以及压载、舱底、消防、蒸汽、压缩空气等系统，扩大了“轮机”一词所包含内容的范围。一般来说，“船舶动力装置”的含义和“轮机”的含义基本相同，即为了满足船舶航行、各种作业、人员的生活、财产和人员的安全需要所设置的全部机械、设备和系统的总称。它是船舶的心脏。

船舶动力装置主要由推进装置、辅助装置、船舶系统、甲板机械、防污染设备和自动化设备、特种系统等组成。

(一)推进装置

推进装置是指发出一定功率、经传动设备和轴系带动螺旋桨、推动船舶并保证其以一定航速前进的设备。它是船舶动力装置中最重要的组成部分，包括：

1. 主机

主机是指推动船舶航行的动力机械,如柴油机、蒸汽机、燃气轮机等。

2. 传动设备

传动设备的功用是隔开或接通主机传递给传动轴和推进器的功率,同时还可使后者达到减速、换向和减振的目的。其设备包括离合器、减速齿轮箱和联轴器等。

3. 轴系

从发动机(机组)曲轴的动力输出法兰到螺旋桨之间的轴及其轴承统称为传动轴系,简称轴系,包括传动轴、轴承、轴系附件等。

4. 推进器

推进器是能量转换设备,将主机发出的能量转换成船舶推力,包括螺旋桨、喷水推进器、电磁推进器等。

绝大多数现代船舶使用的推进器是螺旋桨,通过其在水中旋转推动水流产生的推力推动船舶运动。

(二)辅助装置

辅助装置是除提供船舶推进装置所需能量以外,用以保证船舶航行和生活需要的其他各种能量的设备,包括:

1. 船舶电站

船舶电站的作用是供给辅助机械及全船所需的电能,由发电机组、配电板及其他电气设备组成。

2. 辅助锅炉装置

辅助锅炉装置一般提供低压蒸汽,以满足加热、取暖及其他生活需要。它由辅助锅炉及为其服务的燃油、给水、鼓风、配气系统及管路、阀件等组成。

3. 压缩空气系统

压缩空气系统供应全船所需的压缩空气,以满足作业、起动及船舶用气等需要,主要由空气压缩机、储气瓶、管系及其他设备组成。

(三)管路系统

管路系统是用来连接各种机械设备并输送相关流体的管系,由各种阀件、泵、滤器、热交换器等组成。它包括:

1. 动力管系

动力管系是为推进装置和辅助装置服务的管路系统,主要包括燃油系统、滑油系统、海淡水冷却系统、蒸汽系统和压缩空气系统等。

2. 辅助管系

辅助管系是为船舶平衡、稳性、人员生活和安全服务的管路系统,也称船舶管系。它主要包括压载水系统、舱底水系统、消防系统、日用海淡水系统、通风系统、空调系统和冷藏系统等。

（四）甲板机械

甲板机械是为保证船舶航向、停泊、装卸货物所设置的机械设备，主要包括舵机、锚机、绞缆机、起货机、开关舱盖机械、吊艇机及舷梯升降机等。

（五）自动化设备

自动化设备是为改善船员工作条件、减轻劳动强度和维护工作量、提高工作效率以及减少人为操作错误所设置的设备，主要包括遥控、自动调节、监控、报警和参数自动打印等设备。

（六）特种系统

特种系统是为某些特种船舶设计、装备的系统，如油船的原油/海水洗舱系统、浮式储油船的端点系泊系统、挖泥船的泥浆抽吸系统等。

二、柴油机

（一）柴油机的工作原理及特点

柴油机的基本工作原理是采用压缩发火方式使燃油在缸内燃烧，用高温高压的燃气作工质，在气缸中膨胀推动活塞往复运动，并通过活塞—连杆—曲柄机构将活塞的往复运动转变为曲轴的回转运动。燃油在柴油机气缸中燃烧做功必须通过进气、压缩、燃烧、膨胀与排气五个过程才能实现，经过这五个过程就做功一次，也就完成了一个工作循环。柴油机的工作就是通过一个接一个的工作循环来实现的。

1. 四冲程柴油机的工作原理及特点

(1)四冲程柴油机的工作原理

如果柴油机工作循环的五个过程是通过进气、压缩、膨胀和排气四个冲程来实现的（曲轴转动两转），则这种柴油机叫作四冲程柴油机。

图 9-1-1 中所示的四个简图分别表示四个活塞行程的进行情况以及活塞、曲轴、气阀等部件的有关动作情况。

①第一冲程——进气行程

空气进入气缸时相应的活塞行程，如图 9-1-1（a）所示。活塞从上止点（*TDC*）下行，进气阀 a 打开。由于气缸容积不断增大，气缸内的气体压力降低，进入气缸的新鲜空气流经进气管、进气阀时存在一定的阻力，因此进气压力线（1–2）低于大气压力线 p_0，依靠气缸内气体压力与大气压力的压差，新鲜空气经进气阀被吸入气缸。进气阀一般在活塞到达上止点（*TDC*）之前一定角度即提前打开（曲柄位于点 1），下止点（*BDC*）之后一定角度延迟关闭（曲柄位于点 2）。曲柄转角 ψ_{1-2}（图中阴影线所占的角度）表示进气过程。

②第二冲程——压缩行程

工质在气缸内被压缩时相应的活塞行程，如图 9-1-1（b）所示。活塞从下止点（TDC）继续向上运动，自进气阀 a 关闭（点 2）才开始压缩，一直到上止点（点 3）为止。第一行程吸入的新气经压缩后，压力增高到 3~6 MPa，温度升高到 600~700 ℃，此温度可以保证喷入气缸的雾状

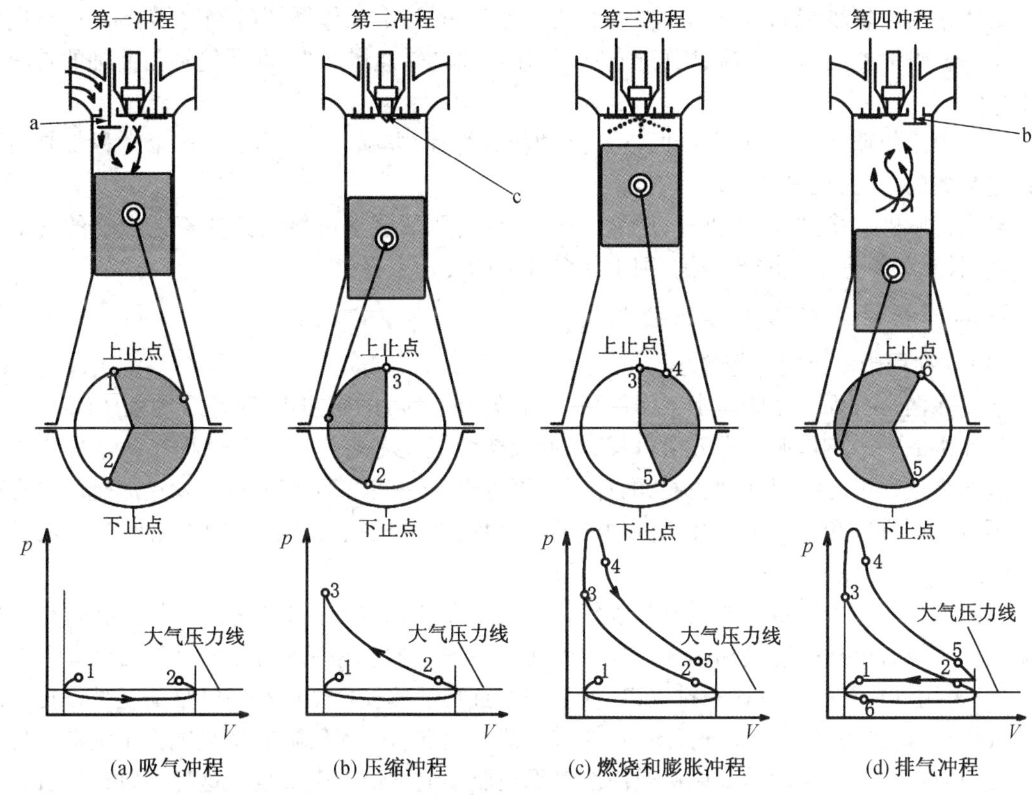

图 9-1-1 四冲程柴油机工作原理理

燃油自燃(燃油的自燃温度为 210~270 ℃)。在压缩过程的后期,由喷油器 c 喷入气缸的燃油与高温空气混合、加热,并自行发火燃烧。曲柄转角 ψ_{2-3}(图中阴影线所占的角度)表示压缩过程。

③第三冲程——燃烧和膨胀行程

工质在气缸内燃烧膨胀时相应的活塞行程,如图 9-1-1(c)所示。活塞在上止点附近,由于燃油强烈燃烧,使气缸内的气体温度和压力急剧升高,压力约为 5~8 MPa,甚至高达 15 MPa,温度约为 1 400~1 800 ℃或更高。此压力推动活塞下行,带动曲柄转动,从而输出机械功。膨胀一直到排气阀 b 开启时结束,曲柄转角 ψ_{3-4-5}(图中阴影线所占的角度)表示膨胀过程。

④第四冲程——排气行程

燃烧后的废气从气缸内排出时相应的活塞行程,如图 9-1-1(d)所示。在上一行程末活塞尚在下行,排气阀 b 开启,废气靠气缸内外压力差经排气阀排出,废气的压力迅速下降。当活塞经下止点上行时,废气被活塞推挤出气缸,此时的排气压力略高于大气压力,且是在压力基本保持不变的情况下进行的。为了尽可能将废气排除干净,排气阀一直延迟到上止点后(点 6)才关闭。曲柄转角 ψ_{5-6}(图中阴影线所占的角度)表示排气过程。

进行了上述的四个行程,柴油机就完成了一个工作循环。当活塞继续运动时,另一个新的循环又按同样的顺序重复进行,以维持柴油机的连续运转。

(2)四冲程柴油机的工作特点

①四冲程柴油机每完成一个工作循环,曲轴需要转动两转,活塞运行四个行程。

②通常由凸轮轴带动进气阀、排气阀、喷油器工作，每个工作循环（凸轮轴转动一转）进气阀、排气阀、喷油器均启闭一次，因此凸轮轴转速比曲轴转速慢一半，即凸轮轴与曲轴的转速比为1∶2。

③每个工作循环中只有第三冲程（燃烧和膨胀行程）是做功的，其他的三个行程都是为膨胀行程服务的，都需要消耗能量。

柴油机常做成多缸，这样进气、压缩、排气行程需要的能量可借助其他正在做功的气缸或飞轮来供给；如果是单缸的柴油机，则由相对较大的飞轮来提供。

2. 二冲程柴油机的工作原理及特点

(1)二冲程柴油机的工作原理

活塞在两个行程内完成一个工作循环（曲轴转动一转）的柴油机，叫作二冲程柴油机。

柴油机的一个工作循环有五个过程，二冲程柴油机就是要把这五个过程在两个冲程内完成。这五个过程中，燃烧和膨胀做功的冲程必不可少，压缩以满足燃油自行发火燃烧的过程也非有不可。而进气和排气是燃烧和做功的辅助过程，柴油机只要能在很短的时间内完成进气和排气过程，就可在两个冲程内完成一个工作循环。

在四冲程柴油机中新气的吸入与废气的排出是靠活塞的抽吸和推挤作用完成的，在二冲程柴油机中没有单独的进气和排气行程。因此二冲程柴油机在结构上，必须在气缸套下部开设气口，采用气缸套扫气口——排气口，或采用气缸套下部设扫气口——气缸盖上部设排气阀的换气机构，而且还必须提高进气压力，使进气能从扫气口进入气缸并将废气扫出气缸。提高进气压力可以由机械驱动的鼓风机或由废气涡轮驱动的增压器来实现。这样，就可以把进、排气过程（扫气过程）缩减到下止点前后的部分活塞行程中完成。

在柴油机中，我们把用增加进气压力来提高功率的方法称为柴油机的增压。为了实现柴油机的增压，必须在柴油机上装设一台压气泵，若压气泵由柴油机带动则称为机械增压。进气压力的提高会使柴油机消耗于压气泵的功增多，甚至当进气压力超过某一定值后，柴油机增加的功率几乎全部消耗在驱动压气泵上，因此机械增压的进气压力都较低，一般不超过150 kPa，否则，将得不偿失。

如果将柴油机排出的废气送入涡轮机中，使涡轮机高速回转来带动一离心式压气机工作，从而提高进入柴油机的空气压力以实现增压，我们称这种增压方式为废气涡轮增压。目前，船用二冲程低速柴油机都采用废气涡轮增压的方式提高进气压力。图9-1-2所示为一种具有废气涡轮增压的二冲程柴油机工作原理图。废气涡轮增压的工作原理如下：

新气通过吸入口进入废气涡轮增压器（由废气涡轮和离心式压气机组成），经压气机压缩后新鲜空气的压力和温度升高，然后经冷却器冷却后导入进气管和扫气箱，经过气缸下部的进气口进入气缸；而废气则通过气缸盖上的排气阀排出气缸，废气经排气管后进入废气涡轮增压器的涡轮端，带动涡轮旋转从而驱动压气机一起工作，不断地将新鲜空气吸入到压气机。

如图9-1-3所示为扫气口-排气口式二冲程柴油机的工作原理图，其工作过程如下：

①第一冲程：扫气和压缩过程

第一阶段——扫气（曲柄位置1—2—3）

在膨胀行程中，活塞下行，先将排气口打开（曲柄位于点1），缸内的废气经排气口泄入排气管（自由排气）；当缸内压力降至接近扫气压力时，活塞继续下行把扫气口打开（曲柄位于点2）；同时扫气泵压送的新鲜空气经扫气口进入气缸，把气缸内的废气通过排气口挤出（强行排

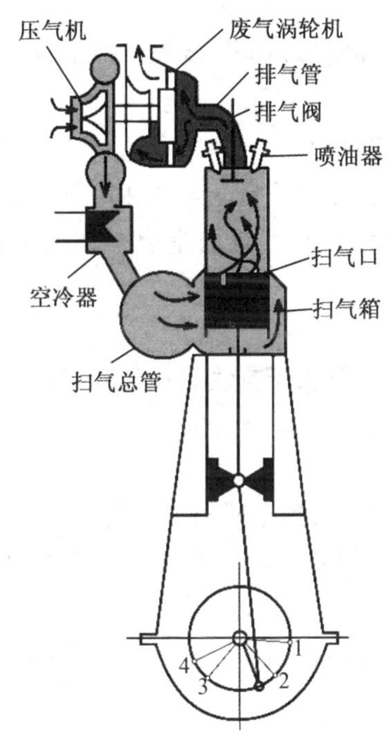

图 9-1-2　废气涡轮增压扫气口-排气阀式二冲程柴油机工作原理图

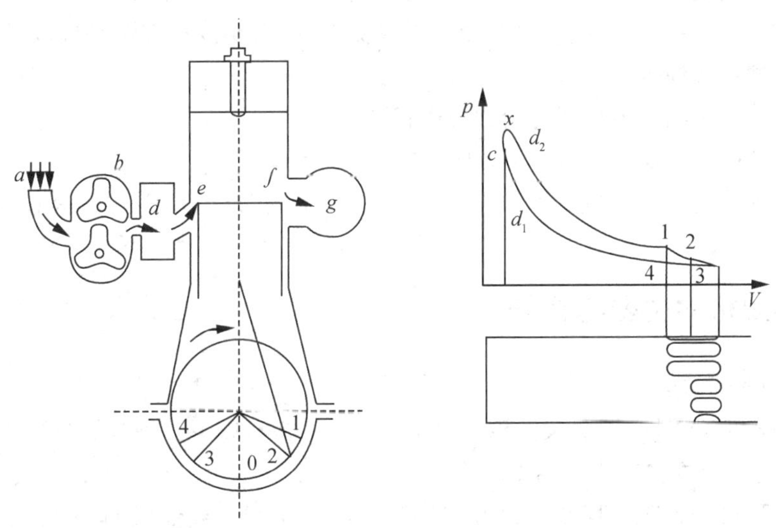

图 9-1-3　扫气口-排气口式二冲程柴油机的工作原理图

气)，一直到活塞经下止点并转向上行把扫气口关闭为止(曲柄位于点 3)。

第二阶段——过后排气

活塞继续上行，并把排气口关闭(曲柄位于点 4)，其间缸内气体继续经排气口排出缸外，损失了进入缸内的部分新鲜空气，直到活塞封闭排气口为止(过后排气)。

第三阶段——压缩

当活塞关闭排气口并继续上行时，缸内气体才受到活塞的压缩（曲柄位置从点 4 到上止点）。

②第二冲程：做功、排气和扫气过程

第一阶段——做功（曲柄位置从上止点附近到点 1）

活塞从上止点下行到打开排气口前，气缸内是边燃烧边膨胀的过程，燃气推动活塞下行做功。

第二阶段——自由排气

活塞打开排气口时，气缸内压力远大于排气管内压力，废气经排气口迅速排出，缸内气体压力下降至稍低于扫气空气的压力。

第三阶段——扫气

活塞继续下行并经过下止点后上行到打开扫气口前这一阶段。

从膨胀行程终止后开始，随着活塞的移动，活塞依次打开排气口（点 1）、打开扫气口（点 2）、到达下止点（点 0）、关闭扫气口（点 3）、关闭排气口（点 4），到压缩行程开始前结束。这是废气排出气缸、新鲜空气进入气缸进行清扫的过程，不占有单独的行程，我们称之为换气过程或"扫气过程"。

（2）二冲程柴油机的工作特点

①二冲程柴油机每两个行程即曲轴转一转完成一个工作循环。

②二冲程柴油机都不设进气阀（在气缸套上开设扫气口），有的甚至也不设排气阀（在气缸套上开设排气口），换气机构较简单，便于维修保养，但需要设扫气泵来提高进气压力，且换气质量不如四冲程柴油机。

③二冲程柴油机凸轮轴转速与曲轴转速相同。

④工作循环中，活塞下行做功，上行时需靠外力驱动。

⑤没有单独的进气和排气行程，进、排气过程几乎同时进行，因此具有较大的进排气重叠角。

（二）柴油机的类型与标号

1. 柴油机的类型

由于柴油机用途不同，因而柴油机的类型很多。通常有以下几种分类方法：

（1）四冲程柴油机和二冲程柴油机

按工作循环可分为四冲程柴油机和二冲程柴油机两类。柴油机的一个工作循环包括进气、压缩、燃烧、膨胀、排气五个过程，这五个过程紧密相关，缺一不可。四冲程柴油机曲轴转两转（活塞运动四个行程）完成一个工作循环，而二冲程柴油机曲轴转一转（活塞运动两个行程）完成一个工作循环。

（2）低速、中速和高速柴油机

柴油机的速度可以用曲轴转速 n（r/min）或活塞平均速度 C_m（m/s）表示。

按转速分类一般为：

低速柴油机：$n \leqslant 300$ r/min；$C_m = 6.0 \sim 7.2$ m/s。

中速柴油机：$300 < n \leqslant 1\,000$ r/min；$C_m = 7.0 \sim 9.4$ m/s。

高速柴油机：$n > 1\,000$ r/min；$C_m = 9.0 \sim 14.2$ m/s。

(3)筒形活塞式柴油机和十字头式柴油机

按柴油机的结构特点分类，可以分为筒形活塞式柴油机和十字头式柴油机。图 9-1-4(a)为筒形活塞式柴油机的示意图，它的活塞通过活塞销直接与连杆相连。这种结构的优点是结构简单、体积小、重量轻。它的缺点是由于运动时有侧推力，活塞与气缸之间的磨损较大。中、高速柴油机一般都采用此结构。

图 9-1-4(b)所示为十字头式柴油机。它的活塞设有活塞杆，通过十字头与连杆相连接，并在气缸下部设中隔板将气缸与曲轴箱隔开。当柴油机工作时，十字头的滑块在导板上滑动，侧推力由导板承受，十字头式柴油机活塞只做往复运动，活塞不起导向作用，活塞与缸套之间没有侧推力作用。中隔板可防止燃烧产物落入曲柄箱而污染润滑油，有利于劣质燃油的使用和采用增压技术，因而功率大、工作可靠、使用寿命长。但它的重量和高度增大，结构也较复杂。目前大型低速二冲程柴油机都采用这种结构，常作为船舶主机使用。

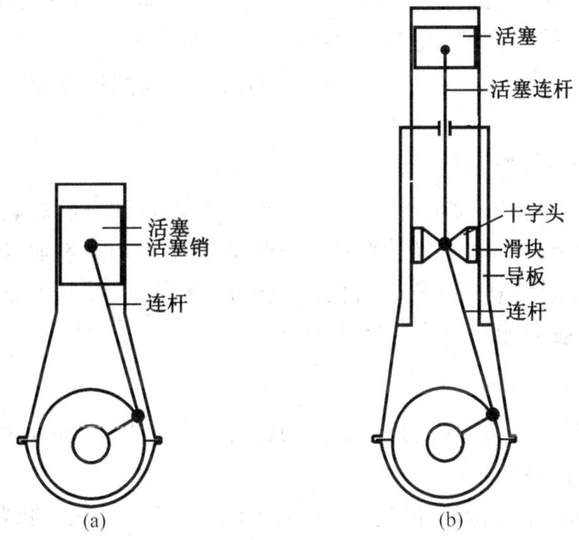

图 9-1-4　筒形柴油机和十字头柴油机

(4)直列式和 V 形柴油机

船用柴油机通常均为多缸机。多缸柴油机的气缸排列可以有直列式、V 形、W 形等。船用柴油机均为直列式与 V 形两种(如图 9-1-5 所示)。直列式柴油机的气缸数因曲轴刚度和安装上的限制一般不超过 12 缸。当缸数超过 12 缸时通常采用 V 形柴油机。它具有两列气缸，其中心线夹角呈 V 形，并共用一根曲轴输出功率。V 形机的气缸数可达 18 甚至 24，气缸夹角通常为 90°、60°或 45°。V 形机具有较高的单机功率和较小的比重量(柴油机净重量与标定功率的比值)，主要用在中、高速柴油机中。

(5)增压柴油机和非增压柴油机

在柴油机中，用增加进气压力来提高功率的方法称为柴油机的增压。增压柴油机和非增压柴油机的主要区别在于进气压力的不同，增压柴油机的进气压力较高，而非增压柴油机的进气压力是大气压力。

(6)可逆转柴油机和不可逆转柴油机

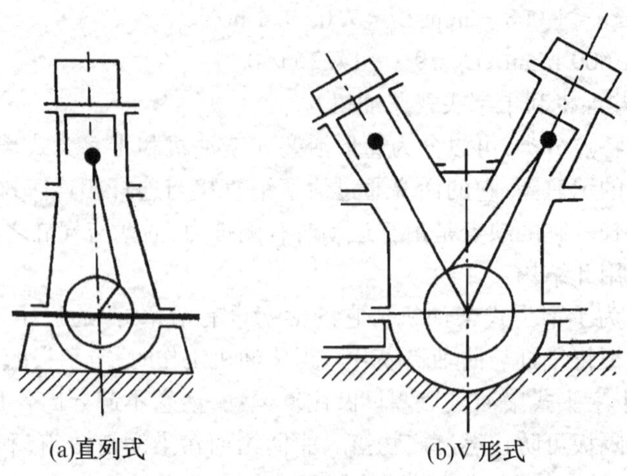

(a)直列式　　(b)V 形式

图 9-1-5　直列式和 V 形柴油机

可由操纵机构改变自身转向的柴油机称为可逆转柴油机。曲轴仅能按同一方向旋转的柴油机称为不可逆转柴油机。在船舶上凡直接带动定螺距桨的柴油机均为可逆转柴油机;凡带有倒顺车离合器、倒顺车齿轮箱或可变螺距桨的柴油机以及船舶发电柴油机均为不可逆转柴油机。

(7)左旋柴油机和右旋柴油机

观察者由柴油机功率输出端向自由端看,正车时按顺时针方向旋转的柴油机称右旋柴油机,反之则称为左旋柴油机。单台布置的船舶主柴油机通常均为右旋柴油机。某些采用双机双桨推进装置的船舶推进装置(如客船),由船尾向船首看,布置在机舱右舷的柴油机为右旋柴油机,布置在机舱左舷的柴油机为左旋柴油机。

2. 船用柴油机的标号

柴油机的标号是指每一柴油机制造厂都将其产品用一组字母或数字组成的字符串来命名柴油机,以便于用户选择柴油机。

我国曾对柴油机标号做过统一的规定,根据 GB725-65,柴油机的型号由数字和汉语拼音的首位字母组成,如 6ESDZ43/82B 型柴油机各字符表示意义如下:6—气缸数为 6,E—二冲程,S—十字头式,D—可倒转,Z—增压,43—缸径为 43 cm,82—冲程为 82 cm,B—机型发展顺序号。

根据资料统计,目前世界船用低速柴油机市场仍被 MAN B&W、Wärtsilä New Sulzer 和日本三菱重工三大公司垄断。

表 9-1-1 列出了船用柴油机的标号。

三、蒸汽机

利用锅炉产生的蒸汽来工作的机器叫蒸汽机。蒸汽机分为往复式蒸汽机和蒸汽轮机两种。往复式蒸汽机是利用蒸汽的压力来推动活塞做往复运动,再通过连杆将活塞的往复运动变为曲轴的回转运动。蒸汽轮机俗称透平机,它利用蒸汽的动能来转动叶轮从而使轴做回转运动。

表 9-1-1　柴油机的标号

生产厂家	机型及标号含义		技术特征
国产船用柴油机	6ESDZ43/82B	6—气缸数 ESDZ—技术特征 43/82—气缸直径(cm)/活塞行程(cm) B—改进型号	E—二冲程 S—十字头式 D—可逆转 Z—增压
MAN-B&W 公司	6*L*(S)60 mC/MCE	6—气缸数 *L*—冲程形式(*L*:长冲程,S—超长冲程) 60—气缸直径(cm) MC/MCE—技术特征	MC—二冲程、十字头式、等压增压 E—经济型
SULZER 公司	6RTA52U	6—气缸数 R、T—技术特征 52—气缸直径(cm) A—机型发展型号 U—改进代号	R—焊接结构、二冲程、十字头 T—超长冲程、直流扫气
三菱重工公司	6UEC85/160D	6—气缸数 UEC—技术特征 85/160—气缸直径(cm)/活塞行程(cm) D—改进型号	U—二冲程、直流扫气 E—废气涡轮增压 C—十字头式

往复式蒸汽机最早应用于海船。1807 年,美国人富尔顿首次在“克莱蒙脱”号船上用蒸汽机驱动装在两舷的明轮,在哈德逊河上航行成功。从此机械力开始代替自然力,船舶的发展进入新的阶段。后来随着其他发动机的出现,往复式蒸汽机因经济性差、体积和重量大而被取代。蒸汽轮机自装船使用以来,由于受柴油机的挑战,一直发展得比较慢。主蒸汽轮机虽然单机功率大、运转平稳、摩擦和损失小、噪声小,但其装置的热效率低,需要配置重量和尺寸较大的锅炉、冷凝器、减速齿轮装置以及其他辅助机械,因此装置的总重量和尺寸均较大,这就限制了它在中小船舶上的应用。然而近年来,由于新技术新工艺的应用,蒸汽轮机和锅炉的效率得到了提高,不少资料表明,在功率超过 22 000 kW 和船速超过 20 kn 时,蒸汽轮机动力装置的优越性更为突出。

蒸汽轮机动力装置由锅炉、汽轮机、冷凝器、轴系、管系及其他有关机械设备组成。

四、燃气轮机

利用燃料燃烧产生的燃气去推动叶轮回转的机器称为燃气轮机。采用燃气轮机作为主机的动力装置称为燃气轮机动力装置。

英国在 1947 年,首先将航空用的燃气轮机改型应用于船舶。到了 20 世纪 60 年代,燃气轮机被确认为舰艇合适的推进动力而得到迅速推广,到 20 世纪 70 年代已成为舰艇的主要推进动力之一。对于商船,因经济性要求高,燃气轮机的应用发展较慢。

五、传动装置

(一)传动装置的组成和作用

从发动机(机组)曲轴的动力输出法兰到螺旋桨之间的装置统称为传动装置。它由传动设备和轴系组成。

1. 传动设备

其功用是隔开或接通主机传递给传动轴和推进器的功率,同时还可使后者达到减速、换向和减振的目的。其设备包括离合器、减速齿轮箱和联轴器等。

2. 轴系

从发动机(机组)曲轴的动力输出法兰到螺旋桨之间的轴及其轴承统称为传动轴系,简称轴系。其作用是把柴油机曲轴的动力矩传给螺旋桨,以克服螺旋桨在水中转动的阻力矩,同时又把螺旋桨产生的推力传给推力轴承,以克服船舶航行中的阻力。其主要组成如下:

(1)传动轴:包括推力轴(有的柴油机把推力轴和曲轴造为一体)、中间轴和艉轴。

(2)轴承:推力轴承(有的柴油机推力轴承设在柴油机机座内)、中间轴承和艉轴承。

(3)轴系附件:主要是润滑、冷却、密封设备等。

图 9-1-6 为一大型低速柴油机直接传动轴系的组成简图。

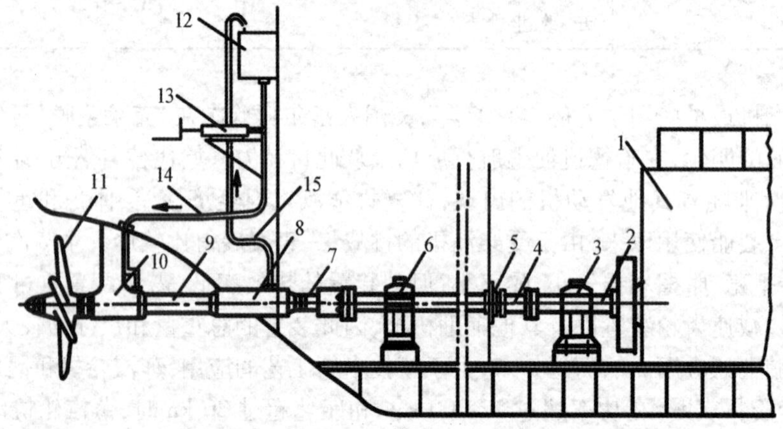

图 9-1-6　轴系组成简图

1—主机;2—推力轴;3—推力轴系;4—中间轴;5—隔舱填料箱;6—中间轴承;7、9—艉轴(螺旋桨轴);8—艉压缩空气系统轴管;10—人字架;11—螺旋桨;12—艉轴油柜;13—艉轴润滑油泵;14—进油管;15—回油管

(二)船舶推进装置的传动方式

由于船舶用途、航区和推进性能的不同,推进装置所采用的传动方式也不一样。按传递到螺旋桨功率方式的不同,传动方式一般可分为直接传动、间接传动和特殊传动。

1. 直接传动

直接传动是主机直接通过轴系把功率传给螺旋桨的传动方式。在这种传动方式中,无论

任何工况下,螺旋桨和主机始终具有相同的转向和转速。直接传动一般适用于大型低速柴油机。

优点:(1)结构简单,维护管理方便。只要安装时定位准确,平时管理中注意润滑冷却,一般不会出现大问题。(2)经济性好,传动损失少,传动效率高;主机多为耗油率低的大型低速柴油机;螺旋桨转速较低,推进效率较高。(3)工作可靠,寿命长。

缺点:整个动力装置的重量尺寸大,要求主机有可反转性能,其机动性差;非设计工况下运转时经济性差;微速航行受到主机最低稳定转速的限制。

2. 间接传动

间接传动是主机和螺旋桨之间的动力传递除经过轴系外,还经过某些特设的中间环节(离合器、减速器等)的一种传动方式。在这种传动方式中,主机转速与螺旋桨转速有差别或保持一定的速比。这种传动方式多用于中小型船舶以及以大功率中速柴油机、汽轮机和燃气轮机为主机的大型船舶。

优点:(1)主机转速不受螺旋桨要求低转速的限制。只要适当选择减速比,就可使主机的转速适应螺旋桨的转速要求。(2)轴系布置比较自由。主机曲轴和螺旋桨轴可以同心布置也可以不同心布置,以改善螺旋桨的工作条件。(3)在带有倒顺车离合器时,主机不用换向,使主机结构简单,工作可靠,管理方便,机动性提高。(4)有利于多机并车运行及设置轴带发电机。

缺点:轴系结构复杂,传动损失大,效率较低。

3. 特殊传动

特殊传动是与直接和间接传动不同的一种传动方式。它通常是指 Z 形传动、电力传动、可调螺距桨传动、液压马达传动、喷水推进器传动装置等。下面简要介绍电力传动和 Z 形传动。

(1)电力传动

电力传动是主机驱动主发电机,将发出的电供到主配电板,再由主配电板供电给主电动机,从而驱动螺旋桨运转的一种传动方式(如图 9-1-7 所示)。电力传动主要用于破冰船、拖船、渡船等。这种传动方式的优点是:①主机和螺旋桨之间没有机械联系,可省去中间轴及轴承,机舱布置灵活;②主机转速不受螺旋桨转速的限制,可选用中、高速柴油机,并可在柴油机恒定转速下调节电动机转速,使螺旋桨转速得到均匀、大范围的调节;③螺旋桨反转是靠改变主电动机(直流)电流方向来完成的,倒车功率大,操纵容易,反转迅速,船舶机动性能提高;④主电动机对外界负荷的变化适应性好,甚至可以短时间堵转。其缺点是:①需要经过机械能变电能、电能变机械能两次能量转换,传动效率低;②增加了主发电机及主电动机,使动力装置总的重量和尺寸都增加,造价和维护费用提高。

(2)Z 形传动

Z 形传动装置(如图 9-1-8 所示)又称悬挂式螺旋桨装置,螺旋桨可绕垂直轴做 360°回转。它具有以下优点:

①操纵性能好。螺旋桨的推力方向可以自由变化,使船舶操纵性能优于其他传动方式,特别是采用两台主机,而每台分别带动一个 Z 形传动装置时,可以使船舶原地回转、横向移动、快速进退以及微速航行等。②可以省掉舵、艉柱和艉轴管等结构,使船尾形状简单,船体阻力

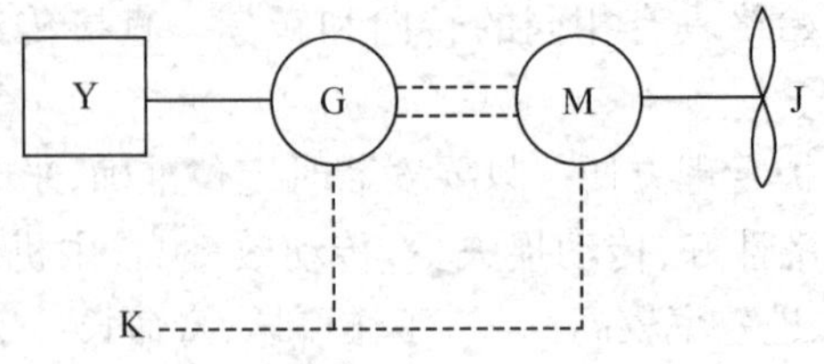

图 9-1-7　电力推进装置简图

Y—原动机;G—发电机;M—电动机;J—螺旋桨;K—控制设备

减少。③可以使用重量轻体积小的中、高速柴油机,而不需要单独的减速齿轮装置,不需要主机有换向机构,可以延长柴油机使用寿命。④另外,由于这种传动装置是垂直悬挂在船尾的,可由船尾部甲板开口处吊装,检修不用进坞,可大大缩短修理时间。

尽管如此,由于其结构上的问题,传递功率受到一定限制,因而仅适用于小型船舶,特别适用于港作船和在狭窄航道中航行的船舶。

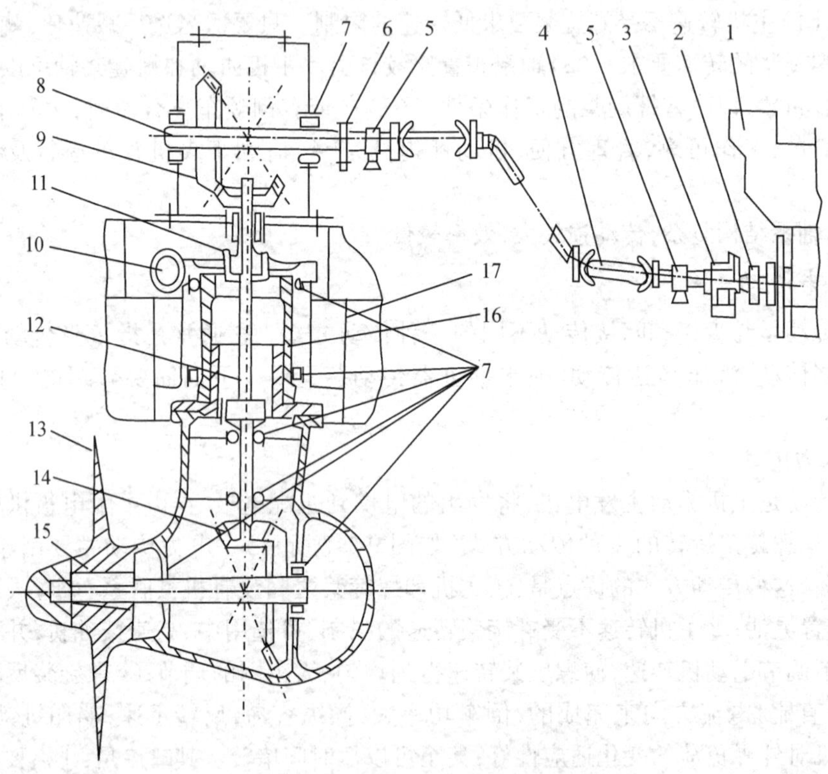

图 9-1-8　Z 型传动装置结构原理图

1—主机;2—联轴器;3—离合器;4—带有万向节的传动轴;5—滑动轴承;6—弹性联轴节;7—滚动轴承;8—上水平轴;9—上部螺旋锥齿轮;10—蜗轮蜗杆装置;11—齿式联轴器;12—垂直轴;13—螺旋桨;14—下部螺旋锥齿轮;15—下水平轴;16—旋转套筒;17—支架

六、主机遥控系统

随着船舶自动化技术和电子技术不断发展,船舶自动化程度越来越高,船舶主机操纵日趋

自动化、遥控化、智能化,近年来新造船舶主机都是遥控操作的。

按操纵位置,主机的操纵系统可分为:

1. 机旁手动操纵

操纵台设在机旁,使用相应的控制机构操纵柴油机来满足各种工况下的需要。

2. 机舱集控室控制

在机舱的适当部位设置专用的控制室,以实现对柴油机的控制与监视。

3. 驾驶台控制

在船舶驾驶台或驾驶台两翼的控制台上由驾驶员直接控制柴油机。

机旁手动操纵是操纵系统的基础。机舱集中控制与驾驶台控制统称遥控,即指远距离操纵主柴油机。遥控系统是用逻辑回路和自动化装置代替原有的各种手动操作程序。随着电子计算机技术在船上的有效应用,柴油机的操纵系统提高到了一个新的技术水平。机舱集控室设有操纵部位转换开关,根据航行条件的需要将柴油机的操纵转换至集控室、驾驶台和机旁。驾驶台、集控室和机旁设有应急停车按钮或手柄,以便在紧急情况下根据需要立即停车。近年来集控室控制台又增加了主柴油机支持控制,在集控室或驾驶台车钟控制失灵时可转至该种控制模式对主柴油机进行控制。尽管主机遥控技术水平已经很高,将来还会不断地发展,但仍然必须保留机旁手动操纵系统,以保证对主机可靠、有效地控制。

按遥控系统使用的能源和工质不同,操纵系统可分为:

1. 电动式遥控系统

它以电力为能源,通过电动遥控装置和电动驱动机构进行控制。这种系统控制性能好,控制准确,适于远控,设备简单,易于实现较高程度的自动化,但对管理水平要求高。

2. 气动式遥控系统

它以压缩空气作为能源,通过气动遥控装置和气动驱动机构进行控制。压缩空气为经过减压、净化处理的控制空气。其信号传递距离较远,一般在 100 m 以内可满足系统的控制要求;信号传递受温度、振动及电气的干扰少,动作可靠、维护方便;但它对气源的净化处理要求高,否则易使气动元件失灵。

3. 液力式遥控系统

该系统的优点是结构牢固,工作可靠,传递力较大,但易受惯性和液压油黏性的影响而降低传动的灵敏性和准确性。因此这种系统只限于机舱范围内控制,一般不适于远距离传递。

4. 混合式遥控系统

如电-气混合式、电-液混合式、电-气-液混合式遥控系统等。从驾驶台到机舱采用电传动,机舱内系统采用气动或液动。混合式遥控系统具有上述各种系统的优点,目前在船上应用较广泛。

5. 微型计算机控制系统

在常规的遥控系统中,程序控制等功能是通过各种典型环节的控制回路来完成的。采用微型计算机遥控是通过软件设计,给出一个计算机执行程序以取代常规遥控系统的控制回路,用软件取代硬件程序。微型计算机在执行时将根据从接口输入的指令和表征柴油机实际运行状态的各种信息进行综合判断和运算，得出需要的控制信息并经输出接口去控制操纵系统的执行元件，实现对柴油机的操纵。这种控制系统体积小、功能强，可实现最佳状态最经济性控制，是当代向综合性自动化方向发展的主要目标和方向。通常，在远距离遥控系统中多采用电传动，近距离多采用液力或气力传动。

主机遥控系统除了具有根据车钟指令通过各种逻辑回路和自动装置等完成主机起动、换向、调速和停车等程序操作的功能外，还必须具有重复起动、慢转起动、负荷程序、应急停车、自动避开临界转速、故障自动减速或停车、紧急倒车等辅助功能。但柴油机备车时各系统状态检查和准备等均由轮机人员在机舱内操作，当备车程序完成后再转换至驾驶台遥控。驾驶台值班驾驶员必须对遥控系统进行效用试验后方可对船舶进行操纵。

第二节　船舶辅机常识

一、船舶辅机组成

习惯上我们把除动力装置和推进装置之外的其他机械设备统称为船舶辅机，意为辅助机械。船舶辅机主要包括船用泵、甲板机械、辅锅炉、防污染设备、海水淡化装置、船舶制冷与空调装置、减摇装置等。

1. 船用泵

泵是把能量传递给液体的一种机械。船上有很多种泵，如水泵、油泵等。其用途广泛，船上有很多设备离开泵就不能正常工作。

2. 甲板机械

甲板机械包括船舶舵机、起货机、起锚机、系缆机以及滚装船上的开门与跳板控制设备等。所有甲板机械对于船舶的营运性能和航行安全都有十分重要的意义。甲板机械也在朝着自动化的方向发展。

3. 船舶辅锅炉

船舶锅炉是船舶上的汽源。在蒸汽动力的船舶上，蒸汽用来产生船舶的推力。这种锅炉称为主锅炉。主锅炉是蒸汽动力船舶的动力设备，不能划在船舶辅机之列。在非蒸汽动力的船舶上，锅炉产生的蒸汽主要用于油、水的加热，炊事和消防等方面。这种锅炉称为辅锅炉，是船舶辅机之一。

4. 防污染设备

船上常用的防污染设备有：油水分离器、生活污水处理装置、焚烧炉等。油水分离器用于分离船舶污水中的油分；生活污水处理装置用于净化船舶上产生的生活污水；焚烧炉用于焚烧船舶上产生的垃圾和废油。

5. 海水淡化装置

船舶在航行中需要消耗大量的淡水。淡水主要用于设备的冷却、锅炉的消耗和船员的日常生活。远洋船舶航线长，携带大量淡水不仅会影响营运吨位，也存在淡水变质的问题。通常

的做法是携带部分淡水用于饮用和淋浴。其他用途的淡水产自于海水淡化装置。远洋运输船舶一般装设一台或几台海水淡化装置。

6. 船舶制冷与空调装置

制冷设备向船舶提供"冷源",以便冷藏食品和进行空气调节。目前,除了一般船舶上用于冷藏食品的小型冷库外,还有专门用来运输冷藏货物的冷藏船和液化气船。

7. 减摇装置

为了减小船舶的摇晃,在船舶设计与建造中,都装设了必要的减摇装置。减摇装置是一种用来产生外加稳性力矩,使船舶摇摆减缓的装置。目前船舶采用的减摇装置有舭龙骨、减摇鳍、减摇水舱等。

二、船用泵

在自然状态下液体总是从高处向低处流动,且液体在管路中流动还要克服管路阻力而损失一部分能量,所以如果要将液体从低处向高处输送,就得向液体提供能量。向液体提供机械能(包括位能、动能和压力能三种形式)并输送液体的机械称为泵。在船上经常需要用泵来输送海水、淡水、污水、滑油和燃油等各种液体。

泵是用来提高液体机械能的设备。根据泵在船上用途的不同,其可大致归纳为以下几类:

1. 主动力装置用泵

对柴油机来说,一般有主海水泵、缸套冷却水泵、油头冷却泵、滑油泵、燃油供给泵以及燃油驳运泵和滑油驳运泵等。

2. 辅助装置用泵

例如:柴油发电机的海水泵和淡水泵,辅锅炉装置用的给水泵、燃油泵,制冷装置用的冷却水泵,海水淡化装置用的海水泵、凝水泵,舵机或其他液压甲板机械用的液压泵等。

3. 船舶安全及生活设施用泵

主要有调驳压载水的压载泵,将舱底积水驳出舷外的舱底泵,提供消防及甲板、锚链冲洗用水的消防水泵,提供生活用水的日用淡水泵、日用海水泵(卫生水泵)和热水循环泵,通常还有兼作压载、消防、舱底水泵用的通用泵。

4. 特殊船舶专用泵

某些特殊用途的船舶,还需设有为其特殊营运要求而专门设置的泵,例如油船用于装卸货油的货油泵、挖泥船用以抽吸泥浆的泥浆泵、深水打捞船上的打捞泵、喷水推进船上的喷水推进泵、无网捕鱼船的捕鱼泵等。

按工作原理的不同,船用泵主要有以下几类:

1. 容积式泵

容积式泵是通过工作部件的运动使工作容积周期性地增大和缩小而吸排液体的泵,它靠工作部件的挤压使液体的压力能增加。根据运动部件运动方式的不同,它又分为往复泵和回转泵两类。根据运动部件结构不同,往复泵有活塞泵和柱塞泵之分,回转泵常用的有齿轮泵、螺杆泵、叶片泵和水环泵。往复泵自吸能力强,常用作舱底水泵,但因泵的转速低,故流量不大。单螺杆泵对所输送的液体搅动少,多用作油水分离器的污水泵。

2. 叶轮式泵

叶轮式泵依靠叶轮带动液体高速回转而把机械能传递给所输送的液体。根据泵的叶轮和流道结构特点的不同,其又可分为离心泵、轴流泵、混流泵和旋涡泵。离心泵是船上应用最广泛的一种泵,它本身没有自吸能力。船用水泵和较大油船的货油泵大多使用离心泵,也有的船舶将其用作主机滑油泵。

3. 喷射式泵

喷射式泵依靠工作流体产生的高速射流引射流体,然后再通过动量交换而使被引射流体的能量增加。根据所用工作流体的不同,有水喷射泵、蒸汽喷射器和空气喷射器等。

船用泵除按用途和工作原理分类外,还可按泵轴方向分为立式泵和卧式泵;按吸口数目分为单吸泵和双吸泵;按原动机的种类分为电动泵、汽轮机泵、柴油机泵和机带泵等。

三、船舶制冷与空调装置

制冷就是从某一物体或空间吸取热量,并将其转移给周围环境介质,使该物体或空间的温度低于环境的温度,并维持这一低温的过程。在船舶上,制冷技术已广泛应用于货物冷藏运输、食品冷藏、鱼类保鲜、天然气液化和贮运、冷藏集装箱运输以及船舶舱室的空气调节等。

(一)船舶制冷装置的工作原理

蒸气压缩式制冷是现今应用最广泛的机械制冷方法,也是船舶所用的主要制冷方法,其工作原理如图 9-1-9 所示。它是选择在常压时沸点很低的液体作制冷剂,经膨胀阀节流进入蒸发器的盘管中,在较低的蒸发压力下吸热气化,吸收冷库内食物发出的热量,从而实现制冷的。为了在蒸发器中维持低压,需用压缩机将其中制冷剂蒸气不断抽出,压送到冷凝器中去。冷凝器中的冷凝压力及相应的冷凝温度较高,这样就可利用海水使制冷剂气体冷却、冷凝而重新液化,然后再经膨胀阀节流送入蒸发器气化吸热,连续不断地制冷。

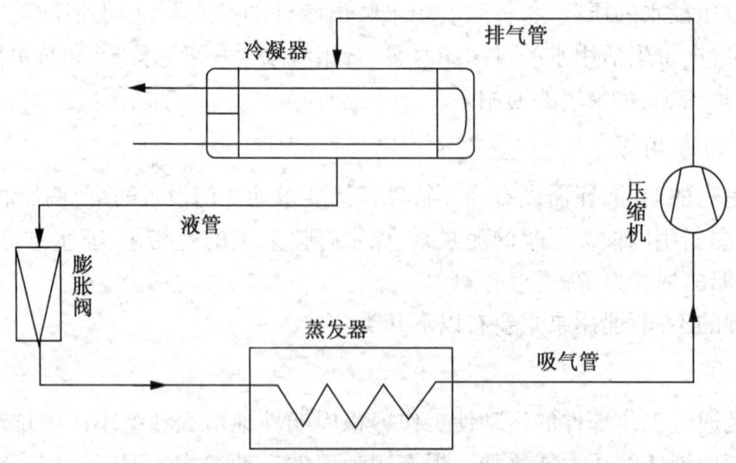

图 9-1-9 蒸气压缩式制冷装置的工作原理图

在压缩制冷循环中,从膨胀阀至压缩机吸入口为系统的低压部分;从压缩机排出口到膨胀

阀前为系统的高压部分。在此循环中,冷剂在蒸发器中所吸收的热量加上压缩机压缩冷剂气体所消耗功转换成的热量,都经冷凝器传给冷却水。

压缩机、冷凝器、膨胀阀和蒸发器这四种设备是组成压缩式制冷装置的基本部件。它们的功用是:

膨胀阀——控制冷剂的流量,并使流过的冷剂节流降压;

蒸发器——使流经其中的冷剂吸热气化;

压缩机——抽吸蒸发器产生的冷剂气体并将其压送到冷凝器中;

冷凝器——使送来的冷剂气体降温并冷凝。

制冷剂是制冷装置用来完成热力循环的工质,应根据所用制冷机的型式和要求的制冷温度选用制冷剂。R22(二氟一氯甲烷 $CHClF_2$)的标准沸点为-40.8 ℃,排气压力适中,适合船舶冷库和空调制冷装置的要求,但它属于 HCFCS,将在 2020 年以后被禁用。R134a(四氟乙烷 CH_2FCF_3)、R404A、R407C 和 R410A 是新型的制冷剂,将逐渐取代 R22。

(二)船舶空调装置

空气调节是一种能够改善人们生活、工作环境的专门技术,它把经过一定处理后的空气,以一定方式送入室内,将室内空气的温度、湿度、气流速度和空气清新程度等指标控制在适当范围内,使其适于工作和生活的要求。对空气进行处理的装置,称为空气调节装置。

1. 船舶空调装置应满足的要求

船舶空调主要用来满足卫生和舒适的需要,为船员创造良好的工作和休息环境,对温、湿度等空气条件的要求并不十分严格,允许在稍大的范围内变动,属于舒适性空调。只有某些船舶,因为有精密仪器、设备,才要求精度较高的空调,即所谓工艺性空调。船舶空调装置应能在规定的舱外空气设计参数下,使室内空气符合以下要求:

(1)温度

众所周知,人对气温的变化最为敏感,所以温度是保持舱室适宜气候的主要因素。就空调来说,使人舒适与否最重要的是能在一般衣着时自然地保持身体的热平衡。在湿度适中和稍有流动的空气条件下,根据通常的衣着情况,一般人感到舒适的温度条件,冬季为 19~24 ℃,夏季为 21~28 ℃。我国船舶空调舱室设计标准是:冬季室温为 19~22 ℃;夏季室温为 24~28 ℃;室内外温差不超过 6~10 ℃;室内各处温差不超过 3~5 ℃。

(2)湿度

人的冷热感觉是相对的。在空气相对湿度不同的情况下,即使气温相同,人对冷热的感觉也会有差异,且这种差异随相对湿度变化幅度的提高而增大。一般情况下,相对湿度在 30%~70%的范围内人都不会感到不适。但如果湿度太低,人呼吸时会因失水过多而感到口干舌燥;而湿度太高,则汗液难以蒸发,也不舒服。夏季空调采用冷却除湿法,室内湿度一般控制在 40%~60%;冬季采用加热加湿(喷汽或喷水),室内湿度设计值多为 50%,实际上为减少加湿量,并防止舱室内壁结露,室内湿度一般在 30%~40%。

(3)空气流速

在相同的温度和湿度下,有风,夏天就感到凉快一些,冬季则感到寒冷一些。故风速也应控制。在室内的活动区域,要求空气能有轻微的流动,以使室内温、湿度均匀和人不感到气闷。室内气流速度以 0.15~0.20 m/s 为宜,最大不超过 0.35 m/s,否则人会感到不舒适。

(4)清新程度

所谓清新程度是指空气清洁(少含粉尘和有害气体)和新鲜(有足够的含氧量)的程度。如果只为满足人呼吸氧气的需要,新鲜空气的最低供给量每人 2.4 m^3/h 即可;然而要使空气中二氧化碳、烟气等有害气体的浓度在允许的程度以下,则新风量就需达到每人 30~50 m^3/h。

(5)噪声

空调装置工作时产生的噪声会使人感到不适,要求距室内空调出风口 1 m 处测试的噪声应不大于 55~60 dB(A)。

2. 船舶空调系统的分类

船舶空调装置按空气的处理和输送方式不同,可分为集中式、半集中式和独立式三类。将空气经过集中处理再分送到各个舱室的空调装置称为集中式或中央空调装置。船舶一般采用这种空调装置。有的船舶空调装置将集中处理后送往各舱室的空气进行分区处理或舱室单独处理,称为半集中式空调装置。只有某些特殊舱室,例如机舱集控室,才单独设置专用的空气调节器,称为独立式空调装置。

船舶空调装置,按风管中空气的流速高低可分为:低速系统、中速系统和高速系统。

船舶空调大多采用集中式和半集中式船舶空调装置。

四、液压甲板机械

船舶甲板机械主要包括舵机、起货机、锚机、绞缆机、吊艇机、舷梯升降机、舱盖板启闭装置等,在一些专用船舶上,还设有其他相应的甲板机械。甲板机械按所用动力可分为气动、蒸汽、电动、液压等多种。气动甲板机械虽然结构简单、无污染,但因漏泄多而效率低,仅用于吊艇机、舷梯升降机等小功率甲板机械。蒸汽甲板机械因散热损失大和管理不便已基本不用。液压传动的优点很多,现代吨位稍大的船舶,舵机几乎全部采用电动液压舵机,其他液压甲板机械作为电动甲板机械的主要竞争对手,应用也相当普遍。

(一)液压系统的工作原理

液压传动利用液压泵输出的高压液体的压力能来驱动液压缸或液压马达,从而带动工作机械。下面分析一种驱动工作台的液压传动系统。如图 9-1-10 所示,它由油箱 19、滤油器 18、液压泵 17、溢流阀 13、开停阀 10、节流阀 7、换向阀 5、液压缸 2 以及连接这些元件的油管、接头组成。其工作原理如下:液压泵由电动机驱动后,从油箱中吸油;油液经滤油器进入液压泵,油液在泵腔中从入口低压到泵出口高压,在图 9-1-10(a)所示状态下,通过开停阀、节流阀、换向阀进入液压缸左腔,推动活塞使工作台向右移动;这时,液压缸右腔的油经换向阀和回油管 6 排回油箱。

如果将换向阀手柄转换成图 9-1-10(b)所示状态,则压力管中的油将经过开停阀、节流阀和换向阀进入液压缸右腔,推动活塞使工作台向左移动,并使液压缸左腔的油经换向阀和回油管 6 排回油箱。

工作台的移动速度是通过节流阀来调节的。当节流阀开大时,进入液压缸的油量增多,工作台的移动速度增大;当节流阀关小时,进入液压缸的油量减小,工作台的移动速度减小。为了克服移动工作台时所受到的各种阻力,液压缸必须产生一个足够大的推力,这个推力是由液

压缸中的油液压力所产生的。要克服的阻力越大,缸中的油液压力越高;反之压力就越低。这种现象正说明了液压传动的一个基本原理——压力决定于负载。

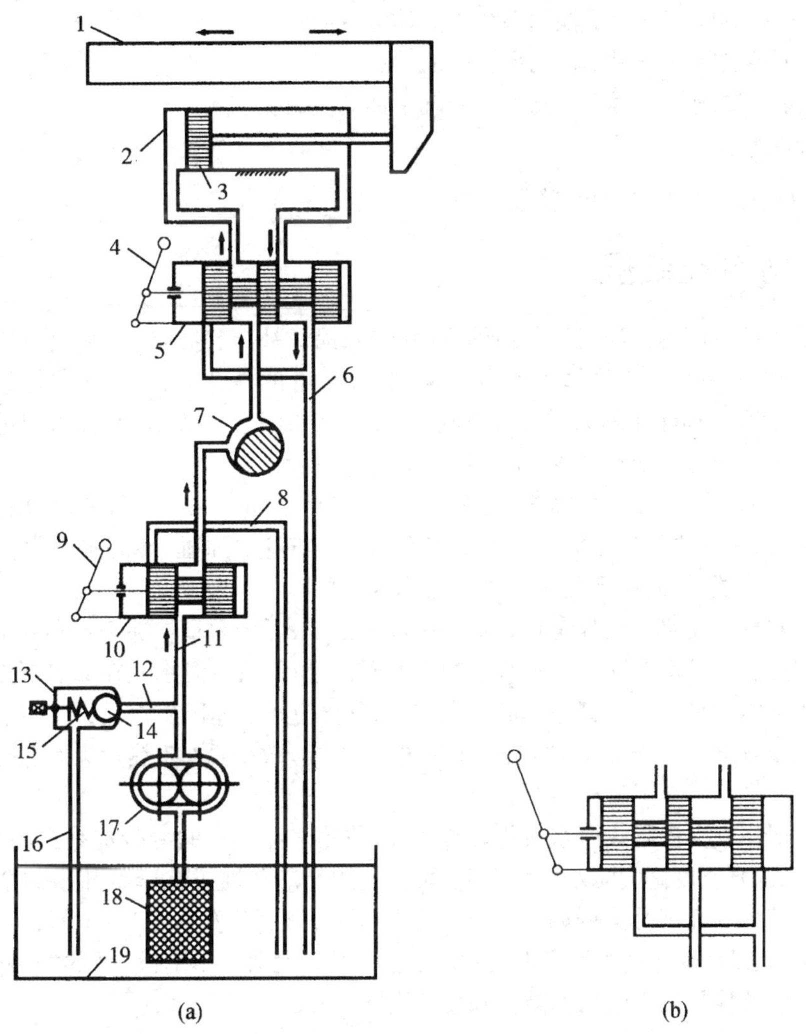

图 9-1-10　液压系统工作原理图

1　工作台;2—液压缸;3—活塞;4—换向手柄;5—换向阀;6,8,16—回油管;7—节流阀;9—开停手柄;10—开停阀;11—压力管;12—压力支管;13—溢流阀;14—钢球;15—弹簧;17—液压泵;18—滤油器;19—油箱

(二)液压系统的基本组成

从液压系统的工作过程可以看出,液压传动系统的组成部件主要包括:

1. 动力元件

液压泵,其功用是将机械能转换为液压油的压力能(液压能)。

2. 执行元件

液压缸或液压马达,其功用是将液压能转换成带动工作部件运动的机械能。

3. 控制元件

各种液压控制阀,可分为三类:

(1)方向控制阀——用于控制系统中的油流方向;

(2)压力控制阀——用于控制系统中的油压;

(3)流量控制阀——用于控制液压系统中油的流量。

4. 辅助元件

油箱、滤油器、蓄能器、热交换器、油管及连接件、密封件等。

五、海水淡化装置

船上淡水主要用于柴油机和其他辅机的冷却、锅炉补给、生活洗涤和船员饮水的供给等,有时也用来冲洗甲板,船舶每天都要消耗相当数量的淡水。淡水通常是指含盐量小于1 000 mg/L的水。远洋船舶为增加载货吨位,减少购买淡水的费用,不宜携带过多淡水,一般都利用船舶配备的海水淡化装置(俗称造水机)生产淡水。

海水淡化的主要方法有蒸馏法、反渗透法、电渗析法和冷冻法。目前,船用海水淡化大多采用蒸馏法,这一方法是根据盐分几乎不溶于低压蒸汽这一原理,使海水蒸发汽化,然后再将所产生的蒸汽冷凝,从而得到几乎不含盐分的蒸馏水。

船用海水蒸馏装置一般都是在高真空条件下工作,可分为真空沸腾式和真空闪发式两种。前者海水加热和蒸发都在同一个高真空的蒸发器内进行;后者海水先在加热器内被加热,再经喷雾器减压喷洒到具有一定真空度的蒸发器内,部分海水迅速闪发汽化,产生蒸汽。真空闪发式海水淡化装置虽能显著减轻加热面结垢,但造价高,效率低(耗热量大),船上已基本不再采用。

现今的船用真空沸腾式海水淡化装置,海水的蒸发和蒸汽的冷凝都是在高真空度下进行的,首先是因为真空度高则海水的沸点低,可以利用船舶柴油机缸套冷却水的余热,从而提高了船舶动力装置的经济性。例如当真空度为90%时,海水蒸发温度为45 ℃,可用温度不超过80 ℃的柴油机缸套冷却水作为海水淡化的加热工质。另外,采用比较低的加热温度和蒸发温度可以使蒸发器换热面上的结垢减少和便于清除。

六、油水分离器

机舱舱底污水是机舱设备在运转过程中泄漏的燃料油、润滑油、海水、淡水等混合在一起的含油污水,不允许直接排到舷外,只有经过油水分离器的处理,污水中含油量低于15ppm时,才允许在航行中排出舷外,分离出来的污油则排到污油柜。

含油污水的处理方法有很多,但基本上可分为物理分离法、化学分离法和电浮分离法等。物理分离法是利用油水的密度差或过滤吸附等物理现象使油水分离的方法,特点是不改变油的化学性质而将油水分离,主要包括重力分离法、过滤分离法、聚结分离法、气浮分离法、吸附分离法、超滤膜分离法及反渗透分离法等。化学分离法是向含油污水中投放絮凝剂或聚集剂,其中絮凝剂可使油凝聚成凝胶体而沉淀,而聚集剂则使油凝聚成胶体使其上浮,从而达到油水分离的目的。电浮分离法是把含油污水引进装有电极的舱柜中,利用电解产生的气泡在上浮过程中附着油滴而加以分离,从而实现油水分离,实际上这是一种化学物理分离方法。此外,

乳化油可用活性污泥法(生物化学法)分离。就目前船用油水分离设备而言,主要还是采用物理分离的方法。

为达到排放标准的要求(油分浓度小于15ppm),目前,在船上实际应用的油水分离器大多为重力式分离配以过滤、吸附等组合方式,即由粗分离和细分离(或精分离)两部分组成。

粗分离部分都用于第一级,主要采用重力分离法,处理容易上浮的分散油滴。

细分离部分用于第二级和第三级,多采用过滤法、聚结法、吸附法等,用以除去油污水中的微细分散油滴和乳化油滴。细分离部分结构形式有圆筒式和填充式,采用最多的是以纤维材料构成的圆筒式分离元件,其特点是结构紧凑、元件容易更换。填充式是在油水分离器中充填油性纤维等过滤吸附材料,截留和吸附微小油滴。在其吸饱油后,可进行反冲洗,但当压力降达到一定值时,就必须更换过滤吸附材料。

七、生活污水处理装置

根据MARPOL 73/78公约规定,400总吨及以上和经核定许可载运15人以上的国际航行船舶,应安装经主管机关认可的污水粉碎消毒系统或生活污水处理装置,按规定排放生活污水;或配备主管机关认为容积足够储存所有生活污水的集污舱,保证把生活污水排入岸上接收装置。

船舶生活污水处理装置按污水的排放方式可分为无排放型生活污水处理装置和排放型生活污水处理装置。无排放型生活污水处理装置通常包含船上储存方式和再循环处理方式;排放型生活污水处理装置必须按照国际公约和相关规定的排放要求,对生活污水进行相应处理后再排放。船上一般选用的都是排放型生活污水处理方式,并按其净化方式的不同有生化处理、物理化学处理等方式。

生化处理方式通过建立和保持微生物(细菌)生长的适宜条件,利用该微生物群体来消化分解污水中的有机物,使之生成对环境无害的二氧化碳和水,而微生物在此过程中得以繁殖。船上常用以好氧菌为主的活性污泥对污水中的有机物质进行分解处理。

图9-1-11是活性污泥法处理生活污水的工作流程图。污水进入曝气池,在不断通入空气的情况下,活性污泥在此消化分解有机物,离开曝气池后的混合液进入沉淀池。在沉淀池中活性污泥沉淀分离,而澄清的水进入投有杀菌药剂的消毒池,经杀菌后的净水排出舷外。从沉淀池中沉淀分离的活性污泥一部分流回曝气池,多余部分定期排出舷外。

八、焚烧炉

船用焚烧炉是用来焚烧船上的污油、油渣、生活污水处理装置排出的污泥以及机舱废棉纱、食品残渣和其他可燃固体垃圾的。其中,污油通过污油燃烧器燃烧;固体垃圾经投料口送入炉内燃烧;生活污泥,可送入污油柜中与污油混合,经粉碎泵循环粉碎后,通过污油燃烧器喷入炉内燃烧。

一般焚烧炉都有一个钢制的外壳,内衬耐火砖形成炉膛,炉膛周围设有固体废物投料口和出灰口。污油燃烧器用以喷入污油、污水和污泥;而辅助燃烧器用以点火助燃。焚烧炉都装有排烟风机以保证炉膛呈负压并冷却排烟,防止烟气外漏和发生火灾。此外,还有废油柜、控制箱、废油加热装置和观察孔等。

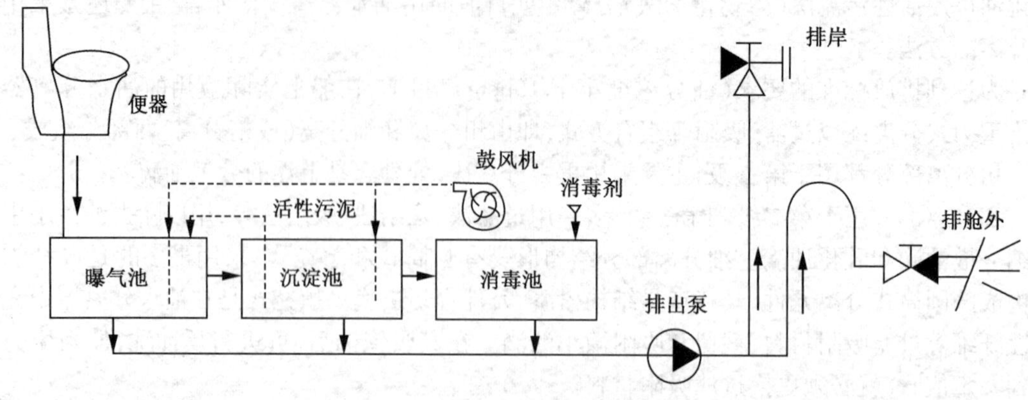

图 9-1-11　生化处理方式系统流程图

九、船舶锅炉

锅炉是通过燃烧把燃料的化学能转化为热能，并将热能传给水，产生一定数量和参数（指温度和压力）的水蒸气或热水的设备。船舶蒸汽锅炉是船舶动力装置的重要组成部分。它的作用随船舶主机的型式和种类的不同而有所差异。

锅炉的种类很多，下面简单介绍一下锅炉分类的方法和锅炉的种类。

1. 按锅炉的用途分类

锅炉按产生蒸汽的用途来分类，有主锅炉和辅锅炉两类。

在蒸汽动力装置的船舶上，锅炉产生的高温高压过热蒸汽用于驱动主蒸汽轮机，以推动船舶前进，这种锅炉称为主锅炉。

在柴油机动力装置的船舶上，锅炉产生的饱和蒸汽仅用于加热燃油、滑油及满足日常生活的需要，或驱动蒸汽辅机，这种锅炉称为辅锅炉。在柴油机干货船上，一般装设一台压力为0.5~1.0 MPa，产生饱和蒸汽的辅锅炉，蒸发量为0.4~2.5 t/h。在柴油机油船上，因为加热货油、驱动货油泵等蒸汽辅机以及清洗货油舱等需要大量蒸汽，所以一般都装设两台辅锅炉，蒸发量常在20 t/h以上。在大型柴油机客轮上，一般也装设两台辅锅炉，以满足日常生活所需的大量蒸汽，万一其中一台损坏也不致严重影响船员和旅客的日常生活。

2. 按锅炉的结构分类

烟气在管内流动的称为烟管锅炉或火管锅炉；烟气在管外流动的称为水管锅炉；烟管与水管组合的型式称为混合式锅炉。

在烟管锅炉中，炉膛内燃烧产生的高温烟气在烟管内流动，烟管外被炉水包围。一定流速的高温烟气冲刷着管内壁，通过热交换方式把热量传递给管外的炉水，产生额定参数的蒸汽。烟管式锅炉效率较低。

在水管式锅炉中，炉膛内燃烧产生的高温烟气在管外壁横向冲刷，管内被加热的炉水所充满。由于该型锅炉布置较合理，水循环有规律，烟气流速可以提高，符合传热基本原理要求，故换热效率高、结构更紧凑。

混合式锅炉为烟管式与水管式锅炉的组合形式，兼有两者部分特点，但结构复杂、笨重。

3. 热源不同分类

以燃油为燃料的锅炉称为燃油锅炉；利用柴油机排气余热把水加热成蒸汽的锅炉称为废气锅炉。

柴油机船的大型低速二冲程柴油主机的排气温度一般为250~380 ℃，四冲程中速柴油主机的排气温度可达400 ℃左右。而水蒸气在压力为0.5 MPa时，其饱和蒸汽温度为165 ℃；压力为1.3 MPa时也仅为194 ℃。所以装设用柴油机排气余热来产生水蒸气的废气锅炉，不仅能节约燃油，还可起到柴油机排气消音器的作用。废气锅炉产生的蒸汽量在满足加热和日常生活用之外，有的船还将多余蒸汽用于驱动一台辅汽轮发电机。

4. 按炉水循环方式分类

按循环水流动形式分，锅炉有自然水循环锅炉和强制水循环锅炉。废气锅炉也有自然循环和强制循环两种形式。

自然水循环锅炉是指锅炉中炉水和水汽混合物，因比重差而形成有规则的、有一定方向的流动，称为自然水循环锅炉。

强制水循环锅炉是指锅炉内炉水和水汽混合物的流动，是借助炉水循环泵的压力造成的。这种锅炉结构更为紧凑，产汽异常迅速，蒸发量可调节，且压力范围也可以根据需要进行设计。

5. 按锅炉的工作压力大小分类

锅炉按工作压力大小可分为高压锅炉、中高压锅炉、中压锅炉和低压锅炉。高压锅炉的蒸汽压力大于6 MPa；中高压锅炉的蒸汽压力在4~6 MPa之间；中压锅炉的蒸汽压力在2~4 MPa之间；低压锅炉的蒸汽压力小于2 MPa。辅助锅炉一般为低压锅炉。

十、减摇装置

(一)摇荡运动对船舶性能的影响

船舶因某种外力的作用，使其围绕原平衡位置所做的往复性(或周期性)的运动，称为船舶摇荡运动。船舶摇荡运动共有横摇(船舶绕纵轴做周期性的角位移运动)、纵摇(船舶绕横轴做周期性的角位移运动)、艏摇(船舶绕垂向轴做周期性的角位移运动)、垂荡(船舶沿垂向轴做周期性的上下平移运动)、纵荡(船舶沿纵向轴做周期性的前后平移运动)和横荡(船舶沿横向轴做周期性的左右平移运动)六种运动方式。在这六种摇荡方式中，横摇运动对船舶的性能影响最大。

船舶摇荡运动是一种有害的运动，剧烈的摇荡会引起严重的后果：

(1)可能使船舶失去稳性而倾覆；

(2)使船体结构和设备受到损坏；

(3)引起货物移动从而使船舶重心移动危及船舶安全；

(4)使机器和仪表的运转失常；

(5)会使螺旋桨的效率降低，船舶阻力增加，船速下降；

(6)工作和生活条件恶化、甲板上浪等。

(二)减摇装置

为了减小船舶的摇荡,除了在装载和操纵方面采取措施以外,在船舶设计与建造中,都装设必要的减摇装置。减摇装置用来产生一种外加的稳定力矩,使船舶的摇摆减缓。根据工作原理,减摇装置可以分成三类:第一类是利用流体的重力作用以产生对船舶摇摆的稳定力矩(如减摇水舱);第二类是利用流体的动力作用以产生稳定力矩(如舭龙骨、减摇鳍);第三类所获得的稳定力矩则由回转力产生(如减摇回转仪)。

目前采用的减摇装置有下列几种:

1. 舭龙骨

舭龙骨(如图 9-1-12 所示)是装设在舭部外侧,沿着水流方向的一块长条板。舭龙骨的作用是减小船舶横摇。由于减摇效果较好,制造简单,几乎所有的船舶均装设舭龙骨。

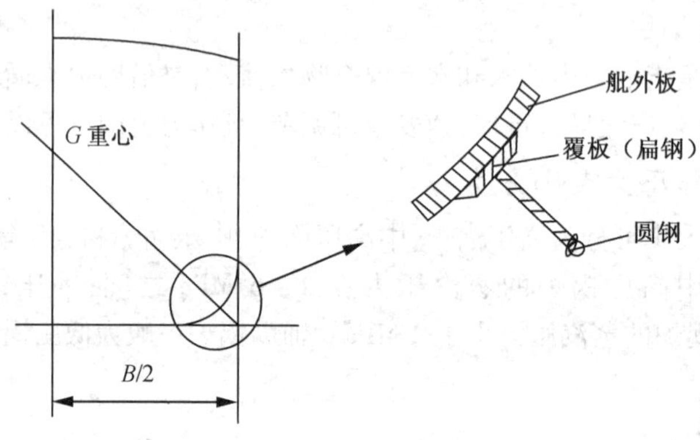

图 9-1-12 舭龙骨

舭龙骨板的长度为 1/4~1/3 船长,宽度为 200~600 mm(大型船更大些),近似垂直于舭部列板,其外缘不超出船的半宽线与船底基线所围的范围,以免触到码头和海底而碰损。在结构形式上,舭龙骨有连续式和间断式两种结构。连续式结构简单,适用于航速不很高的船;间断式结构适用于高速船,其优点是对船舶的航行阻力较小,一般不会超过船舶基本阻力的 2%~3%,而对横摇阻力较大,约能减小船舶摇摆幅度的 20%~25%。

为了防止舭龙骨损坏时使船体外板受损,舭龙骨一般不直接焊接在舭部外板上,而是用一块覆板将两者连接起来。

舭龙骨虽然装设在船中部很长的一段范围内,但在结构上它不参与船舶的总纵弯曲,仅承受船舶横摇时的水动压力。

图 9-1-13 所示是一条船装设舭龙骨和无舭龙骨时的横摇角曲线,由图中可明显看出舭龙骨的减摇效果,而且船在航行时舭龙骨的减摇效果更好一些。

2. 减摇鳍

减摇鳍[如图 9-1-14(a)所示]一般是一个长约为 3.0 m、宽为 1.5 m 左右的长方体,剖面为机翼形,安装在船中央附近两舷的舭部。在船内设置操纵机构,根据需要可将减摇鳍收进船

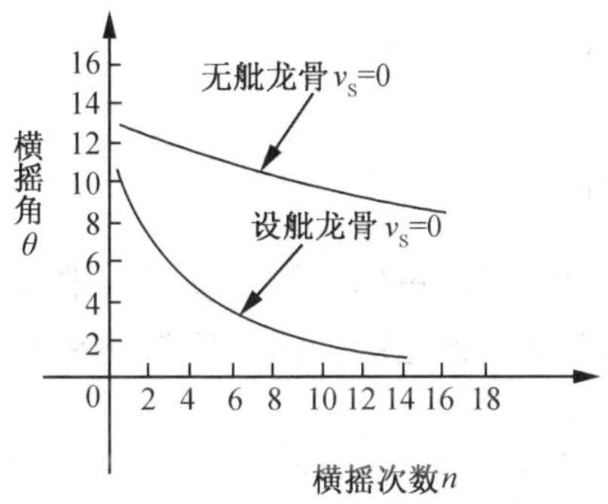

图 9-1-13　一条船装设舭龙骨和无舭龙骨时的横摇角曲线

内或伸出舷外,并且可调整机翼剖面相对于水流的攻角,使两舷的减摇鳍所产生的升力形成一个阻碍船舶横摇的力偶矩,并使力偶矩方向的改变与船舶横摇同步,这样可有效地减小船舶横摇。因减摇鳍需要有自动操纵系统,造价高,目前只有在大型豪华客船上或军舰上才设置。

3. 减摇水舱

在船内横向设置 U 形水舱[如图 9-1-14(b)所示],当船在横摇时,使水舱内的水位移动与船的横摇之间有一个相位差。这样水的重力所形成的力矩可减小船舶的横摇。

上述 U 形减摇水舱内的水与舷外水不连通时,则称闭式减摇水舱。若减摇水舱内的水与舷外水相通,称开式减摇水舱。当水舱内的水左右舷流动是可以控制的,称主动式减摇水舱;而不能控制水的流动的,称被动式减摇水舱。

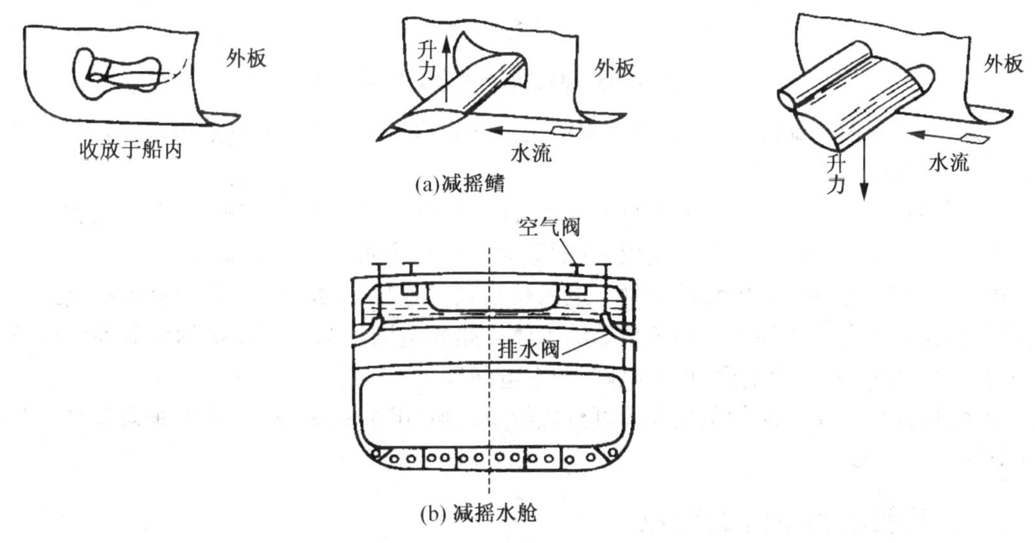

图 9-1-14　减摇鳍和减摇水舱

4. 减摇陀螺仪

回转仪的特性是当它在高速旋转时,如受到外力发生倾斜,其产生的旋转力矩具有使其回复原位置的能力。利用回转仪原理制成的减摇陀螺仪(回转稳定减摇装置)具有减缓船舶摇摆的能力。但此种装置造价昂贵,占用船舱体积大,在现代商船上已经基本不再使用。

十一、船舶电力系统

(一)船舶电力系统的组成

船舶电力系统是由电源、配电装置、电网与负载按照一定的方式连接的整体,是船上电能产生、传输、分配和消耗等全部装置和网络的总称。其单线图如图 9-1-15 所示。

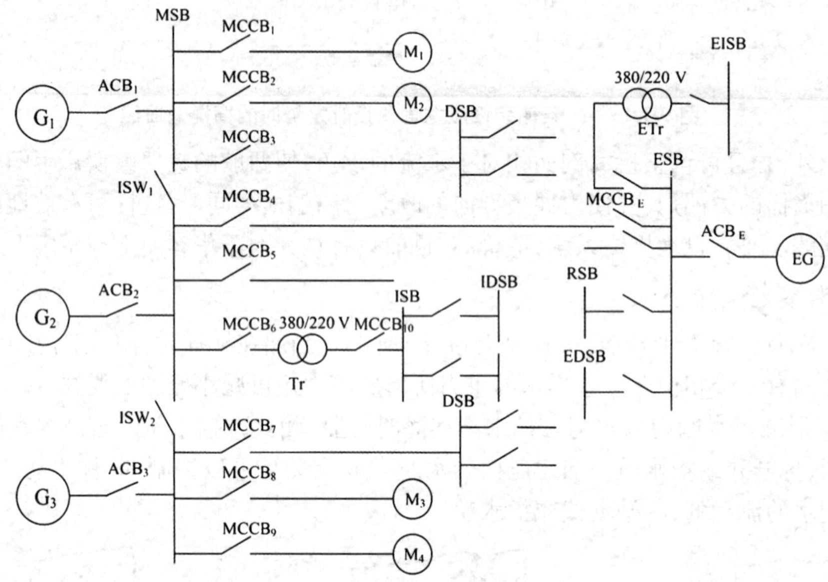

图 9-1-15　船舶电力系统单线图

电源:电源是将机械能、化学能等能源转变成电能的装置。船上常用的电源装置是柴油发电机组和蓄电池。

配电装置:配电装置是对电源和负荷进行分配、监视、测量、保护、转换、控制的装置。配电装置主要可分为主配电板、应急配电板、分配电板(动力、照明)、充放电板等。

电网:电网是全船电缆电线的总称。电网是联系发电机、主配电板、分配电板和负载间的中间环节,是将电源的电能输送到负载端的媒体。船舶电网根据其所连接的负载性质可分为动力电网、照明电网、应急电网、低压电网、弱电电网等。

负载:即用电设备。船舶负载大体可分成舱室机械、甲板机械、船舶照明、通导设备及其他用电设施。

(二)船舶电力系统的特点

船舶电力系统与陆上电力系统相比有很大差异,主要有以下几个方面:

1. 船舶电站容量较小

陆上电网容量一般在几百万到几千万千瓦,单机容量大多在数十万千瓦;一般远洋船舶主电站大多装三台发电机组,发电机单机容量为 400~800 kW。

2. 船舶电网输电线路短

与陆上数千千米高压输电网络相比,船舶电网输电线路要短得多。由于电能不需要远距

离传输，船舶发电机端电压、电网电压、负荷电压大多是同一个电压等级，所以输配电装置较陆上系统简单。

3. 船舶电气设备工作环境恶劣

船舶电气设备工作条件比陆地恶劣得多，如船舶机舱存在油气、夏季温度很高（机舱某些场所夏季温度可能高达 40 ℃以上）、海上工作环境湿度大、有盐雾、材料易发霉，以及船舶营运中由于波浪、设备运转的作用易受到严重的冲击和振动等。船用电气设备应能在上述恶劣条件下正常工作。

（三）船舶电力系统的基本参数

船舶电力系统的基本参数是指电流种类（电制）、额定电压和额定频率的等级。它们决定了电站工作的可靠性和电气设备的重量、尺寸、价格等。

1. 电制

由于电源有直流电源与交流电源之分，因此船舶电力系统也相应有直流电力系统船舶与交流电力系统船舶，习惯上把它们称为直流船与交流船。在 20 世纪 50 年代以前所建造的船舶，绝大部分是直流船。由于交流船舶的电气设备在维护、保养等方面工作量比直流船要少得多，且交流电机结构简单、体积小、重量轻、运行可靠，其相应控制设备也简单，在 20 世纪 60 年代以后建造的船舶主要是交流船。20 世纪 70 年代后除特种工程船舶外，几乎都采用交流电力系统。采用交流电制后，船舶的造价和维修费用也有明显的降低。

2. 额定电压与额定频率

船舶电力系统额定电压的大小直接影响到电力系统中所有电气设备的重量和尺寸、价格等技术经济指标和人身安全问题。船舶建造时选择额定电压主要考虑的是与本国陆上低压电网额定电压相一致。

目前运行中的或正在建造中的远洋船舶主电站动力电网额定电压不是采用 380 V 就是采用 440 V 的标准，照明电网额定电压不是采用 220 V 就是采用 110 V（100 V）的标准，临时应急照明电网与弱电电网一般采用 24 V 的标准。

随着船舶发展大型化，目前采用电力推进的商船、滚装船和一些工程船舶电站的容量都比较大，这时仍采用低压系统标准显然已不合理，因此这类船舶大多采用陆上相应的 3.3 kV 或 6.6 kV 中压等级标准。

交流船舶电力系统的额定频率均选用陆上的标准等级，有 50 Hz 与 60 Hz 两种标准，通讯导航设备除外。

根据 CCS（中国船级社）规范规定，额定频率为 50 Hz 或 60 Hz、导体间最高电压不超过 1 000 V 的交流系统，或在额定工作条件下导体间最高瞬时电压不超过 1 500 V 的直流系统为低压系统。额定电压大于 1 kV 但不超过 15 kV，额定频率为 50 Hz 或 60 Hz 的交流系统或在额定工作条件下最高瞬时电压超过 1 500 V 的直流系统为高压系统。配电系统动力设备的最高供电电压为 15 000 V，居住舱室内的照明设备、取暖器的最高供电电压为 250 V。

第三节　轮机值班

一、STCW 公约中关于值班原则的规定

(一)值班的一般原则

值班应基于下列驾驶台和机舱的资源管理原则:

(1)应确保根据情况合理地安排值班人员;

(2)在安排值班人员时应考虑人员的资格或适合能力的局限性;

(3)应使值班人员理解其个人角色、责任和团队角色;

(4)船长、轮机长和负责值班的高级船员应保持适当的值班,并最有效地使用可用资源,如信息、装置/设备和其他人员;

(5)值班人员应理解装置/设备的功能和操作,并熟练使用;

(6)值班人员应理解信息及如何回应来自每一工作站/装置/设备的信息;

(7)所有值班人员应适当地共享来自工作站/装置/设备的信息;

(8)值班人员在任何情况下应保持适当的相互交流;

(9)对为安全而采取的行动产生任何怀疑时,值班人员应毫不犹豫地通知船长/轮机长/负责值班的高级船员。

(二)轮机值班中应遵循的原则

(1)"轮机值班"一词,系指一个人或组成值班的一组人,或一个高级船员的责任时间段,在此时间段内,可以要求也可以不要求该高级船员亲临机舱。

(2)负责轮机值班的高级船员是轮机长的代表,在任何时候,主要负责对影响船舶安全的机械设备进行安全有效的操作和保养,并根据要求,负责轮机值班责任范围内的一切机械设备的检查、操作和测试。

二、轮机部航行值班

(一)值班安排

(1)轮机值班的组成应当适合当时的环境和条件,以确保影响船舶安全操作的所有机械设备在自动操作方式、手动操作方式模式下均能安全运行。

(2)确定轮机值班组成时,应当考虑下列因素:

①保持船舶的正常运行;

②船舶类型、机械设备类型和状况;

③对船舶安全运行关系重大的机械设备进行重点监控的值班需求;

④由于天气、冰区、污染水域、浅水水域、各种紧急情况、船损控制或者污染处置等情况的

变化而采用的特殊操作方式；

⑤值班人员的资格和经验；

⑥人命、船舶、货物和港口的安全及环境保护的要求；

⑦有关国际公约、国家法规和当地规定。

（二）值班交接

（1）交、接班轮机员应当清楚下列交接事项：

①轮机长关于船舶系统和机械设备运行的常规命令和特别指示；

②对机械设备及系统进行的所有操作及目的、参与人员以及潜在的危险；

③污水舱、压载舱、污油舱、备用舱、淡水柜、粪便柜、滑油柜等使用状况和液位以及对其中贮存物的使用或者处理的特殊要求；

④备用燃油舱、沉淀柜、日用油柜和其他燃油贮存设备中的燃油液位和使用状况；

⑤有关卫生系统处理的特殊要求；

⑥主机、辅机系统（包括配电系统）的操作方式和运行状况；

⑦监控设备和手动操作设备的状况；

⑧自动锅炉控制装置和其他与蒸汽锅炉操作有关设备的状况和操作模式；

⑨恶劣天气、冰冻、被污染的水域或者浅水引起的潜在威胁；

⑩在设备故障或危及船舶安全的情况下而采取的特殊操作方式和应急措施；

⑪机舱普通船员的任务分派；

⑫消防设备的可用性；

⑬轮机日志的填写情况。

（2）接班轮机员对接班事项不满意或者观察到的情况与轮机日志记录不相符时，不得接班。

（三）值班职责

（1）值班轮机员是轮机长的代表，主要负责对与船舶安全有关的机械设备进行安全有效的操作和保养，并根据要求，负责轮机值班责任范围内的一切机械设备的检查、操作和测试，保证安全值班。

（2）值班轮机员应当维持既定的正常值班安排。机舱值班的普通船员应当协助值班轮机员使主机、辅机系统安全和有效运行。

（3）轮机长在机舱时，值班轮机员仍应当继续对机舱工作全权负责，除非被明确告知轮机长已承担责任。

（4）轮机值班的所有成员都应当熟悉被指派的值班职责，并掌握本船下列情况：

①内部通信系统的适当使用；

②机舱逃生途径；

③机舱报警系统和辨别各种警报的能力；

④机舱的消防设备和破损控制装置的数量、位置和种类，以及它们的使用方法和应当遵守的各种安全预防措施。

（5）轮机值班开始时，应当对所有机械设备的工作情况、工况参数加以验证、分析，以保持在正常范围值。

(6)在值班期间值班轮机员应当定期巡回检查机舱和舵机房,及时发现机械设备的故障和损坏情况,并采取相应措施。

(7)值班轮机员应当对运转失常、可能发生故障或者需要特殊处理的机械设备,以及已经采取的措施做详细记录。需要时,应当对拟采取的措施做出安排。

(8)在机舱值守的值班轮机员应当能够随时操纵推进装置,以应对换向和变速的需要。机舱无人值守的,值班轮机员在获知报警、呼叫时,应当立即到达机舱。

(9)值班轮机员应当执行驾驶台的命令。对主推进动力装置进行换向和变速操作的,应当做好记录。当人工操作时,值班轮机员应当确保主推进动力装置的操纵装置有人不间断地值守,并随时处于准备和操作状态。

(10)值班轮机员应当掌握正在维护保养的机械设备(包括机械、电气、电子、液压和空气系统)及其控制装置和与此相关的安全设备、所有舱室服务系统设备的维护保养情况,并注意其物料和备品的使用记录。

(11)轮机长应当将值班时拟进行的预防性保养、破损控制或者修理工作等情况通知值班轮机员。值班轮机员应当负责值班责任内的拟处理的所有机械设备的隔离、旁通和调整,并将已进行的全部工作做好记录。

(12)机舱处于备车状态时,值班轮机员应当保证一切在操纵时可能用到的机械设备处于随时可用状态,并使电力有充足的储备,以满足舵机和其他设备的需要。

(13)值班轮机员应当指导本班值班人员,告知其可能对机械设备造成不利影响或者危及人命、船舶安全的潜在危险情况。

(14)值班轮机员应当对机舱保持不间断监控。在值班人员丧失值班能力时,应当安排替代人员。

(15)值班轮机员应当采取必要的措施,以减轻设备损坏、失火、进水、破裂、碰撞、搁浅和其他原因所造成的损害。

(16)进行预防性保养、破损控制或者维修工作时,值班轮机员应当与负责维修工作的轮机员配合,做好下列工作:

①对要进行处理的机械设备加以隔离,并保留值班所需的通道;

②在维修期间,将其他的设备调节至充分和安全地发挥功能的状态;

③在轮机日志或者其他适当的文件上详细记录维修保养过的设备、参加人员以及采取的安全措施;

④必要时将已修理过的机器和设备进行测试、调整,投入使用。

(17)值班轮机员应当确保,在自动设备失灵时履行维修职责的轮机部普通船员能够立即协助其对机器进行手动操作。

(18)值班轮机员应当了解失去舵效或者因机械故障导致失速会危及船舶和海上人命的安全,当发生机舱失火或者机舱即将采取的行动会导致船速下降、瞬间失去舵效、船舶推进系统停止运转或者电站发生故障或者类似威胁安全的情况,应当立即通知驾驶台。如可能,应当在采取行动之前通知,以便驾驶台有最充分的时间采取一切可能的措施来避免发生海上事故。

(19)出现下列情况,值班轮机员应当立即通知轮机长,并根据情况采取措施:

①机器发生故障或者损坏,可能危及船舶的安全运行;

②发生可能引起推进机械、辅机、监视系统、调节系统的损坏失常的现象;

③遇到其他紧急情况或感到疑虑时。

(20)值班轮机员应当给予其他机舱值班人员适当的指示和信息,以保持安全值班。常规的机械设备保养应当纳入值班工作。全船的机械、电子与电气、液压、气动等设备的维修工作,应当在轮机长和值班轮机员知情下进行,并做好记录。

(四)特殊环境下的轮机值班

(1)值班轮机员应当保证提供鸣放声号用的空气或蒸汽压力,并随时执行驾驶台变速、换向的命令,还应当备妥用于操纵的一切辅助机械。

(2)值班轮机员接到船舶进入通航密集水域航行的通知时,应当确保涉及船舶操纵的机械设备能够随时置于手动操作模式、舵和其他设备的操作有足够备用动力、应急舵和其他辅助设备处于随时可用状态。

(3)船舶在开敞的港外锚地或者开敞的海域锚泊时,值班轮机员应当做到下列内容:

①保持有效的轮机值班;

②定时检查所有正在运行和处于准备状态的机械设备是否正常;

③执行驾驶台发布的使主机和辅机保持准备状态的命令;

④遵守适用的防治污染规则,防治船舶污染海洋环境;

⑤保持破损控制系统和消防系统处于准备状态。

在开敞锚地,轮机长应当与船长商定是否仍保持与在航时同样的轮机值班。

三、港内值班

(一)港内值班应当遵守的一般要求

(1)船舶在港内停泊时,船长应当安排适当而有效的值班。对于具有特种形式的推进系统或者辅助设备,以及装载有危害、危险、有毒、易燃物品或者其他特殊货物的船舶,还应当按照有关规定的特殊要求值班。

(2)船长应当根据停泊情况、船舶类型和值班特点,配备足够具有熟练操作能力的值班船员,并安排好必要的设备。

(3)船舶在港内停泊期间的值班安排应当满足下列要求:

①确保人命、船舶、货物、港口和环境的安全;

②确保与货物作业相关机械的安全操作;

③遵守有关国际公约、国家法规和当地规定;

④保持船舶工作正常。

(4)停泊时,甲板值班人员应当至少包括一名值班驾驶员和一名值班水手。

(5)轮机长应当与船长协商确定轮机值班安排。决定轮机值班人员组成时,应当考虑下列内容:

①至少有一名值班轮机员;

②推进功率 750 kW 及以上的船舶,至少安排一名值班机工协助值班轮机员。

轮机员在值班期间,不应当承担妨碍其监控船上机械系统的其他任务。

（二）轮机值班

在港内值班时，值班轮机员应当做到下列内容：

(1)遵守有关防范危险情况的特殊操作命令、程序和规定；

(2)监测运行中的所有机械设备及系统的仪表和控制系统；

(3)遵守当地有关防污染规定，按照规定采用必要的技术、方法和程序，防止船舶对周围环境造成污染；

(4)查看污水井中污水的变化情况；

(5)出现紧急情况并且需要时，发出警报并且采取一切可能的措施避免船上人员、船舶及其货物遭受损害；

(6)了解驾驶员对装卸货物时所需设备的要求，以及对压载和船舶稳性控制系统的附加要求；

(7)经常巡查以判断可能发生的设备故障或者损坏情况，发现设备故障或者损坏情况的，应当采取补救措施以确保船舶、货物作业、港口及其周围环境的安全；

(8)在职责范围内采取必要措施，避免船上电气、电子、液压、气动以及机械系统发生事故或者损坏；

(9)对影响船上机械运转、调节或修理的重要事项做好记录。

（三）轮机值班的交接班

(1)交、接班轮机员应当清楚交接下列事项：

①当日的常规命令，有关船舶操作、保养工作、船舶机械或者控制设备修理的特殊命令；

②所有机械和系统进行检修工作的性质、涉及的人员以及潜在的危险；

③舱底、残渣柜、压载水舱、污油舱、粪便柜、备用柜的液位及状态，以及对其中贮存物的使用或者处理的特殊要求；

④有关卫生系统处理的特殊要求；

⑤灭火设备以及烟火探测系统的状况和备用情况；

⑥获准从事或者协助机器修理的人员及其工作地点和修理项目，以及其他获准上船的人员；

⑦港口有关船舶排出物、消防要求及船舶防备工作等方面的特殊规定；

⑧发生紧急情况或者需要援助时，船上与岸上人员、相关机关可使用的通信方式；

⑨其他有关船员、船舶、货物的安全以及防治环境污染等重要情况；

⑩轮机部的活动造成环境污染时，向相关机关报告的程序。

(2)接班轮机员在承担值班任务前还应当做到以下内容：

①熟悉现有的和可用的电、热、水源和照明来源及其分配情况；

②了解船上的燃油、润滑油及淡水的可用程度；

③备妥机器以应对紧急状况。

四、驾驶、轮机联系制度

（一）开航前

（1）船长应当提前 24 h 将预计开航时间通知轮机长，如停港不足 24 h，应当在抵港后立即将预计离港时间通知轮机长；轮机长应当向船长报告主要机电设备情况，以及燃油、润滑油和炉水存量；如开航时间变更，应当及时更正。

（2）开航前 1 h，值班驾驶员应当会同值班轮机员核对船钟、车钟、试舵等，并分别将情况记入航海日志、轮机日志及车钟记录簿内。

（3）主机试车前，值班轮机员应当征得值班驾驶员同意。待主机备妥后，机舱应当通知驾驶台。

（二）航行中

（1）每班交班前，值班轮机员应当将主机平均转数和海水温度等参数告知值班驾驶员，值班驾驶员应当回告本班平均航速和风向风力，双方分别记入航海日志和轮机日志；每天中午，驾驶台和机舱校对时钟并互换正午报告。

（2）船舶进出港口，通过狭水道、浅滩、危险水域或抛锚等情况下需备车航行时，驾驶台应当提前通知机舱准备。如遇雾或暴雨等突发情况，值班轮机员接到通知后应当尽快备妥主机。判断将有恶劣天气来临时，船长应当及时通知轮机长做好各种准备。

（3）因等引航员、候潮、等泊等而须短时间抛锚时，值班驾驶员应当将情况及时通知值班轮机员。

（4）因机械故障不能执行航行命令时，轮机长应当组织抢修，通知驾驶台报告船长，并将故障发生和排除时间及情况记入航海日志和轮机日志。停车应当先征得船长同意。但情况危急，不立即停车会威胁人身安全或者主机安全时，轮机长可以立即停车并及时通知驾驶台。

（5）因调换发电机、并车等需要暂时停电时，值班轮机员应当事先通知驾驶台。

（6）在应变情况下，值班轮机员应当立即执行驾驶台发出的信号，及时提供所要求的水、气、汽、电等。

（7）值班驾驶员和值班轮机员应当执行船长和轮机长共同商定的主机各种车速，另有指示的除外。

（8）船舶在到港前，应当对主机进行停、倒车试验，当无人值守的机舱因情况需要改为有人值守时，驾驶台应当及时通知轮机员。

（9）抵港前，轮机长应当将本船存油情况告知船长。

（三）停泊中

（1）抵港后，船长应当告知轮机长本船的预计动态，以便安排工作，动态如有变化应当及时更正；机舱若需检修影响动车的设备，轮机长应当事先将工作内容和所需时间报告船长，取得同意后方可进行。

（2）值班驾驶员应当将装卸货情况随时通知值班轮机员，以保证安全供电。在装卸重大件、特种危险品或者使用重吊之前，大副应当通知轮机长派人检查起货机，必要时应当派人值守。

(3)因装卸作业造成船舶过度倾斜,影响机舱正常工作的,轮机长应当通知大副或者值班驾驶员采取有效措施予以纠正。

(4)驾驶和轮机部门应当对船舶压载的调整,以及可能涉及海洋污染的各种操作,建立起有效的联系制度,包括书面通知和相应的记录。

(5)添装燃油前,轮机长应当将本船的存油情况和计划添装的油舱以及各舱添装数量告知大副,以便计算稳性、水尺和调整吃水差。

五、柴油机的运行管理

船舶柴油机在各种航行条件下能否可靠地、不间断地工作,在很大程度上取决于轮机管理人员的技术水平。在航行中为确保柴油机处于良好的技术状态,轮机管理人员应努力提高业务水平,正确执行操作规程,认真做好柴油机起动前的准备工作和运行中的管理工作。轮机管理人员还应加强维护保养工作,及时发现和迅速排除故障,这样才能保证人员和船舶航行安全。

(一)备车

备车是指为保证船舶动力装置及相关设备处于随时都能起动和投入运行状态而进行的一系列准备工作。柴油机经长期或短期停车后,开航前均必须进行备车。当船舶在特殊水域、特殊气象条件以及过运河和关键航行设备发生故障时,根据船长或轮机长的指令也需要备车。备车的主要目的是保证船舶动力装置处于随时可启动和运行状态。根据柴油机功率不同,经短期停车后的备车时间在 0.5~2 h 之间。由于机型、辅助设备及动力装置的布置不完全相同,备车的工作内容和顺序也不尽相同。备车的基本内容有:供电准备;校对时钟、车钟;校对舵机;暖机;各动力系统准备;转车;冲车;试车等。

1. 供电准备

在备车过程中,需启动空压机、淡水泵、电动辅助鼓风机、锚机、绞缆机等设备,用电量增加,因此应根据需要启动备用发电机组,并车运行,以保证充足的电力供应。

2. 暖机

暖机是指船舶在开航前预先加热柴油机冷却系统和润滑系统中的循环液,并开动冷却水循环泵、滑油循环泵以提高机体温度并向摩擦表面供应滑油的过程。暖机除了对柴油机各部件预热以减小热应力外,还有利于柴油机起动发火,以及减少燃油中的硫分燃烧后形成的酸性物质对气缸壁和活塞顶的低温腐蚀,这对燃用高硫分重油的主机尤为重要。

船舶主机的暖机方法有三种:一是将运行中的发电柴油机的冷却淡水引入主机冷却系统中;二是用蒸汽对主机冷却水和润滑油进行加热;三是用电加热器对主机冷却水进行加热。滑油系统除用蒸汽管道直接加热主机循环油柜外,常用滑油分油机运转分油的加温方法。

3. 润滑油系统的准备

(1)检查主机循环油柜、透平油柜、轴系以及气缸注油器的油位,油量不足时应补充到规定油位。

(2)备车时应尽早开动滑油循环泵,将油压调至规定值以便把滑油送到各摩擦表面预热

机件,并把摩擦表面上的杂质带走以减轻起动时的磨损。

(3)对于油泵分开式废气涡轮增压器独立的润滑系统,应开启透平油泵,使透平油在废气涡轮增压器中循环。

(4)柴油机采用油冷活塞时,在滑油循环开始后活塞温度会逐渐升高,此时应注意观察各缸活塞冷却油的回流情况和温度。

(5)采用气缸注油润滑的柴油机,在盘车时应摇动气缸注油器,将气缸油预先送至缸壁表面,以减小起动时的磨损。

(6)对非压力润滑的部件手动加注润滑油。

4. 冷却系统的准备

(1)检查主机膨胀水柜的水位是否正常,水量不足时应补充到规定水位。

(2)检查并调节系统中各阀门,使它们处于正常状态,起动主机淡水泵使淡水循环并提高水温对主机进行暖机。

(3)对于水冷活塞式柴油机,淡水泵起动后要注意各缸活塞冷却水的回流情况。

(4)检查喷油器冷却柜液位,不足时补充至规定液位。开动喷油器冷却泵,必要时也应进行加温预热。

5. 燃油系统的准备

(1)检查主机日用轻油柜和重油柜的油位,油位较低时应提前启动分油机分油至规定油位,并注意排放油柜中的残水。

(2)对燃油进行预热,使燃油黏度降至喷油设备所需的数值。

(3)按操作程序开通日用油柜通向主机的各燃油阀,并开动低压燃油输送泵进行泵油驱气。经长期停车的主机还须对高压油泵及喷油器进行充油驱气。

6. 压缩空气系统的准备

(1)检查压缩空气瓶的压力,若不足,应开启空气压缩机将空气瓶中的压力补足到规定数值,并放掉空气瓶中的残水。

(2)开启空气瓶出口阀、主空气截止阀,并使主起动阀开至“自动”位置。

(3)开启气笛所用的压缩空气阀,以便于驾驶台随时使用气笛。

7. 转车(盘车)

检查各缸示功阀是否打开,合上并起动盘车机,检查各运动部件和轴系的回转情况以及各气缸内有无大量积水。为使缸壁和所有润滑表面都得到充分润滑,盘车至少需要 1~2 转,对大型机要求正、倒车盘车共 10~15 min。在确认柴油机各部件转动自如后,将盘车机停掉并脱开。

8. 冲车

冲车是在柴油机起动前利用起动装置(不供给燃油)使柴油机转动将气缸中的杂质、积水或积油等从示功阀中吹出的过程。

在冲车过程中,可以初步检查起动系统的工作是否正常,并可查看有无积水或积油从各缸示功阀中冲出。若有,应查明原因,排除后才能进行试车。

冲车时应通知驾驶台。驾驶员在检查船尾确定无障碍物及无人在工作后,方可同意轮机人员进行冲车和试车。冲车时,轮机人员严禁站在示功阀出口附近。冲车完毕关闭示功阀。

9. 试车

试车是指在冲车后试验柴油机能否起动、换向和停车的操作过程。其目的是为了检查起动系统、换向装置、燃油喷射系统、油量调节机构以及调速器、轴系等工作是否正常。试车的操作程序和方法各类柴油机有所不同。一般是柴油机正车(或倒车)起动,在低速下运行数转后停车;然后换向,再进行倒车(或正车)起动,在低速下运行数转后停车。在操作过程中,看其起动系统和换向装置中各阀件、油量调节机构等动作是否灵活正常。同时检查各缸发火是否正常及运转中是否有不正常的声音。若发现异常情况,应及时查明予以消除。

试车完毕,将操作手柄放回停车位置,通知驾驶台备车完毕,等待开航动车命令。如果主机采用驾控方式,将操纵手柄转至"驾控"位置。

(二)起动

船用柴油机的操纵机构形式繁多,其起动操作程序有所不同。一般的程序是:

(1)在起动前通知周围所有的人。

(2)将燃油控制手柄置于中间位置(起动供油位置)。

(3)检查正、倒车指示灯是否已在需要的正车或倒车位置。

(4)接到车钟指令后,迅速而准确地执行车钟指令,操纵柴油机起动和运转。

(5)操纵燃油控制手柄,按照车钟指令逐步提高转速至指定值。

(6)注意检查滑油压力不得低于最低数值;冷却水压力必须正常,冷却水的进水温度不应过低,并检查水的流动情况。

(7)起动后倾听柴油机发出的声音。注意冷却水泵、润滑油泵和配气机构的工作情况。有不正常的声音或故障时应立即停车检查,查清原因并排除后方可重新起动。

(8)若不能起动柴油机或不能换向,应立即通知驾驶台,并迅速查明原因予以排除。

(9)运转中应严格按照柴油机使用说明书中规定的负荷增加程序逐渐加大负荷。

(10)严禁柴油机在临界转速或接近临界转速下运转。应快速通过转速禁区。

(三)运转管理

航行中轮机管理人员应保证主机、副机及一切辅助机械处于正常的工作状态。因此,轮机管理人员在值班时必须严格管理、精心操作、认真地巡回检查,并按规定时间将柴油机及其装置的各种技术参数记入轮机日志;做好交接班工作,以便及早发现故障并及时排除。

在交接班和值班的过程中,值班人员应按最合理的巡回路线进行检查。检查的项目和内容,根据机舱的具体设备和布置而确定。

1. 交接班和值班工作的主要内容

接班人员进入机舱前应先观察主、副机的排烟颜色以及冷却水排出舷外的情况和海面情况。进入机舱后,按最合理的巡回路线,对主、副机及一切辅助机械进行仔细的检查,并听取交班人员介绍上一班的工作情况及提供的意见;查看轮机日志中的记录,若发现异常或可疑情况应立即查清或做出明确的分析判断,及时排除。

值班人员在值班中应定期对柴油机及其他辅助设备进行巡回检查,注意观察各种参数并

与说明书的规定值进行比较。对所发现的问题进行必要的处理,定期(一般为 2 h)将各运行参数、发现的问题、处理经过、存在的问题等记入轮机日志。

交班前再仔细地巡回检查一次,将本班的情况向接班人员详细交代,在征得接班人员同意后方可离开机舱。

2. 运转管理要点

(1)注意检查操纵台仪表盘上的压力表、温度计的压力和温度参数是否正常,必要时进行调整,使之符合或接近说明书的规定值。

(2)倾听各运转部位有无异常声音,如出现意外的不正常响声,应迅速查明原因,并采取相应的措施。

(3)经常用手触摸曲轴箱道门和轴系各外露轴承及机体其他有关部位的温度,如有不正常的高热现象应及时排除。

(4)检查膨胀水柜的水位是否正常,必要时予以补充。若发现水柜的水位非正常下降,必须查明冷却水外泄的原因,及时予以排除。

(5)检查滑油循环柜的油位,注意滑油的消耗量,必要时予以补充。若油柜中油位突然下降,应查明何处漏油并及时排除;若油位突然升高,说明有水漏入曲轴箱,应结合膨胀水柜的水位变化情况综合分析原因,予以排除。

(6)检查日用燃油柜的油位,必要时进行补充。注意排放日用油柜中的积水。

(7)定期清洗燃油及滑油滤器,若发现滤器前后压差过大,说明滤芯已脏堵,应换用备用滤器。若滤器前后无压差,则可能滤器内部短路或滤网破损,应检查更换。

(8)检查气缸注油器,注意油位及动作是否正常。如发现注油管有堵塞、油量减少或不滴油等现象或气缸注油器接头漏油,应立即排除,确保气缸润滑油的正常供应。应定时向人工加油部位加注润滑油。

(9)检查高压油泵与喷油器的工作状态是否正常以及高压油管的脉动情况。各缸的排气温度应符合说明书的规定。各缸排气温差应不超过规定的最大范围。如排气温度不正常,应迅速查明原因。

(10)检查气缸冷却水和活塞冷却水(油)的进、出口温度。正常情况下各缸排出温度应基本相同。若某缸冷却水温度过高或过低,应及时查明原因。若气缸因冷却水量不足或断水而过热,应缓慢停车使热量逐渐散发。切不可突然加入冷水,以防气缸产生裂纹。

(11)定期排放扫气箱及空气冷却器中的存水。

(12)检查调速器的工作温度和油位,正常滑油液面高度应保持在规定的油标刻度范围内。

(13)检查涡轮增压器运转中有无异常声音,轴承的温度是否正常。透平油液面高度应保持在规定的油标刻度范围内。

(14)如故障不能在短时间内排除,应通知驾驶台降低转速或停车。待故障排除后再提高转速或重新起动。

(15)除上述工作外,还应做好主机的预防检修工作,及时发现故障隐患,杜绝重大事故发生。

(四)机动操纵

船舶在靠离码头、进出港及在狭窄水道中航行时,柴油机的运转状态变化频繁,为保证船舶动力装置有效及安全运行,在进行机动操纵时应注意以下几个方面:

(1)主机按规定的换油程序换用轻柴油,应避免油温突变损坏供油设备。

(2)空气瓶出口阀和空气系统截止阀必须保持在开启位置,并保持空气瓶内具有足够的压力。

(3)注意冷却水和滑油温度的调节,使其保持稳定,以免影响柴油机的工作性能或使气缸过热。

(4)船舶在浅水区航行时应换用高位海底门,防止把泥沙吸入冷却器管系。

(5)注意主机应急鼓风机的工作情况,保证柴油机在低负荷下能平稳运转。

(6)若主机需较长时间低速运转,应适当减少气缸注油器的注油量,待定速运行时再恢复至正常注油量。

(五)完车

轮机人员接到驾驶台“完车”指令时,表明主机不再动车,应做好以下工作:

(1)关闭起动空气系统中各阀并将空气瓶补满空气。

(2)停掉主海水泵,关闭其进、出口阀。

(3)停掉燃油输送泵,关闭其进、出口阀及主机日用油柜出口截止阀。

(4)主机淡水泵、滑油泵应继续运行 20 min 左右,以使机件中的热量均匀散走。

(5)打开各缸示动阀放掉气缸中的废气,合上盘车机进行盘车并向气缸壁注油润滑。

(6)如主机需要继续暖缸保温,在完车后停淡水泵的同时换用副机暖机管系继续对主机进行暖机。

(7)最后经检查确认主机及机舱无异常情况后,完车结束,开始停航值班。

(8)如主机停用时间较长,应每隔 2~3 天用盘车机转动主机 2~3 转,使曲轴处于不同的位置。

(六)营运船舶最佳航速的选择

航速对运输效率有很大的影响,是经济和技术的综合反映。选择合适的航速是降低船舶营运成本的有效方法。由于螺旋桨所消耗的功率与转速的三次方成正比,故船速的少量降低便可节省大量的燃油消耗。但是并非船速越低越经济,因为船舶的运输费用除了燃油费用外还有其他费用,而且对于一定航线的船舶,航速降低、航行时间增加、运输效率下降,也可能使经济效益减少。

商船的经济航速不可能是固定的,因气候、航线、海运商情等不同而会有所变化,即使在同样的营运条件下,由于航运公司对所选择的评价尺度不同也有所区别。一般常用的经济航速概念有以下几种:

1. 最低耗油率航速(转速)

柴油机在推进特性下工作,当功率与转速变化时,其燃油消耗率 g_e 由于受到喷油量、换气

质量、转速等的影响，不是一个定值，一般主机在85%标定负荷时燃油消耗率g_e最小。显然，柴油机在燃油消耗率g_e最小时运转，其经济性最好，所以，燃油消耗率g_e最小时的航速是经济航速。若柴油机在航行中经常处于较高负荷工作，应尽量使用最低耗油率航速。但最低耗油率航速并不一定是船舶营运的最佳航速。

2. 每海里航程燃油消耗最小航速

柴油机的推进特性中，功率与转速的三次方成正比。船舶的航速越低所需的柴油机功率越低，所需的燃油消耗量越低。一般船舶航速下降时，燃油消耗率将会增加，而每海里航程燃油消耗量却明显地逐渐下降，并出现一个最小值，其所对应的航速即为节油的经济航速，而其主机所对应的转速为节油经济转速，但不是主机最低耗油率转速。在船舶经常停航待命和降速航行时，才可能使用每海里航程最低燃油消耗量航速。

3. 最高盈利航速

最高盈利航速，即在营运期内盈利最大的航速。航运公司最关心的就是盈利的多少。若要获得最高盈利航速，必须考虑船舶的折旧费、客货的周转量、运输成本及利润等因素。因此影响最高盈利航速的因素很多，应该根据船舶航次载货运费费率、在港停泊情况、货物的装载情况以及运输成本（包括燃油的耗量及价格、港口费用等）来合理确定和调整船舶的航速。

思考与练习

1. 试述船舶动力装置的组成。
2. 试述四冲程柴油机的工作原理。
3. 试述二冲程柴油机的工作原理。
4. 试述船用泵按工作原理的分类。
5. 油水分离的方法有哪些？
6. 试述轮机值班应遵循的原则。

知识树

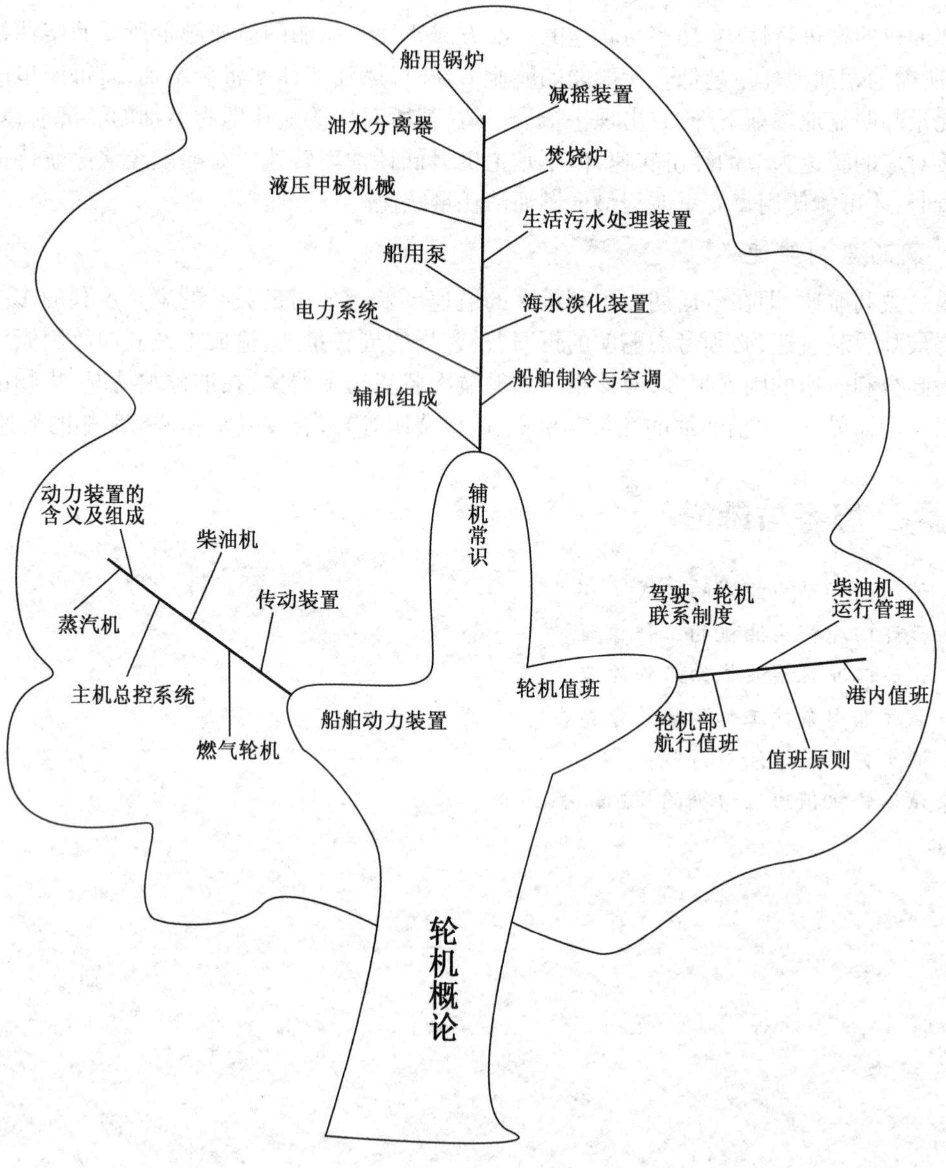

轮机概论

船舶动力装置
动力装置的含义及组成
柴油机
传动装置
蒸汽机
主机总控系统
燃气轮机

辅机常识
船用锅炉
减摇装置
油水分离器
焚烧炉
液压甲板机械
生活污水处理装置
船用泵
海水淡化装置
电力系统
船舶制冷与空调
辅机组成

轮机值班
驾驶、轮机联系制度
柴油机运行管理
港内值班
轮机部航行值班
值班原则

参考文献

[1] 赵劲松. 海上避碰规则指南. 4 版. 大连:大连海运学院出版社，1992.
[2] 袁安平，王新华. 船舶避碰. 大连：大连海运学院出版社，1993.
[3] 司玉琢，吴兆麟. 船舶碰撞法. 2 版. 大连：大连海事大学出版社，1995.
[4] 蔡存强. 国际海上避碰规则释义. 北京：人民交通出版社，1995.
[5] 赵劲松. 碰撞与避碰规则. 大连：大连海事大学出版社，1997.
[6] 吴兆麟. 船舶避碰与值班. 大连：大连海事大学出版社，1998.
[7] 迟双龙，王俊波. 海事案例选编. 大连：大连海事大学出版社，2001.
[8] 中华人民共和国海事局. 典型案例调查解析. 大连：大连海事大学出版社，2004.
[9] 吴兆麟，朱军. 海上交通工程. 2 版. 大连：大连海事大学出版社，2004.
[10] 王凤武，张卓. 驾驶台资源管理. 大连：大连海事大学出版社，2004.
[11] 方泉根. 船舶驾驶台资源管理. 北京：人民交通出版社，2006.
[12] 姚裕群. 团队建设与管理. 北京：首都经济贸易大学出版社，2006.
[13] 吴兆麟. 船舶避碰与值班. 2 版. 大连：大连海事大学出版社，2007.
[14] 张铎.《1972 年国际海上避碰规则》理解与适用. 大连：大连海事大学出版社，2007.
[15] 赵月林，张铎. 船舶值班与避碰. 北京：人民交通出版社，2007.
[16] 吴兆麟. 船舶避碰与值班. 3 版. 大连：大连海事大学出版社，2008.
[17] 吴兆麟，赵月林. 船舶避碰与值班. 4 版. 大连：大连海事大学出版社，2014.
[18] 王凤武，张卓. 驾驶台资源管理. 大连：大连海事大学出版社，2008.
[19] 薛满福. 船舶操纵与避碰：操纵篇. 大连：大连海事大学出版社，2018.
[20] KENNETH C MCGUFFIE，MARSDEN. The Law of Collision at Sea. Stevens & Sons Ltd.，London，1961，11th edition，with 3rd Cumulative Supplement up to February 15，1973.
[21] A N COCKCROFT，J N F LAMEIJER. A Guide to the Collision Avoidance Rules，6th edition，Elsevier Butterworth-Heinemann，2003.
[22] ZHAO YUELIN. Collision Avoidance and Watchkeeping. Dalian：Dalian Maritime University Press，2009.